SHODENSHA SHINSHO

データ比較

「住みにくい県」には理由《わけ》がある

佐藤 拓

祥伝社新書

前書き　日本一住みやすい県はどこだ？

国土がせまい日本なれど、むろんお多福飴のようにどこを切っても同じというわけではない。県民性の違いを話題にするのが最近の流行のようだが、地域が異なれば風習も違うし、食べ物も違う。何よりも言葉が違う。たとえ隣の県であっても、意外なことに面喰らった経験のある人も多いだろう。

しかし、本書ではそうした民俗的な県差ではなく、「生活」に密着したさまざまな統計データから、都道府県の「暮らしやすさ」をはかろうとするものである。

経済状態、治安、社会保障等の現状を統計データでひもとき、雇用が安定していて、財布にゆとりのある生活をしている県はどこかとか、犯罪が少なくて治安がよい県はどこか、教育環境が充実していて子どもの学力が高い県はどこか……などといったことを露《あらわ》にしていく。

近年、国民の所得格差が大きな社会問題となっている。非正規雇用の増加はまさにその格差を生じせしめている元凶《げんきょう》の一つだが、これまでの政府の主張は「働き方は個人の自由。多様な働き方があってよい」というものだった。所得格差は個人の責任だというのである。

もちろん、貧困が広がっているとはいえ、豊かに暮らしている人も全国にはたくさんいるわけで、個人にそれなりの責任があることは確かだろう。だが、今日の非正規雇用問題は、政府が企業側に配慮して非正規雇用を拡大できるように制度を改定したことがそもそもの原因であることを考えれば、第一の責任はやはり政府にあるだろう。

では、本書が主題とする県別格差の責任はだれにあるのか。

たとえば経済格差の場合、それが生じた背景には歴史的、地理的、気候的な要因がある。徳川家康が幕府を江戸に開かなかったら、いまの東京の繁栄はなかっただろうし、東京近郊の県もまた現在ほど発展していなかった。北海道や東北、北陸では冬期に積もる雪が経済にブレーキをかけていることも間違いない。

しかし、それらを言い訳にしている限り地方に発展はない。地方から大都市圏への人口流出は今後も続き、地方はますます疲弊《ひへい》していくに違いない。それを食い止め、地方を活性に導く役目は、中央政府はもとより、それ以上に地方自治体政府こそが負っている。

経済に関してだけではない。左の**図0・1**は、人口一〇万人当たりの重要犯罪発生件数別に都道府県を濃淡で塗り分けたものである。黒の濃い県ほど治安が悪いことを示しているが、真っ黒い県は大都市圏に集中しているものの、地方とて白いところは少なく、県によって濃淡にかなりの差がある。このような県差に自治体政府はもっと敏感になるべきだし、県民は

「住みにくい県」の日本地図

図0-1 重要犯罪発生数

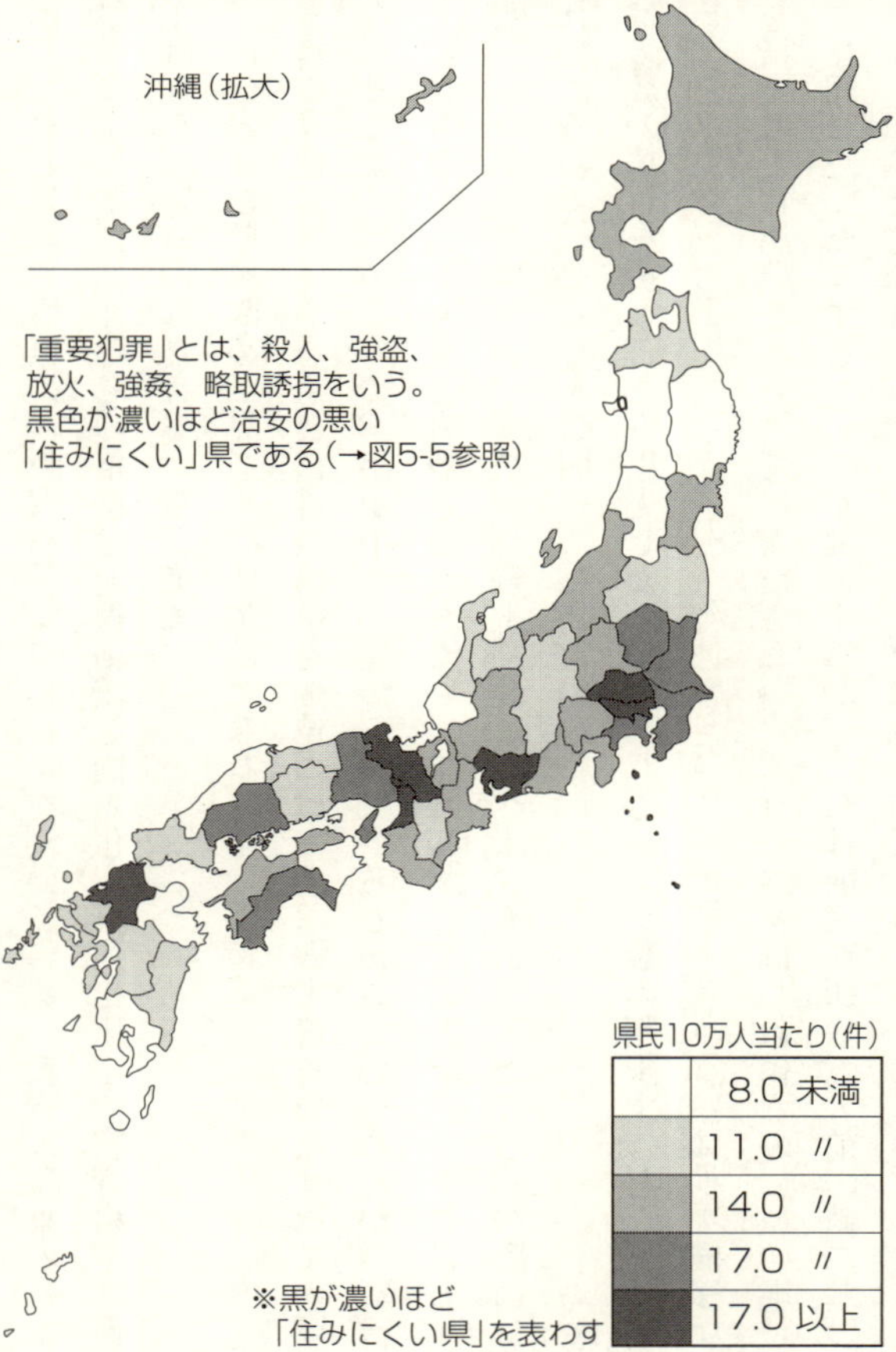
沖縄（拡大）
「重要犯罪」とは、殺人、強盗、
放火、強姦、略取誘拐をいう。
黒色が濃いほど治安の悪い
「住みにくい」県である（→図5-5参照）
県民10万人当たり（件）
8.0 未満
11.0 〃
14.0 〃
17.0 〃
17.0 以上
※黒が濃いほど
「住みにくい県」を表わす

知事を筆頭とする行政担当者の責任をどんどん追及してもよいのではないか。

　本書では、とりわけ都道府県の「教育格差」にページを割《さ》いている。教育は将来の日本の礎《いしずえ》となるものであるのに加え、その格差は所得格差を固定化、継代《けいだい》化する。教育格差は何よりもあってはならないものと考えるからである。

　本書が、自分の住む県を改めて見つめ直す契機となれば幸いである。

　なお、本書では統計データをもとに都道府県を順位づけした。四七都道府県すべての順位とデータを載せるよう努めたので、字が小さく見づらいところもあると思われるが、新書という形態上致し方ない面がありご容赦いただきたい。また、すべての統計データには基本的に出典を明記したが、やはりスペースの都合上割愛《かつあい》したページもある。ただしその際には本文中に触れてあるので、そちらを参照いただきたい。

　本書では多数の項目を扱うことを優先したため、これもページ数の制限上ほとんどの場合（入手できる最も新しい）単年度データのみを採用した。累積データあるいは年次推移などにご興味を持たれたら出典をあたっていただきたい。もう一つ、同じ数値なのに県の順位が違っていたり同じだったりするケースが混在するが、これは前者が四捨五入前の値に基づいているのに対して、後者は出典のデータが「その数値に固定されている」ためである。

「住みにくい県」の日本地図

図0-2 基礎学力が定着していない児童の割合

※小学6年生・国語

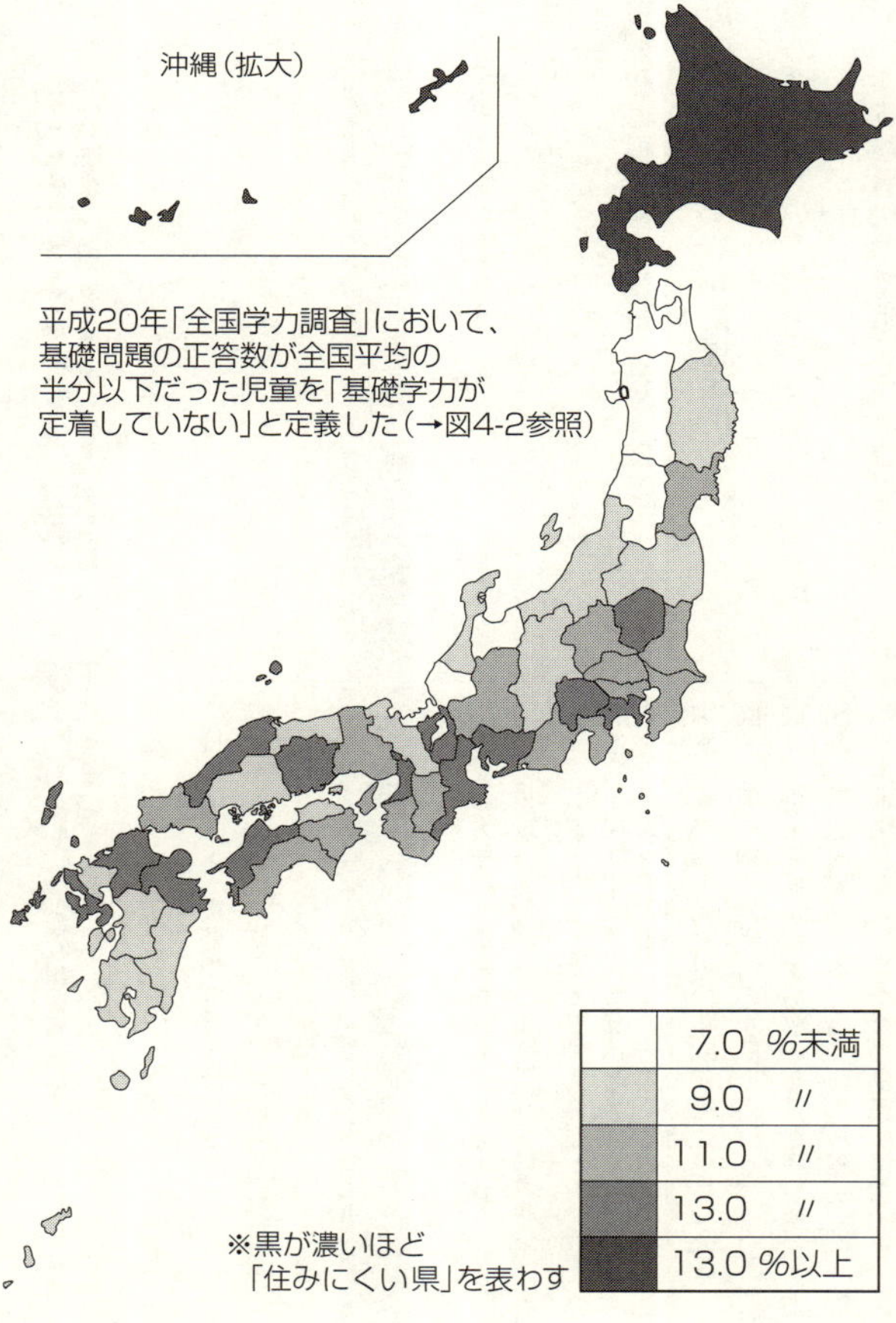

平成20年「全国学力調査」において、
基礎問題の正答数が全国平均の
半分以下だった児童を「基礎学力が
定着していない」と定義した（→図4-2参照）

（白）	7.0 %未満
（淡）	9.0 〃
（中）	11.0 〃
（濃）	13.0 〃
（黒）	13.0 %以上

※黒が濃いほど
「住みにくい県」を表わす

データ比較

「住みにくい県」には理由《わけ》がある

目次

給料が安すぎる介護職…30
東京と沖縄、男性の所得格差はおよそ一・九倍…32
東京と秋田、女性の所得格差はおよそ一・六倍…34

第二章　生活にゆとりのある県はどこ？

地方で世帯収入が多い理由…38
意外と低い都会の共稼ぎ率…40
税金と社会保障費負担が小さい富山…42
水道料金は自治体で一〇倍も違う！…44
財布にゆとりがある富山・香川・福島…46
貯蓄をしない九州人、借金の多い大阪人…50
東京の被生活保護世帯の割合は、大阪の二倍…54

グラフ

図1　一カ月の世帯の収入…39
図2　世帯主の妻の有業率…41
図3　世帯収入に占める税金・社会保障費の割合…43
図4　電気・ガス・水道料金…45
図5　物価水準と可処分所得…47
図6　エンゲル係数…49
図7　貯蓄の現在高…51
図8　負債の現在高…53
図9　被保護世帯数…55
図10　地域別最低賃金…57
図11　最低賃金の国際比較…59
図12　生活保護支給額と最低賃金…61

そもそも日本の最低賃金は安すぎる…56
生活保護費と最低賃金の逆転現象⁉…60

第三章　県内格差の大きな県と小さな県

正規雇用率が男性で低く、女性で高い高知…66
低所得世帯分布は谷型、高所得世帯分布は山型…68
大都市圏のような所得分布をする福井…72
徳島と沖縄は格差が大きい不平等社会…74
持てる者・持たざる者の差が激しい地域…78
知られざる経済実力県の滋賀…80
業績の割に高すぎる給与をもらう知事…82
東京で小さく、地方で大きい官民給与格差…88

図13　生活保護の支給額（母子家庭の例）…63
日本地図4　貯蓄の現在高…64

グラフ

図1　正規雇用者の割合（男）…67
図2　年間所得が二〇〇万円未満の世帯数…69
図3　年間所得が一〇〇〇万円以上の世帯数…71
図4　所得別の世帯数割合…73
図5　世帯収入の不平等（ジニ係数）…75
図6　先進国のジニ係数…77
図7　住宅・宅地資産の格差（ジニ係数）…79
図8　一人当たりの県民所得…81
図9　知事の年間給与…83
図10　知事の退職金と実質年間給与…85
図11　知事の実質年収と県民所得…87
図12　地方公務員（県職員）の年間給与…89
図13　県職員と民間の年間給与格差…91
図14　市町村職員給与のラスパイレス指数と年間給与額…93

こんなに差がある「技能労務職員」給与と民間給与…92

第四章　教育力——子どもが育つ県、育ちにくい県

基礎学力が定着していない児童が多い沖縄と北海道…104
秋田と北陸は優秀な子どもを育てる…108
国立・私立・公立中学校の学力格差…112
国際的にトップクラスとまではいかない日本の中学生の実力…114
中学生までは教育費をかけずに高成績を上げる福井…116
高知・島根では学校教育費が無駄に使われている!?…118

図15　技能労務職員給与の民間との比較／清掃職員とバス事業運転手…95
図16 用務員…97／図17 自動車運転手…98
図18 守衛…99／図19 電話交換手…100
図20 学校給食員…101
■日本地図5　被保護世帯／一万世帯当たり…102

グラフ

図1　全国学力調査結果／小学6年生…105
図2　基礎学力が定着していない児童の割合（小6国語）…106
図3　基礎学力が定着していない児童の割合（小6算数）…107
図4　全国学力調査結果／中学3年生…109
図5　基礎学力が定着していない生徒の割合（中3国語）…110
図6　基礎学力が定着していない生徒の割合（中3数学）…111
図7　公立・国立・私立中学の正答数分布…113
図8　PISA二〇〇六による学力の国際比較…115
図9　家計の補習教育費支出…117
図10　自治体の教育支出／児童・生徒一人当たり…119

県民所得が低い県の大学進学率は低い…122
学力の高い県の児童は体力・運動能力も高い！…126
千葉の生徒は体力・運動能力が際立つが……130
不登校の小中学生は千人当たり一二人…134
県によって四〇倍も違ういじめの発生件数…136
四国を極端に二分する子どもの暴力の実態…138
「教育の北陸」で意外にも多い子どもの問題行動…140
大阪では三〇人に一人の高校生が中退する！…142
大卒フリーター・ニートは高卒フリーター・ニートの二倍！…144
四国には指導力不足の教師が多い!?…148
教員のＩＣＴ能力…152
大都市で遅れている学校のＩＣＴ化…156

図11 自治体の教育支出と学力調査結果（小学6年生）…120
図12 自治体の教育支出と学力調査結果（中学3年生）…121
図13 大学進学率…123
図14 一人当たりの県民所得と大学進学率…124
図15 大学収容力指数……125
図16 全国体力・運動能力調査結果（小学5年生）…127
図17 体力・運動能力と学力調査結果（小学生）…129
図18 全国体力・運動能力調査結果（中学2年生）…131
図19 体力・運動能力と学力調査結果（中学生）…133
図20 不登校の小中学生／児童・生徒千人当たり…135
図21 小中学校のいじめの認知件数…137
図22 小中高校生の暴力行為発生件数…139
図23 不登校・いじめ・暴力行為の総数…141
図24 高校生の中途退学率…143
図25 高卒のフリーターとニート…145
図26 大卒のフリーターとニート…147
図27 指導力不足の教員数…149
図28 「指導が不適切な」教員数／教員千人当たり…151
図29 教員のＩＣＴ活用指導力の全国アンケート結果…153
図30 教員のＩＣＴ活用指導力…155
図31 学校のコンピュータ整備率…157

佐賀で懲戒処分を受けた教員の割合は岡山の八〇倍！…160
沖縄では一年間に一〇〇人に一人以上の教員が精神を病んで休職…166
自ら降格を願い出る教頭と正式採用を辞退する新米教員…172
給食費未納の多くは保護者のモラル低下が原因…176

第五章　治安がよくて危険のない県で暮らしたい

犯罪発生率が高い大都市圏の中でもさらに高い大阪…184
その大阪で犯罪検挙率は二割を切る！…188
重要犯罪発生率・検挙率からすると、山口に住みたい…192

図32　学校のネット環境の整備率…159
図33　懲戒処分を受けた教員数／教員千人当たり…161
図34　懲戒処分の事由別ワースト5県…163
図35　事由別、懲戒処分された教員数…164～165
図36　精神疾患による教員の休職…167
図37　精神疾患で休職した教員数／教員千人当たり…169
図38　学力調査の成績と教員の精神疾患…171
図39　希望降任した教員…173
図40　正式採用を辞退した新人教員…175
図41　給食費未納の児童・生徒数／千人当たり…177
図42　給食費未納に関する学校の認識…179
図43　私立高校における授業料滞納生徒の割合…181
■日本地図6　基礎学力が定着していない生徒の割合…182

グラフ

図1　犯罪発生数／県民千人当たり…185
図2　児童・生徒の暴力行為と犯罪発生率…187
図3　犯罪検挙率…189
図4　警官一人当たりの犯罪検挙数…191
図5　重要犯罪発生数と検挙率…193

殺人、強盗、ひったくりが多発しているのはこの県だ！…194
「振り込め詐欺は大阪人に通用しない」は本当か⁉…198
滋賀が突出する児童虐待相談件数…200
夫婦円満の宮城、ＤＶの佐賀…204
千葉には不法投棄された産廃の山…206
いまや大気汚染・水質汚染・悪臭は地方型公害…210
交通事故は都会より田舎に多い！…212
自殺者も都会に少なく田舎に多い…214

第六章「ゆりかごから墓場まで」の県別格差

やはり大都市圏の出生率は低かった！…218
所得が低い県では生涯未婚の人数が増加する…222

図6　犯罪種別の発生件数／県民一〇万人当たり…195〜197
図7　振り込め詐欺被害者数／県民一〇万人当たり…199
図8　児童虐待相談の対応件数／児童・生徒千人当たり…201
図9　児童虐待と不登校・暴力行為…203
図10　ＤＶ相談件数／夫婦一万組当たり…205
図11　産業廃棄物の不法投棄量…207
図12　不法投棄された産業廃棄物の残存量…209
図13　公害苦情件数／県民一〇万人当たり…211
図14　交通事故発生件数／県民一〇万人当たり…213
図15　自殺者数／県民一〇万人当たり…215
■日本地図7　大学進学率…216

グラフ

図1　合計特殊出生率…219
図2　女性の初婚年齢と出生率…221
図3　生涯未婚率…223

関東と中部で高い国際結婚の比率…226
青森や高知では新婚カップルの半数が離婚する…228
滋賀と埼玉の周産期医療態勢はすでに崩壊⁉…230
青森は男女とも短命で、男女の寿命差も最大…234
高齢化社会の先頭を走る島根、秋田…236
真の「健康県・日本一」は長野⁉…240
老後はのんびりするか、元気なうちは働くか…244
全国で深刻化する介護難民…246
秋田と沖縄では死因となる疾患がなぜか真逆…248

図4　年収三〇〇万円以下の世帯割合と生涯未婚率…225
図5　国際結婚の割合…227
図6　離婚数の婚姻数に対する比率…229
図7　一人の産科・産婦人科医師が扱う年間分娩数…231
図8　小児科医師数／15歳未満人口一〇万人当たり…233
図9　男女の平均寿命…235
図10　高齢者の人口割合…237
図11　人口流出と日本の高齢化…239
図12　県民一人当たりの国民医療費…241
図13　高齢者人口の割合と県民一人当たりの国民医療費…243
図14　仕事を主にしている高齢者の割合…245
図15　介護施設の定員／高齢者一〇万人当たり…247
図16　3大死因での死亡者数／県民一〇万人当たり…249
図17　肺炎の死亡率と秋田・沖縄の死亡原因…251
■日本地図8　自殺者数…252

編集協力／ルネサンス社　西川卓子
グラフ作成／寺尾定伸
本文デザイン・ＤＴＰ／田中志磨子

第一章

日本人の所得分配はこうなっている!

年間二〇〇万円台の給与で働くサラリーマン

図1・1のグラフは、平成一九年における日本の全給与所得者（大雑把《おおざっぱ》にいえば日本の勤労者全員）を年間給与額別に区分して、人口分布を示したものである。対象の総人口は男性三八一七万人、女性二七八〇万人。ただし、このデータは給与所得のみで、株式の配当や（現在はほとんどゼロに近い）預貯金利息などの所得を含まない。つまり、このグラフは日本のサラリーマン全体の給与所得額別の人口分布を表わしている。

男性のグラフで目につくのは、二〇〇万円台に人口のピークがきたあと、所得階級が上がるにつれ一貫して人口が減少しているのに、一〇〇〇万～一五〇〇万円で突如増加に転じていることだ。実は、近年五〇〇万～一〇〇〇万の所得層が減ってきているのに対して、五〇〇万円以下とくに三〇〇万円以下の低所得層が増える反面、一〇〇〇万円以上とくに二〇〇〇万円以上の高所得層もまた増加傾向にある。

ただし、このグラフはまだ日本の格差の真実を映し出してはいない。というのは、日本の企業・役所は年功序列が基本なので、全年齢をひとまとめにすると格差がぼやかされてしまうからだ。ちなみに、女性の場合一〇〇万円未満にピークがあるのは、配偶者控除対策がらみであることは周知のとおりである。

図1-1　勤労者の年間所得別人口分布（平成19年）

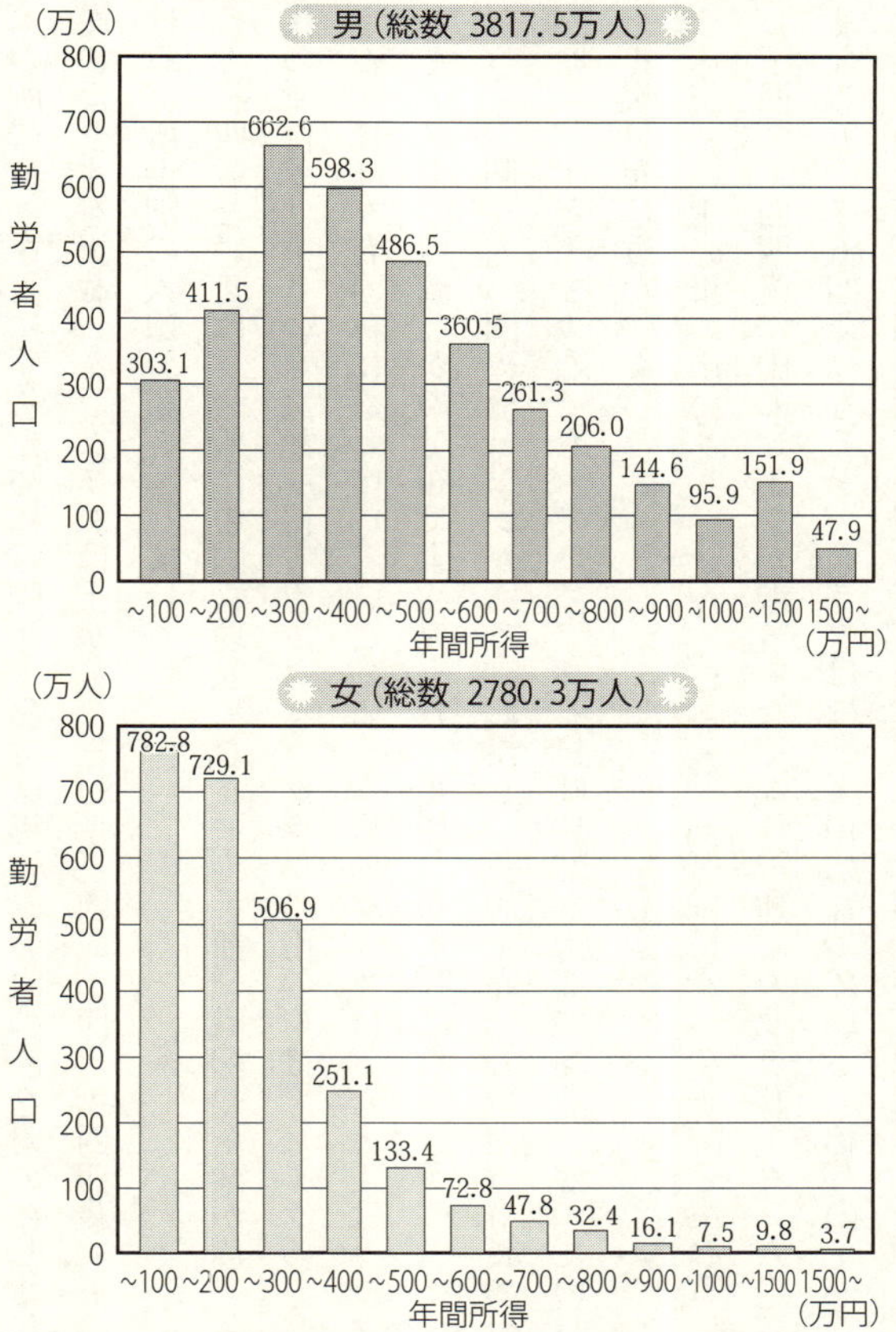
男（総数 3817.5万人）
（万人）
勤労者人口
800
700
600
500
400
300
200
100
0
303.1
411.5
662.6
598.3
486.5
360.5
261.3
206.0
144.6
95.9
151.9
47.9
~100 ~200 ~300 ~400 ~500 ~600 ~700 ~800 ~900 ~1000 ~1500 1500~
年間所得
（万円）
女（総数 2780.3万人）
（万人）
勤労者人口
800
700
600
500
400
300
200
100
0
782.8
729.1
506.9
251.1
133.4
72.8
47.8
32.4
16.1
7.5
9.8
3.7
~100 ~200 ~300 ~400 ~500 ~600 ~700 ~800 ~900 ~1000 ~1500 1500~
年間所得
（万円）

備考：民間企業従業員および公務員を含めた全勤労者の年間所得。
ただし、本業以外の株式配当や年金などは含まない。
「～100万円」は100万円未満を表す。
出典：平成19年就業構造基本統計調査（総務省）

中流層が消えた！

日本の所得格差を露《あらわ》にするために、**図1-2**では男性勤労者のみを対象にして年齢階級別に所得のようすを掲載した。グラフは上から、三〇～三四歳、四〇～四四歳、五〇～五四歳における、所得別の人口分布を示している。

三〇～三四歳といえば、一般に中間管理職になる一歩手前。職種や企業が違っても、まだ同年代の所得差は小さい。高額所得者も少なく、グラフの山の形は、ピークの三〇〇万円台をはさんでほぼ左右対称になっている。このような形のグラフは、たとえばクラスの生徒の身長とかテストの点数とかの分布でよく見られ、正規分布と呼ばれている。

もちろん、個々人の間には「差」がある。しかし、正規分布にしたがう身長の分布は、中間層が厚く、上と下で少なくなっていく、ある意味自然な分布である。かつての日本の所得分布も正規分布に近かった。

ところが、いまの世の中はそうではなくなった。「所得格差」が年齢を重ねるにつれ正体を現し、四〇～四四歳で山のピークが顕著でなくなり、通常のサラリーマン人生で給与が最も高くなる五〇～五四歳になると、グラフはほぼ平坦になっている。給与の上がらない集団と、どんどん上がる集団の両方が増え、以前は存在したぶ厚い「中流層」が消えたのである。

図1-2　年齢階層別、勤労者の年間所得別人口分布（男、平成19年）

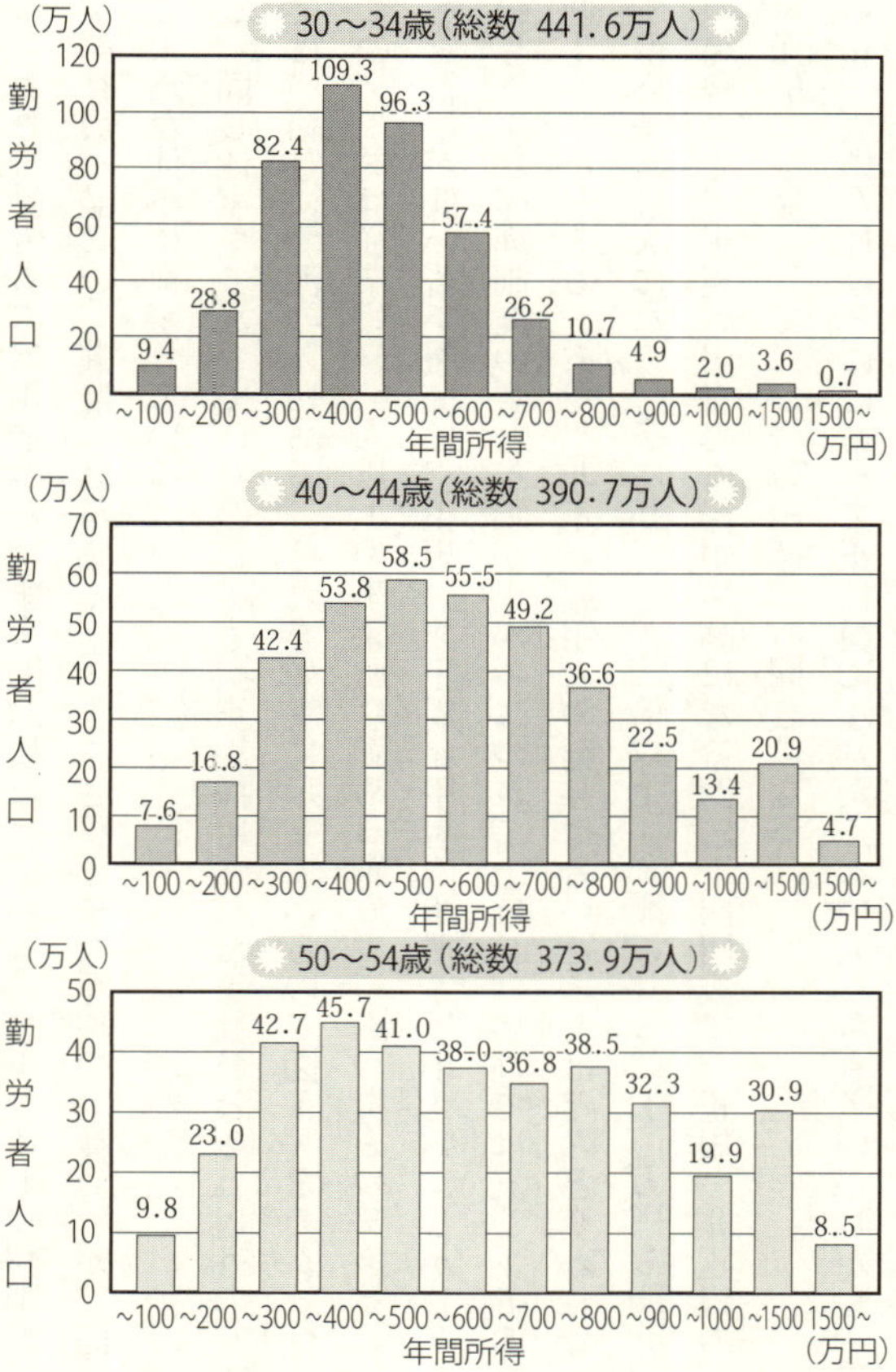
30～34歳（総数 441.6万人）
（万人）
勤労者人口
120
100
80
60
40
20
0
9.4
28.8
82.4
109.3
96.3
57.4
26.2
10.7
4.9
2.0
3.6
0.7
～100 ～200 ～300 ～400 ～500 ～600 ～700 ～800 ～900 ～1000 ～1500 1500～
年間所得
（万円）
40～44歳（総数 390.7万人）
（万人）
勤労者人口
70
60
50
40
30
20
10
0
7.6
16.8
42.4
53.8
58.5
55.5
49.2
36.6
22.5
13.4
20.9
4.7
～100 ～200 ～300 ～400 ～500 ～600 ～700 ～800 ～900 ～1000 ～1500 1500～
年間所得
（万円）
50～54歳（総数 373.9万人）
（万人）
勤労者人口
50
40
30
20
10
0
9.8
23.0
42.7
45.7
41.0
38.0
36.8
38.5
32.3
19.9
30.9
8.5
～100 ～200 ～300 ～400 ～500 ～600 ～700 ～800 ～900 ～1000 ～1500 1500～
年間所得
（万円）

備考：対象、計算方法は図1-1と同じ。ただし、年齢階層別。
出典：図1-1と同じ

正規・非正規雇用の所得格差は約二倍

周知のとおり、勤労者の雇用形態がいま大問題になっている。アルバイト、パート、派遣社員、契約社員、請負《うけお》い、嘱託、非常勤……いまやさまざまな呼称の「社員」が、同じ職場で、同じような仕事に従事している。

しかし、同じ仕事をこなしていたとしても、正規採用された正社員とそれ以外の非正規雇用者とでは、給与に雲泥の差がある。それを如実に示しているのが**図1-3**のグラフだ。ただし、このデータは従業員一〇人以上の事業所に勤める勤労者に限ったものである。

もともと給与が低い若年層では、正規・非正規雇用者の所得差は小さい。しかし、正規雇用者の給与は年功序列制度のもと年齢が上がるにつれて上昇し、男性では五〇~五四歳でピークを迎える。だがその一方で、非正規雇用者の給与は若いときとほとんど変わらないため、両者の所得格差は最大になり、率にして二・二倍以上、金額にして三七〇万円も開く。

女性の場合でも、正規雇用者の所得が最高になる四〇~四四歳で、正規・非正規の所得格差は一・九倍、金額にして二〇一万円ほどの開きになる。

もちろん、既婚女性などにはあえて正社員になりたくない人たちも多い。しかし、正社員になりたくてもなれない人が大勢いることもまた現実である。

図1-3　正規雇用・非正規雇用別、勤労者の年間所得（平成19年）

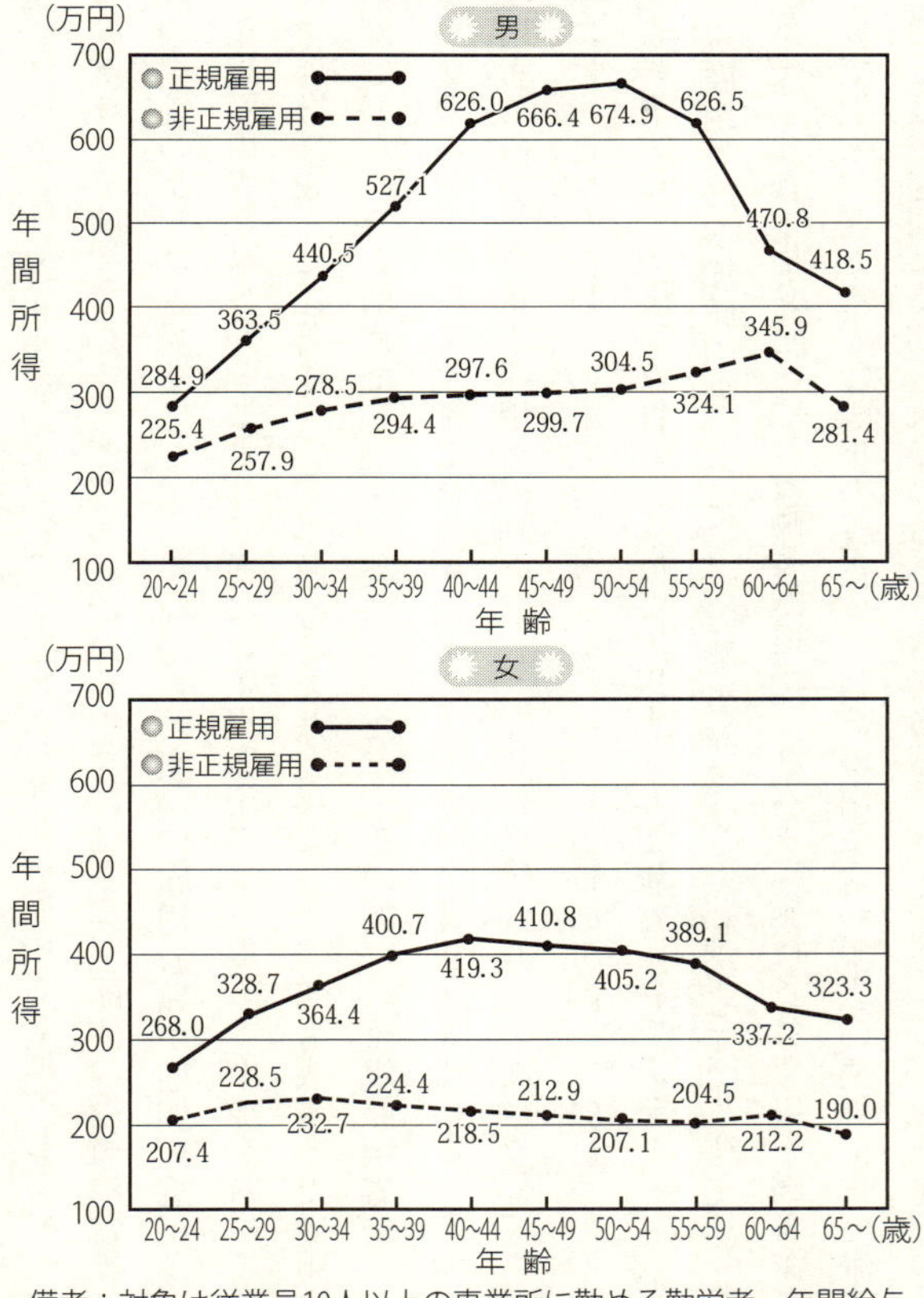

男
(万円)
700
600
500
400
300
200
100
年間所得
正規雇用
非正規雇用
284.9
363.5
440.5
527.1
626.0
666.4
674.9
626.5
470.8
418.5
225.4
257.9
278.5
294.4
297.6
299.7
304.5
324.1
345.9
281.4
20~24
25~29
30~34
35~39
40~44
45~49
50~54
55~59
60~64
65～(歳)
年齢
女
(万円)
700
600
500
400
300
200
100
年間所得
正規雇用
非正規雇用
268.0
328.7
364.4
400.7
419.3
410.8
405.2
389.1
337.2
323.3
207.4
228.5
232.7
224.4
218.5
212.9
207.1
204.5
212.2
190.0
20~24
25~29
30~34
35~39
40~44
45~49
50~54
55~59
60~64
65～(歳)
年齢

備考：対象は従業員10人以上の事業所に勤める勤労者。年間給与所得は税金や社会保障費の控除前の金額で、平成19年６月の所定内賃金を12倍し、それに年間賞与を加えて求めた。各種手当を含むが、残業代などの超過勤務手当は含まない。
出典：平成19年賃金構造基本統計調査（厚生労働省）より計算

増えない正規雇用、膨張する非正規雇用

企業（団体含む）が正規雇用者の数をおさえ、非正規雇用者を増やしている事実は、**図1-4**のグラフで確認できる。ただし、このデータには企業・団体の役員は含まれていない。

上図の男性のグラフを見ると、二〇年前からわずかに雇用者数が増加（近年は横ばい）ながら、正規雇用者は減少傾向にあり、逆に非正規雇用者は一貫して増加を続けている。

女性の場合はさらに顕著で、二〇年前の一九八九年に一六三四万人だった雇用者が、二〇〇八年には五六八万人増えて二二〇二万になったが、その間に非正規雇用者が六〇六万人増えた。つまり、二〇年間で増加した雇用者分以上がすべて非正規雇用になったのだ。

全雇用者に占める非正規雇用者の割合は、八九年には男性八・七％、女性三六％。それが〇八年には男性は二倍以上の一八・七％、女性は一・五倍の五四・二％にまで増加した。いまや男性の五人に一人弱、女性の二人に一人以上が非正規雇用者である。

非正規雇用者の増加原因の一つに、「労働者派遣法」の制定と改正が挙げられる。従来「職業安定法」で禁止されていた労働者派遣が、八六年に施行された「労働者派遣法」で合法化されて以来、九九年、〇四年の改正で、製造現場を含む幅広い業種にまで派遣労働が広がったことは、巷間よく知られているところである。

図1-4　正規・非正規雇用者数の推移

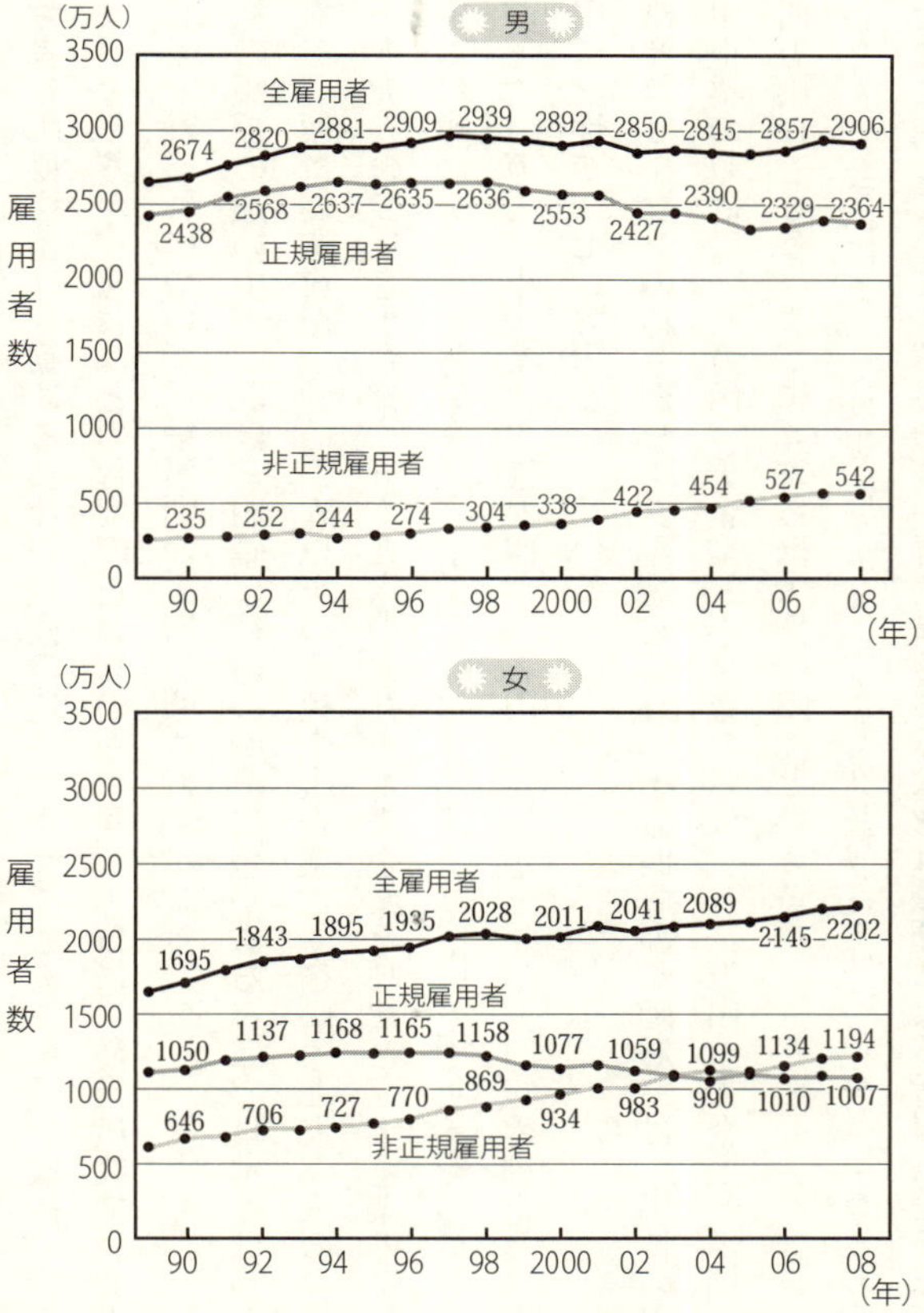
男
（万人）
雇用者数
全雇用者
2674
2820
2881
2909
2939
2892
2850
2845
2857
2906
2438
2568
2637
2635
2636
2553
2427
2390
2329
2364
正規雇用者
非正規雇用者
235
252
244
274
304
338
422
454
527
542
90 92 94 96 98 2000 02 04 06 08
（年）
女
（万人）
雇用者数
全雇用者
1695
1843
1895
1935
2028
2011
2041
2089
2145
2202
正規雇用者
1050
1137
1168
1165
1158
1077
1059
1099
1134
1194
646
706
727
770
869
934
983
990
1010
1007
非正規雇用者
（年）

備考：対象は全会社・団体に勤務する勤労者。ただし役員を除く。89〜01年は各年２月データ（労働力調査特別調査）、02〜08年は各年1〜3月平均（労働力調査詳細集計）
出典：労働力調査（厚生労働省）

寄らば大企業の陰

勤労者の所得格差は、勤める会社の規模の違いによっても大きい。一般に、大企業ほど給料がよいようだが、それはどの程度の違いなのか。図1-5に、従業員数で企業を四段階に区分し、それぞれについて年齢層別の平均年間所得を示した。

会社の規模の違いで、これほど明確に社員の所得に差があるとは、日本もはっきりした社会である。仮に従業員が一〇〇〇人以上の会社を大企業、一〇〇～九九九人の会社を中企業、一〇～九九人の会社を小企業、五～九人の会社を零細企業と呼ぶと、大企業の全年齢を総合した平均年間所得は、男性が六七三万円、女性が四四〇万円、中企業の男性が五〇三万円、女性が三六一万円、小企業の男性が四二一万円、女性が三一〇万円、零細企業の男性が三八四万円、女性が二七二万円となっている。

通常サラリーマンの給与がピークを迎える五〇～五四歳の年齢層では、男性の場合、大企業と中企業の差は二一八万円、大企業と小企業の差は三八二万円、大企業と零細企業の差は四三四万円にもなる。まさに「寄らば大樹の陰」といえる。

もっとも、会社によっては規模が小さくても高収益を挙げているところもあるだろうし、同じ会社に属していても賃金の高い専門職もある。次は職種による所得格差を見てみたい。

図1-5　企業規模別、勤労者の年間所得（平成19年）

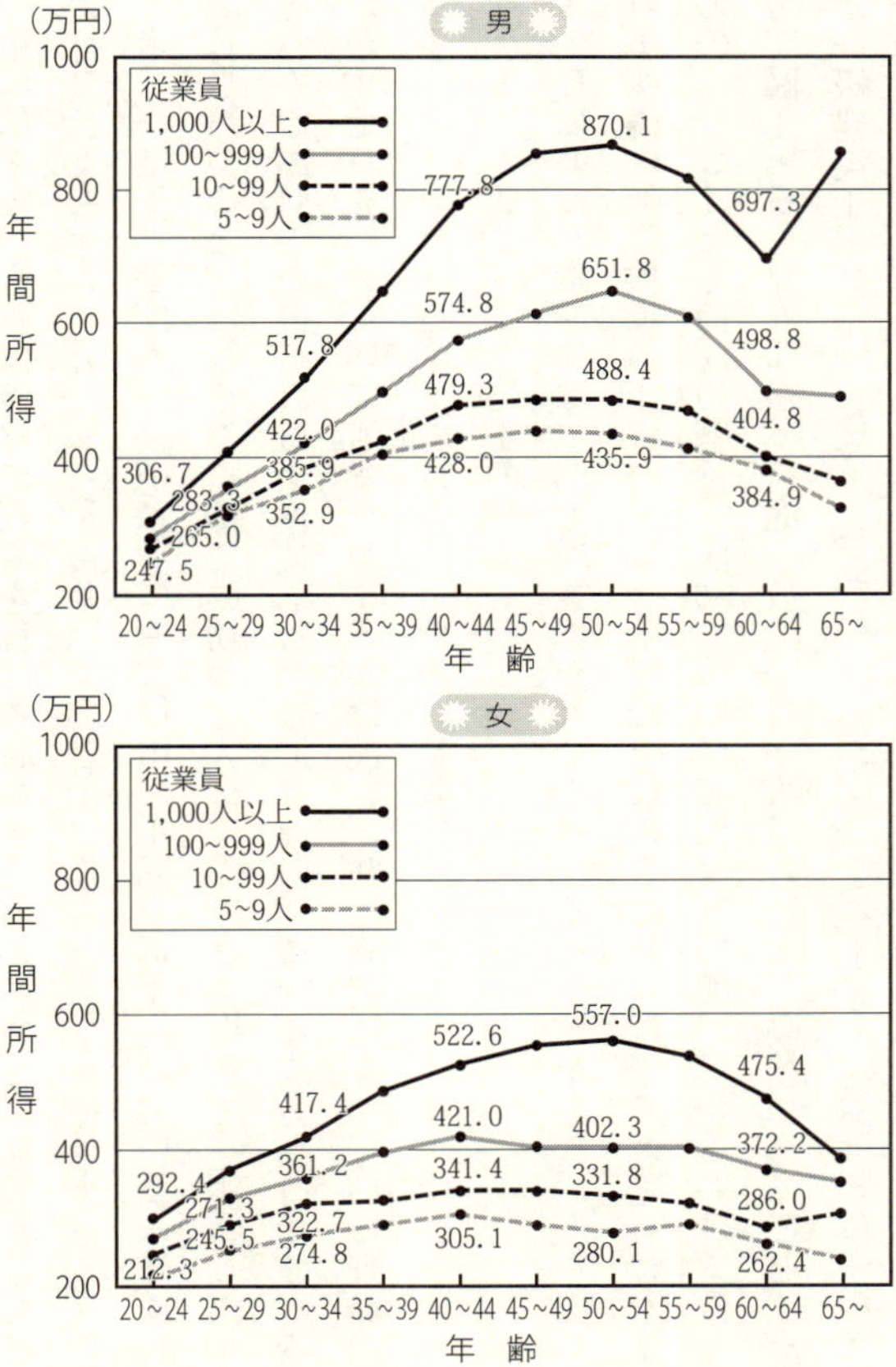
男
（万円）
1000
800
600
400
200
年間所得
従業員
1,000人以上
100~999人
10~99人
5~9人
870.1
777.8
697.3
651.8
574.8
517.8
498.8
488.4
479.3
422.0
404.8
385.9
428.0
435.9
384.9
352.9
306.7
283.3
265.0
247.5
20~24 25~29 30~34 35~39 40~44 45~49 50~54 55~59 60~64 65~
年齢
女
（万円）
1000
800
600
400
200
年間所得
従業員
1,000人以上
100~999人
10~99人
5~9人
557.0
522.6
475.4
417.4
421.0
402.3
372.2
361.2
341.4
331.8
292.4
271.3
286.0
322.7
245.5
274.8
305.1
280.1
262.4
212.3
20~24 25~29 30~34 35~39 40~44 45~49 50~54 55~59 60~64 65~
年齢

備考：対象、年間給与所得の計算方法は図1-3と同じ。ただし、企業規模別。
出典：平成19年賃金構造基本統計調査（厚生労働省）より計算

医師、パイロットが男性の高額収入トップ2

世の中には才覚があれば破格の収入を稼げる職業がいろいろある。起業をしてベンチャー企業の社長になって、それこそン十億円、ン百億円を手にした人は日本にもゴロゴロいる。プロスポーツ選手、芸能人、芸術家等にも数億円の年収を毎年稼いでいる人は多い。

しかし当然のこと、これらの職種で成功する人はほんのひと握りで、挑戦したからといって、だれもが高収入を得られるようになるわけではない。特別な能力を持っていることが大前提だが、それを持っていてもまだハードルは高い。昨今話題になっている野球の独立リーグの選手も「プロ野球選手」ではあるものの、年収は同年代のサラリーマンと比べても低いし、サッカーのJ2リーグ選手の現実も厳しい。

図1-6に並んだ職業には、努力次第でだれでも就《つ》ける可能性がある。もちろん高収入を得られる医師、航空機操縦士（パイロット）などになるためには、それなりにハードルは高いものの、少なくとも前述の職種で成功するのに必要な特殊能力がいるわけでもない。

さて、**図1-6**を見渡すと、新聞・放送記者が大学教授より高給であること、高校教員の所得が一級建築士より上であることなどが目を引く。もっとも、実際にはこのデータよりはるかに多い給与を得ている人はたくさんいる。

図1-6　職種別、勤労者の年間所得（男、平成19年）

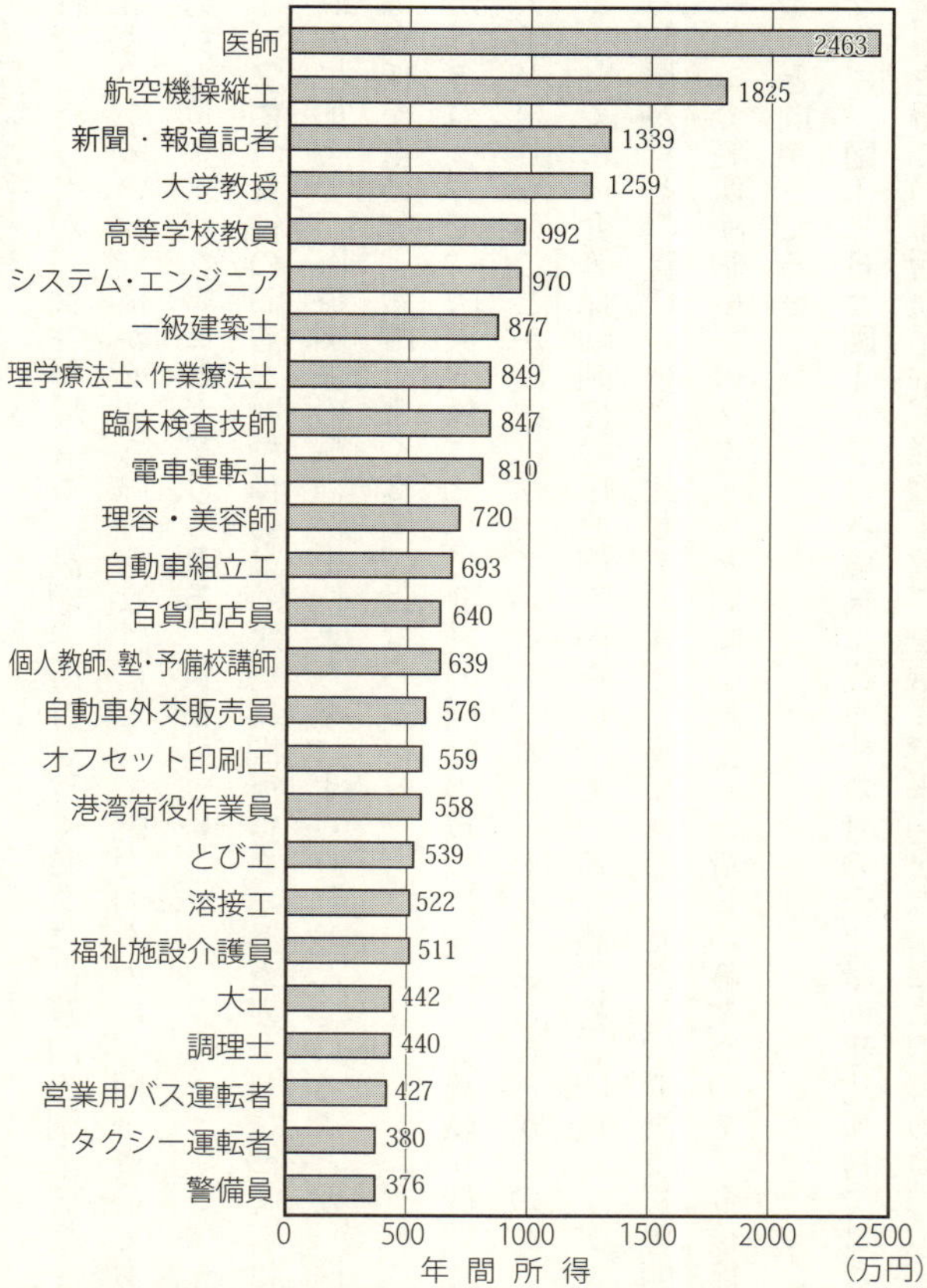
医師 2463
航空機操縦士 1825
新聞・報道記者 1339
大学教授 1259
高等学校教員 992
システム・エンジニア 970
一級建築士 877
理学療法士、作業療法士 849
臨床検査技師 847
電車運転士 810
理容・美容師 720
自動車組立工 693
百貨店店員 640
個人教師、塾・予備校講師 639
自動車外交販売員 576
オフセット印刷工 559
港湾荷役作業員 558
とび工 539
溶接工 522
福祉施設介護員 511
大工 442
調理士 440
営業用バス運転者 427
タクシー運転者 380
警備員 376
0
500
1000
1500
2000
2500
年間所得
（万円）

備考：年間給与所得の計算方法は図1-3と同じだが、残業代等も含む。従業員10人以上の事業所に勤める勤労者の各年齢階層および経験年数のうち、最も所得が高かったグループを選んだ。
出典：図1-5と同じ

給料が安すぎる介護職

男性でもそうだが、女性の場合も、高額の所得を稼ぐ職業には難関の国家資格を取る必要があるものが多い。資格が必要な職種が女性にとって魅力的なのは、同一資格であれば基本的に男女の賃金差がないことが挙げられる。資格は強い。

図1-7に、女性のおもな職種における平均年間所得を示したが、目につくのは、前述の資格商売に加えて、医療関係の職種が中位より上にずらりと並んでいることだ。医療関係の仕事は責任が重い分、報酬もよくなくてはならない。

しかしその一方で、医療関係に比べて介護の関係の賃金は安い。介護職が低賃金であるために人手が足りないことが問題になっているが、確かにそうであることがこのグラフからもわかる。とくに、介護保険制度の中心的役割を担っている介護支援専門員（ケアマネージャー）の所得が、その責任の重さに比して安すぎる感がある。ただし、介護支援専門員は、二〇〇〇年「介護保険制度」のスタートと同時に誕生した新しい職業なので、今後徐々に適正な賃金へと向かうだろう。

ちなみに、**図1-6**と**図1-7**は各職種に従事する者の全年齢の平均所得ではなく、最も高い所得を得ている層（年齢、経験年数）を選んで平均を取ったものである。

図1-7 職種別、勤労者の年間所得（女、平成19年）

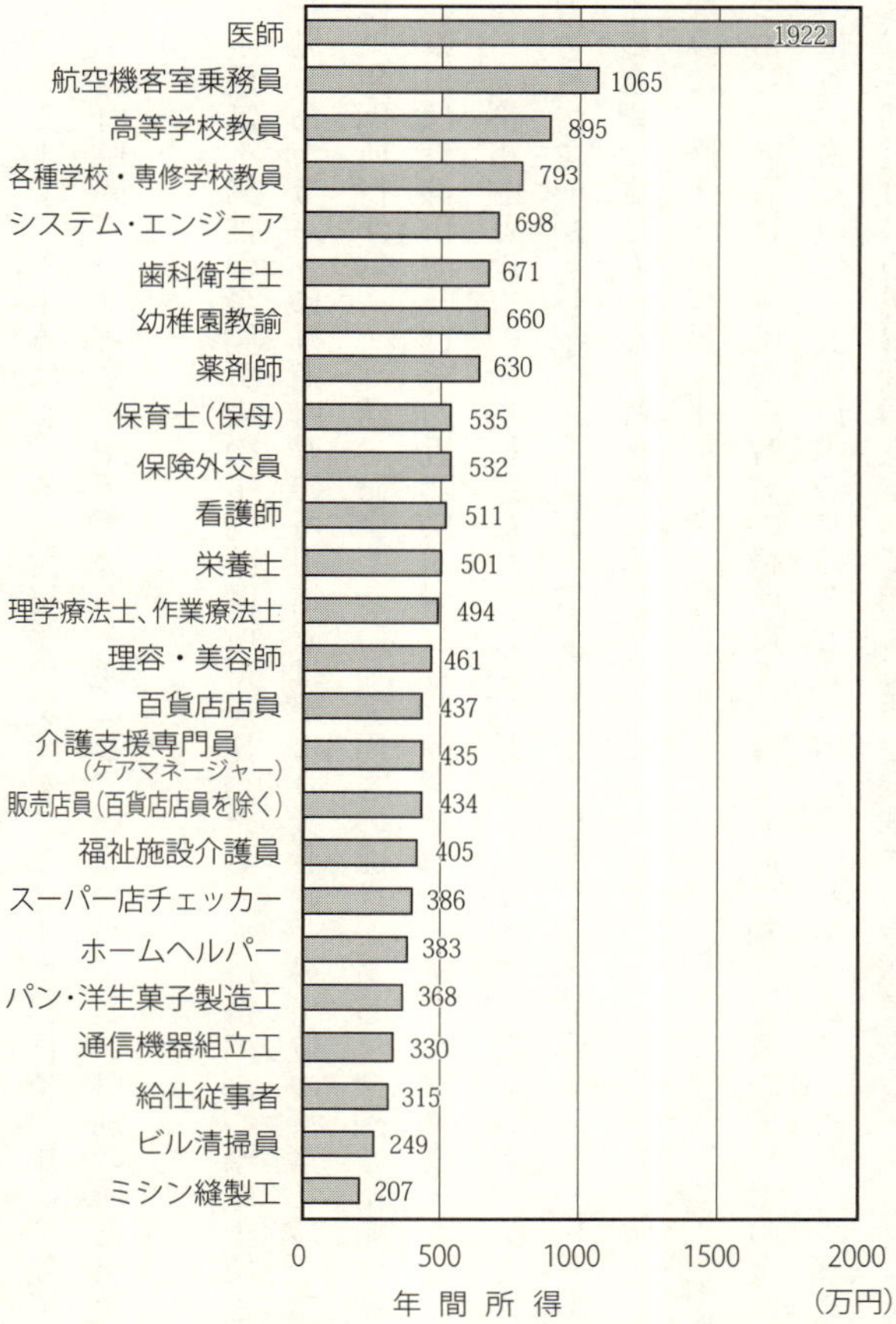
医師 1922
航空機客室乗務員 1065
高等学校教員 895
各種学校・専修学校教員 793
システム・エンジニア 698
歯科衛生士 671
幼稚園教諭 660
薬剤師 630
保育士（保母） 535
保険外交員 532
看護師 511
栄養士 501
理学療法士、作業療法士 494
理容・美容師 461
百貨店店員 437
介護支援専門員（ケアマネージャー） 435
販売店員（百貨店店員を除く） 434
福祉施設介護員 405
スーパー店チェッカー 386
ホームヘルパー 383
パン・洋生菓子製造工 368
通信機器組立工 330
給仕従事者 315
ビル清掃員 249
ミシン縫製工 207
0
500
1000
1500
2000
年間所得
（万円）

備考：対象や年間所得の計算方法は図1-6と同じ。ただし女性のみ。
出典：図1-5と同じ

東京と沖縄、男性の所得格差はおよそ一・九倍

さて、ここまで日本全体における所得格差の実態をさまざまな属性で分類して見てきたが、本書は都道府県間における格差や不平等を主題にしているので、次に県別の所得格差を取り上げたい。

図1-8は、男性の全勤労者の平均年間所得を比べたもの。所得の高い県を上位としたが、これを見てわかるように都道府県の所得格差はかなり大きい。最上位の東京と最下位の沖縄とでは、年間所得が約一・九倍。およそ三〇〇万円もの開きがある。全国を俯瞰《ふかん》すると、上位一〇県には大都市圏及びその近隣県がずらりと顔をそろえ、下位には沖縄・九州、山陰勢が並ぶ。大都市圏と地方の所得格差は、たとえば地方には大企業がほとんどないとか、高収入を得られる専門職の職場が少ない、などといった前出の職業属性と大いに関係している。が、このままでは地方から大都市圏へ人口が流れるばかりだ。

ちなみに、**図1-8**には「平均」が、グラフ中の「会社員平均」と表中の「都道府県平均」の二つある。前者は、全国の勤労者の総所得を勤労者総数で割ったもので、その金額が上位六位の位置にあるのは、五位以内の県の勤労者人口が多いためである。後者の「都道府県平均」は、各都道府県の所得金額をすべて加えて四七で割った金額である。

図1-8 都道府県別、勤労者の年間所得（平成19年、男）

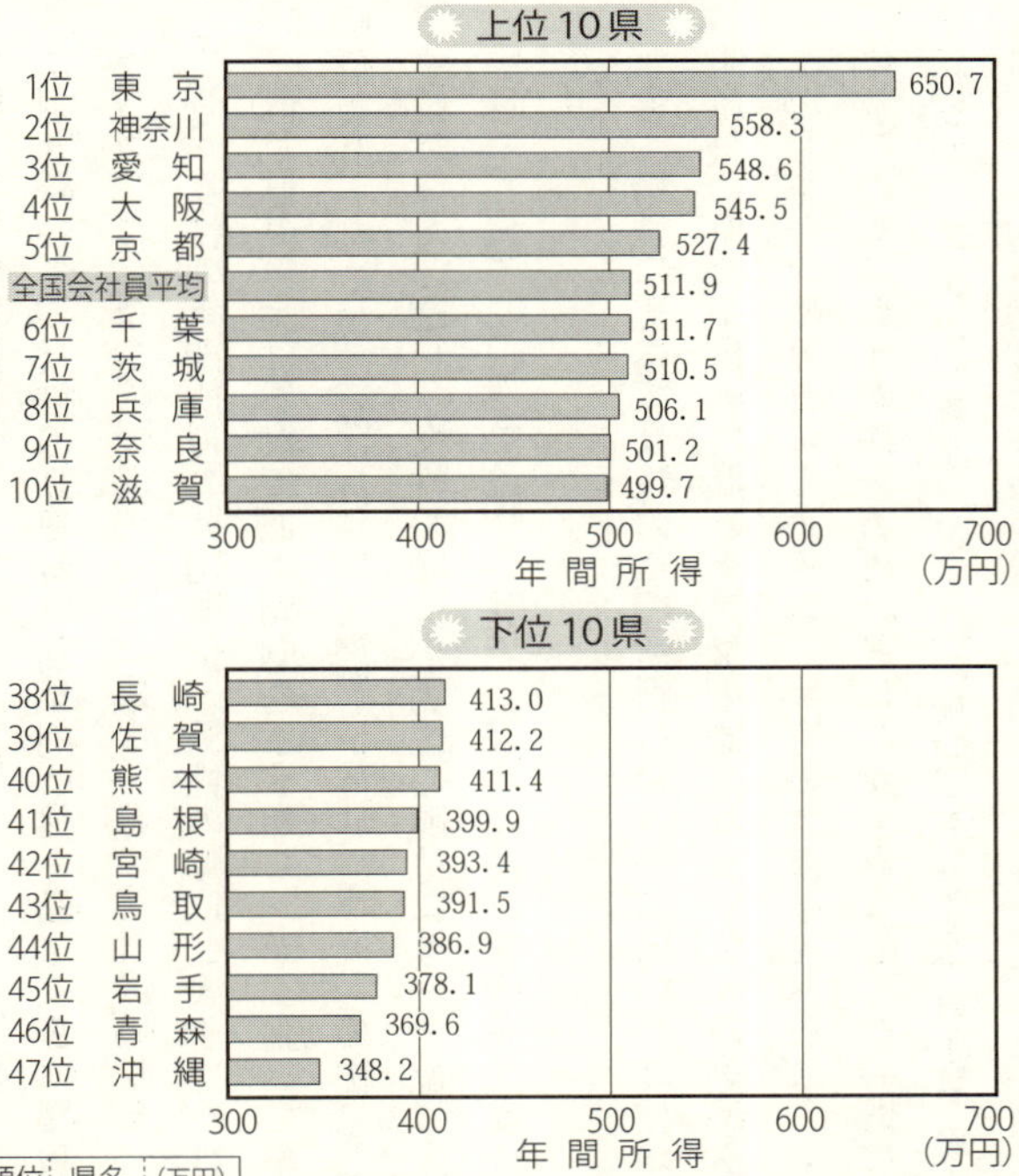
上位10県
1位 東京 650.7
2位 神奈川 558.3
3位 愛知 548.6
4位 大阪 545.5
5位 京都 527.4
全国会社員平均 511.9
6位 千葉 511.7
7位 茨城 510.5
8位 兵庫 506.1
9位 奈良 501.2
10位 滋賀 499.7
300 400 500 600 700
年間所得 （万円）
下位10県
38位 長崎 413.0
39位 佐賀 412.2
40位 熊本 411.4
41位 島根 399.9
42位 宮崎 393.4
43位 鳥取 391.5
44位 山形 386.9
45位 岩手 378.1
46位 青森 369.6
47位 沖縄 348.2
300 400 500 600 700
年間所得 （万円）

順位	県名	（万円）	順位	県名	（万円）	順位	県名	（万円）	順位	県名	（万円）
11位	三　重	497.7	18位	広　島	467.1	24位	和歌山	457.0	31位	秋　田	438.0
12位	栃　木	494.1	19位	徳　島	461.6	25位	長　野	456.6	32位	福　島	429.6
13位	静　岡	490.6	20位	石　川	460.6	26位	岐　阜	455.8	33位	大　分	428.3
14位	宮　城	484.5	21位	福　井	460.2	27位	福　岡	455.5	34位	北海道	426.5
15位	埼　玉	483.2	22位	群　馬	459.5	28位	富　山	454.8	35位	新　潟	422.6
16位	山　梨	479.1	都道府県平均		459.3	29位	山　口	454.2	36位	高　知	415.2
17位	香　川	477.4	23位	岡　山	459.0	30位	愛　媛	440.4	37位	鹿児島	414.4

備考：対象、計算方法は図1-3と同じ。全産業、全年齢層の平均。
　　　ただし男性のみ。各都道府県の平均年齢は40.9～43.3歳。
出典：図1-5と同じ

東京と秋田、女性の所得格差はおよそ一・六倍

男性に引き続いて、女性の都道府県別年間所得を図1-9に掲載した。また上位・下位一〇県のグラフには、都道府県名のあとに図1-8の男性の順位を（　）内に併記した。

もとより、女性の年間所得の県別順位が男性の順位と大きくかけ離れていることはほとんどない。同じ県の賃金は男女で似た傾向を示すからだが、強いて挙げれば、女性の順位が男性の順位より一〇位以上高い県は、福岡（女性一四位、男性二七位）、高知（女性二三位、男性三六位）……。逆に、女性の順位が男性の順位より一〇位以上低い県は、栃木（女性二二位、男性一二位）、宮城（女性二八位、男性一四位）、秋田（女性四七位、男性三一位）……である。

もっとも、男性に比べて女性の年間所得は相対的に低いので、おのずと県間の所得差も小さい。上位一〇県と下位一〇県のグラフを並べればかなりの差があるように見えるが、これはグラフの目盛りの取り方によるもの。実際の数値を比べれば、表中の一一位（徳島）と三七位（佐賀）の差はわずか四一万円ほどにしかすぎない。その間に二七県もがひしめき合っている状態だ。最上位の東京と最下位の秋田との差も、男性の場合よりも小さく、およそ一・六倍、一六〇万円ほどである。

図1-9 都道府県別、勤労者の年間所得（平成19年、女）

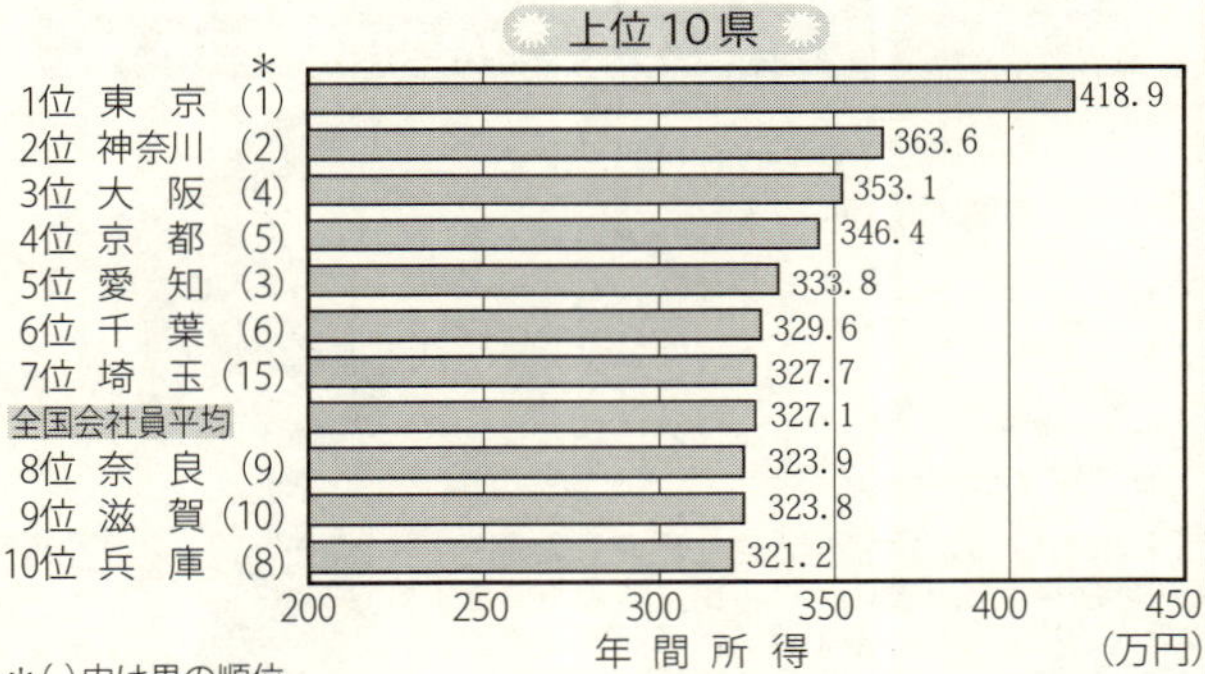
上位10県
＊
1位 東 京 (1) 418.9
2位 神奈川 (2) 363.6
3位 大 阪 (4) 353.1
4位 京 都 (5) 346.4
5位 愛 知 (3) 333.8
6位 千 葉 (6) 329.6
7位 埼 玉 (15) 327.7
全国会社員平均 327.1
8位 奈 良 (9) 323.9
9位 滋 賀 (10) 323.8
10位 兵 庫 (8) 321.2
200 250 300 350 400 450
年間所得
(万円)

＊( )内は男の順位

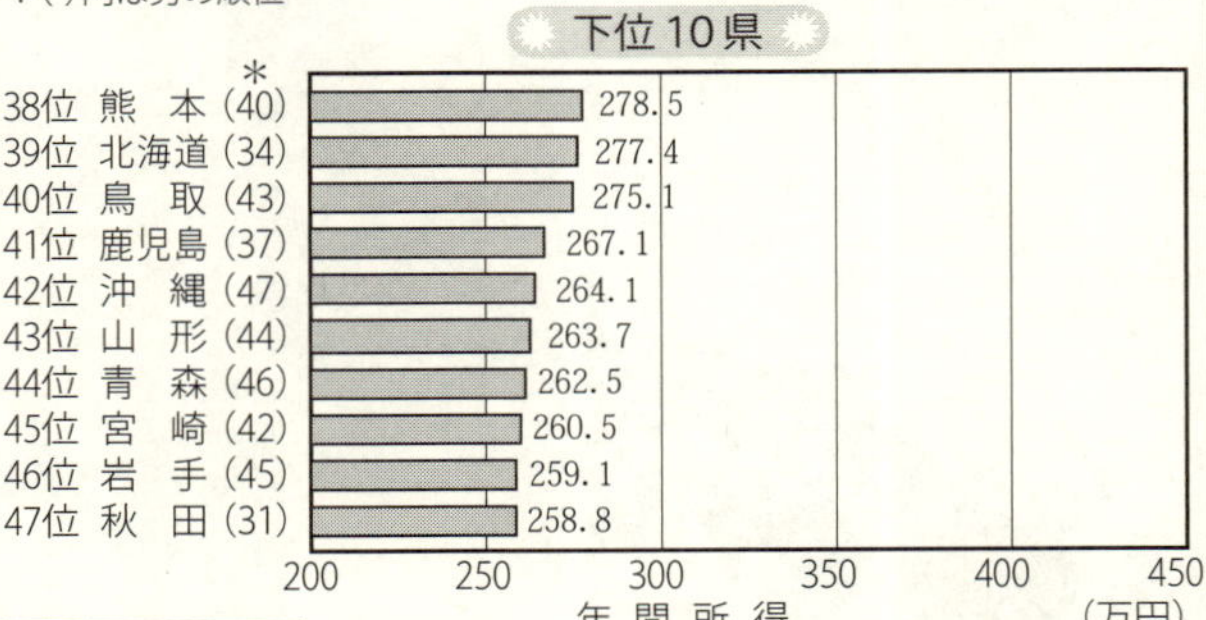
下位10県
＊
38位 熊 本 (40) 278.5
39位 北海道 (34) 277.4
40位 鳥 取 (43) 275.1
41位 鹿児島 (37) 267.1
42位 沖 縄 (47) 264.1
43位 山 形 (44) 263.7
44位 青 森 (46) 262.5
45位 宮 崎 (42) 260.5
46位 岩 手 (45) 259.1
47位 秋 田 (31) 258.8
200 250 300 350 400 450
年間所得
(万円)

順位	県名	(万円)									
11位	徳 島	320.0	18位	岡 山	307.5	都道府県平均		301.9	31位	新 潟	288.2
12位	山 梨	319.1	19位	富 山	306.9	25位	福 井	298.2	32位	岐 阜	286.2
13位	茨 城	314.8	20位	長 野	306.8	26位	広 島	295.7	33位	福 島	283.9
14位	福 岡	313.8	21位	静 岡	306.3	27位	石 川	295.5	34位	島 根	282.1
15位	三 重	310.8	22位	栃 木	305.9	28位	宮 城	293.2	35位	大 分	280.2
16位	和歌山	309.7	23位	高 知	304.7	29位	愛 媛	289.8	36位	長 崎	279.9
17位	香 川	308.6	24位	群 馬	302.9	30位	山 口	289.6	37位	佐 賀	279 2

備考：対象、計算方法は図1-8と同じ。ただし女性のみ。各都道府県の平均年齢は37.2～41.6歳。
出典：図1-5と同じ

「住みにくい県」の日本地図

図0-3 1人当たりの県民所得

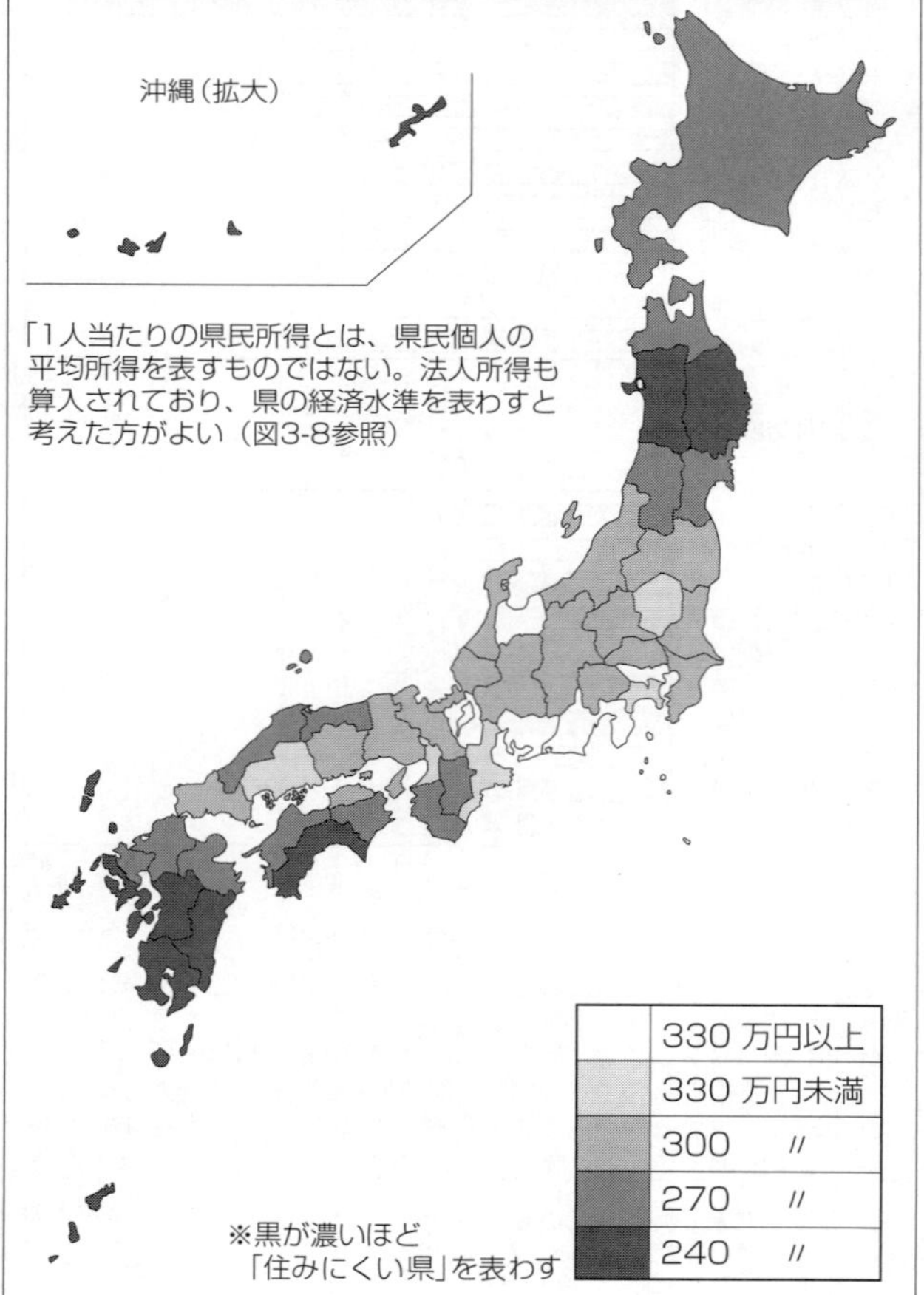
沖縄（拡大）
「1人当たりの県民所得とは、県民個人の平均所得を表すものではない。法人所得も算入されており、県の経済水準を表わすと考えた方がよい（図3-8参照）
※黒が濃いほど「住みにくい県」を表わす
330 万円以上
330 万円未満
300 〃
270 〃
240 〃

第二章

生活にゆとりのある県はどこ？

地方で世帯収入が多い理由

第二章から、主として都道府県における暮らしやすさを格差、不平等などの面から検証していきたい。グラフが都道府県別のデータであっても、以後とくに図タイトルに「都道府県別」とは明記しないこととする。

図2・1は世帯収入のランキングである。収入の高い県ほど上位とした。すでに前章で給与所得の格差を掲載したが、ここでは社会の基盤である家庭（世帯）の収入を取り上げた。ただし、これらは都道府県庁所在市（東京は二三区）の二人以上世帯の月収データである。

図2・1を見て、すぐに異変に気づくだろう。年間給与所得が断トツであった東京が一八位に沈み、上位一〇県の顔ぶれには四国、東北、北陸勢など地方の県が多数並ぶ。このように、順位が変動した理由はいろいろあるが、まず前章の**図1・8**や**図1・9**では勤労者一人の給与所得であったのに対して、**図2・1**は世帯に属する人すべての収入を合算したものであること（ただし、経営者や役員、自由業などの世帯は除外）。地方のほうが大家族で働き手が多い傾向があるので、それだけ世帯収入は増える。また、**図1・8**や**図1・9**の対象が従業員一〇人以上の企業に勤める勤労者だったのが、ここでは従業員九人以下の事業所が含まれるので、小規模な会社も多い東京の平均値給与も下がっている。

図2-1　1カ月の世帯収入（平成20年）

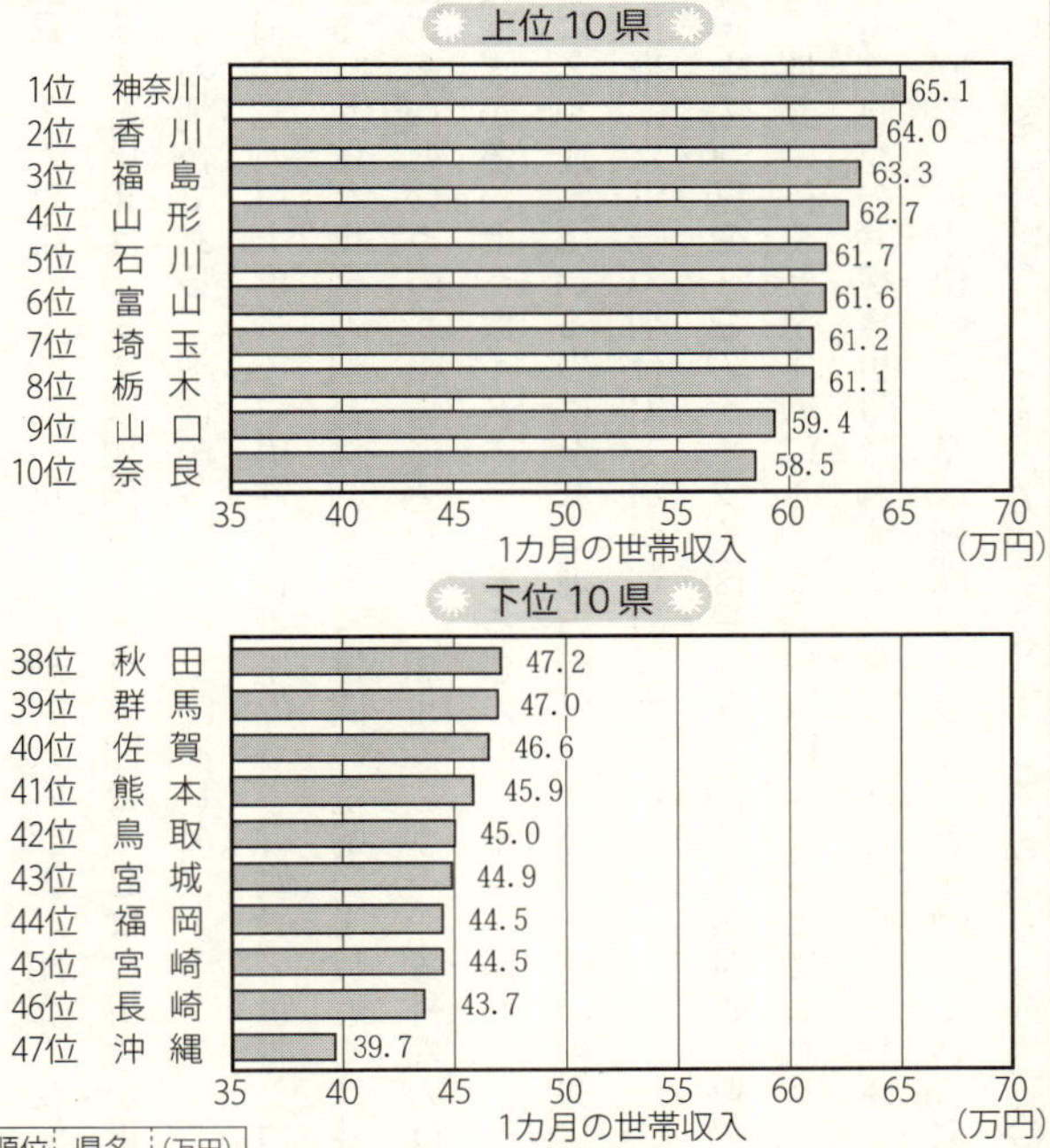
上位10県
1位 神奈川 65.1
2位 香川 64.0
3位 福島 63.3
4位 山形 62.7
5位 石川 61.7
6位 富山 61.6
7位 埼玉 61.2
8位 栃木 61.1
9位 山口 59.4
10位 奈良 58.5
35 40 45 50 55 60 65 70
1カ月の世帯収入
（万円）
下位10県
38位 秋田 47.2
39位 群馬 47.0
40位 佐賀 46.6
41位 熊本 45.9
42位 鳥取 45.0
43位 宮城 44.9
44位 福岡 44.5
45位 宮崎 44.5
46位 長崎 43.7
47位 沖縄 39.7
35 40 45 50 55 60 65 70
1カ月の世帯収入
（万円）

順位	県名	（万円）									
11位	和歌山	58.5	18位	東京	55.9	全国平均		53.4	31位	千葉	51.6
12位	大分	58.3	19位	広島	55.7	25位	滋賀	53.3	32位	北海道	50.2
13位	島根	57.0	20位	山梨	55.4	26位	岩手	53.0	33位	大阪	49.5
14位	三重	56.5	21位	静岡	55.2	27位	京都	53.0	34位	兵庫	49.3
15位	福井	56.3	22位	茨城	55.1	28位	徳島	52.7	35位	愛媛	48.8
16位	岐阜	56.0	23位	高知	54.8	29位	鹿児島	52.4	36位	青森	48.7
17位	新潟	56.0	24位	長野	54.3	30位	愛知	51.9	37位	岡山	47.7

備考：各都道府県庁所在市での調査結果。対象は、会社・団体に勤務する勤労者（役員や自営業者は含まない）が世帯主の、二人以上の世帯。実収入は税引き前で、世帯主以外の人の収入および給与以外の収入も含む。「全国平均」は都道府県平均。

出典：平成20年家計調査（総務省）

意外と低い都会の共稼ぎ率

図2-1の世帯収入では、世帯主以外の人の収入が加算されているが、世帯主以外で勤めに出る人といえば、まずは配偶者だろう。**図2-2**は、男性が世帯主の家庭で、妻が働いている家の割合である。割合が多いほど上位とした。

全国の二人以上世帯で、男性が世帯主のうちの勤労者世帯（自営業者世帯は含まない）における、共稼ぎ世帯の割合は約四割。世間の主婦の半数近くは外で働いているようで、予想以上に多いというのが筆者の感想だ。加えてもう一つ意外なのは、都会のほうが地方より夫婦共稼ぎが多いようなイメージがあるものの、事実は逆だということ。共稼ぎが多いベスト一〇に名を連ねているのはどれも地方の県ばかり。一位の福井、二位の山形などは、およそ一〇世帯に六世帯の割合で主婦が勤めに出ている。

もっとも、**図2-2**のデータも**図2-1**と同様、各都道府県の県庁所在市での調査結果なので、郡部に行くと全体的にもっと低い数値になると思われる。

一方、東京の共稼ぎ世帯はわずか三割しかない。京都、兵庫、愛知、神奈川なども全国平均を下回る。最下位の奈良県は極端に少なく、妻が働いている家庭は一〇世帯のうち二世帯もない。「主婦は家にいて家庭を守るもの」というのが奈良の県民性なのかもしれない。

図2-2　世帯主の妻の有業率（平成20年）

上位10県

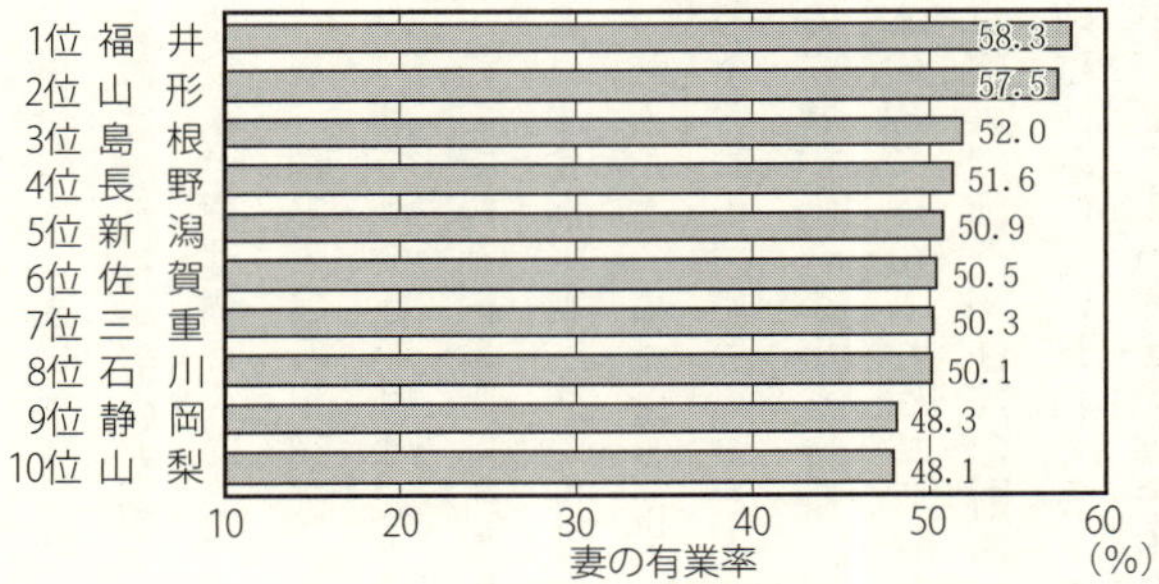
1位 福井 58.3
2位 山形 57.5
3位 島根 52.0
4位 長野 51.6
5位 新潟 50.9
6位 佐賀 50.5
7位 三重 50.3
8位 石川 50.1
9位 静岡 48.3
10位 山梨 48.1
10 20 30 40 50 60
妻の有業率
(%)

下位10県

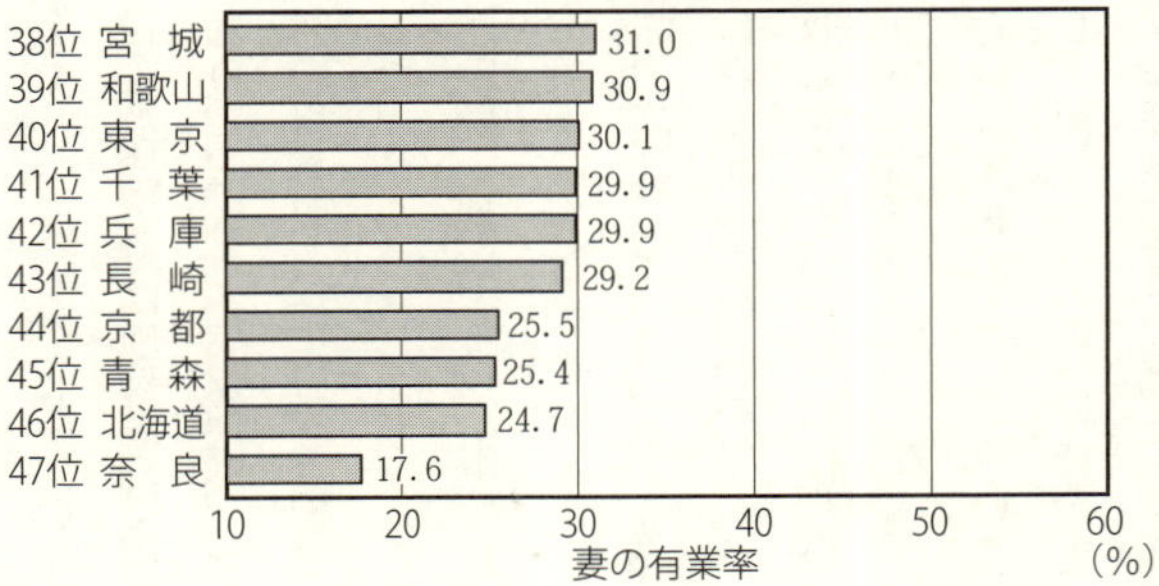
38位 宮城 31.0
39位 和歌山 30.9
40位 東京 30.1
41位 千葉 29.9
42位 兵庫 29.9
43位 長崎 29.2
44位 京都 25.5
45位 青森 25.4
46位 北海道 24.7
47位 奈良 17.6
10 20 30 40 50 60
妻の有業率
(%)

順位	県名	(%)									
11位	山口	47.4	18位	滋賀	44.5	24位	大分	41.1	31位	岩手	37.2
12位	鳥取	46.2	19位	秋田	44.0	25位	岐阜	40.5	32位	神奈川	36.2
13位	福島	45.4	20位	愛媛	43.7	26位	福岡	40.5	33位	徳島	34.9
14位	富山	45.1	21位	岡山	42.4	27位	高知	39.8	34位	宮崎	34.4
15位	群馬	45.0	22位	大阪	42.1	28位	鹿児島	39.8	35位	茨城	33.8
16位	香川	45.0	23位	広島	41.9	29位	沖縄	39.5	36位	埼玉	33.1
17位	栃木	44.6	全国平均		41.4	30位	熊本	38.6	37位	愛知	32.1

備考：調査地、対象等は図2-1と同じ。
出典：図2-1と同じ

税金と社会保障費負担が小さい富山

前出の世帯収入（図2－1）は、税金や社会保障費などを控除する前の金額なので、自由に使えるのはそれらを引いた額。国民年金保険料は地域や所得にかかわらず全国一律だが、税金や社会保障費は個々人によって異なり、収入、世帯構成、居住地等によって支払い額が違ってくる。図2－3の上図に、一カ月の世帯収入に占める税金・社会保障費の支払い割合を示した。割合が小さい県ほど上位とした。

なお、ここでいう税金とは所得税や住民税（都道府県、市町村）等の直接税のこと。社会保障費とは年金保険料、医療保険料、介護保険料等である。

通常、収入が多い世帯ほど税金・社会保障費の支払い額、及び支払い割合が増える。図2－3の下の散布図でも、おおまかには右上がりの傾向を示している。しかし、中には収入が多いのに負担割合が小さい県、逆に収入が少ないのに負担割合が大きい県がある。全国平均の二本の線で区分した四つの領域のうち、右下が前者、左上が後者の県である。

むろん前者のほうが住民の財布にゆとりが生まれる。そういう意味では、富山は住みやすく、鳥取は住みにくいといえる。ただし、税金や社会保障費の支払いが少なく済んでいるのはよいが、そのしわ寄せが自治体の税収や保険制度の破綻《はたん》につながっては元も子もない。

図2-3　世帯収入に占める税金・社会保障費の割合（平成20年）

上位5県　下位5県

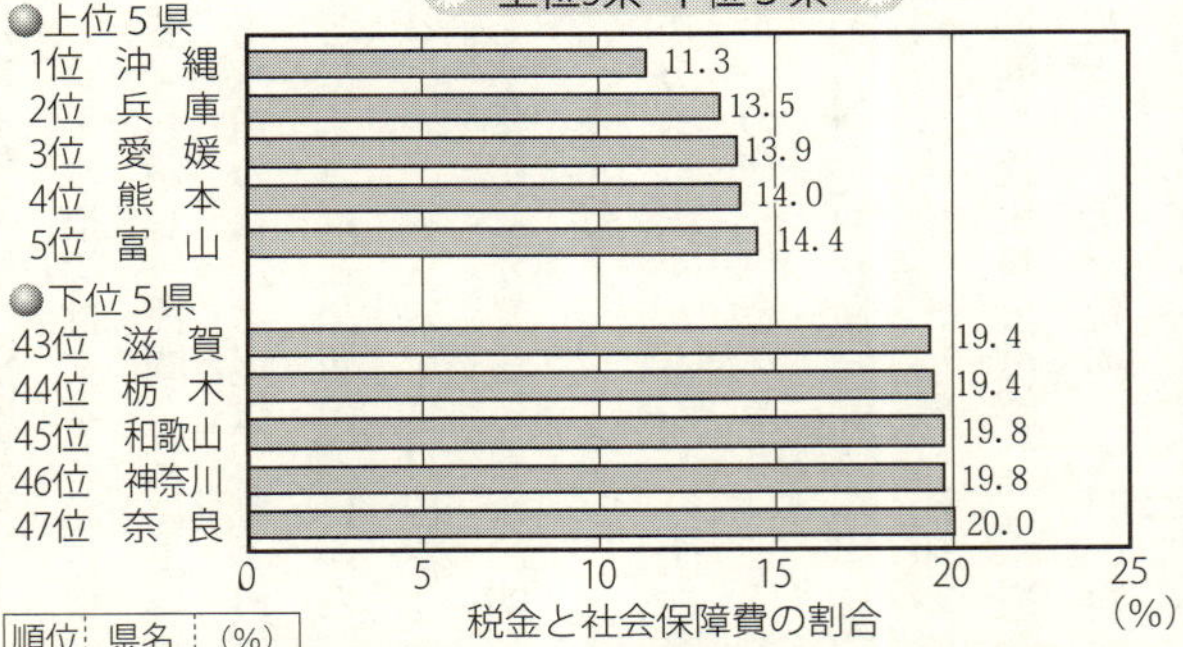

上位５県
1位　沖　縄　11.3
2位　兵　庫　13.5
3位　愛　媛　13.9
4位　熊　本　14.0
5位　富　山　14.4
下位５県
43位　滋　賀　19.4
44位　栃　木　19.4
45位　和歌山　19.8
46位　神奈川　19.8
47位　奈　良　20.0
0
5
10
15
20
25
(%)
税金と社会保障費の割合

順位	県名	(%)									
6位	岐阜	14.5	16位	鹿児島	16.6	全国平均		17.1	35位	三重	18.0
7位	佐賀	14.7	17位	群馬	16.6	26位	徳島	17.2	36位	山口	18.0
8位	大阪	15.0	18位	長崎	16.6	27位	宮城	17.4	37位	福島	18.1
9位	愛知	15.4	19位	福岡	16.6	28位	山形	17.5	38位	香川	18.2
10位	福井	15.4	20位	高知	16.7	29位	東京	17.7	39位	大分	18.2
11位	秋田	15.5	21位	埼玉	16.8	30位	静岡	17.8	40位	広島	18.4
12位	北海道	16.1	22位	岡山	16.9	31位	山梨	17.8	41位	石川	18.8
13位	宮崎	16.1	23位	千葉	17.0	32位	新潟	17.8	42位	茨城	19.4
14位	島根	16.2	24位	京都	17.0	33位	鳥取	17.8			
15位	長野	16.5	25位	青森	17.1	34位	岩手	17.9			

世帯収入と税金・社会保障費の割合

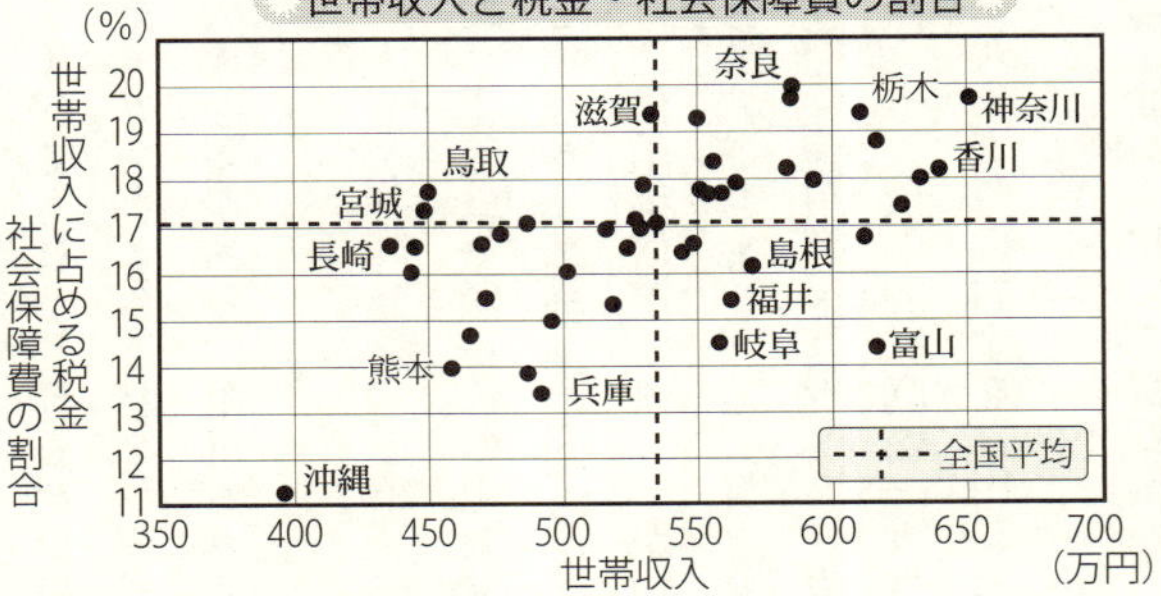

(%)
世帯収入に占める税金
社会保障費の割合
20
19
18
17
16
15
14
13
12
11
奈良
栃木
神奈川
滋賀
香川
鳥取
宮城
長崎
島根
福井
岐阜
富山
熊本
兵庫
沖縄
全国平均
350
400
450
500
550
600
650
700
世帯収入
(万円)

備考：調査地、対象等は図2-1と同じ。
出典：図2-1と同じ

水道料金は自治体で約一〇倍も違う！

電気・ガス・水道等は文字どおり生活に不可欠なライフラインであり、だれもが公平に利用している。しかし、民間企業によって供給されている電気・ガスもさることながら、公営事業である水道の料金は電気・ガス以上に自治体によって大きな差がある。電気もガスも水道も、どこでもさほど品質に違いがないのにである。

図2-4に、平成二一年三月現在における各地の電気・ガス・水道料金を、金額が安いほど上位として掲載した。電気料金に関しては、一般家庭が使う電気は全国一〇の電力会社が日本を分割して供給しているので、電力会社ごとの料金を示した（各種割引制度は除外）。ガスは都市ガスに限定したが、全国に多数の供給会社があり、供給地域がせまく、かつ料金設定が細かいので、料金を市町村単位で比較した。水道（上水道）においても、ほとんどの場合市町村（または広域の組合等）が事業主体なので、これも市町村で比較した。ガス料金・水道料金は上位・下位五自治体を示した。ただし、電気・ガスは一般家庭が一カ月に利用する標準的な使用量で計算し、水道料金は一〇平方メートルあたりの料金を採用した。

さて、最上位と最下位の一カ月の料金差は、自治体によって、電気が一・二倍（一五六二円）、都市ガスが二・八倍（六三六〇円）、水道が九・七倍（二九二〇円）にもなる。

図2-4

電気・ガス・水道料金

電気料金

（円）

1位　九州電力	6680	6位　東北電力	7359
2位　北陸電力	6879	7位　中国電力	7488
3位　関西電力	6924	8位　東京電力	7501
4位　四国電力	7053	9位　北海道電力	7825
5位　中部電力	7246	10位　沖縄電力	8242

都市ガス料金

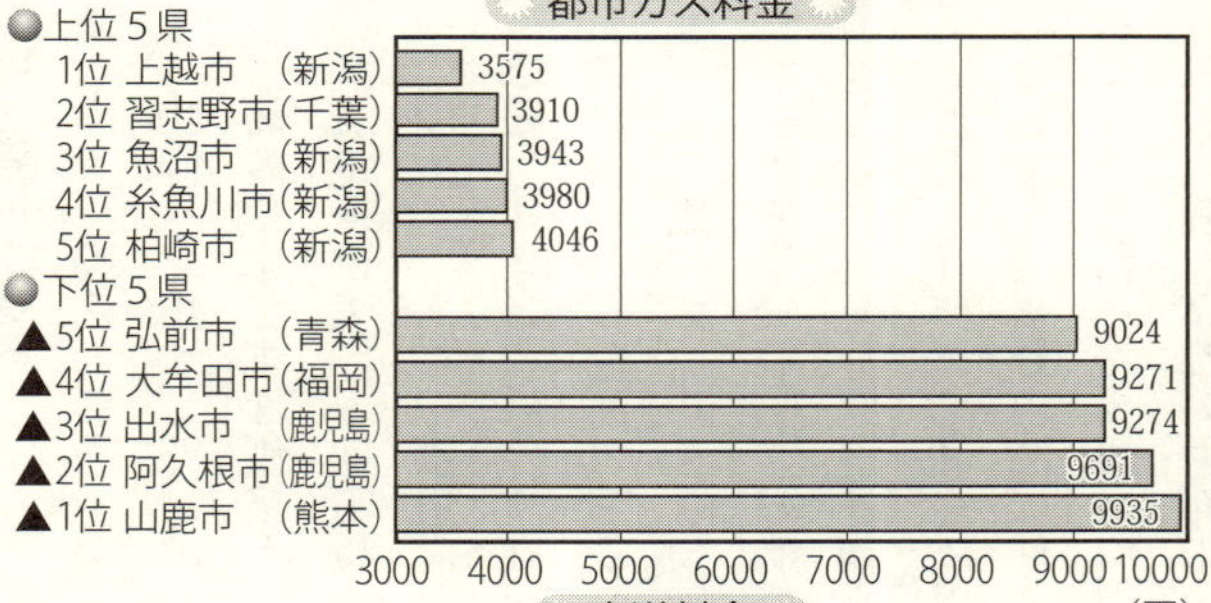
●上位5県
1位 上越市 （新潟）
3575
2位 習志野市（千葉）
3910
3位 魚沼市 （新潟）
3943
4位 糸魚川市（新潟）
3980
5位 柏崎市 （新潟）
4046
●下位5県
▲5位 弘前市 （青森）
9024
▲4位 大牟田市（福岡）
9271
▲3位 出水市 （鹿児島）
9274
▲2位 阿久根市（鹿児島）
9691
▲1位 山鹿市 （熊本）
9935
3000 4000 5000 6000 7000 8000 9000 10000
（円）

水道料金

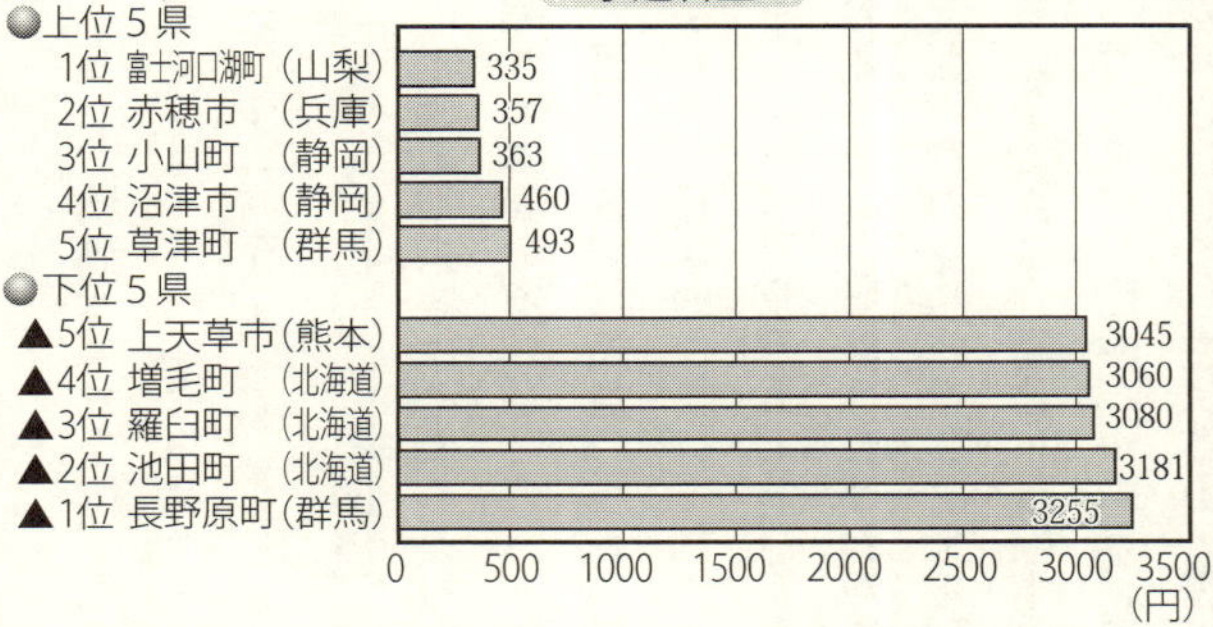
●上位5県
1位 富士河口湖町（山梨）
335
2位 赤穂市 （兵庫）
357
3位 小山町 （静岡）
363
4位 沼津市 （静岡）
460
5位 草津町 （群馬）
493
●下位5県
▲5位 上天草市（熊本）
3045
▲4位 増毛町 （北海道）
3060
▲3位 羅臼町 （北海道）
3080
▲2位 池田町 （北海道）
3181
▲1位 長野原町（群馬）
3255
0 500 1000 1500 2000 2500 3000 3500
（円）

備考：電気料金は一般家庭用30Ａ、300kWh使用で、各種割引制度を適用せず。都市ガス料金は一般家庭用、1465.12MJ使用。水道料金は家庭用10m³当たり料金。

出典：各電力会社HP、平成19年全国物価統計調査（総務省統計局）、水道新聞HP

財布にゆとりがある富山・香川・福島

都道府県別の「物価水準」を図2-5の上図に示した。物価水準は全国平均を一〇〇とした指数で表されている。物価を算出するための調査品目は一八〇。食料品から住居費、衣服、医療費、教育費……各方面のさまざまな価格が反映されている。

ただし、図2-5の調査地域は人口一〇万以上のすべての市(二六三団体)及び人口一〇万未満の市町村(四一〇団体)であり、都道府県の物価水準指数はそれらをもとにはじき出されている。ただし、図2-1〜3の県庁所在市調査とは異なる。

物価が安いほうが生活にゆとりが生まれるから、図2-5では指数の小さいほうを上位とした。最上位の沖縄は東京に比べて一八%も物価が安い。具体的な品目では、住居費が二・二倍もの差があり、また「被服及び履物」の価格も、沖縄は東京の五七%にすぎない。

もっとも、暮らしのゆとりは可処分所得と物価の兼ね合いを見なければわからない。可処分所得とは、世帯収入(図2-1)から税金・社会保障費の支払い及び借金の利子払いなどを引いて残った金額のことで、つまり自由に使えるお金である。図2-5の下に、可処分所得と物価の散布図を示した。ただし、可処分所得のデータは県庁所在市調査結果である。

図2-5を見る限りは、大阪・京都の財布の中身はさびしく、逆に富山・香川・福島では

図2-5　**物価水準と可処分所得**

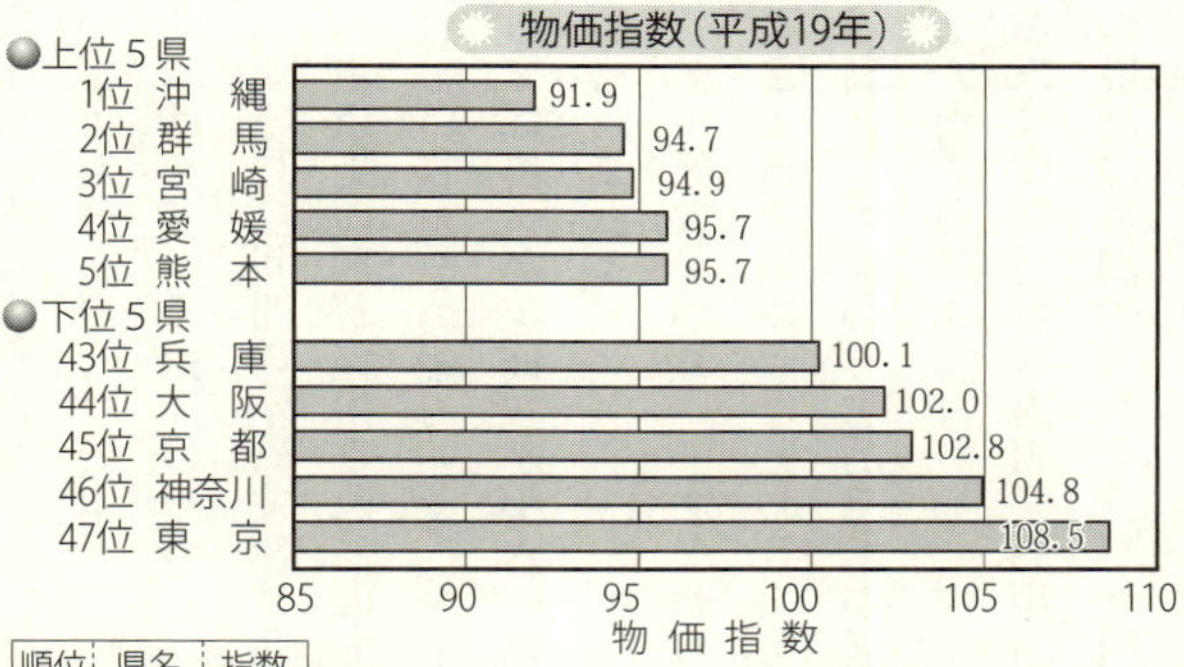
物価指数（平成19年）
上位5県
1位 沖　縄 91.9
2位 群　馬 94.7
3位 宮　崎 94.9
4位 愛　媛 95.7
5位 熊　本 95.7
下位5県
43位 兵　庫 100.1
44位 大　阪 102.0
45位 京　都 102.8
46位 神奈川 104.8
47位 東　京 108.5
85 90 95 100 105 110
物　価　指　数

順位	県名	指数	順位	県名	指数	順位	県名	指数	順位	県名	指数
6位	秋　田	95.8	16位	佐　賀	96.6	26位	大　分	97.9	36位	山　形	99.3
7位	鹿児島	95.9	17位	青　森	96.8	27位	静　岡	98.0	37位	長　崎	99.3
8位	岩　手	96.1	18位	鳥　取	96.8	28位	滋　賀	98.1	38位	愛　知	99.6
9位	山　梨	96.1	19位	香　川	96.8	29位	新　潟	98.2	39位	北海道	99.7
10位	徳　島	96.2	20位	栃　木	97.0	30位	福　井	98.4	40位	千　葉	99.8
11位	茨　城	96.3	21位	山　口	97.2	31位	福　岡	98.6	41位	石　川	99.8
12位	福　島	96.4	22位	長　野	97.7	32位	埼　玉	98.7	42位	広　島	100.0
13位	高　知	96.4	23位	富　山	97.8	33位	奈　良	98.8			
14位	三　重	96.5	24位	和歌山	97.9	34位	島　根	99.2			
15位	岐　阜	96.6	25位	岡　山	97.9	35位	宮　城	99.3			

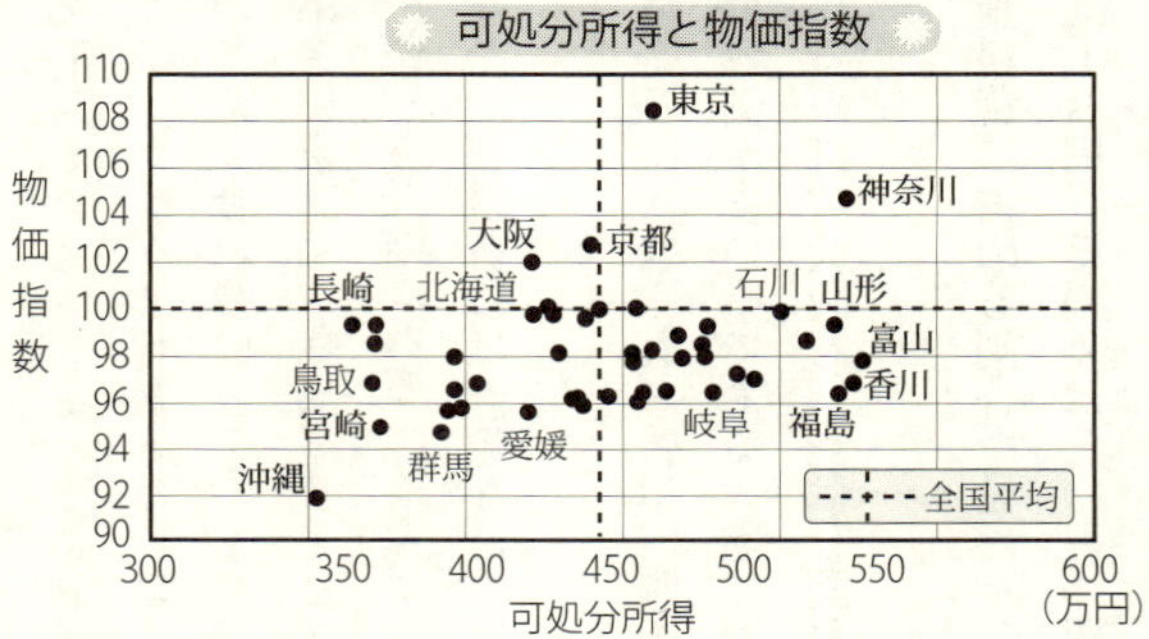
可処分所得と物価指数
物価指数
110 108 106 104 102 100 98 96 94 92 90
東京
神奈川
大阪
京都
長崎
北海道
石川
山形
富山
香川
鳥取
宮崎
岐阜
福島
愛媛
群馬
沖縄
全国平均
300 350 400 450 500 550 600
可処分所得
（万円）

備考：物価指数は人口10万人以上のすべての市および人口10万人未満の410の市町村が対象。全国平均を100とした指数。
出典：平成19年全国物価統計調査、平成20年家計調査（総務省統計局）

財布に余裕があるようだ。

この「可処分所得と物価水準」で生活のゆとりがある程度わかるが、もっと直接的に世帯の生活水準をはかる指標の一つに「エンゲル係数」がある。エンゲル係数とは、よく知られているように、世帯の消費支出に占める食料費の割合のこと。食料費はどこの家庭でも必ずある一定以上の額が支出されるので、エンゲル係数が小さい家庭は、物品・サービス等他に消費しているお金の割合が多いことから、生活水準が高いと判断される。したがって、**図2-6**ではエンゲル係数が小さい県ほど上位とした。なお、食料費には酒類などの飲料費や外食費も含まれる。

エンゲル係数が小さい、すなわち生活水準が高い上位一〇県に含まれる香川、富山、福島は、**図2-5**で指摘したとおり、可処分所得が高い割に物価が安い県である。逆にエンゲル係数が高い、すなわち生活水準が低い下位県に入っている京都、大阪も、やはり**図2-5**で指摘したとおりである。

ちなみに、食料費の内訳で酒類の消費額及びそれが食料費に占める割合を見たところ、消費額の最高は新潟で月額五三二九円、最低は岡山で二二七八円。その差は三〇五一円。また、食料費に占める割合のトップはやはり新潟（六・九％）、最下位は奈良（三・三％）だった。

図2-6　**エンゲル係数**

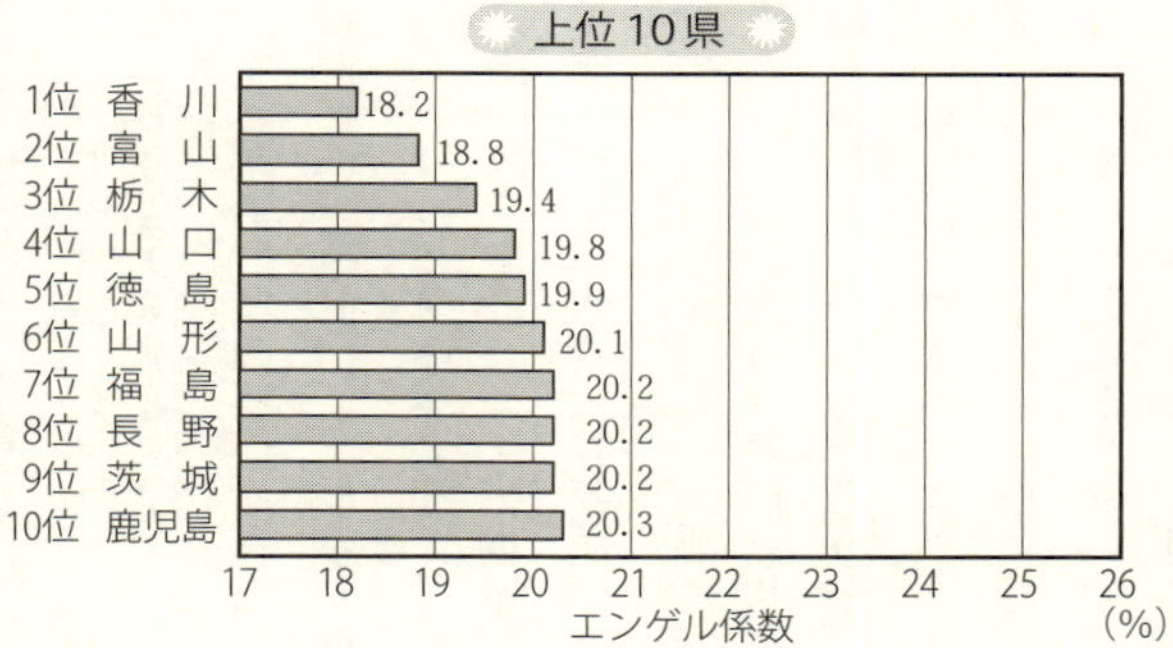
上位10県
1位 香川 18.2
2位 富山 18.8
3位 栃木 19.4
4位 山口 19.8
5位 徳島 19.9
6位 山形 20.1
7位 福島 20.2
8位 長野 20.2
9位 茨城 20.2
10位 鹿児島 20.3
17 18 19 20 21 22 23 24 25 26
エンゲル係数
(%)

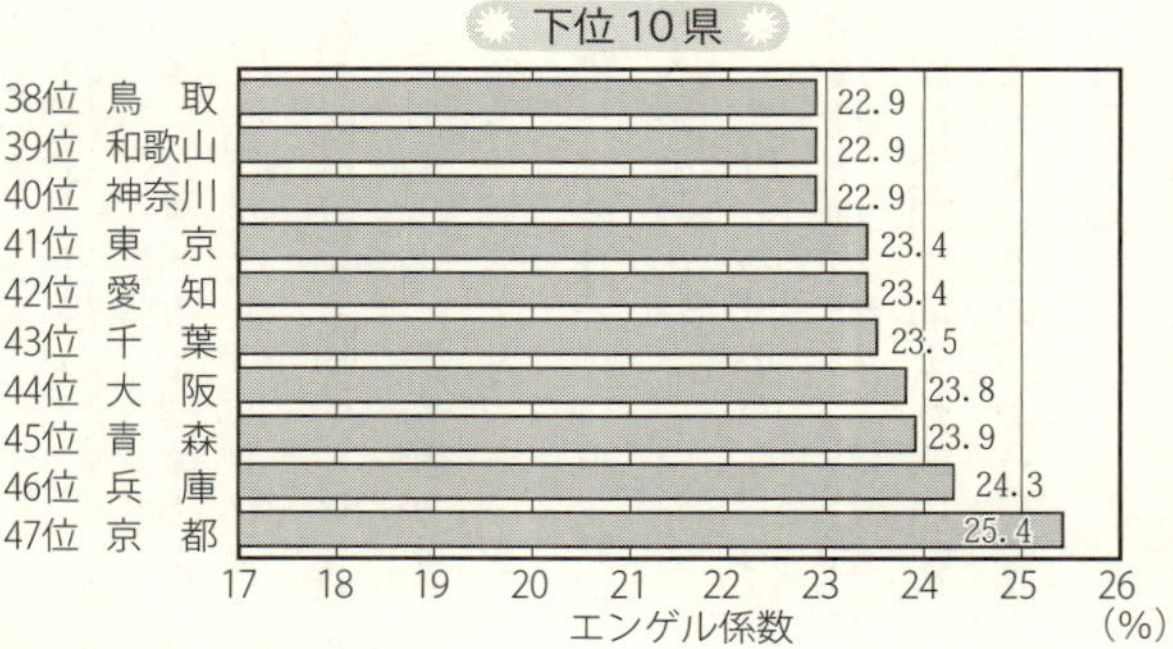
下位10県
38位 鳥取 22.9
39位 和歌山 22.9
40位 神奈川 22.9
41位 東京 23.4
42位 愛知 23.4
43位 千葉 23.5
44位 大阪 23.8
45位 青森 23.9
46位 兵庫 24.3
47位 京都 25.4
17 18 19 20 21 22 23 24 25 26
エンゲル係数
(%)

順位	県名	(%)	順位	県名	(%)	順位	県名	(%)	順位	県名	(%)
11位	福岡	20.4	18位	山梨	21.1	25位	島根	21.7	31位	秋田	22.3
12位	奈良	20.5	19位	宮崎	21.1	26位	熊本	21.7	32位	滋賀	22.3
13位	大分	20.5	20位	沖縄	21.2	27位	宮城	21.8	33位	群馬	22.5
14位	高知	20.6	21位	北海道	21.3	28位	岡山	21.8	34位	新潟	22.5
15位	静岡	20.7	22位	石川	21.3	29位	愛媛	21.8	35位	埼玉	22.6
16位	三重	20.9	23位	福井	21.6	全国平均		21.9	36位	岩手	22.8
17位	岐阜	21.1	24位	佐賀	21.6	30位	広島	22.1	37位	長崎	22.8

備考：調査地、対象等は図2-1と同じ。
出典：平成20年家計調査（総務省統計局）

貯蓄をしない九州人、借金の多い大阪人

図2-7に、平成二〇年七～九月における、世帯の貯蓄残高を示した。貯蓄には現金預貯金の他に株式等の有価証券も含まれるが、不動産は含まれない。調査地と対象は**図2-6**と同じで、各都道府県の県庁所在市における二人以上の世帯のうちの勤労者世帯である。

貯蓄が多い上位県に「エンゲル係数が低い県」（**図2-6**）が並ぶのかと思いきや、そうでもない。エンゲル係数の低い上位一〇県のうち、貯蓄額が上位一〇県に入っているのは徳島と富山のみ。逆に、エンゲル係数が高い一〇県に入っているにもかかわらず、和歌山、千葉、愛知、東京の四県は貯蓄額の一〇傑に名を連ねている。しかも、この四県は**図2-1**で示した「世帯収入の多い一〇県」にも入っていない。

もちろん、このような統計結果は「二人以上の世帯のうちの勤労者世帯」というデータの属性にも関係しているのだろうが、県民性や地方性によるとも考えられる。たとえば九州各県は、長崎を除いてすべてエンゲル係数は全国平均より低いのに、貯蓄額は七県とも全国平均以下。しかも、下位一〇県に三県も入っているのだから、貯蓄をしない風土があると見なす他ない。次いで貯蓄が少ないのは東北である。

もっとも、貯蓄があっても同じだけの負債があれば元も子もない。続いて、負債の額を見

図2-7　貯蓄の現在高（平成20年7〜9月期）

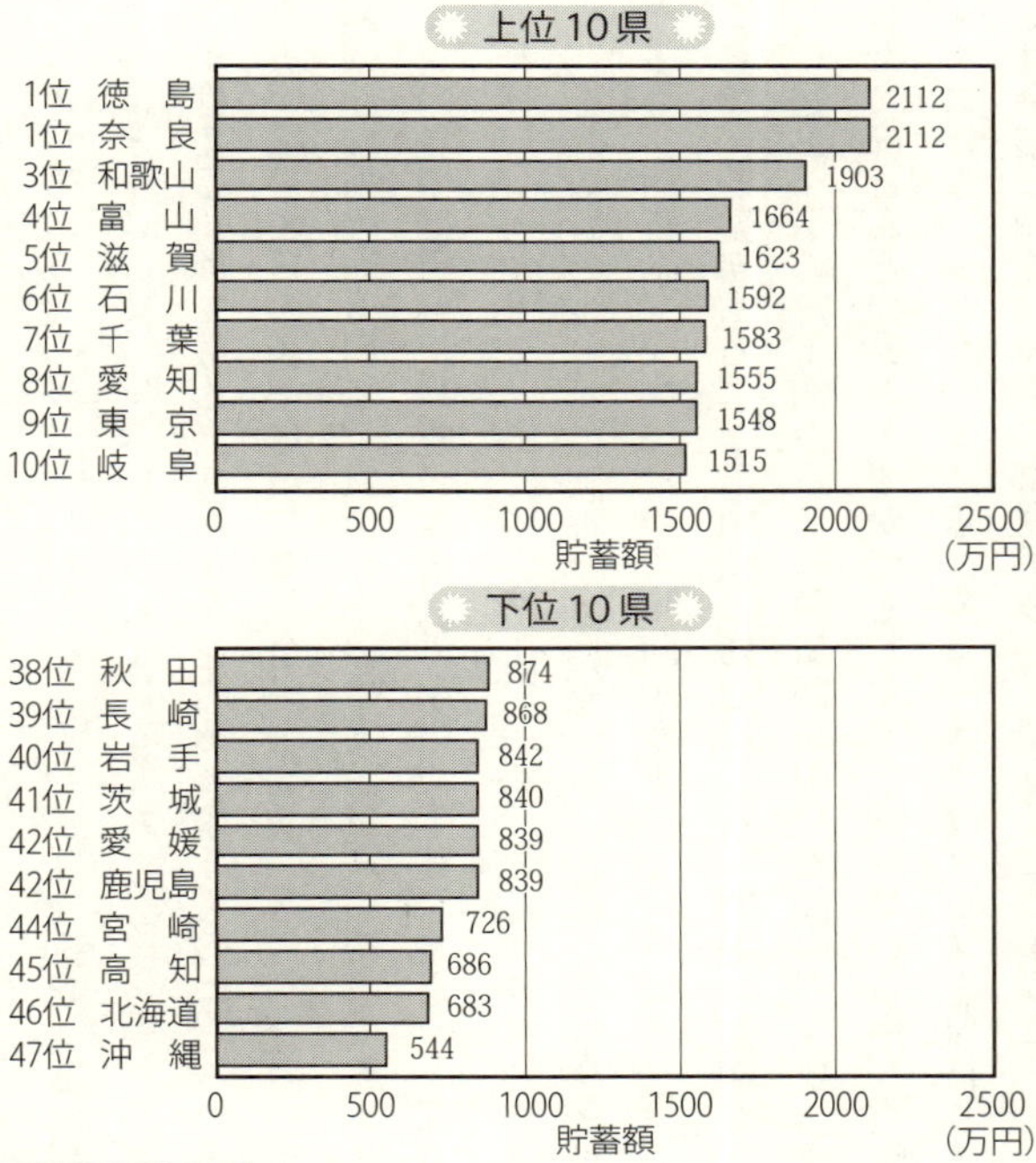
上位10県
1位 徳島 2112
1位 奈良 2112
3位 和歌山 1903
4位 富山 1664
5位 滋賀 1623
6位 石川 1592
7位 千葉 1583
8位 愛知 1555
9位 東京 1548
10位 岐阜 1515
0 500 1000 1500 2000 2500
貯蓄額
（万円）
下位10県
38位 秋田 874
39位 長崎 868
40位 岩手 842
41位 茨城 840
42位 愛媛 839
42位 鹿児島 839
44位 宮崎 726
45位 高知 686
46位 北海道 683
47位 沖縄 544
0 500 1000 1500 2000 2500
貯蓄額
（万円）

順位	県名	（万円）									
11位	香川	1513	18位	岡山	1331	24位	山形	1196	31位	熊本	1039
12位	群馬	1445	19位	埼玉	1329	24位	静岡	1196	32位	山口	999
13位	栃木	1417	20位	鳥取	1265	26位	神奈川	1134	33位	福島	942
14位	福井	1380	全国平均		1245	27位	広島	1089	34位	山梨	925
15位	京都	1376	21位	福岡	1230	28位	島根	1073	35位	青森	912
16位	長野	1369	22位	新潟	1220	29位	宮城	1072	36位	佐賀	886
17位	兵庫	1347	23位	三重	1210	30位	大阪	1053	37位	大分	882

備考：調査地、対象は図2-1と同じ。
出典：平成20年家計調査（総務省）

てみよう。

二人以上世帯のうちの勤労者世帯が抱える負債額を図2-8に示した。貯蓄と違い、負債は少ないほどよいので、少ない県ほど上位とした。

世帯が抱える負債で最も大きな比重を占めているものは、言わずもがな、住宅ローンである。事実、図2-8の表中に示した「全国平均額」六六一万円のうち、住宅・土地取得のための負債額は六〇九万円で、負債額全体の九二%を占める。とくに地価が高い大都市圏で住宅ローンの負債は重い。兵庫、大阪、神奈川、千葉、東京の大都市圏で軒並み負債額が大きいのは、そういう理由による(くり返しになるが、このデータの調査地は都道府県庁所在市であり、それ以外の市町村は調査対象になっていない)。日本を東西に分ければ、東日本で負債が多く、西日本で少ないという傾向がある。

ところで、貯蓄があるにしろ負債があるにしろ、問題は差額がプラスなのか、マイナスなのかだ。図2-7の貯蓄額からこの負債額を引いた額の、上位・下位五県を図2-8の下図に示した。ほとんどの県がわずかでも貯蓄が上回っている中、宮崎と福島の二県のみで差額がマイナスとなってしまっている。逆に、大きなプラスを保持している徳島、奈良、和歌山などでは余裕しゃくしゃくの家庭が多いということのようだ。

図2-8　負債の現在高（平成20年7～9月期）

上位5県　下位５県

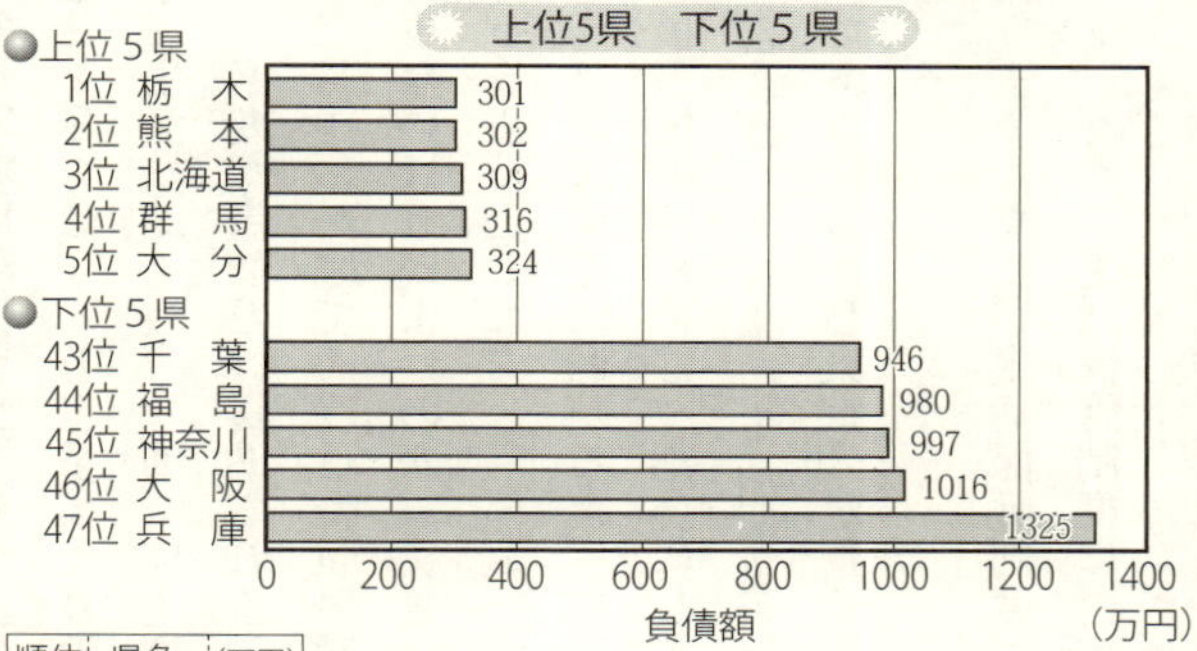
上位５県
1位 栃木 301
2位 熊本 302
3位 北海道 309
4位 群馬 316
5位 大分 324
下位５県
43位 千葉 946
44位 福島 980
45位 神奈川 997
46位 大阪 1016
47位 兵庫 1325
0 200 400 600 800 1000 1200 1400
負債額
（万円）

順位	県名	(万円)									
6位	鳥取	345	16位	茨城	505	26位	富山	636	35位	静岡	784
7位	福井	354	17位	沖縄	510	27位	宮城	640	36位	山梨	785
8位	高知	365	18位	福岡	524	28位	新潟	648	37位	青森	839
9位	鹿児島	399	19位	香川	549	全国平均		661	38位	秋田	839
10位	佐賀	402	20位	長崎	554	29位	和歌山	663	39位	三重	853
11位	岐阜	427	21位	石川	568	30位	山口	674	40位	東京	861
12位	広島	439	22位	愛知	599	31位	山形	686	41位	宮崎	882
13位	島根	468	23位	奈良	606	32位	愛媛	687	42位	滋賀	900
14位	岡山	478	24位	埼玉	608	33位	長野	746			
15位	徳島	480	25位	京都	635	34位	岩手	781			

貯蓄から負債を引いた額

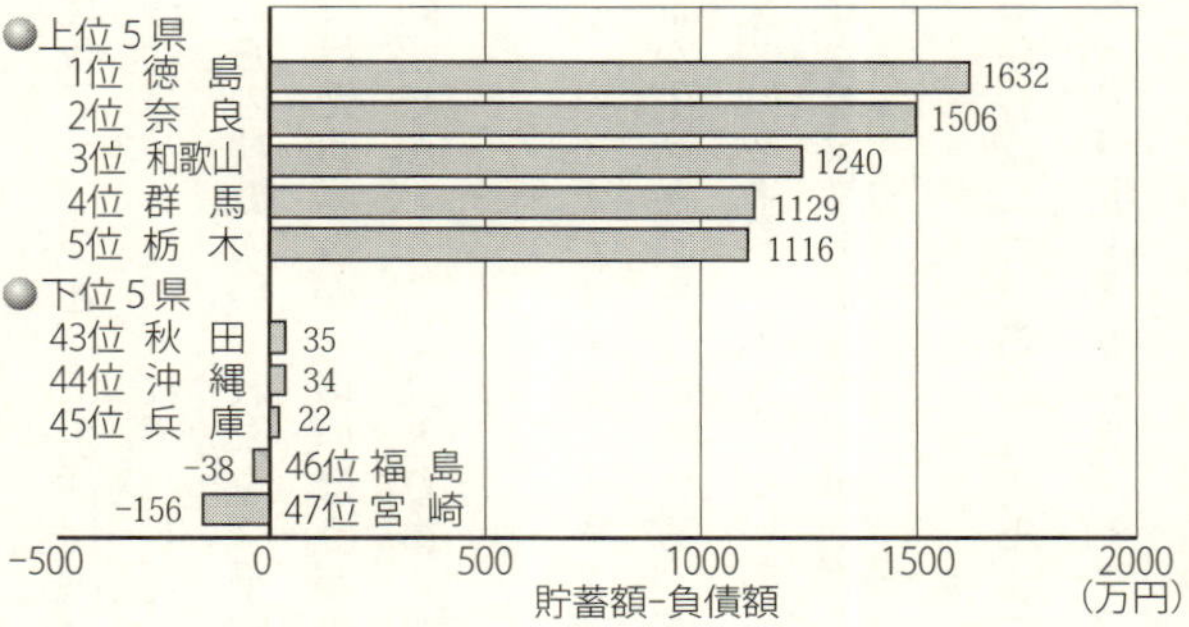
上位５県
1位 徳島 1632
2位 奈良 1506
3位 和歌山 1240
4位 群馬 1129
5位 栃木 1116
下位５県
43位 秋田 35
44位 沖縄 34
45位 兵庫 22
-38 46位 福島
-156 47位 宮崎
-500 0 500 1000 1500 2000
貯蓄額-負債額
（万円）

備考：調査地、対象は図2-1と同じ。
出典：図2-7と同じ

東京の被生活保護世帯の割合は、大阪の二倍

図2-9では、一万世帯当たりの被生活保護世帯数を比較した。ひと口に生活保護と言っても、生活扶助《ふじょ》、教育扶助、住宅扶助、医療扶助、介護扶助等があり、それぞれ必要な対象者に、必要な金額だけ援助される。ここで示したのはそれらの扶助のいずれかを、平成二〇年一二月中に一回でも受けた世帯数である。生活保護を受けた世帯数が、多いほうがよいのか、少ないほうがよいのか、突き詰めて考えると難しい問題だが、ここではとりあえず少ないほうを上位とした。

グラフからすぐにわかるように、生活保護の受給事情は、県によって非常に大きな差がある。最下位の沖縄では、割合にして富山の一〇倍もの世帯が生活保護を受けている。どちらかと言えば、西日本に生活保護世帯が多く、東に少ない傾向があり、最も少ないのは中部、北陸である。しかし東京人が驚くのは、大阪より東京のほうが保護世帯の割合が二倍も多いことだろう。

言うまでもなく、生活保護制度は日本国憲法が保障する生存権における最後のセーフティネット。だが、生活保護制度に否定的な人はとくに不正受給の実態に不信の念を持っている。

図2-9　**被保護世帯数/1万世帯当たり（平成20年12月分）**

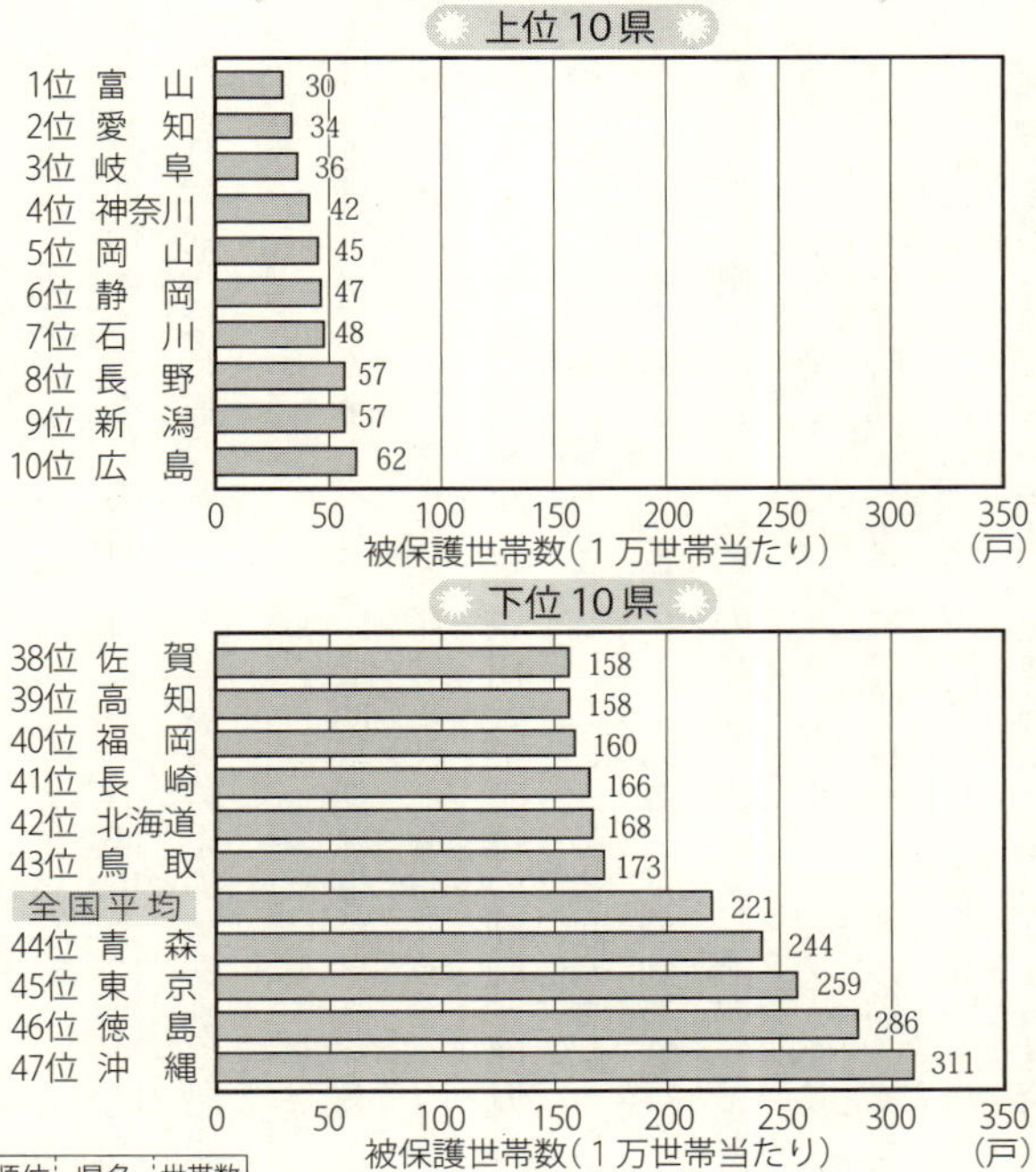
上位10県
1位 富山 30
2位 愛知 34
3位 岐阜 36
4位 神奈川 42
5位 岡山 45
6位 静岡 47
7位 石川 48
8位 長野 57
9位 新潟 57
10位 広島 62
0 50 100 150 200 250 300 350
被保護世帯数（1万世帯当たり）
(戸)
下位10県
38位 佐賀 158
39位 高知 158
40位 福岡 160
41位 長崎 166
42位 北海道 168
43位 鳥取 173
全国平均 221
44位 青森 244
45位 東京 259
46位 徳島 286
47位 沖縄 311
0 50 100 150 200 250 300 350
被保護世帯数（1万世帯当たり）
(戸)

順位	県名	世帯数	順位	県名	世帯数	順位	県名	世帯数	順位	県名	世帯数
11位	香川	70	18位	山梨	92	25位	山形	107	32位	大阪	129
12位	京都	71	19位	福島	92	26位	滋賀	113	33位	奈良	132
13位	宮城	72	20位	愛媛	94	27位	岩手	117	34位	三重	139
14位	熊本	74	21位	群馬	95	28位	宮崎	120	35位	鹿児島	140
15位	福井	74	22位	兵庫	95	29位	茨城	121	36位	秋田	148
16位	栃木	87	23位	和歌山	99	30位	山口	126	37位	大分	152
17位	千葉	91	24位	埼玉	106	31位	島根	129			

備考：平成20年12月中に1日（回）でも生活保護を受けた世帯。
全国平均は全国の被保護世帯数を世帯総数で割った数値。
出典：福祉行政報告例（平成20年12月分概数）

そもそも日本の最低賃金は安すぎる

「最低賃金」とは、周知のとおり、法律によって定められた、使用者が労働者に支払わなければならない最低限度の賃金（時給）のこと。最低賃金には地域別最低賃金と特定最低賃金の二種類があり、前者は都道府県別に、後者は特定の産業別に設定されている。違反した使用者には罰金刑が科せられる。

図2‐10に地域別最低賃金を示した。最低賃金は毎年見直され、ここで示したのは平成二〇年七月に改定され、一〇月から順次発効された金額である。

最低賃金の差は、最上位の東京・神奈川と最下位の沖縄・鹿児島で一三九円。沖縄・鹿児島にしてみれば、二二％もの開きがある。このような地域差は、これまで本書で見てきた地域の物価水準や給与水準の違いを根拠にしており、地域別最低賃金の決定においては、労働者の生計費、類似労働者の賃金、通常の事業の賃金支払能力の三要素から決定されている。

しかしながら、現行の最低賃金はすべからく低すぎる感がある。仮に全国最高の時給七六六円をもらって、一日八時間、一ヵ月に二四日めいっぱい働いても、得られる月収は一四万七〇〇〇円。年収は一七六万五〇〇〇円ほどにしかならない。

日本の最低賃金がいかに安いかは、先進各国と比べると一目瞭然。**図2‐11**は、ＯＥＣＤ

図2-10　地域別最低賃金（平成20年）

760(円)	1位	神奈川・東　京（766）
740	3位	大　阪（748）
730	4位	愛　知（731）
720	5位	千　葉（723）
	6位	埼　玉（722）
710	7位	京　都（717）
	8位	兵　庫（712）
	9位	静　岡（711）
700	10位	三　重（701）
690	11位	岐　阜（696）
	12位	滋　賀（691）
680	13位	栃　木・広　島（683）
	15位	長　野（680）
670	16位	奈　良（678）
	17位	富　山（677）
	18位	茨　城・山　梨（676）
	20位	群　馬・福　岡（675）
	22位	石　川・和歌山（673）
	24位	福　井（670）　全国平均
660	25位	新　潟・岡　山（669）
	27位	山　口（668）
	28位	北海道（667）
650	29位	宮　城（653）
	30位	香　川（651）
640	31位	福　島（641）
630	32位	徳　島（632）
	33位	愛　媛（631）
	34位	青　森・高　知・大　分（630）
620	37位	秋　田・山　形・鳥　取・島　根（629）
	41位	岩　手・佐　賀・長　崎・熊　本（628）
	45位	沖　縄・宮　崎・鹿児島（627）

備考：平成20年7月に改正後の金額。
出典：「地域別最低賃金、産業別最低賃金」（厚生労働省）

（経済開発協力機構）に加盟している主要国の最低賃金を示したものである。ＯＥＣＤは現在先進国三〇ヵ国が加盟する国際機関で、別名「先進国クラブ」とも呼ばれる。

各国の最低賃金はそれぞれの通貨を円に換算したが、このときＯＥＣＤによる「購買力平価」を用いた。購買力平価とは、各国通貨の購買力（商品を購入する力）が等しくなるように求めた通貨の交換比率のこと。市場の為替レートより実際の通貨の実力を示すとされる。簡潔に言えば、たとえば一ヵ月に必要な生活費が一〇万円で、同じレベルの生活をアメリカですると一〇〇〇ドルかかるなら、購買力平価では一ドル＝一〇〇円となる。

さて、**図2-11**の上のグラフより、日本の最低賃金が先進諸国の中でかなり低いことがわかる。彼《か》の国らとの差がもっとわかるのは、最低賃金が正規雇用者の賃金（時給計算）に比べてどれくらいに当たるかという比率を示した下のグラフである。フランスでは正規雇用者の六割の賃金が保証されているのに対して、日本の最低賃金はわずか三三％にすぎず、二倍近い開きがある。

なお、この図にある日本の最低賃金七〇三円は、前出の都道府県平均ではなく、全県の当該労働者すべてにそれぞれの地域別最低賃金を掛け、それを全国総数で除した加重平均値である。

図2-11　**最低賃金の国際比較**

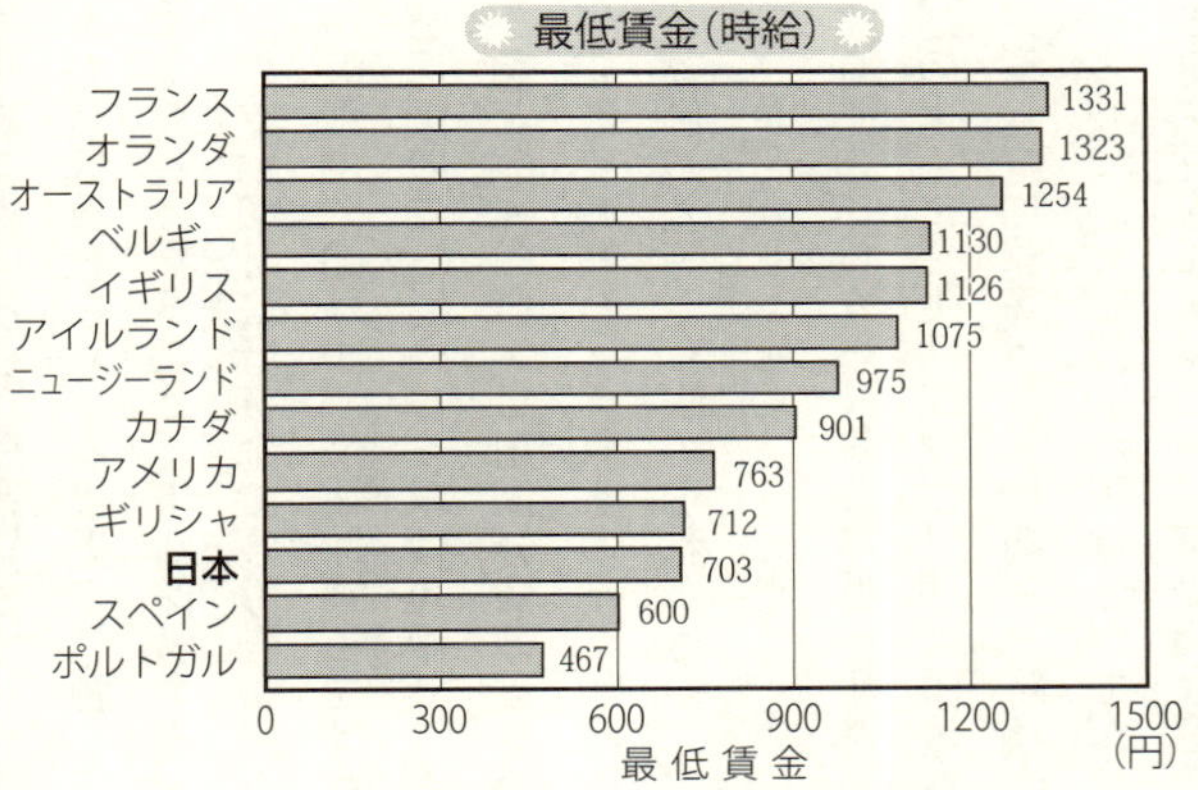
最低賃金(時給)
フランス 1331
オランダ 1323
オーストラリア 1254
ベルギー 1130
イギリス 1126
アイルランド 1075
ニュージーランド 975
カナダ 901
アメリカ 763
ギリシャ 712
日本 703
スペイン 600
ポルトガル 467
0 300 600 900 1200 1500
(円)
最低賃金

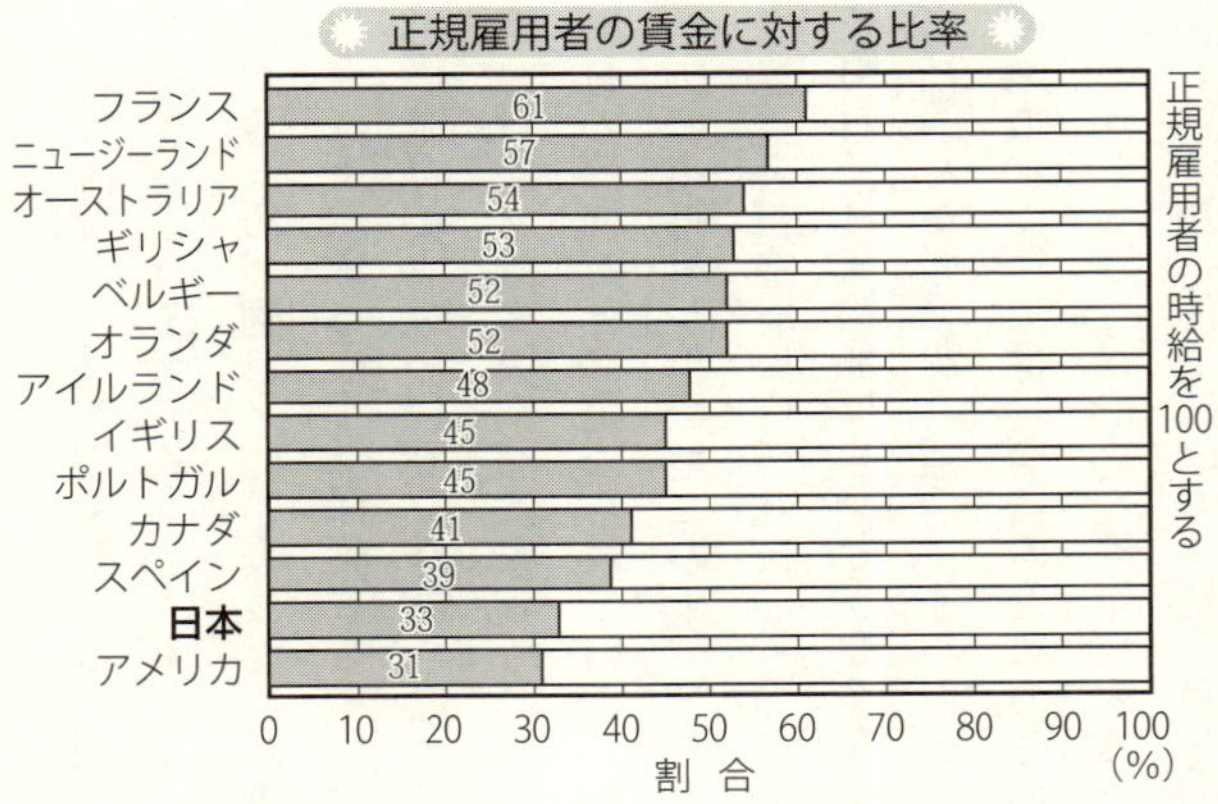
正規雇用者の賃金に対する比率
フランス 61
ニュージーランド 57
オーストラリア 54
ギリシャ 53
ベルギー 52
オランダ 52
アイルランド 48
イギリス 45
ポルトガル 45
カナダ 41
スペイン 39
日本 33
アメリカ 31
正規雇用者の時給を100とする
0 10 20 30 40 50 60 70 80 90 100
(%)
割合

備考：最低賃金は平成20年7月データ。OECDの購買力平価を用いて円換算。正規雇用者の賃金（中央値）に対する比率は2006年データ。
出典：「Australian Fair Pay commission」正規雇用者の賃金に対する比率は「Labour Force Survey」による

生活保護費と最低賃金の逆転現象!?

日本の最低賃金をめぐる最近の話題に、生活保護費との逆転現象がある。曰《いわ》く、最低賃金で汗水たらして働くより、生活保護で支給される金額のほうが多いというもの。そこで、生活保護の支給額と最低賃金での労働報酬を比べるため、**図2-12**の表に、二八歳独身男性が、何らかの理由で働けず、生活保護を受けた場合に支給される生活保護費を示した。

生活保護の支給額のしくみは複雑で、まず基礎的な扶助として、食費を想定した扶助である第1類と、光熱費・日用品経費のための第2類がある。第1類は家族数とその年齢、第2類は家族数で増減し、それらの基準額は市町村の等級ごとに定められている。市町村の等級とは、物価の差等から決められたもので、全国の市町村が1級地(の1、2)~3級地(の1、2)に分類されている。ただし、表の金額は各都道府県庁所在市のものであり、2級地の1より下の市はない。等級の低い小都市や町村では支給額はもっと少なくなる。

前述のように、生活保護には他に医療費の補助とか介護費の補助、子どもがいれば教育扶助、児童養育加算等、さらに期末一時扶助や地方によっては暖房費のための冬期加算があるなど、多岐にわたる援助が用意されている。しかしここでは計算を簡単にするために、二八歳の独身男性をモデルとし、基礎的な第1類と第2類に住宅扶助のみ足した金額を示した。

図2-12　生活保護支給額と最低賃金

生活保護の支給額（28歳独身男性の例）

順位	県名	（円）	順位	県名	（円）	順位	県名	（円）
1位	東京	13万7400	17位	鳥取	11万2170	33位	鹿児島	10万7770
2位	埼玉	13万1400	18位	茨城	11万1570	34位	青森	10万7170
3位	神奈川	12万9700	19位	福岡	11万1540	34位	秋田	10万7170
4位	京都	12万6200	20位	三重	11万1370	34位	岩手	10万7170
4位	兵庫	12万6200	21位	和歌山	11万1170	34位	山形	10万7170
6位	千葉	12万5940	21位	島根	11万1170	34位	福島	10万7170
7位	大阪	12万5700	23位	群馬	11万0370	34位	山口	10万7170
8位	滋賀	12万0940	24位	石川	10万9270	40位	佐賀	10万6470
9位	愛知	11万9500	25位	北海道	10万8940	41位	熊本	10万6370
10位	香川	11万7170	26位	福井	10万8170	42位	富山	10万6170
11位	奈良	11万6170	26位	栃木	10万8170	43位	宮崎	10万5670
12位	宮城	11万4940	26位	岐阜	10万8170	44位	徳島	10万5170
12位	広島	11万4940	26位	愛媛	10万8170	44位	長崎	10万5170
14位	岡山	11万4740	26位	高知	10万8170	46位	山梨	10万4570
15位	長野	11万3770	26位	沖縄	10万8170	47位	大分	10万3670
16位	静岡	11万3170	32位	新潟	10万7970			

最低賃金の月収と生活保護費の差額

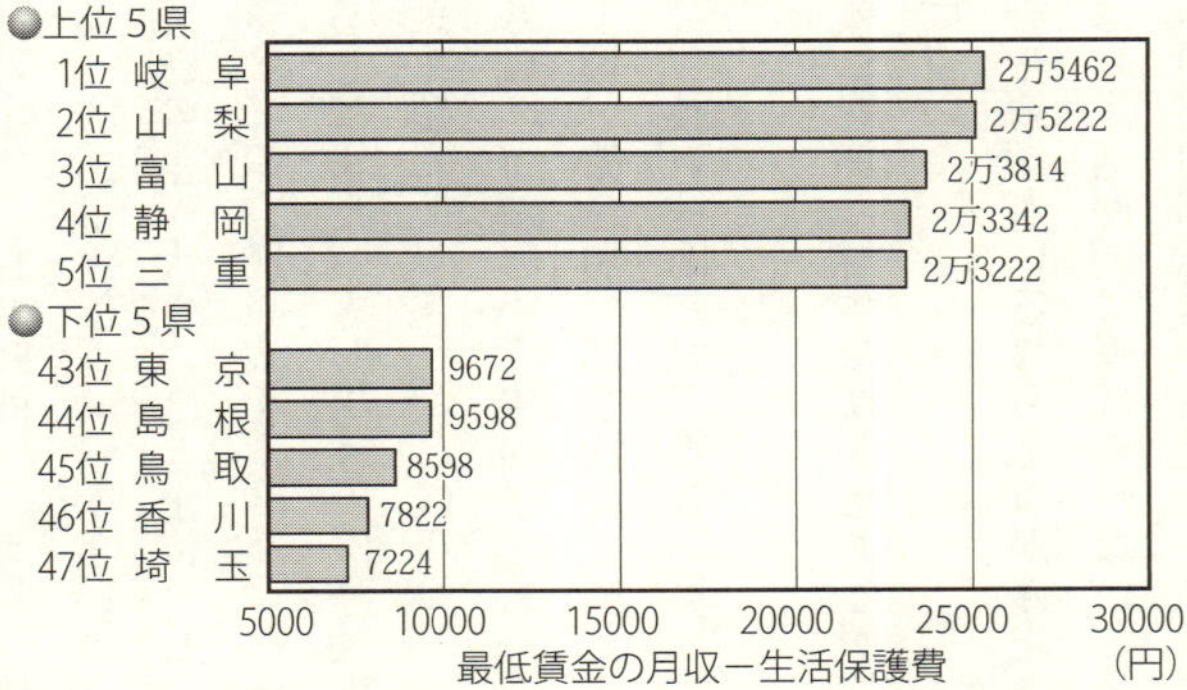

上位5県
1位 岐阜
2位 山梨
3位 富山
4位 静岡
5位 三重
下位5県
43位 東京
44位 島根
45位 鳥取
46位 香川
47位 埼玉
2万5462
2万5222
2万3814
2万3342
2万3222
9672
9598
8598
7822
7224
5000
10000
15000
20000
25000
30000
最低賃金の月収－生活保護費
（円）

備考：生活保護の例は、各都道府県庁所在市に住む28歳独身男性の月収。
出典：各都道府県HP、「地域別最低賃金、産業別最低賃金」（厚生労働省）より計算

そして、その合計金額（支給額）を、地域別最低賃金で一日八時間、一ヵ月二四日働いたときの月収と比べたのが、**図2-12**のグラフである。表では生活保護費が多いほど上位としたが、グラフでは最低賃金での労働賃金と生活保護費の差が大きいほど上位とした。下位の県（県庁所在市）においても、生活保護費が最低賃金での労働賃金を上回ることはなかった。

しかしながら、小さな市町村では基準額が下がるし、また、もし男性が医療扶助でも受ければ、ただちに生活保護費が最低賃金での労働賃金を超えてしまうことになる。

図2-13には、生活保護費の別の例として、三八歳の母親と小学生の子ども一人の母子家庭の例を挙げた。ここでの支給額の計算には、第1類、第2類、住宅扶助に加えて、教育扶助、母子加算、児童養育加算を組み入れた。ただし、教育扶助と児童養育加算はすべての市町村で同一金額である。

教育関係の扶助には他に入学準備金や学級費・教材費等に対する扶助もあるが、これらは実際に発生する費用の額だけの扶助なのでここでは省いた。

ちなみに、もし被保護者に援助を受けられる家族や親類がいるならそれが優先され、資産があれば原則としてその資産を処分しなければやはり生活保護は受けられない。また、少しでも所得があるなら、その所得を引いた金額が実際の支給額になる。

図2-13　生活保護の支給額（母子家庭の例）

38歳の母親と小学生１人

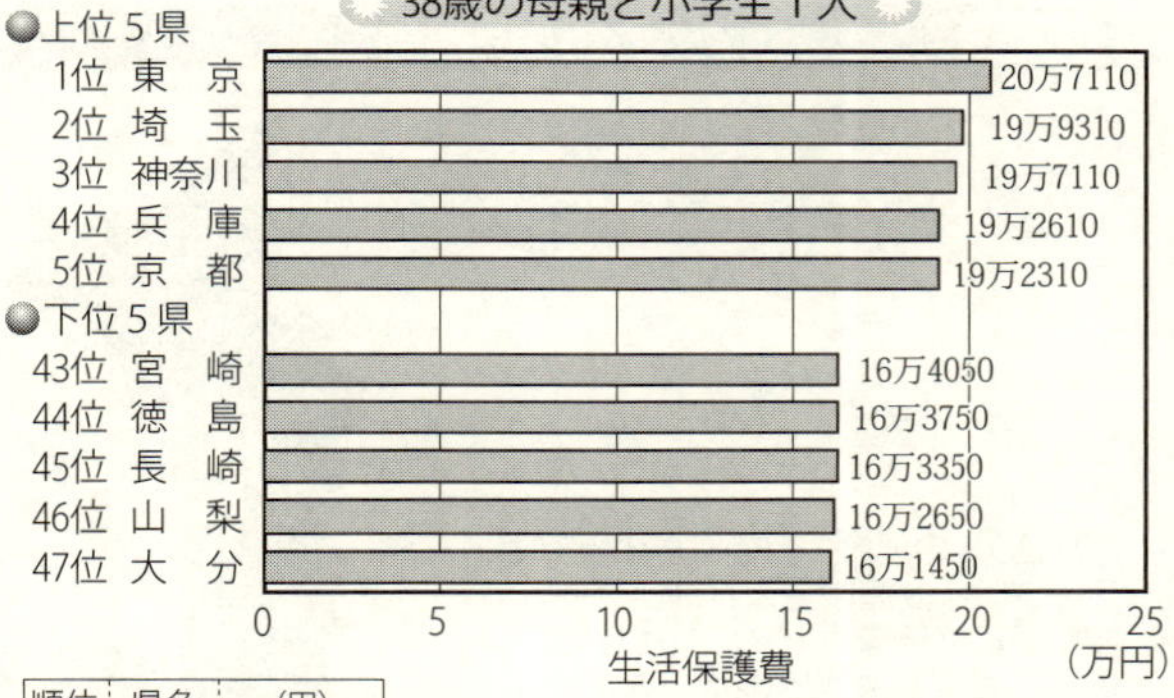
上位５県
1位 東京 20万7110
2位 埼玉 19万9310
3位 神奈川 19万7110
4位 兵庫 19万2610
5位 京都 19万2310
下位５県
43位 宮崎 16万4050
44位 徳島 16万3750
45位 長崎 16万3350
46位 山梨 16万2650
47位 大分 16万1450
0 5 10 15 20 25
生活保護費
（万円）

順位	県名	（円）	順位	県名	（円）	順位	県名	（円）
6位	千葉	19万1610	18位	鳥取	17万1750	32位	福島	16万6750
7位	大阪	19万1310	18位	島根	17万1750	32位	新潟	16万6750
8位	滋賀	18万4810	21位	三重	17万1550	32位	福井	16万6750
9位	愛知	18万3910	22位	和歌山	17万0750	35位	青森	16万6050
10位	香川	17万8750	23位	群馬	17万0250	36位	秋田	16万5750
11位	広島	17万7810	24位	北海道	16万8810	36位	岩手	16万5750
12位	奈良	17万7750	25位	石川	16万8750	36位	山形	16万5750
13位	宮城	17万6910	26位	愛媛	16万7750	36位	山口	16万5750
14位	岡山	17万6810	26位	高知	16万7750	40位	佐賀	16万5150
15位	長野	17万5550	28位	栃木	16万7550	41位	熊本	16万4950
16位	静岡	17万3750	28位	岐阜	16万7550	42位	富山	16万4750
17位	福岡	17万2910	28位	沖縄	16万7550			
18位	茨城	17万1750	31位	鹿児島	16万6850			

１位東京と47位大分の内訳

	等級	第１類		第２類
東京23区	１級地-1	4万0270円	3万4070円	4万8070円
大分市	２級地-1	3万6650円	3万1000円	4万3740円

	住宅扶助	教育扶助	母子加算	児童養育加算	合計
東京23区	6万9800円	2150円	7750円	5000円	20万7110円
大分市	3万5700円	2150円	7750円	5000円	16万1450円

備考：生活保護の例は、各都道府県庁所在市に住む38歳母親と小学生1人の母子家庭。
出典：各都道府県HPより計算

「住みにくい県」の日本地図

図0-4 貯蓄の現在高

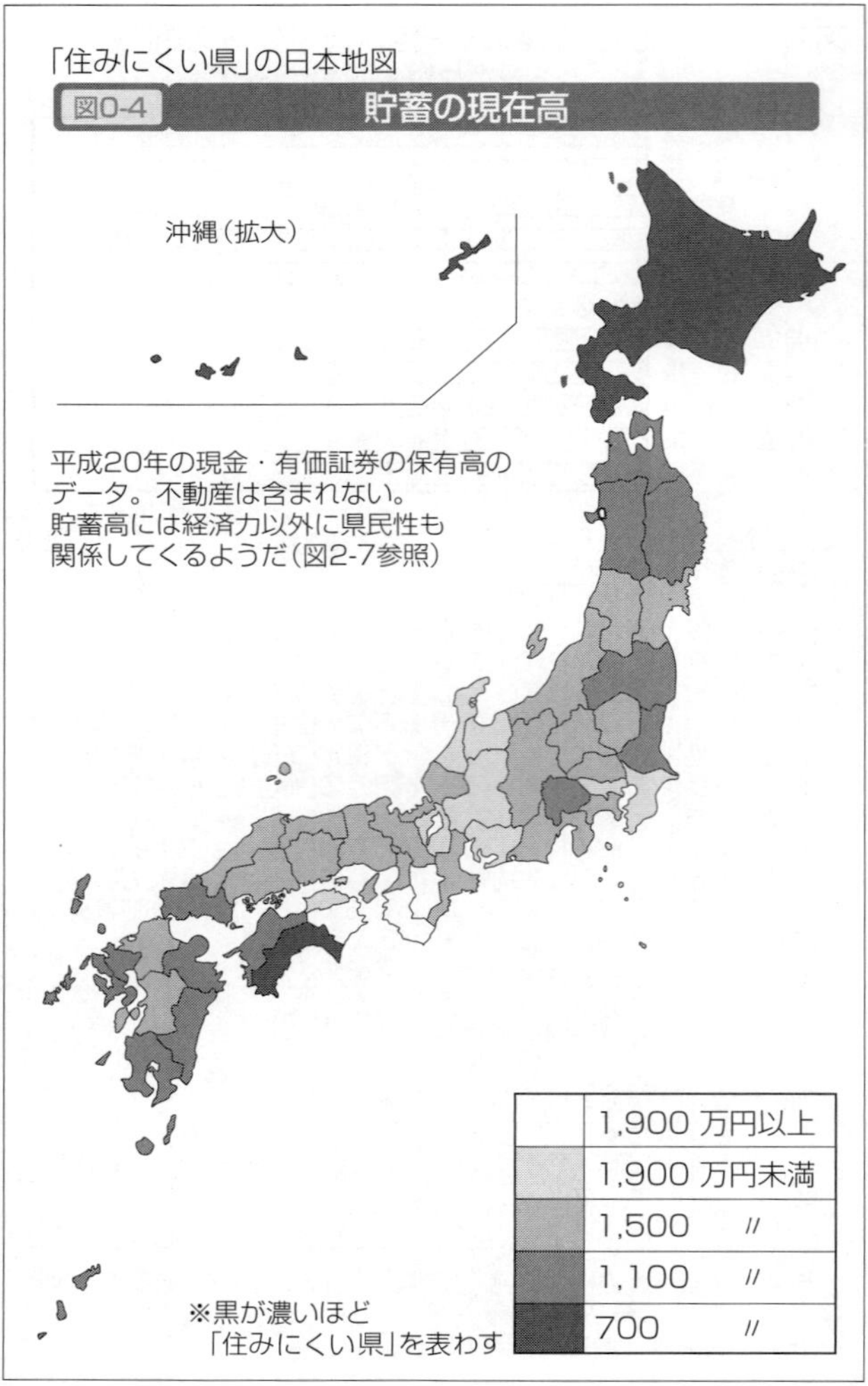
沖縄（拡大）
平成20年の現金・有価証券の保有高のデータ。不動産は含まれない。
貯蓄高には経済力以外に県民性も関係してくるようだ（図2-7参照）
1,900 万円以上
1,900 万円未満
1,500 〃
1,100 〃
700 〃
※黒が濃いほど「住みにくい県」を表わす

第三章

県内格差の大きな県と小さな県

正規雇用率が男性で低く、女性で高い高知

第二章では、所得や生活水準などの格差を、主として都道府県別で比較したが、格差はもちろん同一県内にも存在する。第三章では、県内事情を中心に見ていくことにする。

まず**図3・1**に掲載したのは、都道府県ごとの、企業・団体に勤める雇用者（勤労者）に占める正規雇用者の割合である。対象を全年齢層とせず、正規雇用者比率が高いほど望ましい二五〜五四歳の男性に絞り、比率の高い県を上位とした。

なお、参考として上位五県と下位五県には、それぞれ女性（同じく二五〜五四歳）の正規雇用者比率も併記した。これを見る限りでは、男女の正規雇用者比率にはほぼ関連がないことがわかる。

正規雇用者比率が低い、つまり非正規雇用者の割合が多い下位県には、東京、大阪といった大都市圏とともに沖縄、高知の名が並ぶ。多種多様な働き方があふれている大都市圏で非正規雇用者比率が高いのはある程度理解できるものの、地方で比率が高い要因は何であろうか。二五〜五四歳という働き盛りの男性のうち、沖縄ではおよそ四人に一人が、高知でもおよそ五人に一人が非正規雇用で働いている。不思議なのは、その高知で女性の正規雇用者比率が全国で四番目に高い（五五・九％）ことである。

図3–1　正規雇用者の割合（男、平成19年）

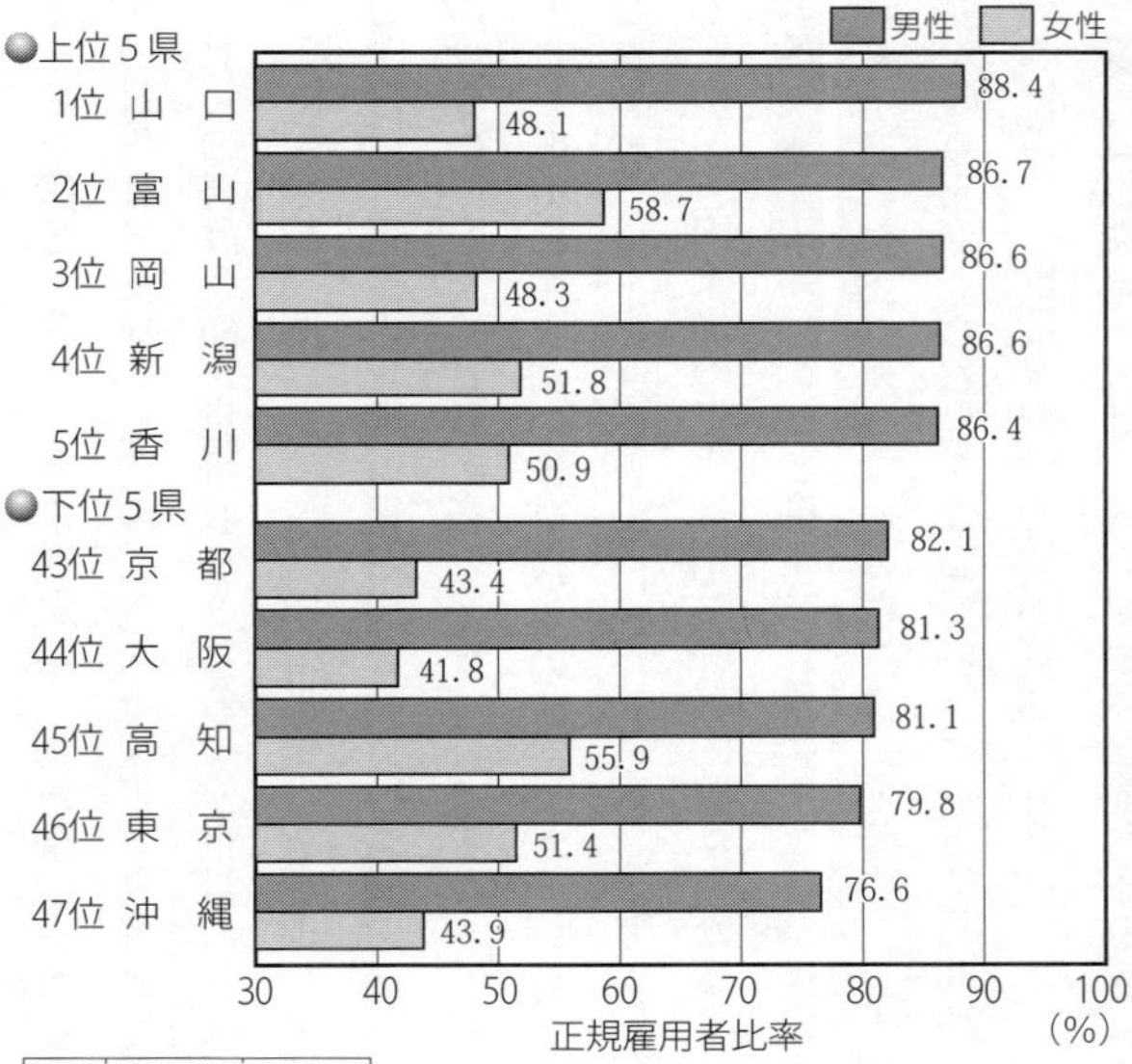
男性
女性
上位5県
1位 山口
88.4
48.1
2位 富山
86.7
58.7
3位 岡山
86.6
48.3
4位 新潟
86.6
51.8
5位 香川
86.4
50.9
下位5県
43位 京都
82.1
43.4
44位 大阪
81.3
41.8
45位 高知
81.1
55.9
46位 東京
79.8
51.4
47位 沖縄
76.6
43.9
30 40 50 60 70 80 90 100
正規雇用者比率
（%）

順位	県名	（%）						
6位	佐賀	86.1	19位	岐阜	84.9	32位	千葉	83.8
7位	茨城	86.0	20位	埼玉	84.8	33位	長野	83.8
8位	愛媛	85.9	21位	奈良	84.6	全国平均		83.7
9位	長崎	85.7	22位	島根	84.6	34位	栃木	83.6
10位	石川	85.6	23位	兵庫	84.6	35位	福島	83.4
11位	愛知	85.5	24位	群馬	84.6	36位	北海道	83.1
12位	鳥取	85.4	25位	大分	84.4	37位	滋賀	83.0
13位	秋田	85.2	26位	岩手	84.4	38位	熊本	82.9
14位	三重	85.2	27位	宮崎	84.3	39位	青森	82.8
15位	静岡	85.1	28位	山形	84.1	40位	宮城	82.7
16位	神奈川	85.1	29位	和歌山	84.0	41位	山梨	82.6
17位	福井	84.9	30位	鹿児島	83.9	42位	福岡	82.5
18位	広島	84.9	31位	徳島	83.8			

備考：雇用者総数に占める正規雇用者比率。対象は、男女とも25~54歳。
出典：平成19年就業構造基本調査（総務省）

低所得世帯分布は谷型、高所得世帯分布は山型

図3-2と図3-3に、各都道府県の総世帯に占める、低所得世帯と高所得世帯の割合を示した。対象は各都道府県内の二人以上世帯。勤労者世帯に限らず、また複数の稼ぎ手がいればそれらの合計金額が世帯収入となる。総世帯にしなかったのは、単身者世帯はふつう若年層が多く、給与が低いために低所得世帯の数を押し上げるからである。

図3-2に、世帯の年間所得が二〇〇万円未満の低所得世帯数の割合を示した。低所得世帯数の少ない県を上位とし、多い県を下位とした。

一般に、所得の中央値の半分以下の所得層を「相対的貧困」と呼ぶが、『平成一九年国民生活基礎調査』によれば、日本における全世帯の所得の中央値は四五一万円。したがって、所得が二〇〇万円未満の世帯は相対的貧困層に当たる。

相対的貧困層が多いのは、断トツに沖縄。次いで四国と九州が下位県に並ぶ。そして東北勢が続く。逆に貧困層が少ないのは中部・北陸で、日本列島を俯瞰すると、まん中を底にして両側が盛り上がった谷型をなしている。最下位の沖縄では一〇〇〇世帯に二三九世帯、つまり約四世帯に一世帯が相対的貧困状態にある。

ちなみに「中央値」とは、人をずらっと並べたとき、ちょうどまん中にくる人の値のこと。

図3-2　年間所得が200万円未満の世帯数/千世帯当たり(平成19年)

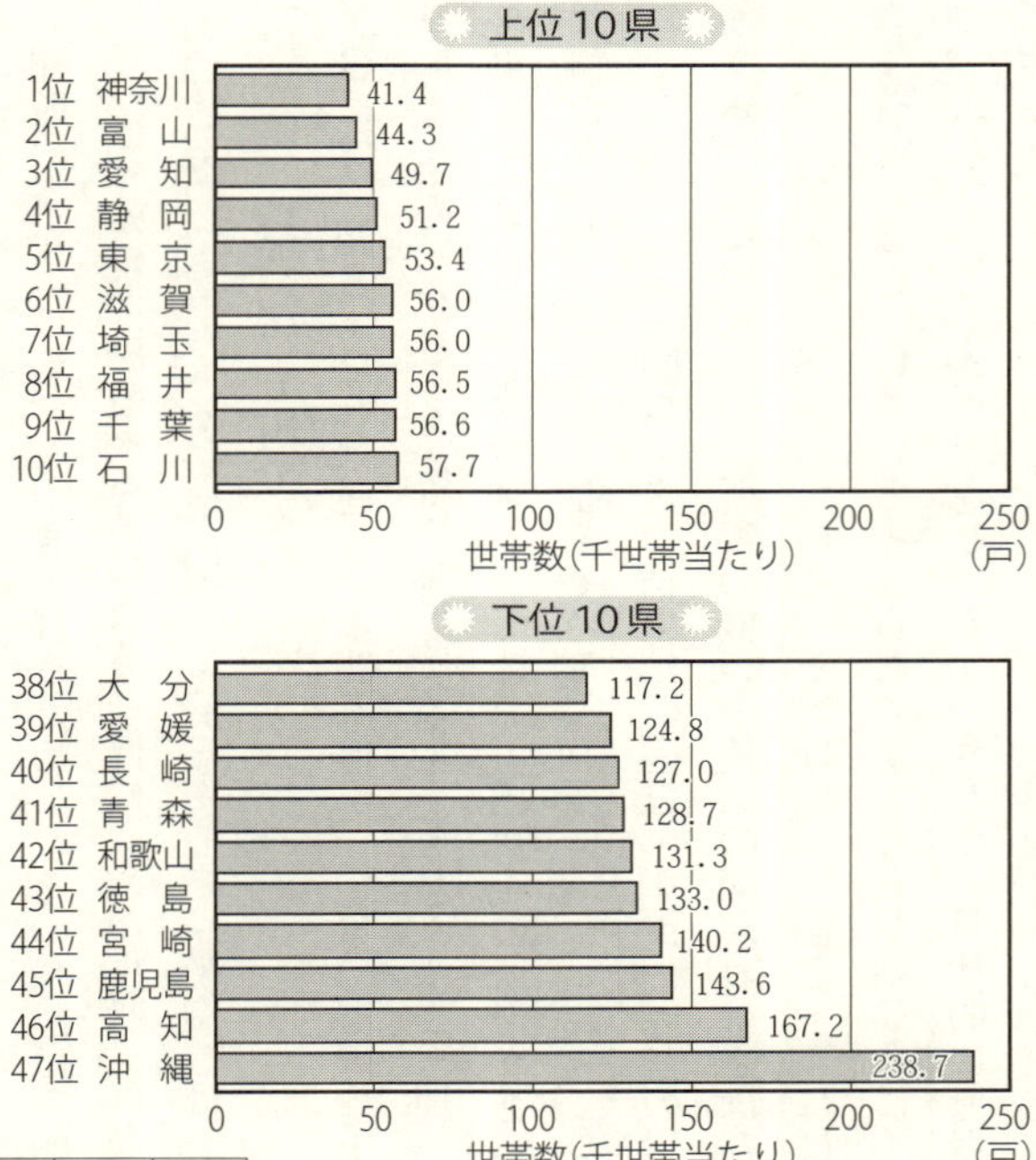
上位10県
1位 神奈川 41.4
2位 富山 44.3
3位 愛知 49.7
4位 静岡 51.2
5位 東京 53.4
6位 滋賀 56.0
7位 埼玉 56.0
8位 福井 56.5
9位 千葉 56.6
10位 石川 57.7
0 50 100 150 200 250
世帯数(千世帯当たり)
(戸)
下位10県
38位 大分 117.2
39位 愛媛 124.8
40位 長崎 127.0
41位 青森 128.7
42位 和歌山 131.3
43位 徳島 133.0
44位 宮崎 140.2
45位 鹿児島 143.6
46位 高知 167.2
47位 沖縄 238.7
0 50 100 150 200 250
世帯数(千世帯当たり)
(戸)

順位	県名	世帯数									
11位	長野	60.9	18位	茨城	74.7	24位	山口	81.6	31位	佐賀	97.1
12位	広島	61.6	19位	奈良	77.3	25位	鳥取	86.3	32位	大阪	99.2
13位	岐阜	63.9	20位	群馬	77.5	26位	島根	86.7	33位	福岡	100.6
14位	新潟	69.0	21位	山形	77.8	27位	山梨	87.2	34位	北海道	109.9
15位	栃木	69.8	22位	兵庫	77.8	28位	香川	89.2	35位	岩手	114.2
16位	三重	70.3	全国平均		78.7	29位	京都	95.0	36位	熊本	114.9
17位	岡山	73.6	23位	宮城	81.2	30位	福島	96.0	37位	秋田	116.3

備考：２人以上世帯（勤労者世帯以外も含む）の年間世帯収入。
「全国平均」は全国の総世帯の平均。
出典：図3-1と同じ

たとえば所得を比較するとき、すべての人の所得を足し合わせて頭数で割った「平均」を取ると、高額所得者が「平均」を引き上げるために、その金額は一般に高い印象になりがちで、「中央値」のほうが現実感のある値になる。仮に二人が年収三〇〇万円、四人が五〇〇万円、四人が七〇〇万円で、一人が一億円だったとすると、「平均」は一四〇〇万円になるのに対して、「中央値」は五〇〇万円である。

図3-3には、**図3-2**とは逆に、年間所得が一〇〇〇万円以上の高所得世帯の割合を示した。全国を俯瞰すると、今度は首都圏を頂上として、東と西に下がっていく山型となる。最上位の東京では二三％もの世帯が一〇〇〇万円以上の所得があるのに比べ、下位一〇県には一割に満たない県がずらりと並んでいる。

ところで、**図3-2**と**図3-3**の結果は、**図2-1**（一カ月の世帯収入）のランキングと整合性があるように思えない。所得の低い下位県の顔ぶれはさほど違わないものの、上位一〇県のメンバーは大きく異なっている。その理由は、**図2-1**には所得の高い会社・団体の役員が含まれないなど、いろいろ考えられるが、くわしいことは不明だ。

そこで、次項でいくつかの県をピックアップして、具体的に所得階層別の世帯数分布を見ることにする。

図3-3　年間所得が1000万円以上の世帯数/千世帯当たり(平成19年)

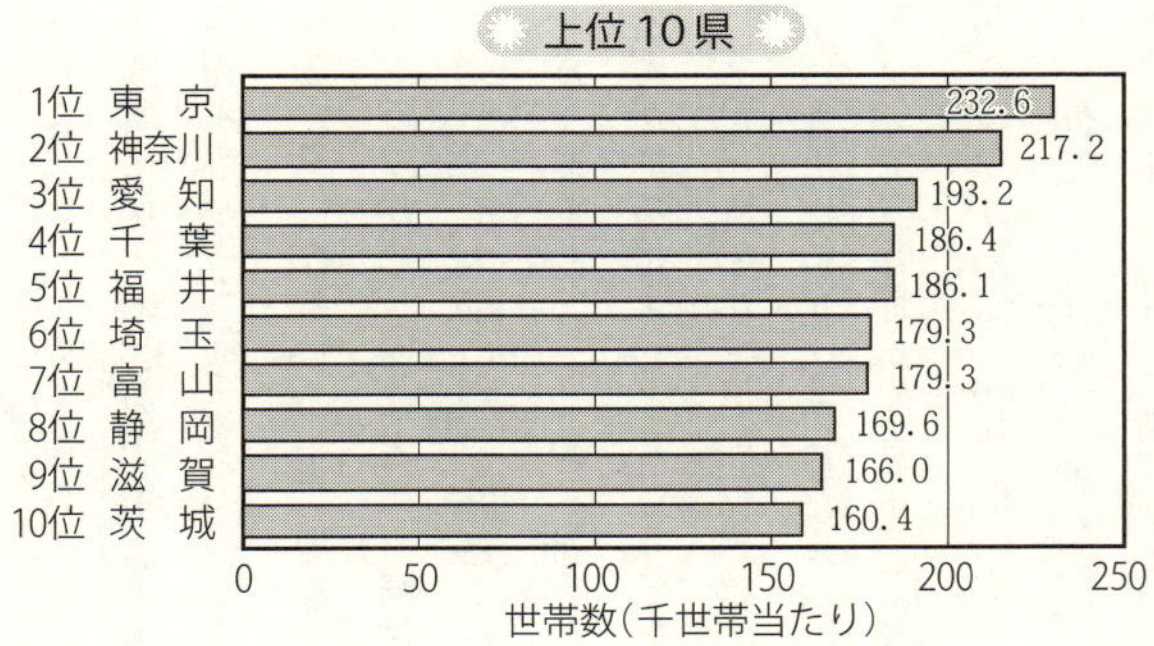
上位10県
1位 東京 232.6
2位 神奈川 217.2
3位 愛知 193.2
4位 千葉 186.4
5位 福井 186.1
6位 埼玉 179.3
7位 富山 179.3
8位 静岡 169.6
9位 滋賀 166.0
10位 茨城 160.4
0 50 100 150 200 250
世帯数(千世帯当たり)

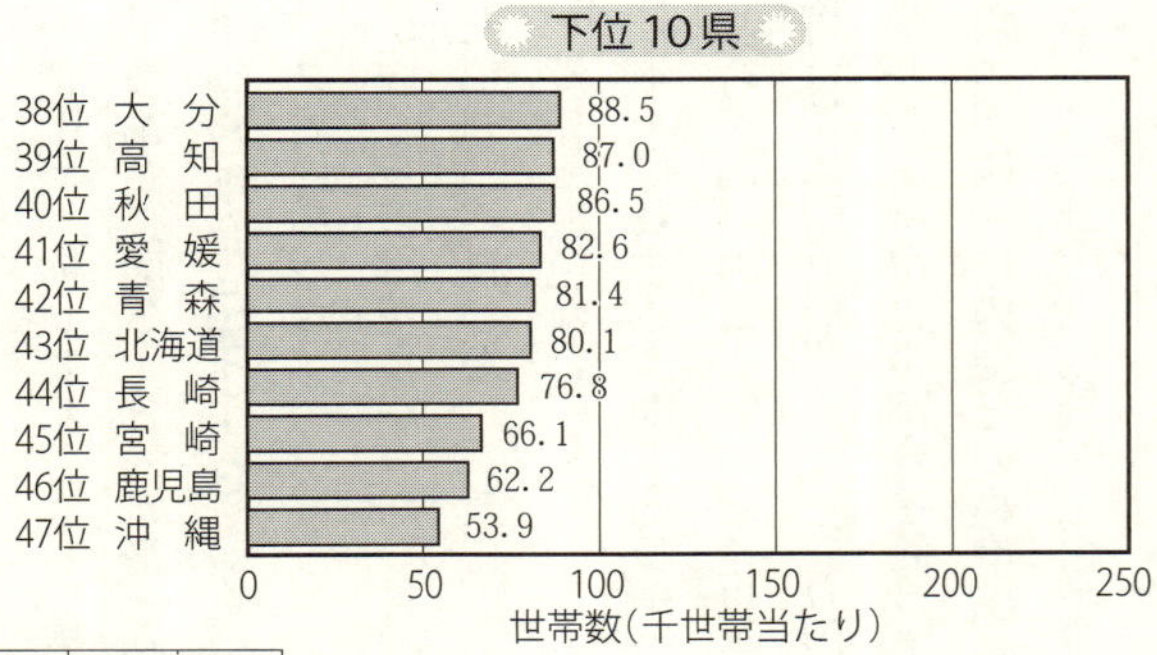
下位10県
38位 大分 88.5
39位 高知 87.0
40位 秋田 86.5
41位 愛媛 82.6
42位 青森 81.4
43位 北海道 80.1
44位 長崎 76.8
45位 宮崎 66.1
46位 鹿児島 62.2
47位 沖縄 53.9
0 50 100 150 200 250
世帯数(千世帯当たり)

順位	県名	世帯数									
11位	岐阜	160.1	17位	新潟	143.7	24位	群馬	125.8	31位	福島	116.3
12位	奈良	159.9	18位	長野	140.0	25位	島根	125.6	32位	佐賀	115.8
13位	石川	157.2	19位	山梨	133.9	26位	岡山	125.5	33位	和歌山	111.3
14位	三重	157.2	20位	広島	130.2	27位	香川	123.0	34位	福岡	111.0
15位	兵庫	155.9	21位	山形	127.9	28位	徳島	122.5	35位	山口	105.5
16位	栃木	153·3	22位	京都	126.6	29位	宮城	118.0	36位	熊本	103.7
全国平均		151.2	23位	大阪	126.2	30位	鳥取	117.1	37位	岩手	92.2

備考：対象は図3-1と同じ。
出典：図3-1と同じ

大都市圏のような所得分布をする福井

図3-4に、いくつかの県における所得階層別の世帯数分布を割合で示した。取り上げた県は、年間所得が二〇〇万円未満の世帯数割合（図3-2）が最も少ない神奈川と最も多い沖縄、年間所得が一〇〇〇万円以上の世帯数割合（図3-3）が最多の東京（最少は沖縄）。他に各地方から一県ないしは二県をピックアップした。

この帯グラフから、県ごとに、所得がいくらの層が多いかが一目瞭然にわかる。

まず、グラフで大都市圏にはさまれた福井に注目したい。八〇〇万円以上の所得がある世帯の割合が三割を超え、東京、神奈川、愛知と遜色《そんしょく》ない。一〇〇〇万円以上、二〇〇〇万円以上の所得がある世帯も多く、まるで日本を代表する大都市圏の一つのようだ。

逆に、大都市圏の中で低所得世帯の割合が高いのは大阪。富裕世帯の比率も小さく、徳島と似たような世帯分布である。その徳島は年間所得が一〇〇〇万円以上の世帯数割合（図3-3）が少ない四国にあって、福岡県並の高所得世帯割合を誇っている。

この帯グラフからは、世帯間の所得格差が同一県内でどの程度広がっているかがある程度わかるが、他県との比較はあいまいである。次項で、格差・不平等を明確な数値で表した「ジニ係数」で都道府県を比較する。

図3-4　**所得別の世帯数割合（平成19年）**

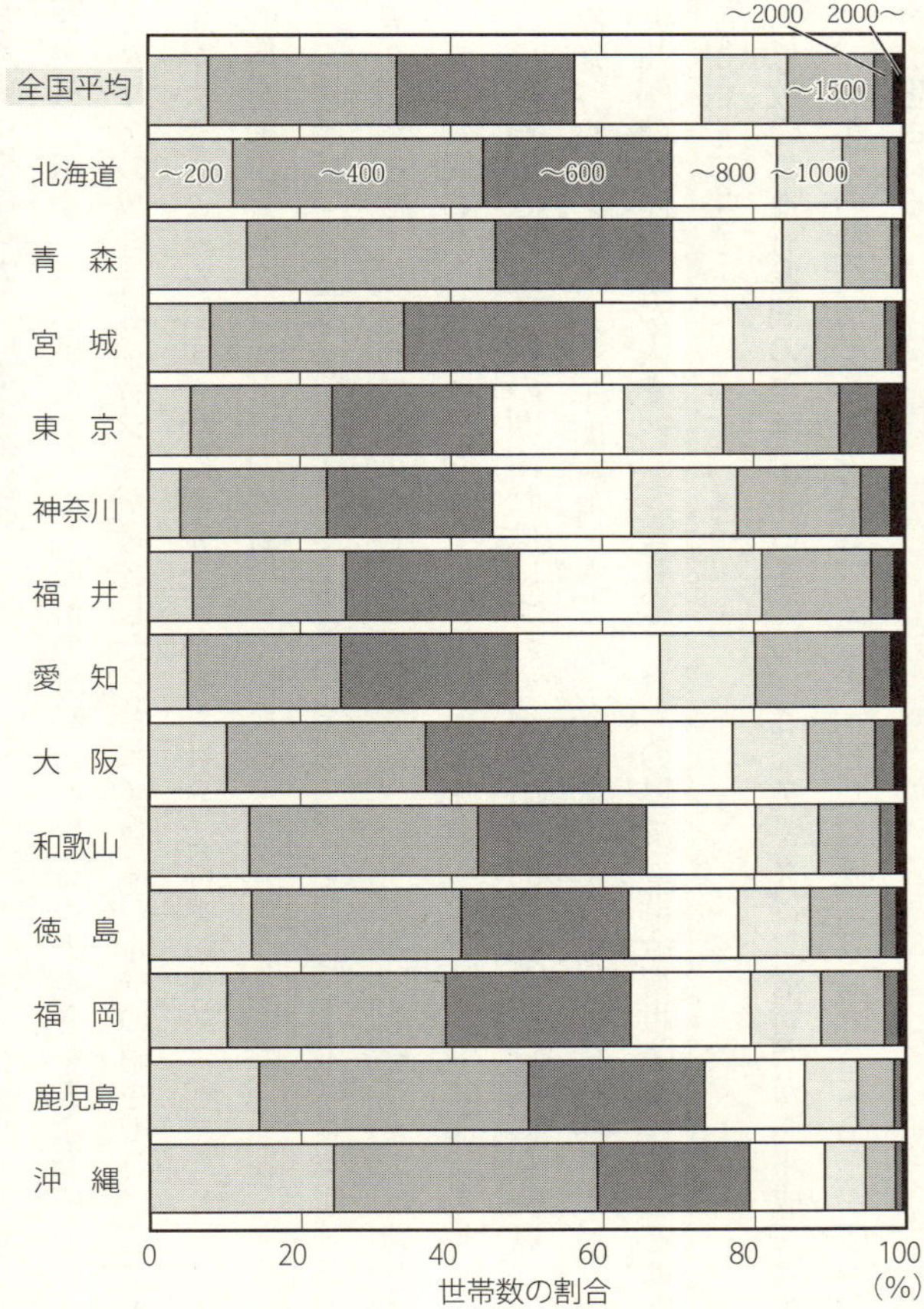
~2000
2000~
全国平均
~1500
北海道
~200
~400
~600
~800
~1000
青森
宮城
東京
神奈川
福井
愛知
大阪
和歌山
徳島
福岡
鹿児島
沖縄
0
20
40
60
80
100
世帯数の割合
(%)

備考：対象は図3-1と同じ。「～200」は200万円未満、「2000～」は2000万円以上を表す。
出典：図3-1と同じ

徳島と沖縄は格差が大きい不平等社会

図3-5に示す「ジニ係数」とは、所得の分配における不平等さを表す指標で、一九三六年にイタリアの数理統計学者ジニが考案した。ジニ係数は〇~一の値を取り、一に近づくほど格差が大きいことを示す。所得が完全に平等な社会ではジニ係数は〇になり、一人がすべての所得を独占し他の者がゼロの社会なら一になる。

図3-5では、ジニ係数が小さい、すなわち格差が小さい県を上位とした。ジニ係数が〇・五を超えると、政策的に是正が必要とされるが、いずれの県もそこまでは達していない。なお、計算に使われた収入は公的年金・恩給の給付を含んだ税込みの金額である。

ジニ係数が小さい上位県の顔ぶれはいずれも地方の自治体だが、意外にも徳島、沖縄、熊本、高知、宮崎といった、年間所得が二〇〇万円未満の世帯数割合（図3-2）が多い四国・九州勢の県内格差が大きい。つまり、これらの県では低所得世帯が多く、その富の一部が高所得世帯に集まっていると言える。

ジニ係数の都道府県間の差は小さいものの、このデータは（最新だが）平成一六年のものなので、昨年来の社会情勢を鑑《かんが》みると、ここで示した数値よりもさらに格差が広がっていることが予想される。

図3-5　世帯収入の不平等（ジニ係数、平成16年）

上位12県

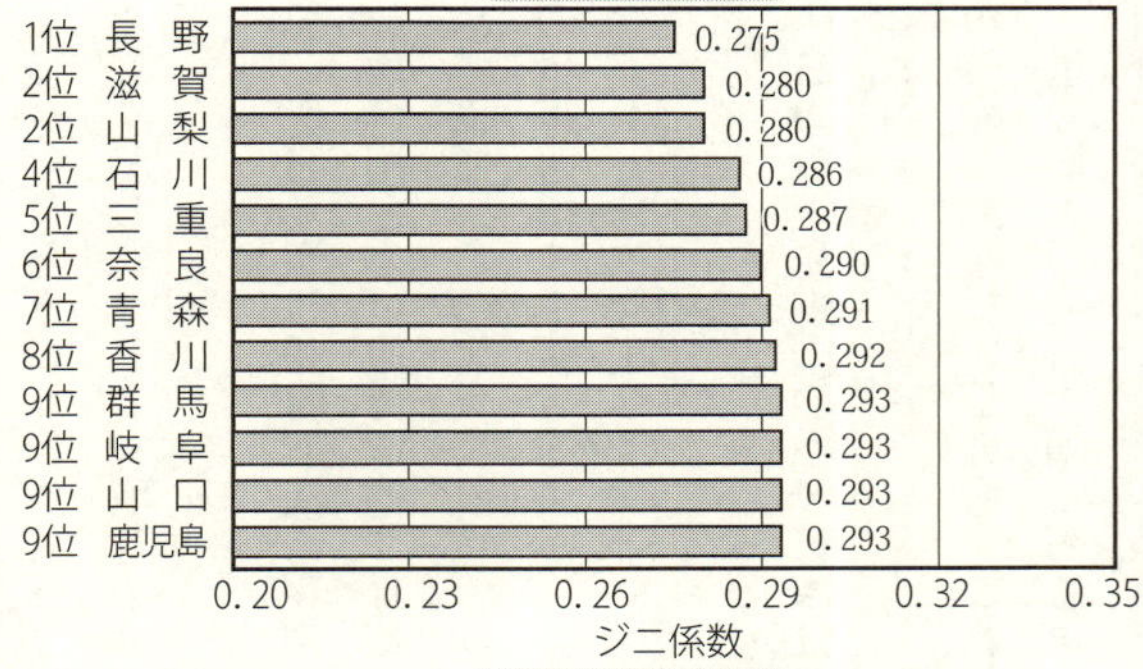
1位 長野 0.275
2位 滋賀 0.280
2位 山梨 0.280
4位 石川 0.286
5位 三重 0.287
6位 奈良 0.290
7位 青森 0.291
8位 香川 0.292
9位 群馬 0.293
9位 岐阜 0.293
9位 山口 0.293
9位 鹿児島 0.293
0.20 0.23 0.26 0.29 0.32 0.35
ジニ係数

下位10県

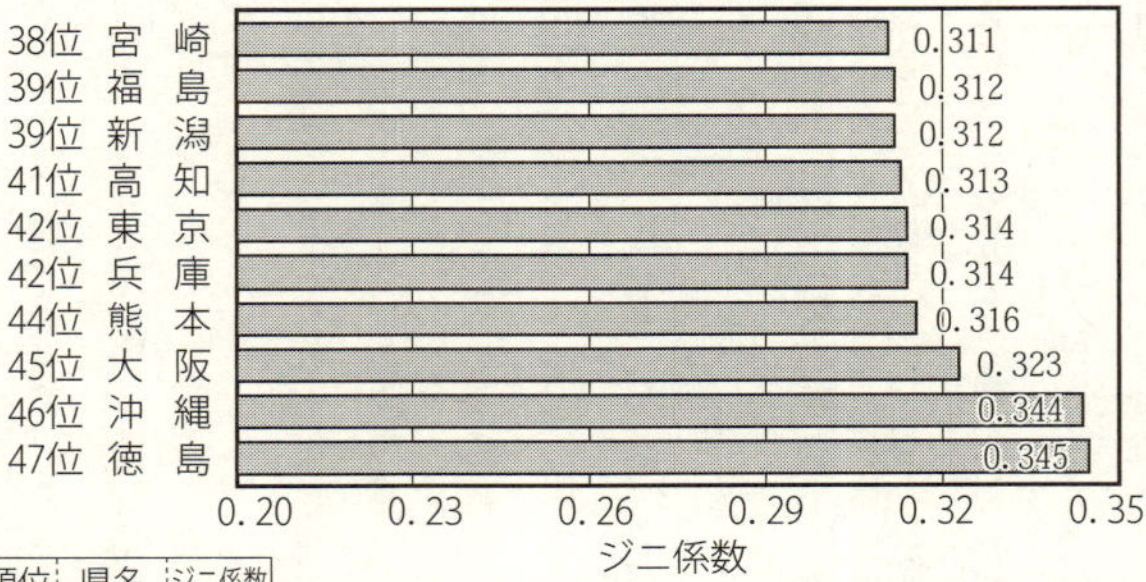
38位 宮崎 0.311
39位 福島 0.312
39位 新潟 0.312
41位 高知 0.313
42位 東京 0.314
42位 兵庫 0.314
44位 熊本 0.316
45位 大阪 0.323
46位 沖縄 0.344
47位 徳島 0.345
0.20 0.23 0.26 0.29 0.32 0.35
ジニ係数

順位	県名	ジニ係数	順位	県名	ジニ係数	順位	県名	ジニ係数	順位	県名	ジニ係数
13位	北海道	0.294	20位	岩手	0.298	27位	千葉	0.302	33位	愛知	0.306
14位	茨城	0.295	20位	静岡	0.298	27位	福岡	0.302	35位	宮城	0.307
14位	埼玉	0.295	20位	島根	0.298	29位	富山	0.303	全国平均		0.308
14位	京都	0.295	23位	神奈川	0.299	29位	岡山	0.303	36位	長崎	0.309
14位	愛媛	0.295	23位	大分	0.299	31位	福井	0.304	37位	栃木	0.310
18位	佐賀	0.296	25位	秋田	0.300	31位	和歌山	0.304			
19位	鳥取	0.297	26位	広島	0.301	33位	山形	0.306			

備考：２人以上世帯（勤労者世帯以外も含む）の年間所得における
ジニ係数。
出典：平成16年全国消費実態調査（総務省統計局）

もっとも、ジニ係数の数値を見ただけでは、実際に日本や各都道府県がどれくらいの不平等社会なのかピンときにくいだろう。そこで、数値のニュアンスをつかむために、**図3-6**に国際比較を示した。ここで取り上げた国は、前出のＯＥＣＤ（経済開発協力機構）加盟国である。

ただし、**図3-5**は世帯収入の税引き前の金額をもとにしているのに対して、**図3-6**のジニ係数は各国とも可処分所得で計算し、さらに世帯の人数の違いから生まれる差異を調整して求めてある。このように計算方法が両者で異なっているのに加え、計算の元となっている日本の世帯所得データも前者が二〇〇四年、後者が二〇〇〇年である。**図3-5**の全国平均（0・308）と**図3-6**の日本の数値（0・321）が食い違っているのはこうした違いなどによる。

図3-6より、先進国の中で日本は平均以上に格差が大きな不平等な社会だと言える。巷《こう》間《かん》よく知られているように、ヨーロッパでもとくに北欧は社会保障費の国民負担が大きく、所得の再分配が進んでいる地域。これがこのデータからも裏付けられる。

逆に、世界最大の経済大国であるアメリカは多くの人種を抱えた格差社会であることが知られているが、これもまたジニ係数が証明している。

図3-6　**先進国のジニ係数**

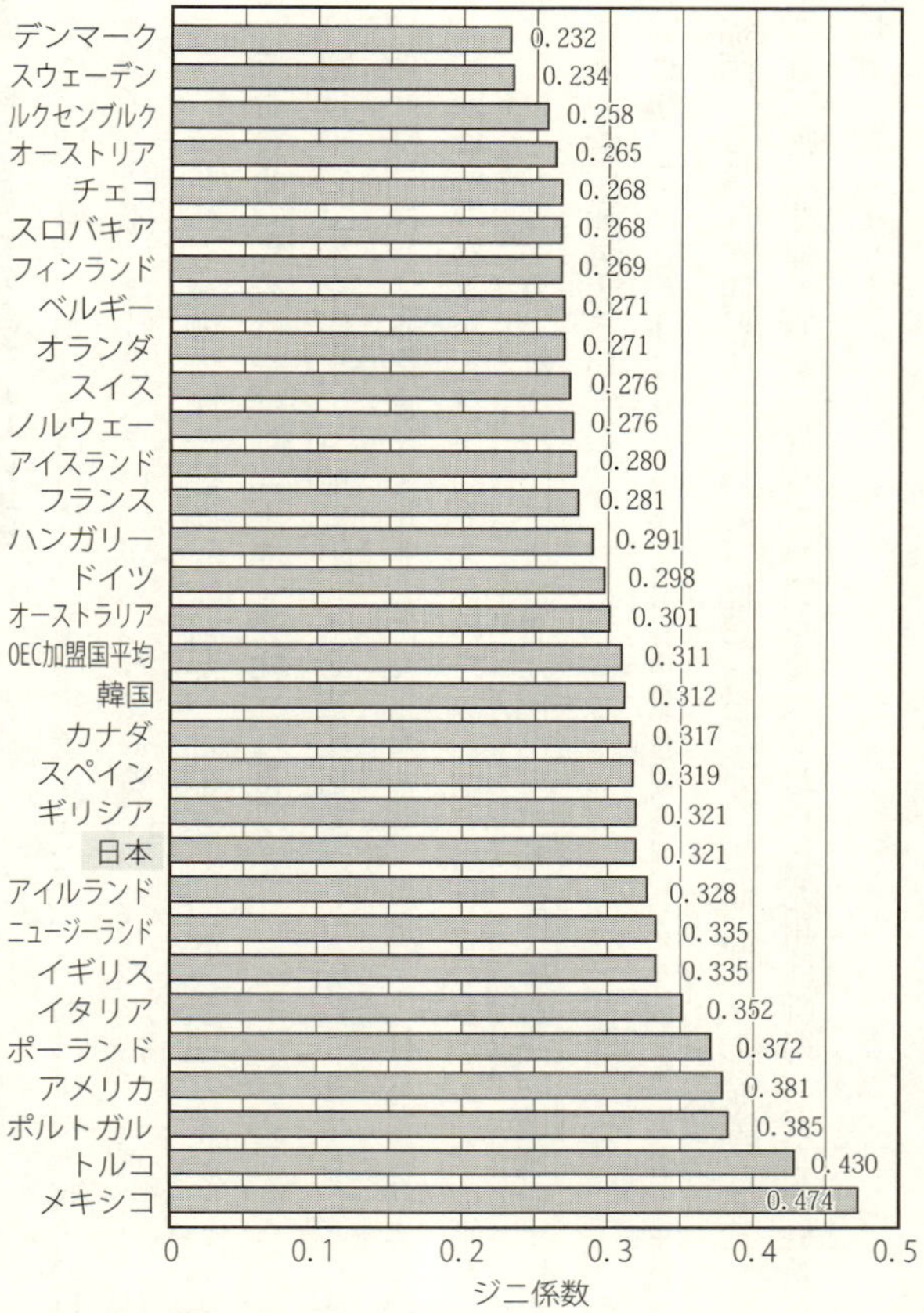
デンマーク 0.232
スウェーデン 0.234
ルクセンブルク 0.258
オーストリア 0.265
チェコ 0.268
スロバキア 0.268
フィンランド 0.269
ベルギー 0.271
オランダ 0.271
スイス 0.276
ノルウェー 0.276
アイスランド 0.280
フランス 0.281
ハンガリー 0.291
ドイツ 0.298
オーストラリア 0.301
OEC加盟国平均 0.311
韓国 0.312
カナダ 0.317
スペイン 0.319
ギリシア 0.321
日本 0.321
アイルランド 0.328
ニュージーランド 0.335
イギリス 0.335
イタリア 0.352
ポーランド 0.372
アメリカ 0.381
ポルトガル 0.385
トルコ 0.430
メキシコ 0.474
0
0.1
0.2
0.3
0.4
0.5
ジニ係数

備考：OECD加盟国の2005年頃データ。ただし、日本とスイスは2000年データ。世帯の可処分所得を世帯人数で調整して求めたジニ係数。
出典：OECD stat.

持てる者・持たざる者の差が激しい地域

前項では、同一県内における所得についての格差を見たが、一般に所得・収入の格差よりも、保有資産の格差のほうが大きいのがふつうである。いわゆる「持てる者」と「持たざる者」である。資産にも金融資産や絵画、宝飾品、高額家具、電気製品などいろいろある。が、何と言っても資産の代表はやはり「土地・建物」だろう。

そこで**図3-7**では、住宅・宅地に限っての資産格差（ジニ係数）を示した。具体的には、持ち家の他、別に保有する借家や宅地も含めた。ただし、農地や山林などは含まない。

住宅・宅地資産の格差が大都市圏で大きいのは、地方出身者が多い上に、地価が高いことと関係している。裸一貫で都会に出てきた者に比べて、せまくても高い地価の土地を親から相続した人の資産額は大きい。

しかし他方、ここでも目につくのは九州・沖縄地域だ。下位一〇県に九州・沖縄勢（沖縄、大分、福岡、長崎）が四県入っている。**図3-5**で示した世帯収入の格差が大きい下位一〇県の中にも三県（沖縄、熊本、宮崎）が顔を並べており、九州は所得、資産の格差が大きい不平等地域と言えそうだ。

図3-7　住宅・宅地資産の格差（ジニ係数、平成16年）

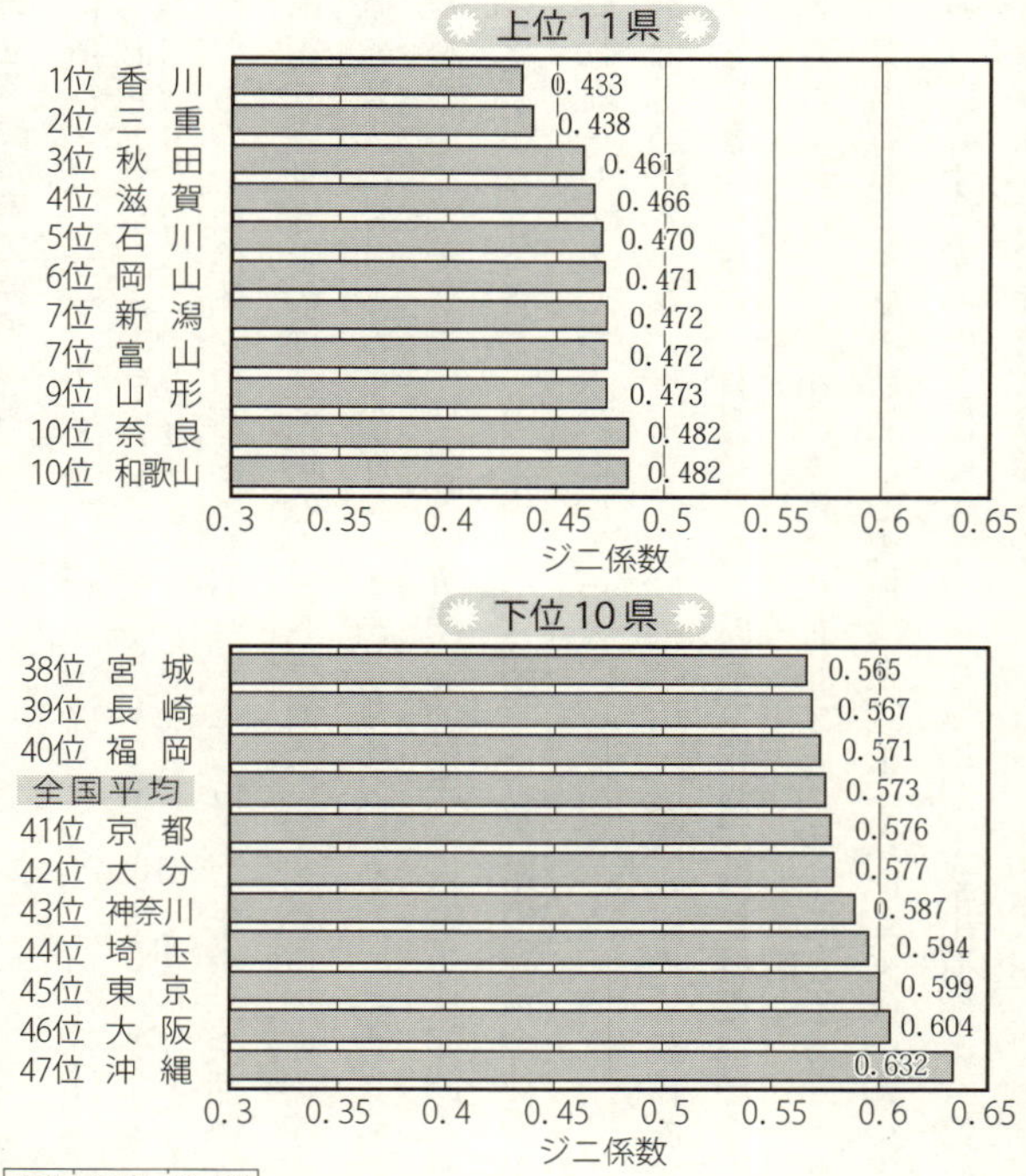
上位11県
1位 香川 0.433
2位 三重 0.438
3位 秋田 0.461
4位 滋賀 0.466
5位 石川 0.470
6位 岡山 0.471
7位 新潟 0.472
7位 富山 0.472
9位 山形 0.473
10位 奈良 0.482
10位 和歌山 0.482
0.3 0.35 0.4 0.45 0.5 0.55 0.6 0.65
ジニ係数
下位10県
38位 宮城 0.565
39位 長崎 0.567
40位 福岡 0.571
全国平均 0.573
41位 京都 0.576
42位 大分 0.577
43位 神奈川 0.587
44位 埼玉 0.594
45位 東京 0.599
46位 大阪 0.604
47位 沖縄 0.632
0.3 0.35 0.4 0.45 0.5 0.55 0.6 0.65
ジニ係数

順位	県名	ジニ係数	順位	県名	ジニ係数	順位	県名	ジニ係数	順位	県名	ジニ係数
12位	群馬	0.487	19位	愛媛	0.505	26位	静岡	0.531	33位	高知	0.544
13位	鳥取	0.488	20位	茨城	0.513	27位	北海道	0.532	34位	広島	0.548
14位	栃木	0.493	21位	山梨	0.518	28位	島根	0.533	35位	兵庫	0.553
15位	福井	0.494	22位	千葉	0.519	29位	徳島	0.538	36位	宮崎	0.557
15位	青森	0.494	23位	岩手	0.521	30位	山口	0.540	37位	愛知	0.558
17位	佐賀	0.495	24位	鹿児島	0.522	31位	福島	0.541			
18位	岐阜	0.500	25位	長野	0.525	32位	熊本	0.543			

備考：対象は図3-4と同じ。農地や山林は含まない。
出典：平成16年全国消費実態調査（総務省統計局）

知られざる経済実力県の滋賀

県民所得とは、サラリーマンの給料や退職金などの「県民雇用者報酬」、企業や自営業者の営業利益に当たる「企業所得」、および賃貸料や利子収入などの「財産所得」の三つを足し算したもの。自治体が自ら儲けたお金も入る反面、年金や生活保護費等の社会保障による個人所得や土地などの譲渡所得などは含まれない。この県民所得を、その年の一〇月一日現在の県の総人口で割ったものが「一人当たりの県民所得」（図3-8）である。

したがって、「一人当たりの県民所得」は県民一人の平均的個人所得を表すものではなく、（会社を含めて）県民が総出で稼いだ金額つまり各県の経済全体の水準を、尺度を「一人当たり」に統一して表したものといえる。

結果は言わずもがな、東京、愛知、神奈川、大阪などの大都市圏が上位にランクインしている。ただその一方で、滋賀、三重、栃木の健闘が目を引く。とくに滋賀県は、一般にはあまり知られていないが、第二次産業に従事する労働者の割合が五割近い全国有数の内陸工業県。工業出荷額（製品出荷額）の規模は全国第一六位（平成一九年）であるものの、人口一人当たりに直すと堂々の三位に入る。ちなみに、工業出荷額第一位は愛知で、第二位は三重、第四位は静岡。栃木は第六位である。

図3-8　1人当たりの県民所得（平成18年度）

上位10県

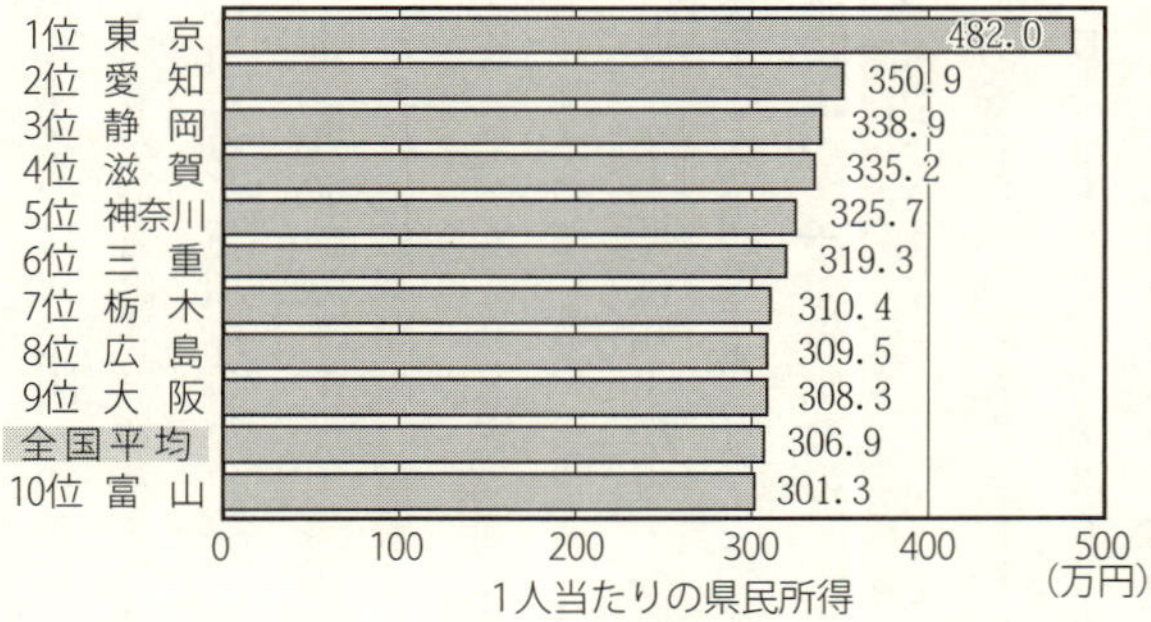
1位 東京 482.0
2位 愛知 350.9
3位 静岡 338.9
4位 滋賀 335.2
5位 神奈川 325.7
6位 三重 319.3
7位 栃木 310.4
8位 広島 309.5
9位 大阪 308.3
全国平均 306.9
10位 富山 301.3
0
100
200
300
400
500
（万円）
1人当たりの県民所得

下位10県

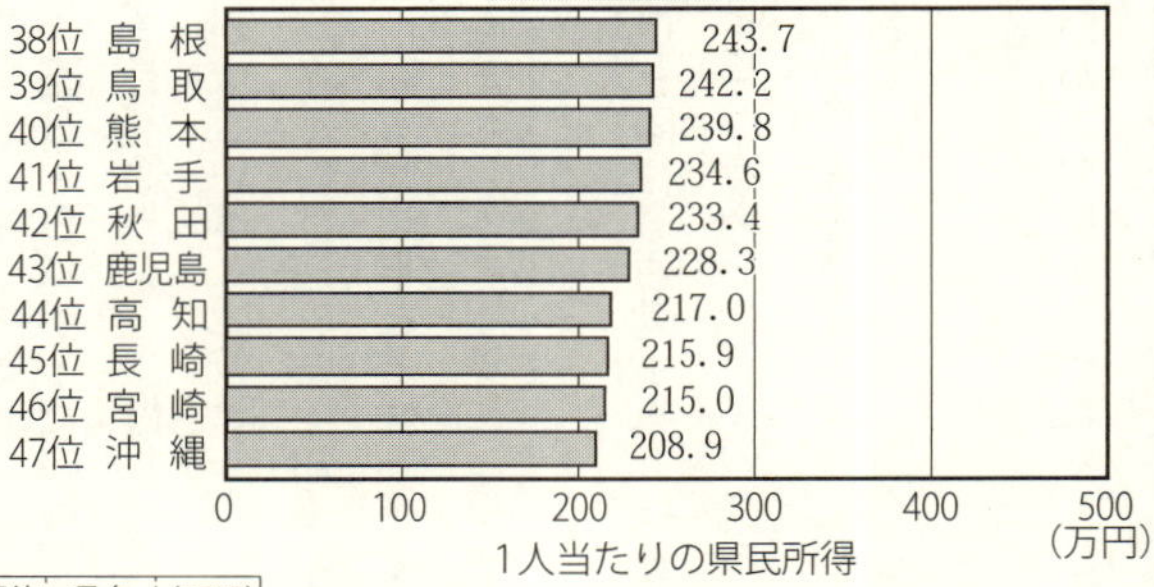
38位 島根 243.7
39位 鳥取 242.2
40位 熊本 239.8
41位 岩手 234.6
42位 秋田 233.4
43位 鹿児島 228.3
44位 高知 217.0
45位 長崎 215.9
46位 宮崎 215.0
47位 沖縄 208.9
0
100
200
300
400
500
（万円）
1人当たりの県民所得

順位	県名	（万円）	順位	県名	（万円）	順位	県名	（万円）	順位	県名	（万円）
11位	京都	297.6	18位	茨城	284.3	25位	新潟	273.4	32位	大分	259.4
12位	千葉	296.2	19位	福井	281.9	26位	香川	271.8	33位	愛媛	248.7
13位	埼玉	296.1	20位	石川	280.6	27位	徳島	269.4	34位	佐賀	247.5
14位	群馬	292.1	21位	岡山	280.0	28位	奈良	269.2	35位	山形	247.2
15位	山口	288.3	22位	長野	278.9	29位	和歌山	266.5	36位	北海道	246.3
16位	兵庫	288.2	23位	福島	277.5	29位	福岡	266.5	37位	青森	244.3
17位	岐阜	286.3	24位	山梨	277.3	31位	宮城	261.5			

備考：「1人当たりの県民所得」は県民所得を県内総人口で割った額。
全国平均は「1人当たりの国民所得」。
出典：平成18年度県民経済計算（内閣府）

業績の割に高すぎる給与をもらう知事

次に紹介するのは、全国の知事の給与。**図3-9**に示したのは、平成二〇年四月一日現在における知事の年間給与。公表されている月額給与を一二倍し、それに期末手当（民間のボーナスに当たる）を加算した。順位は額が大きいほど上位とした。

近年、地方財政の著《いちじる》しい悪化を受けて、多くの都道府県で知事や議員などの給与を削減しており、左の数値も減額後の結果である。熊本県知事などは条例で定める月額一二四万円の給料からじつに一〇〇万円も減額した。ただし、本データには平成二〇年四月一日以降の減額措置は反映されていない。

また、県によっては知事にも一般県職員と同様、通勤手当、扶養手当、住居手当、地域手当、（冬期の）寒冷地手当等を支給するところもあるが、そのうちのどれがいくら支給されるかが県によって千差万別なので、本データの計算から除外してある。それらの加算額が給与額全体に占める割合はごく小さいものの、ランキングに多少の影響があるかもしれない。そのあたりを含みおきいただきたい。

さて、**図3-9**の給与額が多いか少ないか、意見が分かれるところだろう。しかし、県のリーダーとしての重責を鑑《かんが》みるなら、大企業のＣＥＯ（最高経営責任者）となぞらえても、二

図3-9　知事の年間給与（平成20年4月1日現在）

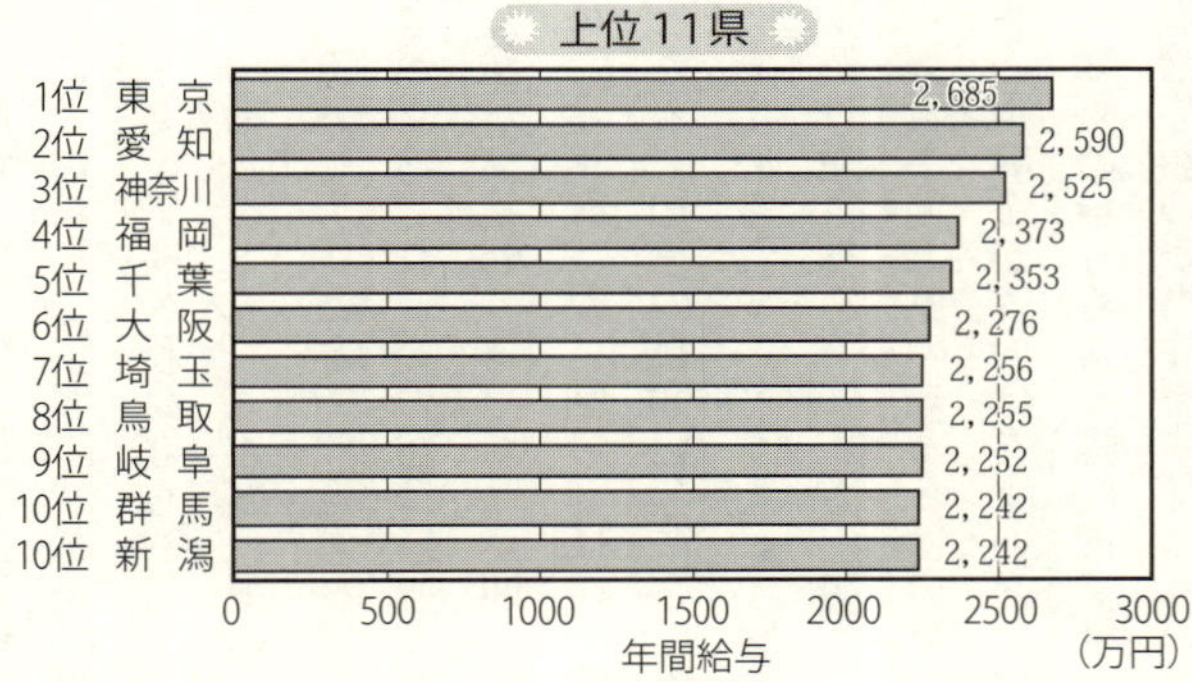
上位11県
1位 東京 2,685
2位 愛知 2,590
3位 神奈川 2,525
4位 福岡 2,373
5位 千葉 2,353
6位 大阪 2,276
7位 埼玉 2,256
8位 鳥取 2,255
9位 岐阜 2,252
10位 群馬 2,242
10位 新潟 2,242
0 500 1000 1500 2000 2500 3000
年間給与
（万円）

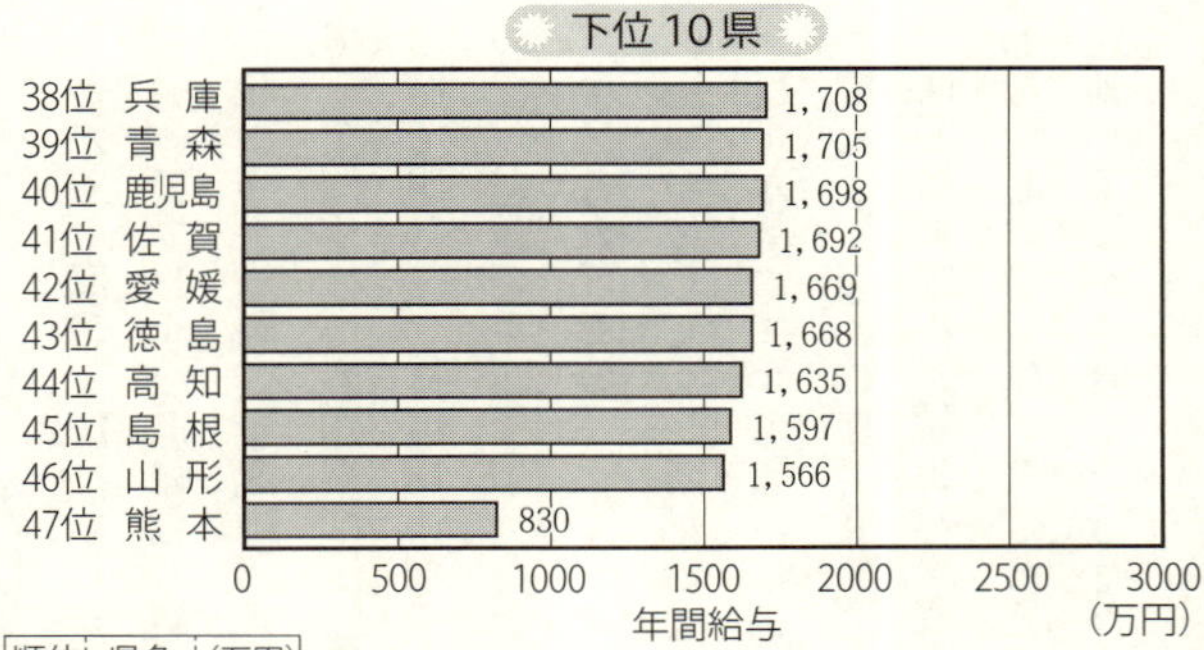
下位10県
38位 兵庫 1,708
39位 青森 1,705
40位 鹿児島 1,698
41位 佐賀 1,692
42位 愛媛 1,669
43位 徳島 1,668
44位 高知 1,635
45位 島根 1,597
46位 山形 1,566
47位 熊本 830
0 500 1000 1500 2000 2500 3000
年間給与
（万円）

順位	県名	（万円）	順位	県名	（万円）	順位	県名	（万円）	順位	県名	（万円）
12位	京都	2,219	9位	山口	2,097	26位	奈良	1,993	32位	滋賀	1,764
13位	静岡	2,208	20位	大分	2,090	全国平均		1,980	33位	沖縄	1,757
14位	宮城	2,193	21位	福井	2,035	27位	富山	1,957	34位	岡山	1,737
15位	栃木	2,175	22位	山梨	2,034	28位	福島	1,899	35位	北海道	1,737
16位	長野	2,161	23位	石川	2,022	29位	茨城	1,807	36位	香川	1,733
17位	三重	2,143	24位	広島	2,016	30位	岩手	1,793	37位	秋田	1,732
18位	長崎	2,124	25位	和歌山	2,011	30位	宮崎	1,793			

備考：月額給与に期末手当（ボーナス）を加算した額。1000円以下を四捨五入。ただし、諸手当は含まない。
出典：各都道府県の条例と「給与・定員管理」より計算

〇〇〇万円台という額が決して高いとは言えない。一五〇〇万円台なら安いと言えるだろう。

しかし、もう一つ知事には高額の収入がある。**図3-10**に示した退職金だ。ふつう民間サラリーマンや一般公務員なら、何十年も働いて少しずつ退職金の額が積み上がる。たとえば東京都の場合、平成一九年度に退職した職員の平均勤続年数は三六年二カ月で、退職金は平均で二五八〇万円だった。それに対して、全国すべての知事には任期四年の終わりの時点で退職金が支給され、その額はほとんどの県で四〇〇〇万円超。むろん再選すれば再び四年後に同じ額が支払われる。たった四年なので、退職金を四で割った金額を年収として組み入れて求めた「年収」が、**図3-10**の下のグラフと表である。

もともと、知事の月額給与にしても、退職金にしても、各都道府県でさほど差がない金額が条例で定められている。それが**図3-10**で示されているように違いが出ているのは、熊本県知事が月額給与を一〇〇万円減額したごとく、多くの県でさまざまな減額措置を講じているから。岩手他五県の知事らは自分の今任期における退職金の受取を辞退している。

知事の退職金が安いほどよいとは思わないものの、先になぞらえた「大企業のCEO」ならば、知事の給与もある程度は業績と連動してしかるべきだろう。そういう観点から、続いて知事給与額の妥当性を検証したい。

図3-10

知事の退職金と実質年間給与（平成20年4月1日現在）

知事の退職金（４年の任期ごと）

順位	県名	(万円)	順位	県名	(万円)	順位	県名	(万円)	順位	県名	(万円)
1位	岐　阜	4502	13位	新　潟	4166	24位	石　川	4056	36位	高　知	3571
2位	東　京	4467	13位	熊　本	4166	26位	愛　知	4041	37位	島　根	3318
3位	福　井	4368	13位	宮　崎	4166	27位	千　葉	4003	38位	山　口	3096
3位	徳　島	4368	16位	福　島	4118	28位	大　分	3988	39位	沖　縄	2976
5位	京　都	4341	17位	茨　城	4116	29位	長　崎	3931	40位	大　阪	2088
6位	岡　山	4334	18位	奈　良	4113	全国平均		3920	41位	鳥　取	2009
7位	広　島	4334	19位	埼　玉	4090	30位	青　森	3901		岩　手	ゼロ
8位	三　重	4301	20位	静　岡	4087	31位	愛　媛	3802		宮　城	ゼロ
9位	兵　庫	4264	21位	香　川	4071	32位	山　形	3781		山　梨	ゼロ
10位	福　岡	4212	22位	秋　田	4066	33位	栃　木	3715		長　野	ゼロ
11位	鹿児島	4192	22位	和歌山	4066	34位	佐　賀	3713		滋　賀	ゼロ
12位	神奈川	4176	24位	富　山	4056	35位	北海道	3577		群　馬	ゼロ

知事の実質年間給与

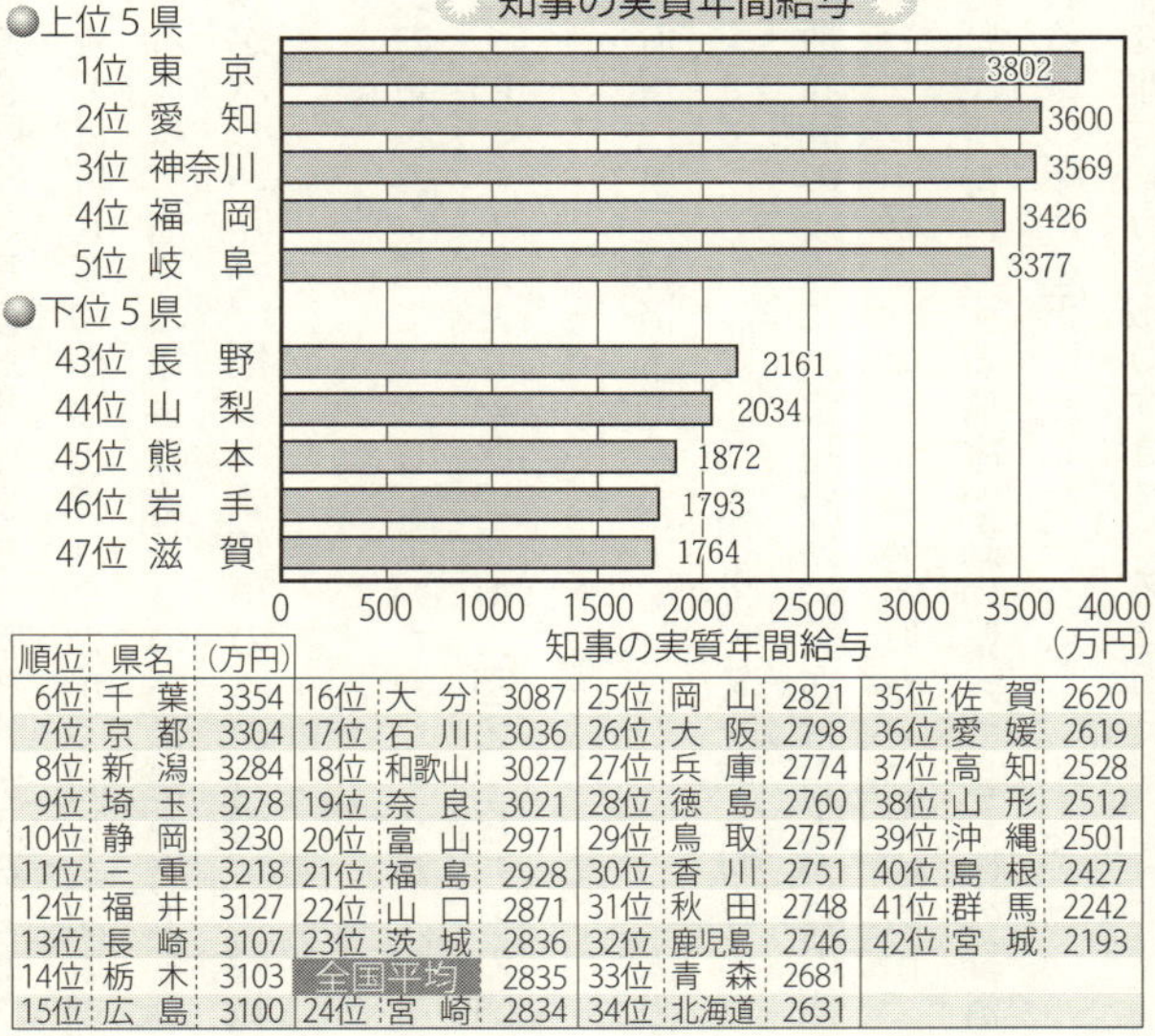
上位５県
1位 東　京
2位 愛　知
3位 神奈川
4位 福　岡
5位 岐　阜
下位５県
43位 長　野
44位 山　梨
45位 熊　本
46位 岩　手
47位 滋　賀
3802
3600
3569
3426
3377
2161
2034
1872
1793
1764
0
500
1000
1500
2000
2500
3000
3500
4000
知事の実質年間給与
(万円)

順位	県名	(万円)	順位	県名	(万円)	順位	県名	(万円)	順位	県名	(万円)
6位	千　葉	3354	16位	大　分	3087	25位	岡　山	2821	35位	佐　賀	2620
7位	京　都	3304	17位	石　川	3036	26位	大　阪	2798	36位	愛　媛	2619
8位	新　潟	3284	18位	和歌山	3027	27位	兵　庫	2774	37位	高　知	2528
9位	埼　玉	3278	19位	奈　良	3021	28位	徳　島	2760	38位	山　形	2512
10位	静　岡	3230	20位	富　山	2971	29位	鳥　取	2757	39位	沖　縄	2501
11位	三　重	3218	21位	福　島	2928	30位	香　川	2751	40位	島　根	2427
12位	福　井	3127	22位	山　口	2871	31位	秋　田	2748	41位	群　馬	2242
13位	長　崎	3107	23位	茨　城	2836	32位	鹿児島	2746	42位	宮　城	2193
14位	栃　木	3103	全国平均		2835	33位	青　森	2681			
15位	広　島	3100	24位	宮　崎	2834	34位	北海道	2631			

備考：実質年間給与は、図3-9の年間給与に退職金を４で割った額を加算。
出典：各都道府県の条例と「給与・定員管理」より計算

民間企業のCEOと同様、各都道府県のCEOたる知事も、県経済が活況であればたくさん報酬をもらってもよい反面、逆ならば抑えるのが順当ではないか。同じ「知事」という役職であっても、経済状態に差があるなら、他県の知事の給与との間に差が出てもしようがないだろう。事実、税収の落ち込みが激しい昨今、知事や副知事のみならず、一般職員の給与まで減額している県が多々ある。

では、知事の報酬が**図3-10**(の下)の金額ではたしてよいものかどうか。知事給与額の妥当性をはかる目安として、**図3-11**で一人当たりの県民所得(**図3-8**)との関連を検証してみた。

前述の通り、一人当たりの県民所得は県の経済水準を表す。したがって、一人当たりの県民所得が高ければ知事給与が高くてもよいが、低ければ知事給与も低くおさえられるべき、という考えに立てば、**図3-11**の散布図のように、都道府県の分布は右上がりの傾向を示す。ここで問題となる県は、散布図中のグレーゾーンより上にある県だ。これを数値で示したのが下のグラフと表。一人当たりの県民所得に対する倍率が高い県、つまり県の経済水準に対して知事給与が高すぎると思われる県の順位を下位とした。

長崎以下、九州のほとんどの県知事は給与を取りすぎているようだ。

図3-11　知事の実質年収と県民所得

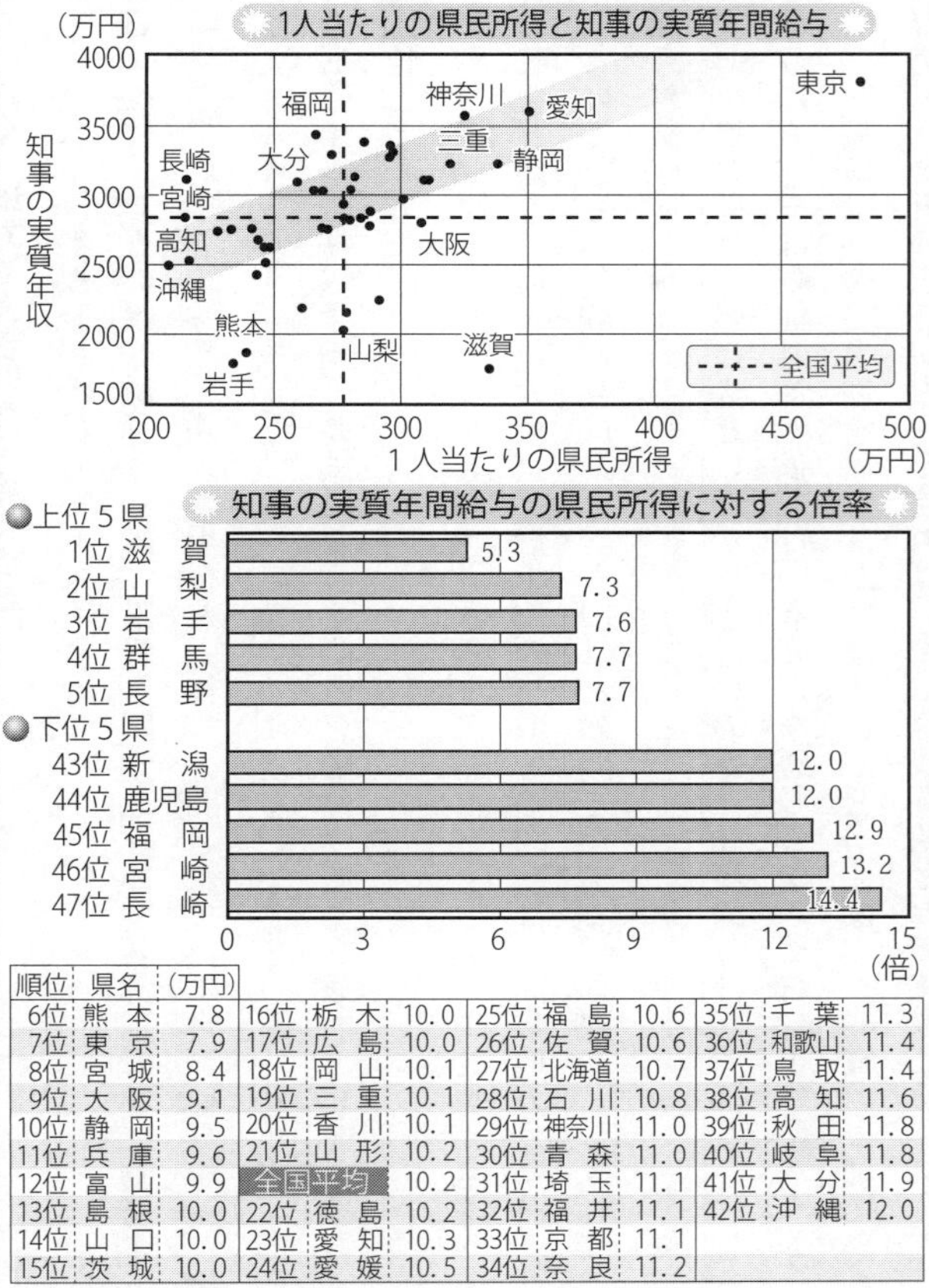
1人当たりの県民所得と知事の実質年間給与
(万円)
4000
3500
3000
2500
2000
1500
知事の実質年収
200
250
300
350
400
450
500
1人当たりの県民所得
(万円)
東京
神奈川
愛知
福岡
三重
静岡
長崎
大分
宮崎
高知
大阪
沖縄
熊本
山梨
滋賀
岩手
全国平均
知事の実質年間給与の県民所得に対する倍率
上位5県
1位 滋　賀 5.3
2位 山　梨 7.3
3位 岩　手 7.6
4位 群　馬 7.7
5位 長　野 7.7
下位5県
43位 新　潟 12.0
44位 鹿児島 12.0
45位 福　岡 12.9
46位 宮　崎 13.2
47位 長　崎 14.4
0
3
6
9
12
15
(倍)

順位	県名	(万円)									
6位	熊本	7.8	16位	栃木	10.0	25位	福島	10.6	35位	千葉	11.3
7位	東京	7.9	17位	広島	10.0	26位	佐賀	10.6	36位	和歌山	11.4
8位	宮城	8.4	18位	岡山	10.1	27位	北海道	10.7	37位	鳥取	11.4
9位	大阪	9.1	19位	三重	10.1	28位	石川	10.8	38位	高知	11.6
10位	静岡	9.5	20位	香川	10.1	29位	神奈川	11.0	39位	秋田	11.8
11位	兵庫	9.6	21位	山形	10.2	30位	青森	11.0	40位	岐阜	11.8
12位	富山	9.9	全国平均		10.2	31位	埼玉	11.1	41位	大分	11.9
13位	島根	10.0	22位	徳島	10.2	32位	福井	11.1	42位	沖縄	12.0
14位	山口	10.0	23位	愛知	10.3	33位	京都	11.1			
15位	茨城	10.0	24位	愛媛	10.5	34位	奈良	11.2			

備考：「1人当たりの県民所得」は図3-8より。ただし、ここでの全国平均は都道府県平均。
出典：平成18年度県民経済計算（内閣府）、各都道府県の条例と「給与・定員管理」より計算

東京で小さく、地方で大きい官民給与格差

知事の次は、一般県職員の給与も見ておこう。

図3-12に示したのは、職種や年齢、階級を限定しない、各都道府県に勤務するすべての一般職員の平均年間給与額。知事の場合と同様、公開されている月額給与を一二倍し、それに民間のボーナスに当たる期末手当（勤勉手当を含む）を加算して求めた。この金額には月々の通勤手当や扶養手当、時間外勤務手当などの諸手当も含まれている。給与額の高い県ほど上位とした。

上位に大都市圏が並び、下位には九州・四国をはじめとした地方の県が名をつらねているのはお約束どおり。最上位の東京と最下位の鳥取との間には、同じ地方公務員（都職員と県職員）といえども、年間給与に一三三万円ほどの開きがある。鳥取にしてみれば、東京都職員の給与は約一・二倍だ。

しかし、この差は本当に大きいのか、小さいのか。知事給与ほどではないにしろ、一般職員の給与にも、やはり他県との横並び的なものを感じるが、それでよいのか。

では、県職員給与の妥当性を何ではかればよいかと言えば、一般職員には知事らに比べて県の経営にさほどの責任がないとすれば、やはり民間給与との比較だろう。

図3-12　地方公務員（県職員）の年間給与（平成19年）

上位10県

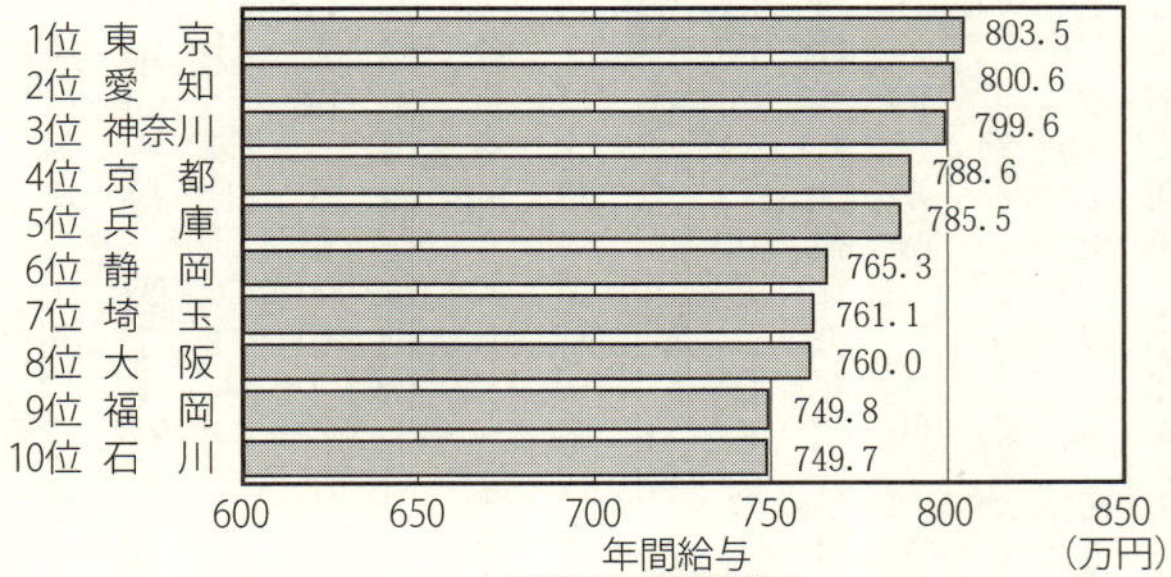
1位 東　京 803.5
2位 愛　知 800.6
3位 神奈川 799.6
4位 京　都 788.6
5位 兵　庫 785.5
6位 静　岡 765.3
7位 埼　玉 761.1
8位 大　阪 760.0
9位 福　岡 749.8
10位 石　川 749.7
600 650 700 750 800 850
年間給与
（万円）

下位10県

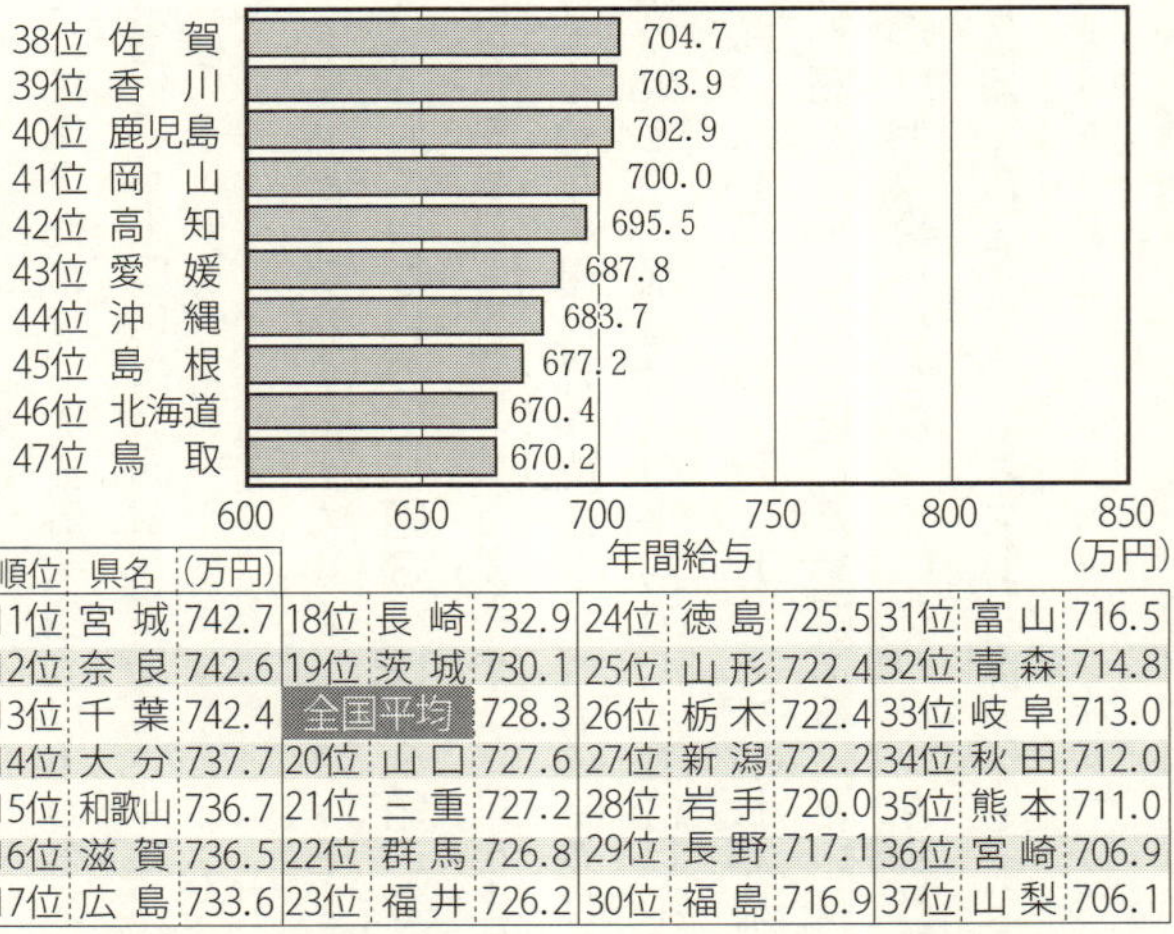
38位 佐　賀 704.7
39位 香　川 703.9
40位 鹿児島 702.9
41位 岡　山 700.0
42位 高　知 695.5
43位 愛　媛 687.8
44位 沖　縄 683.7
45位 島　根 677.2
46位 北海道 670.4
47位 鳥　取 670.2
600 650 700 750 800 850
年間給与
（万円）

順位	県名	（万円）									
11位	宮城	742.7	18位	長崎	732.9	24位	徳島	725.5	31位	富山	716.5
12位	奈良	742.6	19位	茨城	730.1	25位	山形	722.4	32位	青森	714.8
13位	千葉	742.4	全国平均		728.3	26位	栃木	722.4	33位	岐阜	713.0
14位	大分	737.7	20位	山口	727.6	27位	新潟	722.2	34位	秋田	712.0
15位	和歌山	736.7	21位	三重	727.2	28位	岩手	720.0	35位	熊本	711.0
16位	滋賀	736.5	22位	群馬	726.8	29位	長野	717.1	36位	宮崎	706.9
17位	広島	733.6	23位	福井	726.2	30位	福島	716.9	37位	山梨	706.1

備考：県職員の全員の平均。平均年齢は41.9〜44.9歳。給与月額には扶養手当や時間外勤務手当などの諸手当が含まれる。
出典：平成19年地方公務員給与実態調査（総務省、自治行政局）より計算

図3-13に、都道府県職員の平均給与と、同じ県内の民間企業に勤める勤労者の給与を年収ベースで比較した。民間給与データとして用いたのは、従業員一〇人以上の事業所に勤める勤労者の年間所得（図1-8）。公務員には基本的に男女間給与差はないので、男性勤労者の平均給与を採用した。

図3-12と図1-8のデータは、どちらも年齢や職種を問わないが、図1-8のデータには時間外勤務手当（超過勤務手当）が算入されていないので、図3-12の金額からそれを除外し、極力条件を同一にした。

さて図3-13より、県職員の民間に対する給与の優位性が明確だ。両者の格差は東京などの大都市圏で小さく、沖縄、九州、東北で大きい。都道府県の平均で一・五倍以上、沖縄では県職員は民間のおよそ二倍もの給料を取っている。大都市圏と地方とで官民格差の度合いが異なる理由は、大都市圏では民間給与が高く、地方では低いためである。ということはつまり、民間の給与が高くても低くても一定以上の給与をもらっているのが地方公務員（ここでは県職員）であり、「地方で勤めるなら役所がいちばん」と言われるゆえんである。

一方、地方公務員と国家公務員の給与差を示す数値に「ラスパイレス指数」がある。これについては次項で簡単に紹介する。

図3-13 県職員と民間の年間給与格差（平成19年）

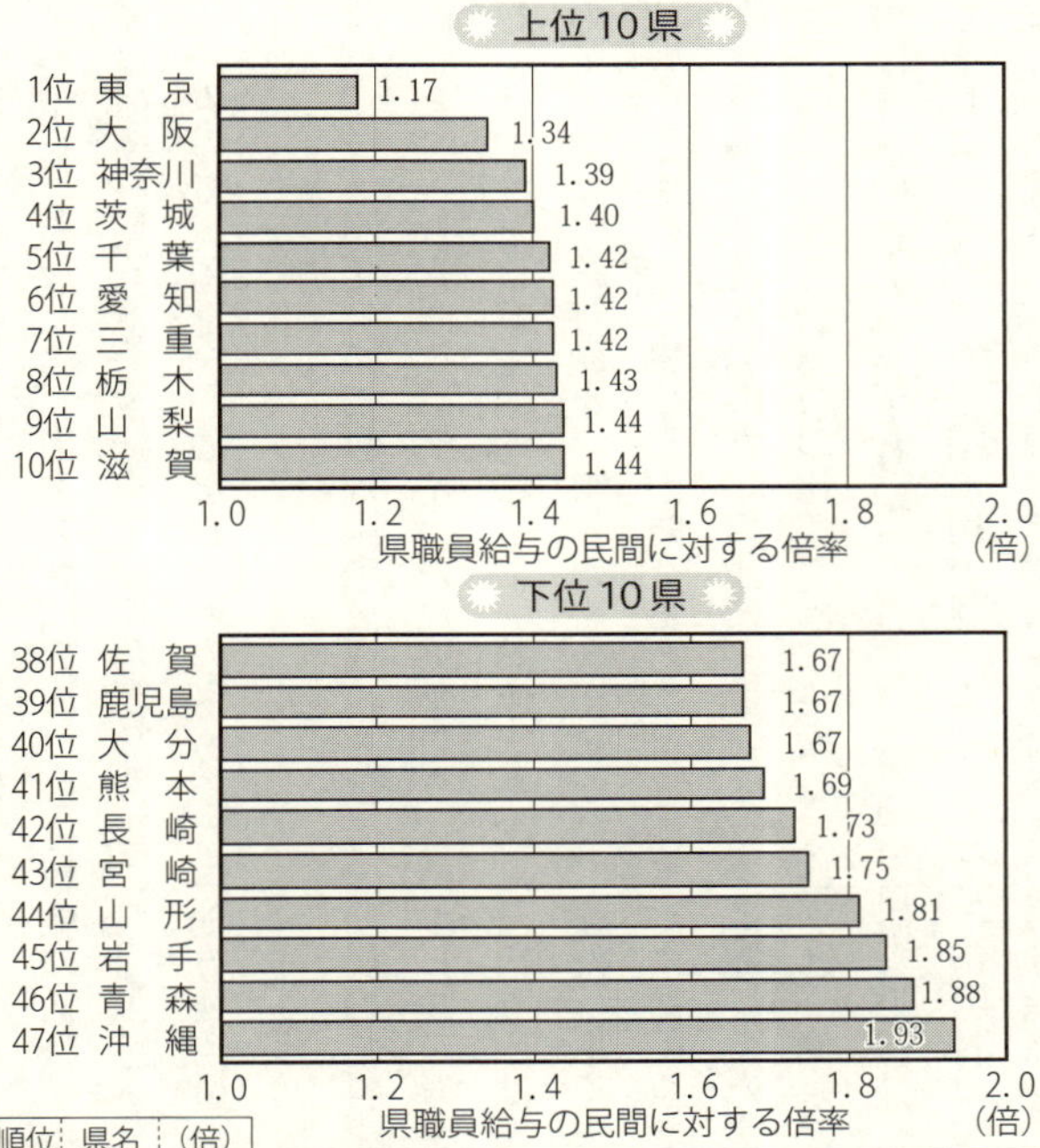
上位10県
1位 東京 1.17
2位 大阪 1.34
3位 神奈川 1.39
4位 茨城 1.40
5位 千葉 1.42
6位 愛知 1.42
7位 三重 1.42
8位 栃木 1.43
9位 山梨 1.44
10位 滋賀 1.44
1.0 1.2 1.4 1.6 1.8 2.0
県職員給与の民間に対する倍率 (倍)
下位10県
38位 佐賀 1.67
39位 鹿児島 1.67
40位 大分 1.67
41位 熊本 1.69
42位 長崎 1.73
43位 宮崎 1.75
44位 山形 1.81
45位 岩手 1.85
46位 青森 1.88
47位 沖縄 1.93
1.0 1.2 1.4 1.6 1.8 2.0
県職員給与の民間に対する倍率 (倍)

順位	県名	（倍）									
11位	香川	1.44	18位	静岡	1.52	25位	長野	1.54	31位	秋田	1.59
12位	奈良	1.45	19位	徳島	1.53	26位	北海道	1.54	32位	福岡	1.61
13位	京都	1.46	20位	岐阜	1.53	全国平均		1.55	33位	福島	1.63
14位	岡山	1.49	21位	富山	1.53	27位	群馬	1.55	34位	高知	1.64
15位	宮城	1.50	22位	埼玉	1.54	28位	山口	1.56	35位	鳥取	1.65
16位	愛媛	1.51	23位	福井	1.54	29位	石川	1.57	36位	島根	1.65
17位	兵庫	1.51	24位	広島	1.54	30位	和歌山	1.58	37位	新潟	1.66

備考：図1-8と図3-12の年間所得（給与）データより計算。ただし、条件をそろえるため、図3-12のデータから時間外勤務手当を減じた。
出典：平成19年賃金構造基本統計調査（厚生労働省）平成19年地方公務員給与実態調査（総務省、自治行政局）より計算

こんなに差がある「技能労務職員」給与と民間給与

「ラスパイレス指数とは、地方公共団体の一般行政職の給料額と国の行政職俸給表（一）の適用職員の俸給額とを、学歴別、経験年数別にラスパイレス方式により対比させて比較し、算出したもので、国を一〇〇としたものである」（「地方公務員の給与水準」総務省HPより引用）。

つまり、ラスパイレス指数は国家公務員と地方公務員の給料をなるべく正確に対比させた数値のこと。一八六四年にドイツの経済学者ラスパイレスが考案した。ただし、ここで言う「給料」「俸給」とは基本給のことで、諸手当を含んだ給与とは異なる。諸手当が除外されているので、実際の給与額を反映したものではない。また、あくまでも「一般行政職員」の給料を比較するもので、警察や消防、あるいは守衛やバス運転手などの技能労務職員の給料は対象外である。以上を含みおいた上で、**図3-14**をご覧いただきたい。

国家公務員と地方公務員の比較では、平均して特別区（東京二三区）及び政令指定都市の職員のほうが国家公務員より給与が高く、都道府県職員で同等、市町村職員は低めである。しかしそれはあくまでも全国平均の話であり、とくに市町村における自治体間の給与格差はすさまじい。**図3-14**の下のグラフにあるように、給与の高い上位自治体は軒並み特別区よ

図3-14　市町村職員給与のラスパイレス指数と年間給与額

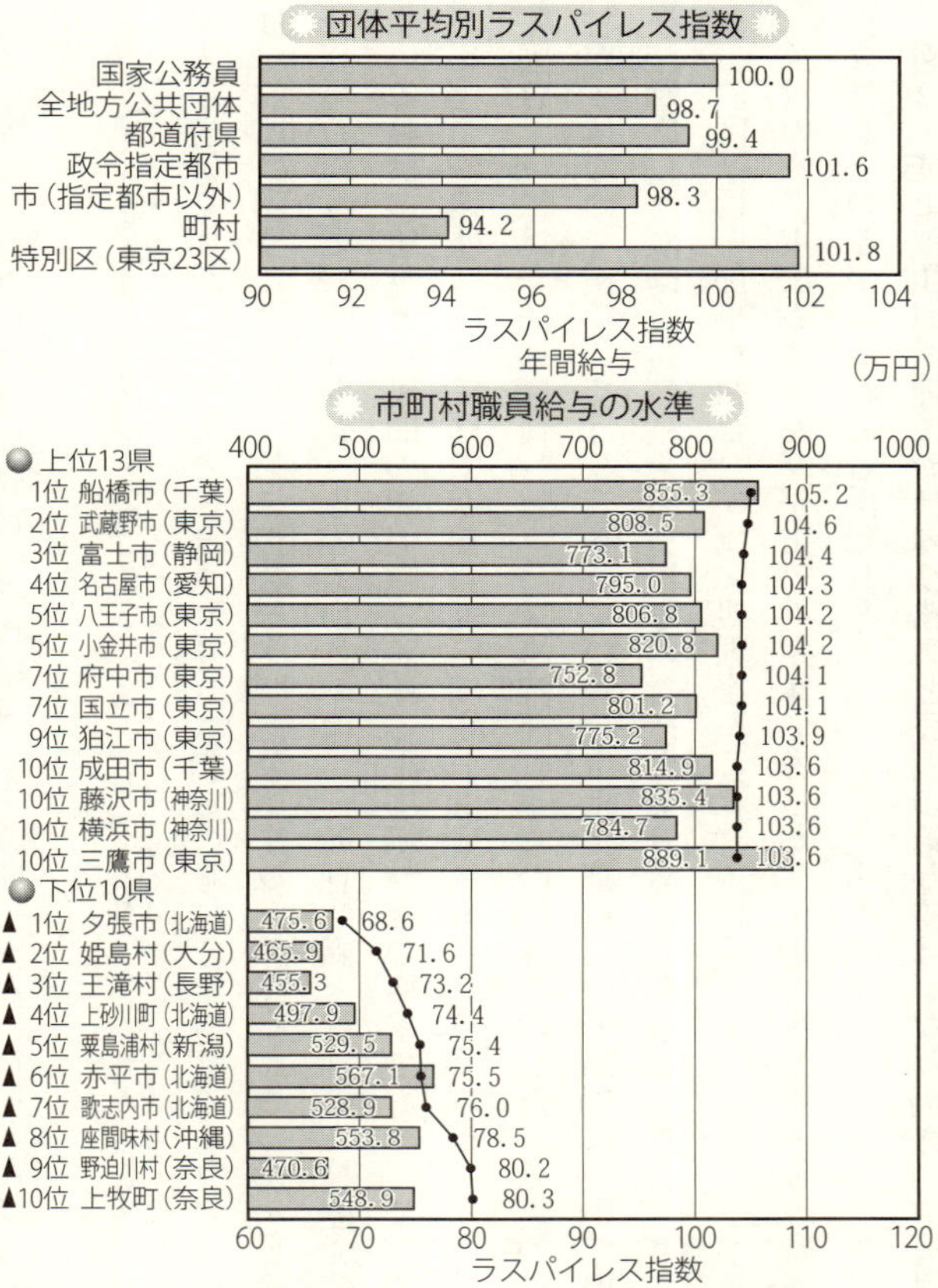
団体平均別ラスパイレス指数
国家公務員 100.0
全地方公共団体 98.7
都道府県 99.4
政令指定都市 101.6
市（指定都市以外） 98.3
町村 94.2
特別区（東京23区） 101.8
90 92 94 96 98 100 102 104
ラスパイレス指数
年間給与
（万円）
市町村職員給与の水準
400 500 600 700 800 900 1000
上位13県
1位 船橋市（千葉） 855.3 105.2
2位 武蔵野市（東京） 808.5 104.6
3位 富士市（静岡） 773.1 104.4
4位 名古屋市（愛知） 795.0 104.3
5位 八王子市（東京） 806.8 104.2
5位 小金井市（東京） 820.8 104.2
7位 府中市（東京） 752.8 104.1
7位 国立市（東京） 801.2 104.1
9位 狛江市（東京） 775.2 103.9
10位 成田市（千葉） 814.9 103.6
10位 藤沢市（神奈川） 835.4 103.6
10位 横浜市（神奈川） 784.7 103.6
10位 三鷹市（東京） 889.1 103.6
下位10県
▲1位 夕張市（北海道） 475.6 68.6
▲2位 姫島村（大分） 465.9 71.6
▲3位 王滝村（長野） 455.3 73.2
▲4位 上砂川町（北海道） 497.9 74.4
▲5位 粟島浦村（新潟） 529.5 75.4
▲6位 赤平市（北海道） 567.1 75.5
▲7位 歌志内市（北海道） 528.9 76.0
▲8位 座間味村（沖縄） 553.8 78.5
▲9位 野迫川村（奈良） 470.6 80.2
▲10位 上牧町（奈良） 548.9 80.3
60 70 80 90 100 110 120
ラスパイレス指数

備考：一般行政職が対象で、ラスパイレス指数は平成20年データ。
　　　年間給与額は平成19年データをもとに計算。
出典：平成20年地方公務員給与実態調査結果の概要（総務省）

り上をいく反面、下位自治体では職員の平均給与が年額四〇〇万円台にとどまるところが多々ある。

ちなみにこの年間給与額は、公表されているひと月の給料と諸手当の合計額を一二倍し、それに期末手当等を加算して求めた。ラスパイレス指数の順位と給与額がチグハグになっているのは、前述のようにラスパイレス指数が学歴と経験年数を加味したものだからである。

地方公務員の給与で、昨今問題となっているのは、一般行政職とは別の「技能労務職」と呼ばれている職員の給与と、民間の類似職における平均給与との格差である。ここでは公表されている七つの職種について見てみる。金額は諸手当を含んだものである。

まず、**図3-15**には「清掃職員」と「バス事業運転手」の給与を示した。公営の清掃事業は市町村が主体なので、ここでは公表されている政令指定都市（の一部）について掲載した。その給与と対比したのは民間の産業廃棄物処理会社従業員給与である。ただし、東京二三区は「東京二三区清掃一部事務組合」がゴミ処理をおこなっている。

また、公営のバス事業もほとんどが市町村主体であるが、全国で東京都と長崎県だけは都県が直接経営しているのでこれらも併記した。

さて、**図3-15**より類似職種における公務員と民間の給与差はかなり大きい。清掃職で最

図3–15　技能労務職員給与の民間との比較/清掃職員とバス事業運転手

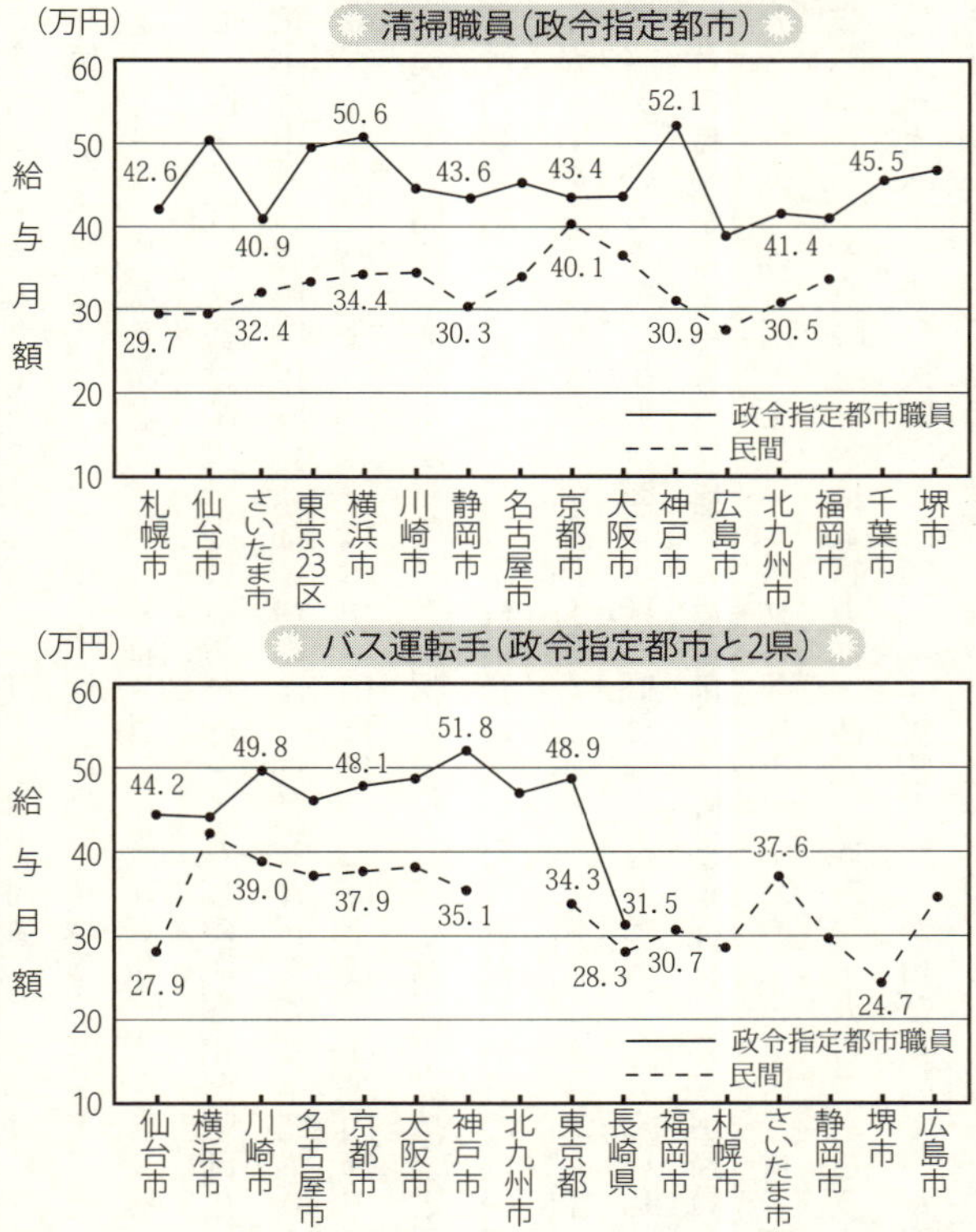

備考：給与月額は諸手当を含む。公務員給与は平成18年4月、民間は平成16～19年各6月データの平均。「民間」は各市内平均値だが、「清掃職員」東京23区の民間平均は都内平均。また「バス運転手」の東京都と長崎県は都県職員、「民間」は都県内平均。

出典：地方公務員給与実態調査（総務省追加調査）賃金構造基本統計調査（総務省再集計）をもとにした平成19年7月3日「報道資料」（総務省）

も官民の差が大きいのは仙台市でおよそ一・七倍（平均年齢は、官四九・三歳、民三九・四歳、以下同）、バス運転手でもやはり仙台市の官民格差が最も大きくおよそ一・六倍（官四九・七歳、民四六・五歳）も違う。平均年齢の差を考慮してもやはり差は激しい。

しかし、**図3-16**から続けて五つの技能労務職とそれらの民間類似職種について、県職員と政令指定都市職員、県内民間企業従業員の各平均賃金を示したが、こちらのほうの官民給与格差はもっとすごい。なお、ここに示す「用務員」とは学校や庁舎内等で雑務をこなす人を指し、民間でも同様の従事者が対象。「自動車運転手」は公用車・社用車の運転手、「電話交換手」は内線電話交換手、そして「学校給食員」と対比させているのは民間では調理師である。それぞれのデータは平成一九年四月現在（用務員と電話交換手の民間データのみ平成一八年四月分）のもので、出典は**図3-15**と同様。ただし公表していない自治体もある。

それぞれの職種から、給与官民格差が最も大きい県を挙げると、「用務員」が奈良二・六倍（官五〇・八歳、民五四・七歳）、「自動車運転手」が宮城二・七倍（官五四・九歳、民五〇・四歳）、「守衛」が宮崎三・〇倍（官五九・四歳、民六二・九歳）、「電話交換手」が青森二・九倍（官五六・二歳、民四一・二歳）、「学校給食員」が再び宮崎で二・〇倍（官五七・一歳、民四二・八歳）となっている。

図3-16《技能労務職員給与の民間との比較/用務員》

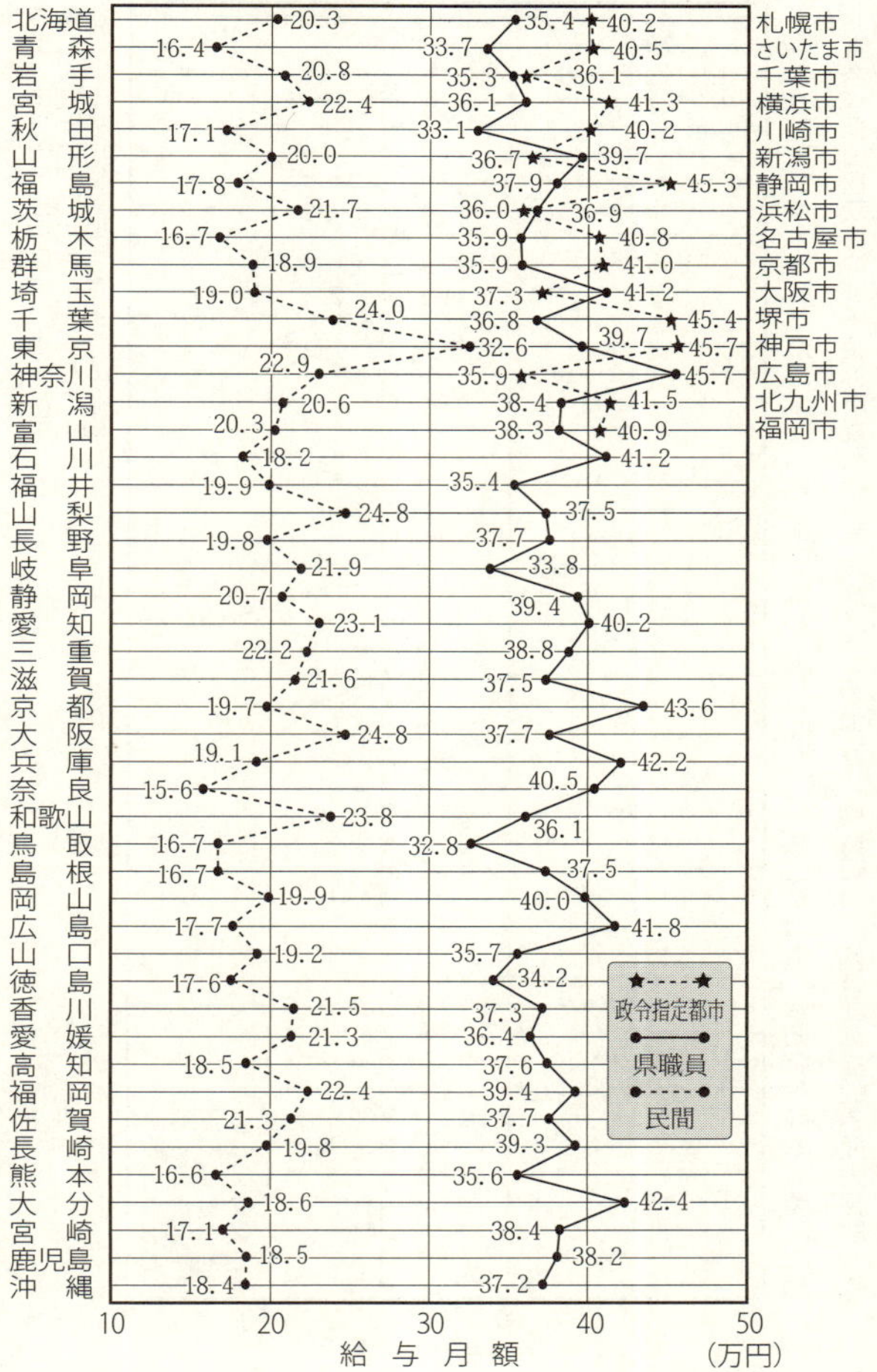

図3-17 技能労務職員給与の民間との比較/自動車運転手

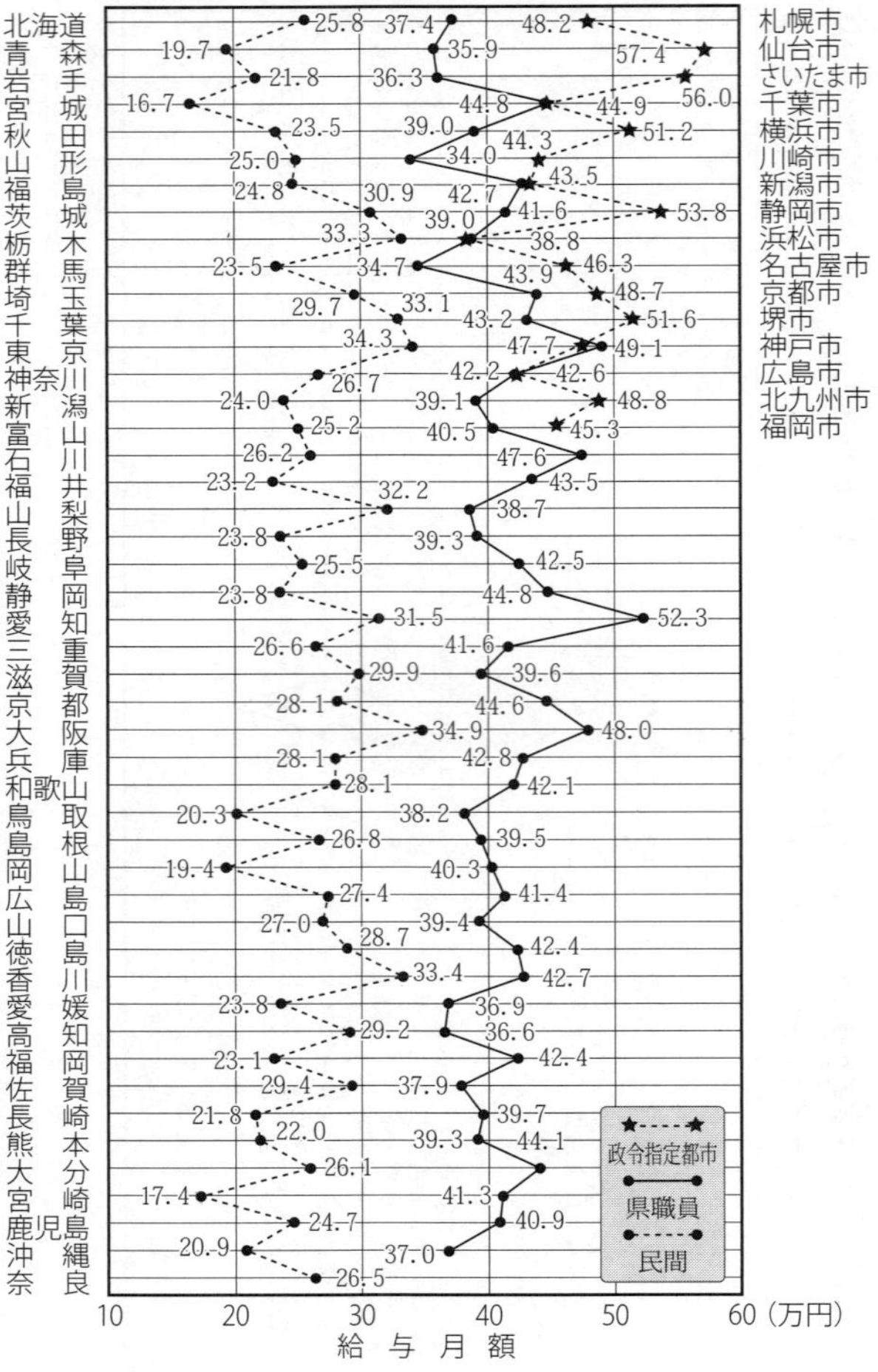
北海道 25.8 37.4
青森 19.7 35.9
岩手 21.8 36.3
宮城 16.7 44.8
秋田 23.5 39.0
山形 25.0 34.0
福島 24.8 42.7
茨城 30.9 41.6
栃木 33.3 39.0
群馬 23.5 34.7
埼玉 29.7 43.9
千葉 33.1 43.2
東京 34.3 49.1
神奈川 26.7 42.2
新潟 24.0 39.1
富山 25.2 40.5
石川 26.2 47.6
福井 23.2 43.5
山梨 32.2 38.7
長野 23.8 39.3
岐阜 25.5 42.5
静岡 23.8 44.8
愛知 31.5 52.3
三重 26.6 41.6
滋賀 29.9 39.6
京都 28.1 44.6
大阪 34.9 48.0
兵庫 28.1 42.8
和歌山 28.1 42.1
鳥取 20.3 38.2
島根 26.8 39.5
岡山 19.4 40.3
広島 27.4 41.4
山口 27.0 39.4
徳島 28.7 42.4
香川 33.4 42.7
愛媛 23.8 36.9
高知 29.2 36.6
福岡 23.1 42.4
佐賀 29.4 37.9
長崎 21.8 39.7
熊本 22.0 39.3
大分 26.1 44.1
宮崎 17.4 41.3
鹿児島 24.7 40.9
沖縄 20.9 37.0
奈良 26.5
札幌市 48.2
仙台市 57.4
さいたま市 56.0
千葉市 44.9
横浜市 51.2
川崎市 44.3
新潟市 43.5
静岡市 53.8
浜松市 38.8
名古屋市 46.3
京都市 48.7
堺市 51.6
神戸市 47.7
広島市 42.6
北九州市 48.8
福岡市 45.3
10 20 30 40 50 60 (万円)
給 与 月 額
政令指定都市
県職員
民間

図3-18 技能労務職員給与の民間との比較/守衛

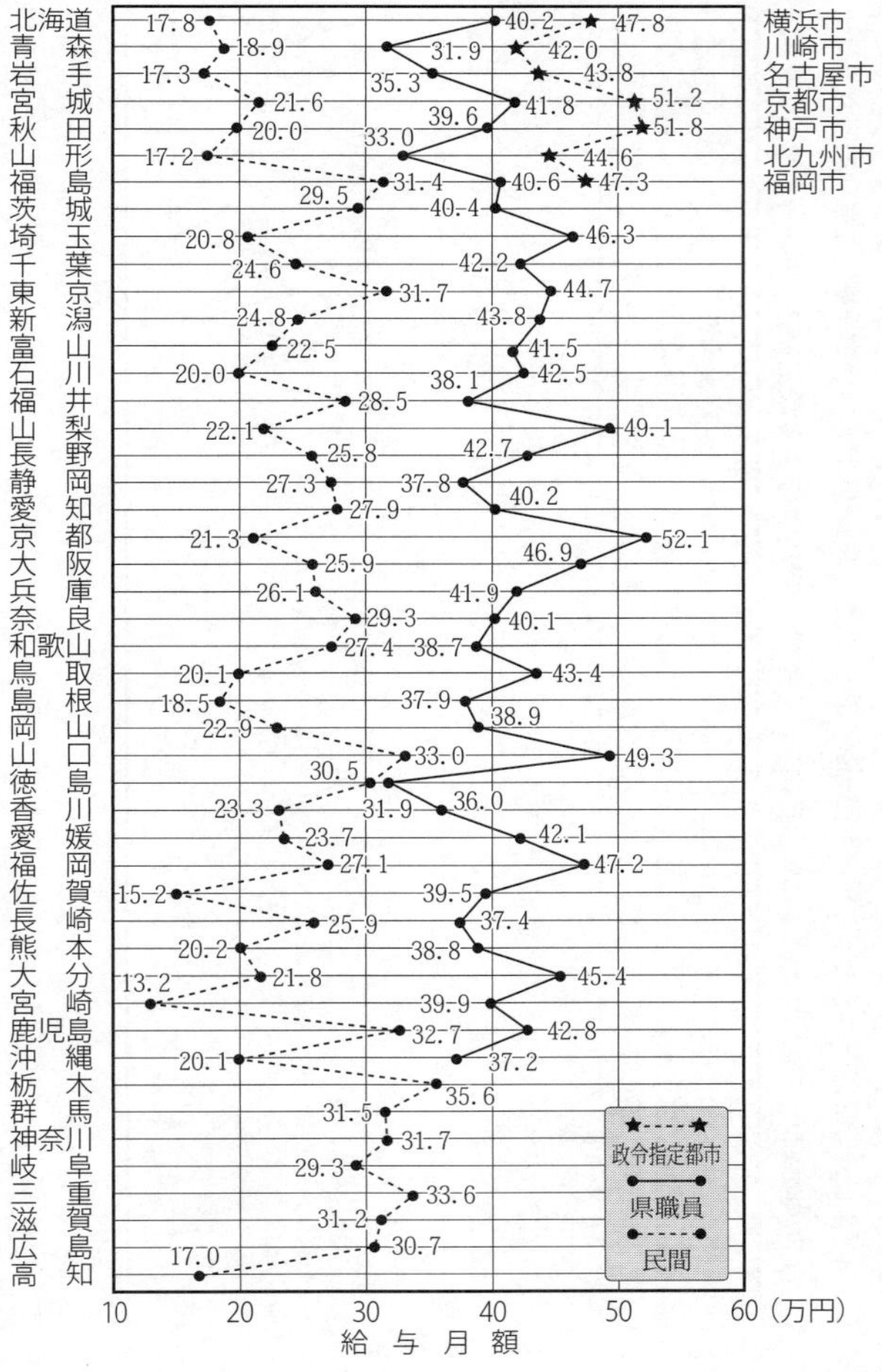

図3-19 技能労務職員給与の民間との比較/電話交換手

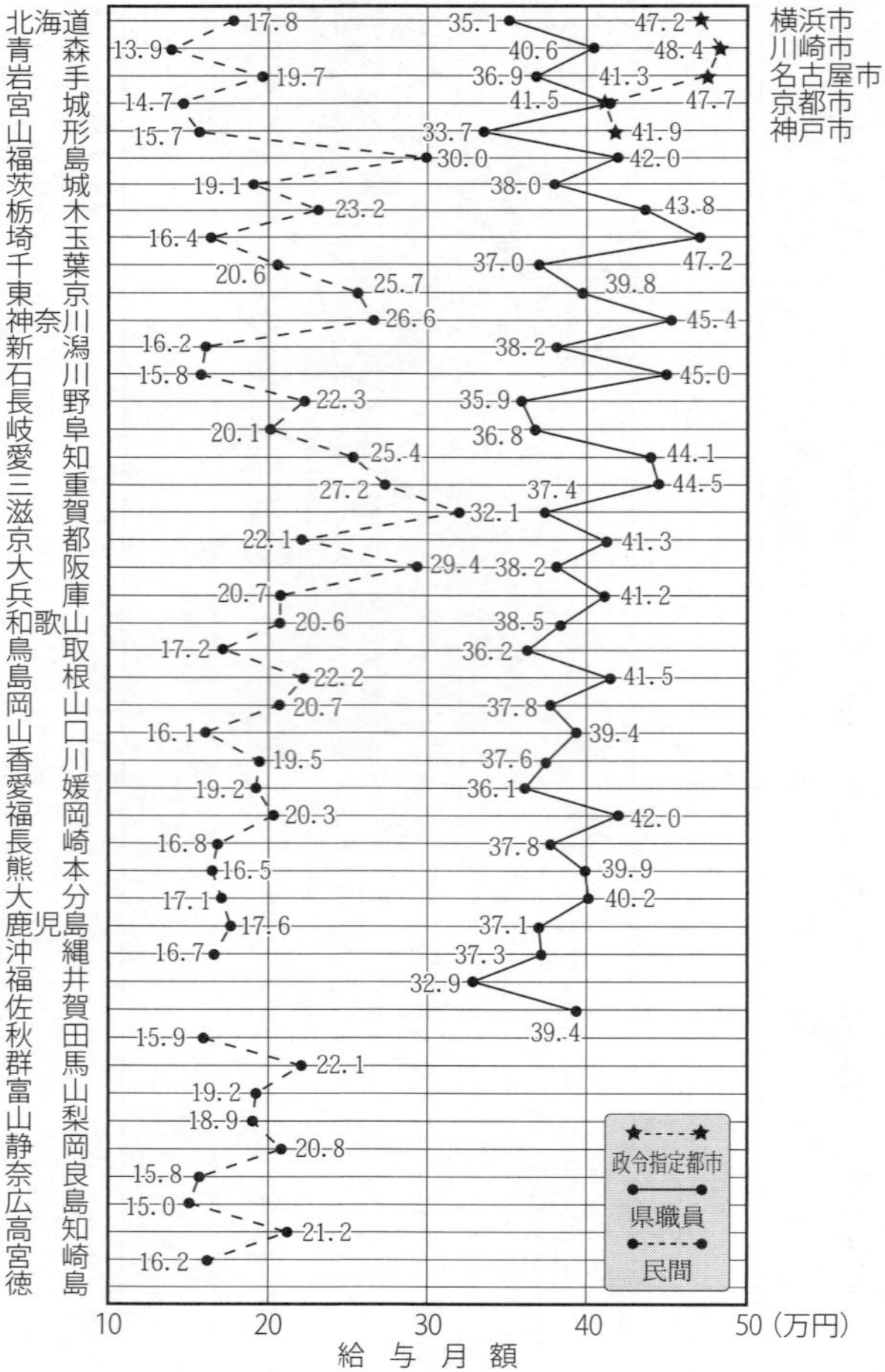

図3-20 技能労務職員給与の民間との比較/学校給食員

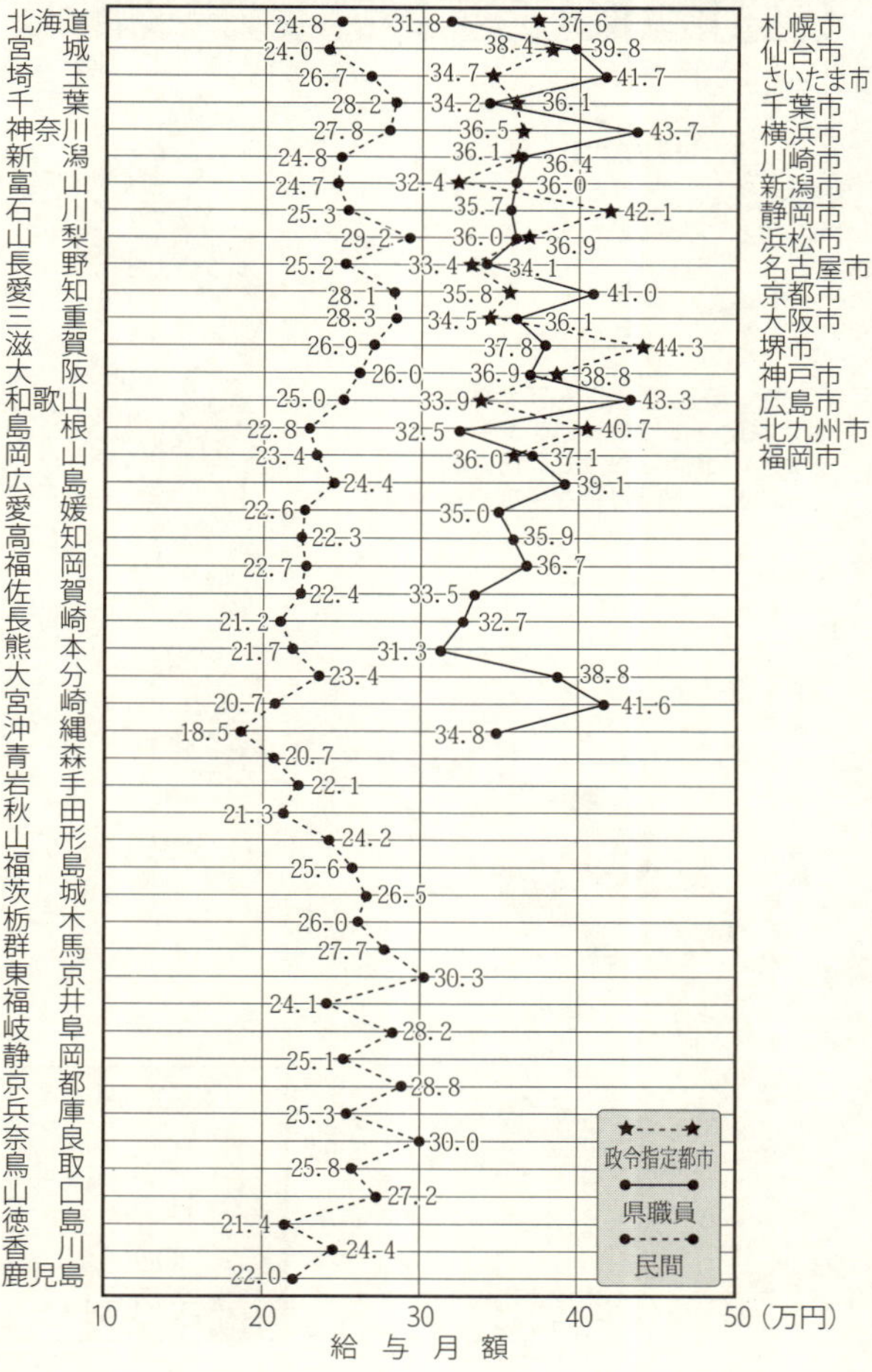

「住みにくい県」の日本地図

図0-5 被保護世帯/一万世帯当たり

※平成20年12月分

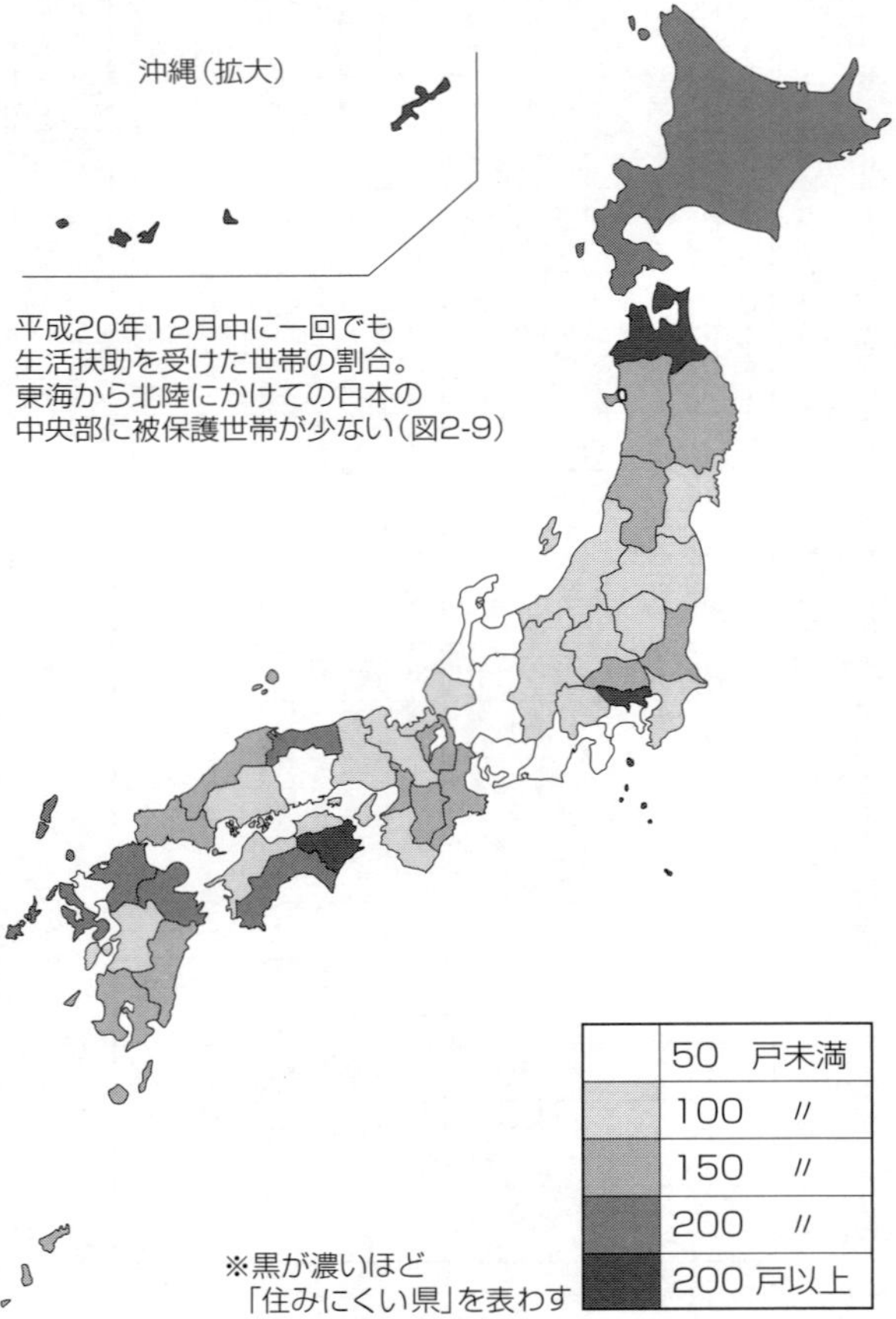
沖縄（拡大）
平成20年12月中に一回でも
生活扶助を受けた世帯の割合。
東海から北陸にかけての日本の
中央部に被保護世帯が少ない（図2-9）
50　戸未満
100　〃
150　〃
200　〃
200 戸以上
※黒が濃いほど
「住みにくい県」を表わす

第四章

教育力――子どもが育つ県、育ちにくい県

基礎学力が定着していない児童が多い沖縄と北海道

平成一九年に四三年ぶりに復活した全国一斉の学力テスト「全国学力調査」の結果が各方面でさまざまな論議を呼んでいる。とくに市町村レベル、あるいは学校レベルでの結果公表の是非が大阪をはじめとして論争の的になっていることは周知のとおりである。

全国学力調査の対象は小学六年生と中学三年生。国語と算数・数学のみのテストだ。平成二〇年の調査では、国公立は愛知県犬山市の学校を除く三万二〇六七校すべてが参加し、私立も四七五校（五三・五％）が加わった。**図4-1**に、二〇年四月二二日にテストを実施した公立小学校（二万一六八五校、九九・八％）の六年生児童一一四万人の採点結果を示した。

国語・算数とも、テストは基礎的な知識を問う「A」とその活用を見る「B」に分けて実施された。ここではその合計（国語三〇問、算数三二問）の正答数をランキングした。東北と北陸の優秀さが目立つが、より重要なデータは次の**図4-2**と**図4-3**にある。これらは筆者が独自に、「基礎学力が定着していない」ことを「A問題において全国の平均正答数のおよそ半分より少ない正答数（国語六問以下、算数七問以下）」と定義し、その児童数の割合を求めたもの。割合が少ない県ほど上位とした。したがって、沖縄・北海道などは基礎学力が定着していない児童が多いと考える。なお、本データは国立教育政策研究所による。

図4-1 全国学力調査結果/小学６年生(平成20年)

国語(全30問)		
順位	県名	平均正答数
1位	秋田	20.94
2位	福井	19.60
3位	青森	19.34
4位	富山	18.90
5位	東京	18.82
6位	石川	18.78
7位	京都	18.75
8位	広島	18.60
9位	岩手	18.60
10位	香川	18.55
11位	山形	18.50
12位	鳥取	18.44
13位	千葉	18.17
14位	新潟	18.15
15位	埼玉	18.14
16位	長野	18.12
17位	奈良	18.09
18位	岐阜	18.08
19位	静岡	18.05
20位	熊本	18.04
21位	福島	18.00
22位	兵庫	17.99
23位	鹿児島	17.92
24位	群馬	17.92
全国平均		17.91
25位	宮崎	17.91
26位	徳島	17.83
27位	茨城	17.83
28位	神奈川	17.80
29位	愛媛	17.69
30位	愛知	17.59
31位	佐賀	17.52
32位	栃木	17.51
33位	山梨	17.47
34位	宮城	17.47
35位	高知	17.43
36位	岡山	17.30
37位	和歌山	17.27
38位	島根	17.21
39位	福岡	17.19
40位	山口	17.12
41位	大分	17.01
42位	三重	16.98
43位	長崎	16.96
44位	滋賀	16.95
45位	大阪	16.93
46位	北海道	16.45
47位	沖縄	15.76

算数(全32問)		
順位	県名	平均正答数
1位	秋田	22.98
2位	福井	22.22
3位	青森	21.66
4位	富山	21.60
5位	東京	21.33
6位	石川	21.32
7位	京都	21.23
8位	香川	21.15
9位	広島	21.08
10位	岩手	20.77
11位	千葉	20.75
12位	鳥取	20.71
13位	熊本	20.71
14位	奈良	20.68
15位	兵庫	20.65
16位	山形	20.65
17位	徳島	20.64
18位	埼玉	20.56
19位	神奈川	20.51
全国平均		20.46
20位	静岡	20.45
21位	宮崎	20.43
22位	群馬	20.40
23位	愛知	20.38
24位	福島	20.37
25位	長野	20.36
26位	新潟	20.31
27位	佐賀	20.26
28位	茨城	20.25
29位	高知	20.21
30位	鹿児島	20.21
31位	山梨	20.20
32位	大分	20.19
33位	和歌山	20.18
34位	栃木	20.15
35位	岐阜	20.14
36位	愛媛	20.12
37位	宮城	20.10
38位	大阪	20.01
39位	三重	19.93
40位	福岡	19.91
41位	島根	19.91
42位	長崎	19.90
43位	滋賀	19.90
44位	岡山	19.60
45位	山口	19.47
46位	北海道	18.82
47位	沖縄	18.50

総合順位	
順位	県名
1位	秋田
2位	福井
3位	青森
4位	富山
5位	東京
6位	石川
7位	京都
8位	香川
9位	広島
10位	岩手
11位	鳥取
12位	山形
13位	千葉
14位	奈良
15位	熊本
16位	埼玉
17位	兵庫
18位	長野
19位	徳島
20位	新潟
21位	静岡
22位	福島
全国平均	
23位	宮崎
24位	群馬
25位	神奈川
26位	岐阜
27位	鹿児島
28位	茨城
29位	愛知
30位	愛媛
31位	佐賀
32位	山梨
33位	栃木
34位	高知
35位	宮城
36位	和歌山
37位	大分
38位	島根
39位	福岡
40位	大阪
41位	三重
42位	岡山
43位	長崎
44位	滋賀
45位	山口
46位	北海道
47位	沖縄

図4-2　基礎学力が定着していない児童の割合（小学６年生、国語）

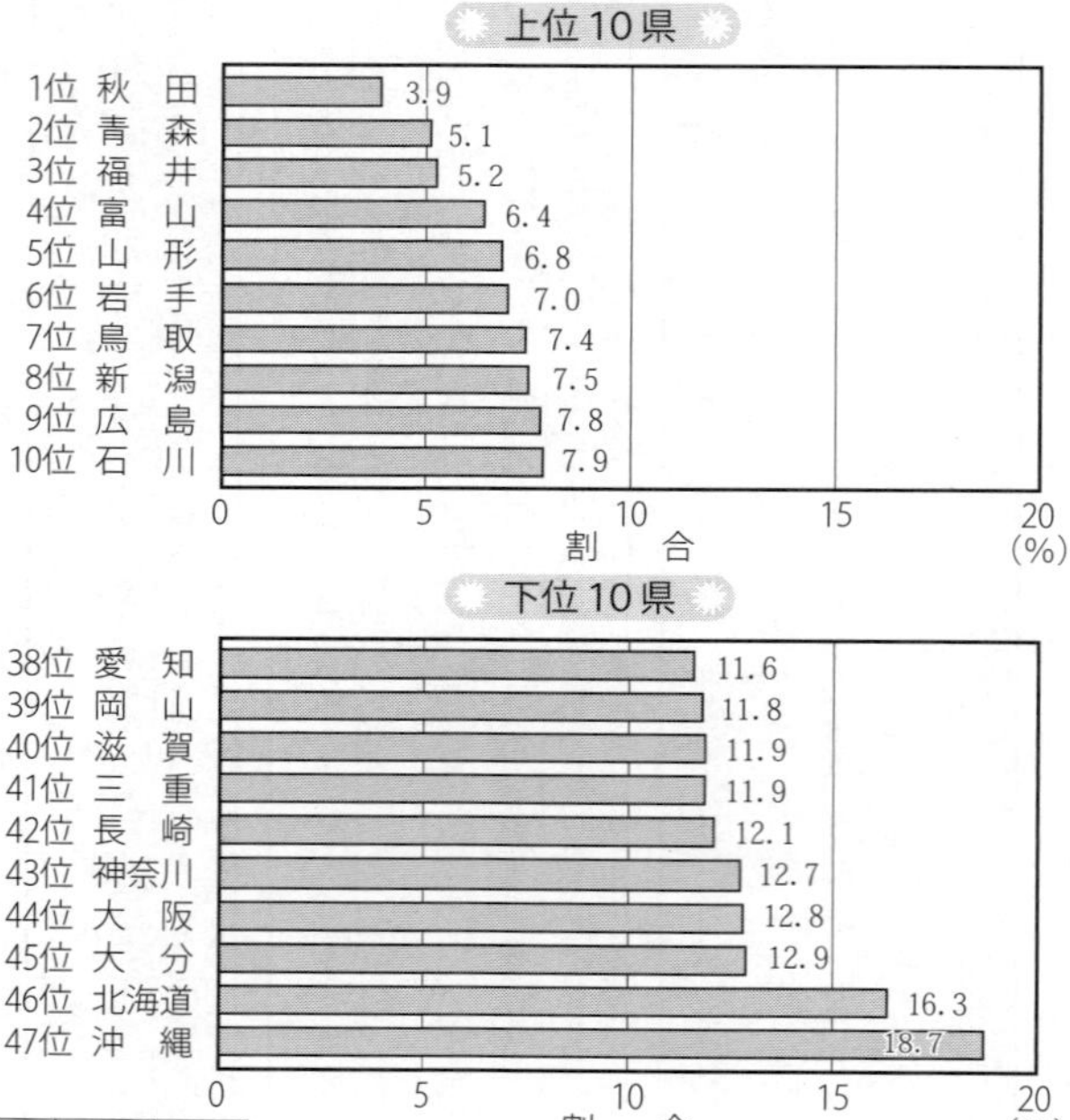
上位10県
1位 秋田 3.9
2位 青森 5.1
3位 福井 5.2
4位 富山 6.4
5位 山形 6.8
6位 岩手 7.0
7位 鳥取 7.4
8位 新潟 7.5
9位 広島 7.8
10位 石川 7.9
0 5 10 15 20
割合
(%)
下位10県
38位 愛知 11.6
39位 岡山 11.8
40位 滋賀 11.9
41位 三重 11.9
42位 長崎 12.1
43位 神奈川 12.7
44位 大阪 12.8
45位 大分 12.9
46位 北海道 16.3
47位 沖縄 18.7
0 5 10 15 20
割合
(%)

順位	県名	(%)	順位	県名	(%)	順位	県名	(%)	順位	県名	(%)
11位	宮崎	8.2	18位	香川	8.7	25位	埼玉	10.0	31位	千葉	10.9
12位	京都	8.3	19位	群馬	9.2	26位	徳島	10.0	32位	山口	10.9
13位	鹿児島	8.4	20位	静岡	9.4	27位	奈良	10.1	33位	福岡	11.0
14位	佐賀	8.6	21位	高知	9.4	28位	岐阜	10.2	34位	山梨	11.0
15位	長野	8.6	22位	茨城	9.7	29位	宮城	10.5	35位	愛媛	11.0
16位	福島	8.7	23位	兵庫	9.9	全国平均		10.6	36位	栃木	11.3
17位	熊本	8.7	24位	東京	9.9	30位	和歌山	10.8	37位	島根	11.3

備考：平成20年4月22日に実施した調査結果。公立校における国語Aの正解数が6問以下の児童数の割合。
出典：平成20年度全国学力・学習状況調査集計結果（国立教育政策研究所）より計算

図4-3　基礎学力が定着していない児童の割合（小学６年生、算数）

上位10県

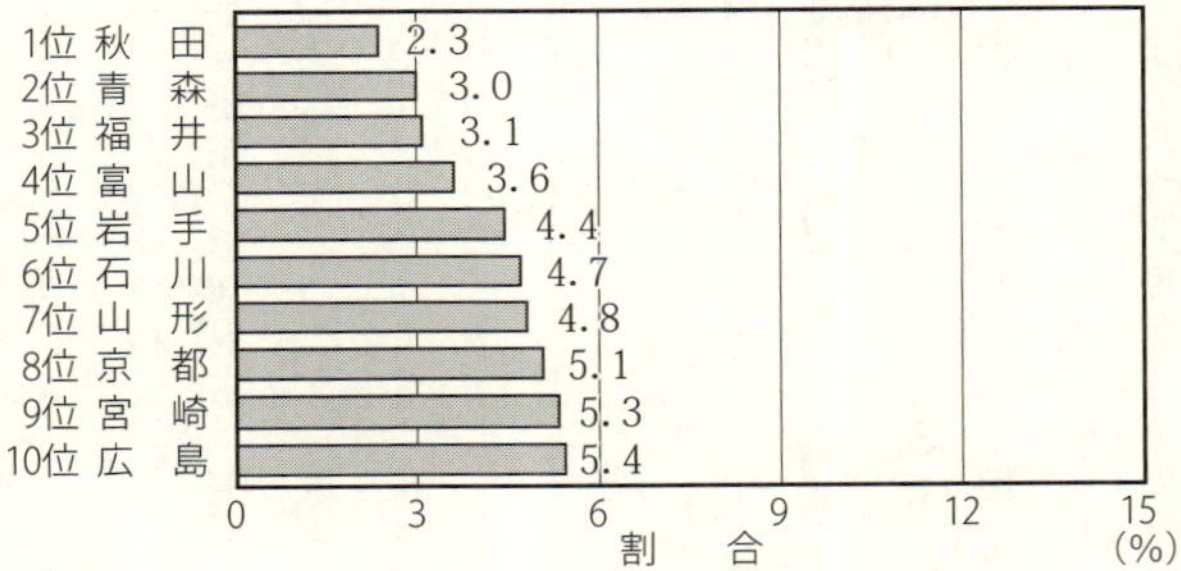
1位 秋田 2.3
2位 青森 3.0
3位 福井 3.1
4位 富山 3.6
5位 岩手 4.4
6位 石川 4.7
7位 山形 4.8
8位 京都 5.1
9位 宮崎 5.3
10位 広島 5.4
0 3 6 9 12 15
割合
(%)

下位10県

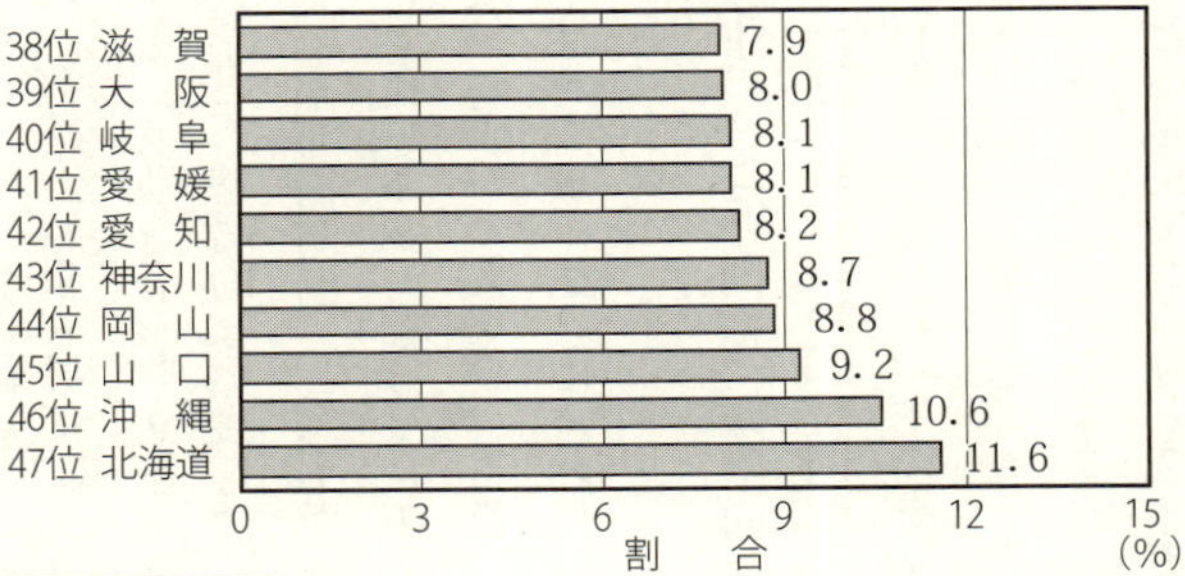
38位 滋賀 7.9
39位 大阪 8.0
40位 岐阜 8.1
41位 愛媛 8.1
42位 愛知 8.2
43位 神奈川 8.7
44位 岡山 8.8
45位 山口 9.2
46位 沖縄 10.6
47位 北海道 11.6
0 3 6 9 12 15
割合
(%)

順位	県名	(%)									
11位	熊本	5.5	18位	鳥取	6.1	25位	長野	6.6	31位	奈良	7.2
12位	高知	5.6	19位	佐賀	6.2	26位	埼玉	6.7	32位	福岡	7.4
13位	群馬	5.6	20位	香川	6.2	27位	大分	6.7	33位	島根	7.5
14位	徳島	5.7	21位	山梨	6.3	28位	和歌山	6.8	34位	三重	7.5
15位	鹿児島	5.8	22位	宮城	6.5	29位	兵庫	7.0	35位	茨城	7.5
16位	新潟	6.0	23位	静岡	6.5	30位	長崎	7.1	36位	千葉	7.5
17位	福島	6.0	24位	東京	6.6	全国平均		7.2	37位	栃木	7.7

備考：平成20年4月22日に実施した調査結果。公立校における算数Aの正解数が7問以下の児童数の割合。
出典：図4-2と同じ

秋田と北陸は優秀な子どもを育てる

小学六年生に引き続いて中学三年生の学力調査結果も見ておこう。

図4-4は、公立中学校（一万一二一校、九九・三%）の三年生一〇二万人の採点結果である。中学三年生のテストも、国語・数学とも基礎的な知識を問う「A」とその活用を見る「B」に分かれており、ここではその合計（国語四四問、数学五一問）の正答数を示した。

注目すべきは、小学六年生の成績との対比である。福井、秋田、富山、香川、石川の優秀さは変わらないものの、小学六年生の成績がよかった東京、京都、広島、岩手の落ち込みが目を引く。東京（埼玉も）では優秀な生徒が大量に私立に流れていることが背景にあるとも考えられる。

続く**図4-5**と**図4-6**に、小学六年生のときと同様、基礎的な知識を問うA問題の正答数から「基礎学力の定着」を検証した。「A問題において全国の平均正答数のおよそ半分より少ない（国語一三問以下、数学一二問以下）」正答数の生徒を基礎学力不足として、その割合が多い県を下位とした。上位一〇県と下位一〇県には小学六年生の順位（国語**図4-2**、算数**図4-3**）を（　）内に併記したが、意外にも同じ県であっても、とくに数学（算数）における基礎学力の定着度合いが小学生と中学生でがらりと変わるところが少なくない。

図4-4　全国学力調査結果/中学３年生(平成20年)

国語(全44問)		
順位	県名	平均正答数
1位	秋田	33.40
2位	福井	33.37
3位	富山	33.25
4位	山形	32.53
5位	岐阜	32.27
6位	石川	32.24
7位	群馬	32.09
8位	静岡	32.06
9位	香川	32.00
10位	島根	31.91
11位	鳥取	31.78
12位	青森	31.78
13位	奈良	31.59
14位	山梨	31.59
15位	宮崎	31.57
16位	愛知	31.54
17位	熊本	31.43
18位	長野	31.40
19位	茨城	31.40
20位	福島	31.37
21位	岩手	31.32
22位	広島	31.32
全国平均		31.30
23位	宮城	31.29
24位	愛媛	31.28
25位	山口	31.28
26位	新潟	31.16
27位	栃木	31.15
28位	東京	31.12
29位	京都	31.11
30位	長崎	31.08
31位	福岡	31.02
32位	埼玉	31.01
33位	神奈川	30.99
34位	徳島	30.97
35位	大分	30.97
36位	千葉	30.92
37位	兵庫	30.90
38位	岡山	30.77
39位	鹿児島	30.77
40位	佐賀	30.66
41位	三重	30.65
42位	北海道	30.63
43位	滋賀	30.61
44位	和歌山	30.15
45位	大阪	29.51
46位	高知	29.29
47位	沖縄	28.46

数学(全51問)		
順位	県名	平均正答数
1位	福井	34.73
2位	秋田	33.47
3位	富山	33.43
4位	香川	32.37
5位	愛知	32.08
6位	岐阜	32.05
7位	静岡	32.03
8位	石川	31.87
9位	徳島	31.72
10位	奈良	31.59
11位	群馬	31.38
12位	山形	31.35
13位	愛媛	31.08
14位	兵庫	31.06
15位	青森	30.94
16位	宮崎	30.92
17位	鳥取	30.83
18位	滋賀	30.48
19位	熊本	30.48
20位	京都	30.46
21位	和歌山	30.46
22位	広島	30.41
全国平均		30.38
23位	三重	30.36
24位	長野	30.33
25位	山口	30.31
26位	茨城	30.20
27位	長崎	30.01
28位	新潟	30.01
29位	島根	29.98
30位	山梨	29.93
31位	東京	29.86
32位	神奈川	29.81
33位	栃木	29.76
34位	千葉	29.58
35位	大分	29.54
36位	佐賀	29.53
37位	宮城	29.48
38位	岡山	29.38
39位	福島	29.36
40位	高知	29.29
41位	福岡	29.22
42位	鹿児島	29.21
43位	埼玉	29.17
44位	北海道	28.62
45位	大阪	28.59
46位	岩手	27.80
47位	沖縄	23.56

総合順位		
順位	県名	小学生順位
1位	福井	2位
2位	秋田	1位
3位	富山	4位
4位	香川	8位
5位	岐阜	26位
6位	石川	6位
7位	静岡	21位
8位	山形	12位
9位	愛知	29位
10位	群馬	24位
11位	奈良	14位
12位	青森	3位
13位	徳島	19位
14位	鳥取	11位
15位	宮崎	23位
16位	愛媛	30位
17位	兵庫	17位
18位	熊本	15位
19位	島根	38位
20位	長野	18位
21位	広島	9位
全国平均		
22位	茨城	28位
23位	山口	45位
24位	京都	7位
25位	山梨	32位
26位	新潟	20位
27位	滋賀	44位
28位	長崎	43位
29位	三重	41位
30位	東京	5位
31位	栃木	33位
32位	神奈川	25位
33位	宮城	35位
34位	福島	22位
35位	和歌山	36位
36位	千葉	13位
37位	大分	37位
38位	福岡	39位
39位	佐賀	31位
40位	埼玉	16位
41位	岡山	42位
42位	鹿児島	27位
43位	北海道	46位
44位	岩手	10位
45位	高知	34位
46位	大阪	40位
47位	沖縄	47位

図4-5　基礎学力が定着していない生徒の割合（中学３年生、国語）

（ ）内は小学6年生の順位

上位10県

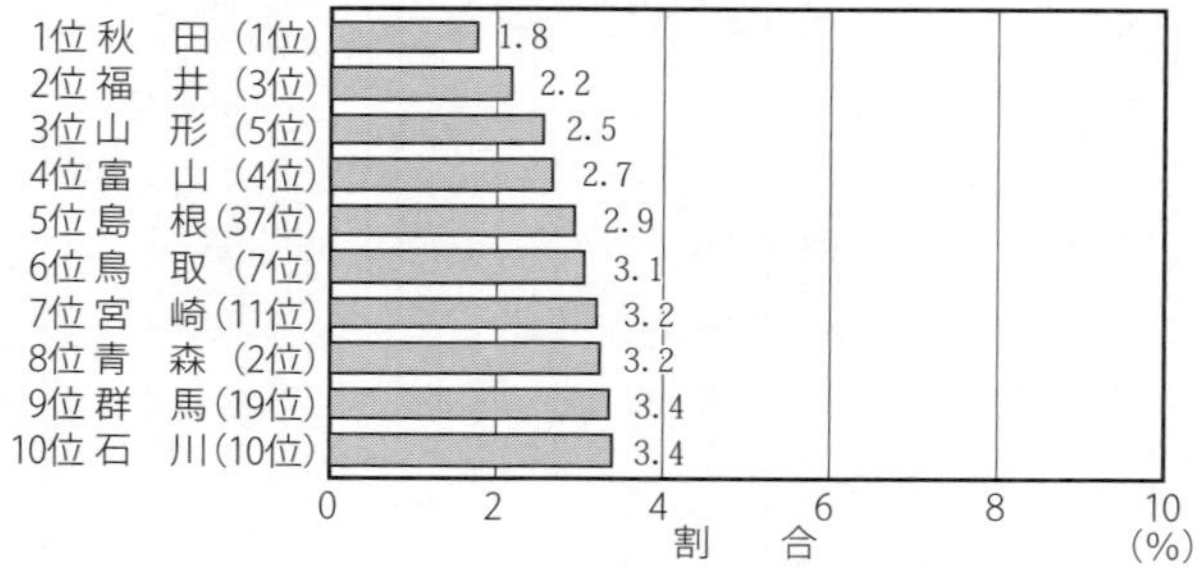
1位 秋田（1位） 1.8
2位 福井（3位） 2.2
3位 山形（5位） 2.5
4位 富山（4位） 2.7
5位 島根（37位） 2.9
6位 鳥取（7位） 3.1
7位 宮崎（11位） 3.2
8位 青森（2位） 3.2
9位 群馬（19位） 3.4
10位 石川（10位） 3.4
0 2 4 6 8 10
割合
(%)

下位10県

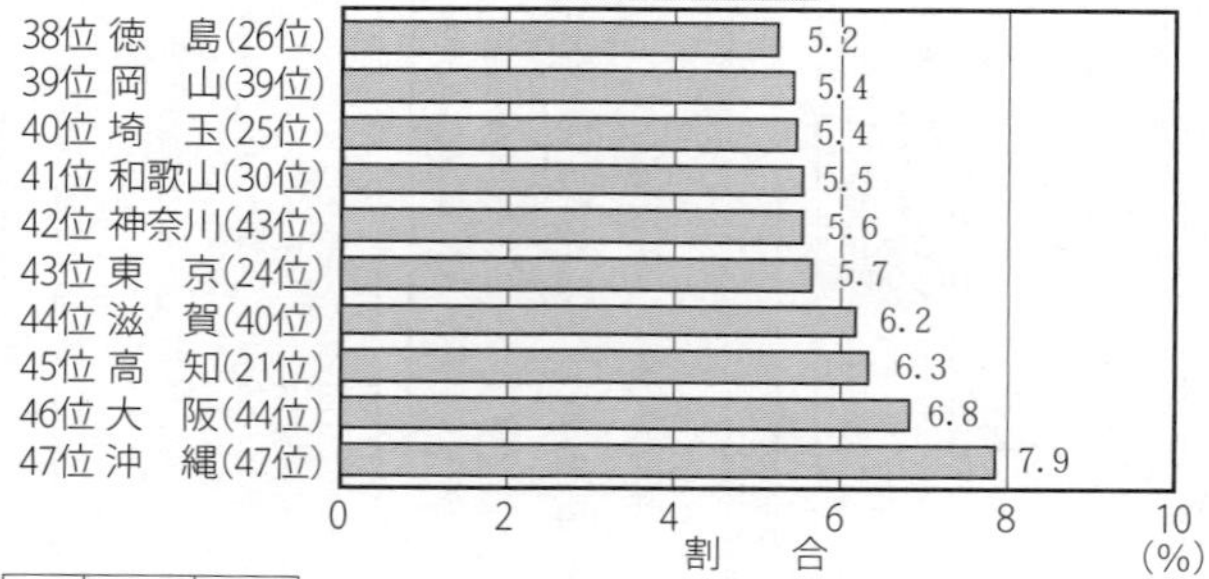
38位 徳島（26位） 5.2
39位 岡山（39位） 5.4
40位 埼玉（25位） 5.4
41位 和歌山（30位） 5.5
42位 神奈川（43位） 5.6
43位 東京（24位） 5.7
44位 滋賀（40位） 6.2
45位 高知（21位） 6.3
46位 大阪（44位） 6.8
47位 沖縄（47位） 7.9
0 2 4 6 8 10
割合
(%)

順位	県名	(%)	順位	県名	(%)	順位	県名	(%)	順位	県名	(%)
11位	静岡	3.6	18位	香川	4.0	25位	愛媛	4.3	32位	山口	4.7
12位	岩手	3.6	19位	岐阜	4.1	26位	栃木	4.3	33位	北海道	4.7
13位	山梨	3.8	20位	広島	4.1	27位	茨城	4.5		全国平均	4.7
14位	鹿児島	3.8	21位	長野	4.1	28位	京都	4.5	34位	福岡	4.8
15位	福島	3.8	22位	長崎	4.1	29位	大分	4.5	35位	三重	4.9
16位	宮城	3.9	23位	佐賀	4.1	30位	愛知	4.5	36位	兵庫	5.0
17位	熊本	4.0	24位	奈良	4.2	31位	新潟	4.6	37位	千葉	5.2

備考：平成20年4月22日に実施した調査結果。公立校における国語Aの正解数が13問以下の児童数の割合。
出典：図4-2と同じ

図4-6　基礎学力が定着していない生徒の割合（中学３年生、数学）

( ) 内は小学6年生の順位

上位10県

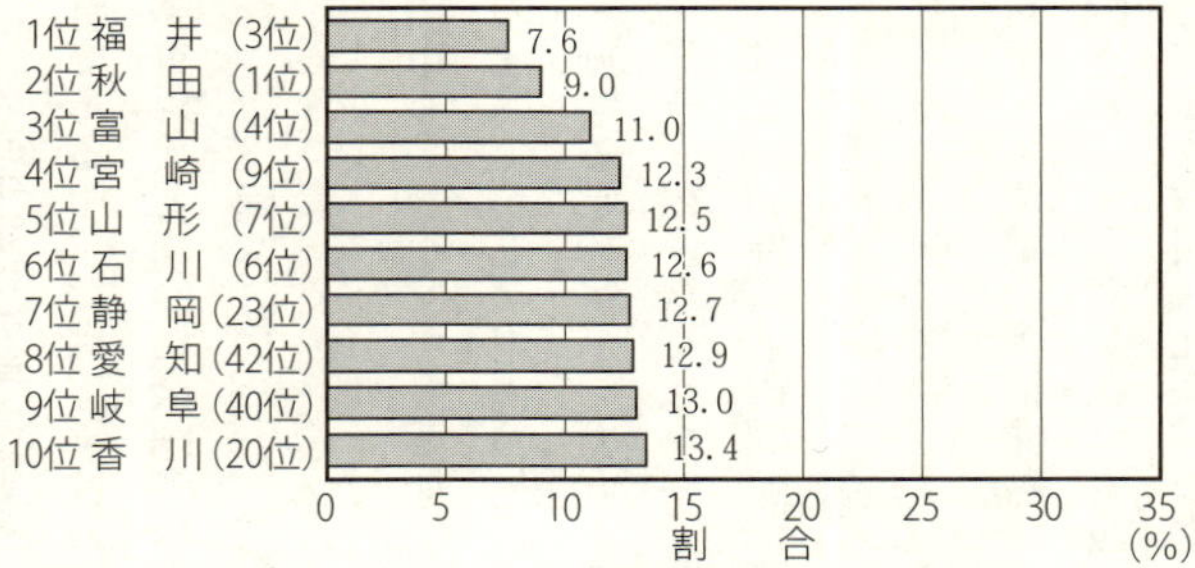
1位 福井 (3位) 7.6
2位 秋田 (1位) 9.0
3位 富山 (4位) 11.0
4位 宮崎 (9位) 12.3
5位 山形 (7位) 12.5
6位 石川 (6位) 12.6
7位 静岡 (23位) 12.7
8位 愛知 (42位) 12.9
9位 岐阜 (40位) 13.0
10位 香川 (20位) 13.4
0 5 10 15 20 25 30 35
割合
(%)

下位10県

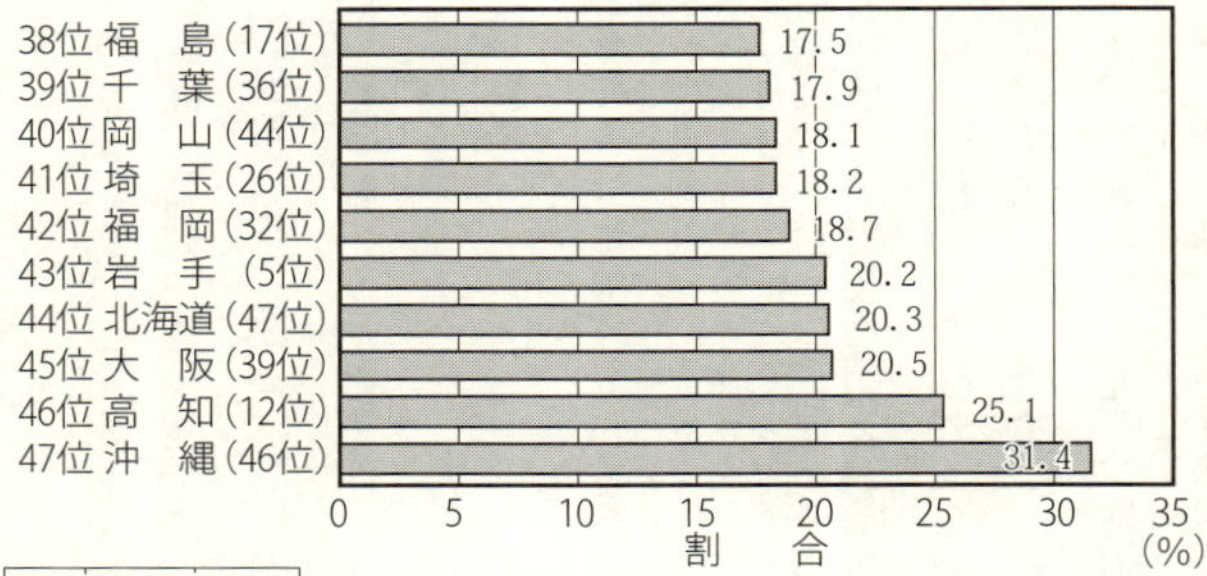
38位 福島 (17位) 17.5
39位 千葉 (36位) 17.9
40位 岡山 (44位) 18.1
41位 埼玉 (26位) 18.2
42位 福岡 (32位) 18.7
43位 岩手 (5位) 20.2
44位 北海道 (47位) 20.3
45位 大阪 (39位) 20.5
46位 高知 (12位) 25.1
47位 沖縄 (46位) 31.4
0 5 10 15 20 25 30 35
割合
(%)

順位	県名	(%)									
11位	青森	13.5	18位	長野	14.9	25位	佐賀	15.5	全国平均		16.5
12位	徳島	13.5	19位	和歌山	15.0	26位	長崎	15.7	32位	大分	16.9
13位	群馬	13.5	20位	熊本	15.0	27位	滋賀	15.7	33位	鹿児島	16.9
14位	京都	14.3	21位	島根	15.1	28位	三重	15.9	34位	栃木	17.0
15位	兵庫	14.4	22位	広島	15.1	29位	山口	16.3	35位	宮城	17.2
16位	奈良	14.6	23位	新潟	15.4	30位	茨城	16.3	36位	東京	17.2
17位	鳥取	14.8	24位	愛媛	15.4	31位	山梨	16.5	37位	神奈川	17.4

備考：平成20年4月22日に実施した調査結果。公立校における数学Aの正解数が12問以下の児童数の割合。
出典：図4-2と同じ

国立・私立・公立中学校の学力格差

義務教育である中学では、学校の数は圧倒的に公立（市町村立など）が多い。平成二〇年度の学力調査対象となった全国の中学校数は、公立一万一九一校（中等教育学校、特別支援学校を含む、以下同）、私立七〇一校、国立八一校。うち、前述のように、国公立は犬山市の学校を除いてすべてが参加したものの、私立校の参加は五四・八％の三八四校のみだった。なお、犬山市も二一年度から参加に転じている。

私立校のすべてが進学重視の教育をやっているわけでないが、少なくともわざわざ「学力調査」を実施する学校は、学力向上を目標の一つに掲げているだろうから、そのことを踏まえて**図4-7**をご覧いただきたい。

図4-7は、いわゆる応用問題である「国語B」と「数学B」における、学校種別の正答数分布を示したものである。公立、国立、私立中学校に加え、国語には都道府県で総合一位だった秋田（公立）を、数学にはやはり総合一位だった福井（公立）の分布も盛り込んだ。

国語、数学とも成績の差は顕著で、国立、私立、公立の順に正答数が多い。国語の平均正答率は、国立八二・九％、私立七四・九％、公立六〇・九％、秋田六六・八％。数学は国立七五・六％、私立六四・九％、公立四九・二％、福井五八・五％である。

図4-7　公立・国立・私立中学の正答数分布

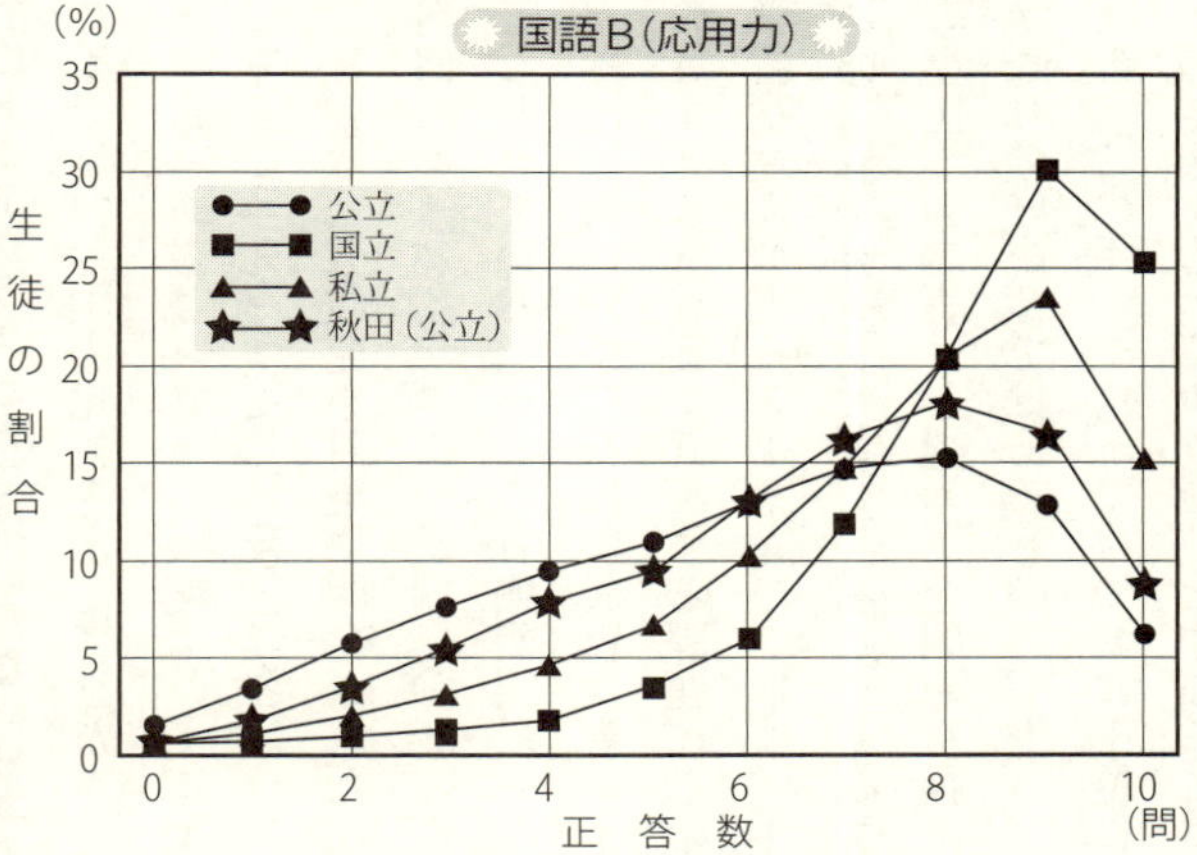
国語B（応用力）
(%)
生徒の割合
35
30
25
20
15
10
5
0
公立
国立
私立
秋田（公立）
0
2
4
6
8
10
正答数
(問)

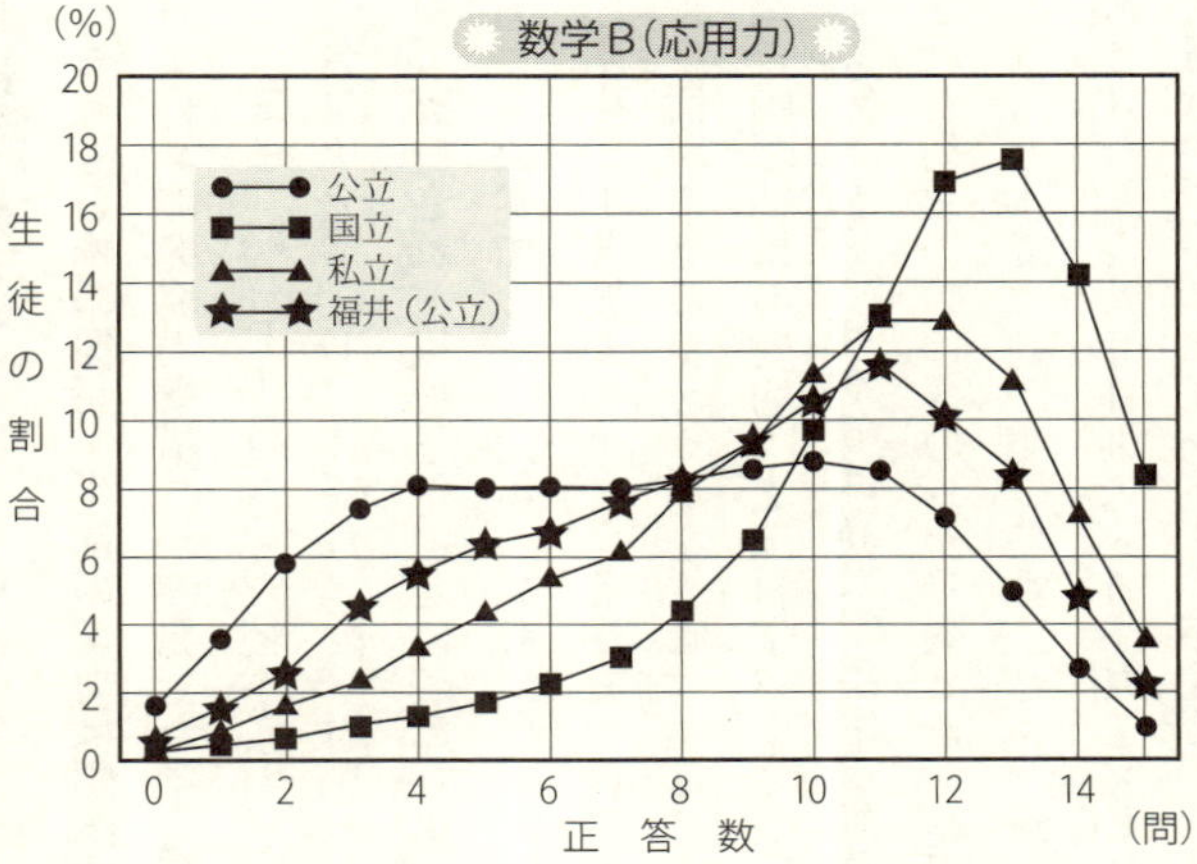
数学B（応用力）
(%)
生徒の割合
20
18
16
14
12
10
8
6
4
2
0
公立
国立
私立
福井（公立）
0
2
4
6
8
10
12
14
正答数
(問)

備考：全国の参加校は国公立はほぼ100%、私立は54.8%。
出典：図4-2と同じ

国際的にトップクラスとまではいかない日本の中学生の実力

ここまで学力の国内比較を示してきたが、そもそも日本の児童・生徒の学力は国際的にどのようなレベルにあるのか。参考に、OECD（経済開発協力機構）が開発した学習到達度調査（Programme for International Student Assessment 略称PISA）の結果を引いた。

PISAは一五歳児を対象に開発された、科学的リテラシー、読解力、数学的リテラシーの三分野のペーパーテスト。二〇〇〇年に初めて実施され、以後三年ごとに、これまで計三回おこなわれている。OECD加盟国以外の国も多数参加し、〇六年の調査には五七の国・地域が参加した。PISAは「義務教育修了段階の一五歳児が持っている知識や技能を、実生活のさまざまな場面で直面する課題にどの程度活用できるかどうかを評価」（「OECD生徒の学習到達度調査（PISA）二〇〇六年調査国際結果の要約」文部科学省より引用）する。その「PISA2006」の結果が**図4-8**である。日本では高校一年生が対象だが、先の「全国学力調査」と違って全国から抽出された約六〇〇〇人のみが受験した。結果、日本はかなりの好成績ではあるものの、トップクラスとまではいかず、二番手といったところか。また、この手のテストではつねに上位に顔を出すシンガポールなどが参加していないため、この結果をもって世界順位とすることはできない。中国とインドも不参加だった。

図4-8 PISA2006による学力の国際比較（平成18年）

	科学	読解力	数学
560点	1位 フィンランド(563)		
550点		1位 韓国 (556)	
540点	2位 香港 (542)	2位 フィンランド(547)	1位 台湾 (549) 2位 フィンランド(548) 3位 香港 (547) 4位 韓国 (547)
530点	3位 カナダ (534) 4位 台湾 (532) 5位 エストニア (531) 6位 日本 (531) 7位 ニュージーランド (530)	3位 香港 (536)	5位 オランダ (531) 6位 スイス (530)
520点	8位 オーストラリア (527) 9位 オランダ (525) 10位 リヒテンシュタイン (522) 11位 韓国 (522)	4位 カナダ (527) 5位 ニュージーランド(521)	7位 カナダ (527) 8位 マカオ (525) 9位 リヒテンシュタイン(525) 10位 日本 (523) 11位 ニュージーランド(522) 12位 ベルギー (520) 13位 オーストラリア(520)
510点	12位 スロベニア (519) 13位 ドイツ (516) 14位 イギリス (515) 15位 チェコ (513)	6位 アイルランド(517) 7位 オーストラリア(513) 8位 リヒテンシュタイン(510)	14位 エストニア(515) 15位 デンマーク(513)
500点		9位 ポーランド(508) 10位 スウェーデン(507) 11位 オランダ (507) 12位 ベルギー (501) 13位 エストニア(501)	
		14位 スイス (499) 15位 日本 (498)	

（ ）は平均得点

備考：15歳（高校1年生）対象。57の参加国・地域のうち上位15を掲載。
出典：PISA 2006 results（OECD）

中学生までは教育費をかけずに高成績を上げる福井

さて次は、教育にかけるお金について取り上げよう。はたしてそれが、子どもの成績向上に本当に結びついているのかどうか。

図4-9は、家計から支出された教育費のうち、学校以外での、学習教材費や塾、家庭教師等にかけた補習教育費用の統計である。ただし、データは各都道府県庁所在市での標本調査によるものであり、全県平均というわけではない。また、ここでは支出対象を幼児から中学生にしぼり、高校生は除外した。というのは、**図4-9**の下の散布図に示したとおり、先に紹介した全国学力調査における中学三年生の成績との関連を見るためである。

家計の補習教育支出は、首都圏で多く、その中でも埼玉の突出ぶりは目を見張る。子どもたちが毎晩遅くまで塾通いを続けている光景が目に浮かぶ。また、滋賀、新潟、静岡、香川なども子どもの教育に多額のお金を費やしており、教育熱心な県と言えるだろう。他方、東京に次ぐ大都市圏である大阪は全国平均以下で、愛知も平均より少し多いレベルにすぎない。

しかし、あくまでも中学三年生時点でのことだが、教育にかけたお金と成績が比例するわけではないことを下の散布図が如実に示している。学力調査の成績上位県である福井を筆頭に、秋田、富山らは、お金をかけずとも見事な成績を上げている。

図4-9　家計の補習教育支出（平成19年）

家計の教育支出（1カ月）

順位	県名	（円）						
1位	埼玉	6万2198	17位	愛知	2万8372	32位	長崎	2万2462
2位	神奈川	4万4048	18位	山口	2万8122	33位	広島	2万2357
3位	滋賀	4万2734	19位	愛媛	2万7617	34位	三重	2万2078
4位	東京	4万1060	20位	徳島	2万7315	35位	富山	2万2069
5位	新潟	3万8442	21位	北海道	2万7068	36位	長野	2万1965
6位	静岡	3万7554	22位	佐賀	2万5777	37位	大阪	2万1574
7位	香川	3万6842	23位	鹿児島	2万5645	38位	秋田	2万1499
8位	茨城	3万4825	24位	山形	2万5567	39位	岩手	2万1023
9位	千葉	3万4415	25位	宮城	2万5200	40位	宮崎	2万0507
10位	岐阜	3万4370	全国平均		2万4934	41位	岡山	1万9787
11位	栃木	3万2381	26位	大分	2万3390	42位	群馬	1万8386
12位	和歌山	3万2357	27位	沖縄	2万3139	43位	兵庫	1万6925
13位	京都	3万0832	28位	福岡	2万3025	44位	山梨	1万6535
14位	石川	3万0718	29位	奈良	2万2980	45位	鳥取	1万5936
15位	熊本	2万8505	30位	青森	2万2961	46位	福井	1万2456
16位	高知	2万8373	31位	福島	2万2482	47位	島根	1万0457

家計の補習教育支出と中学3年生の学力調査結果

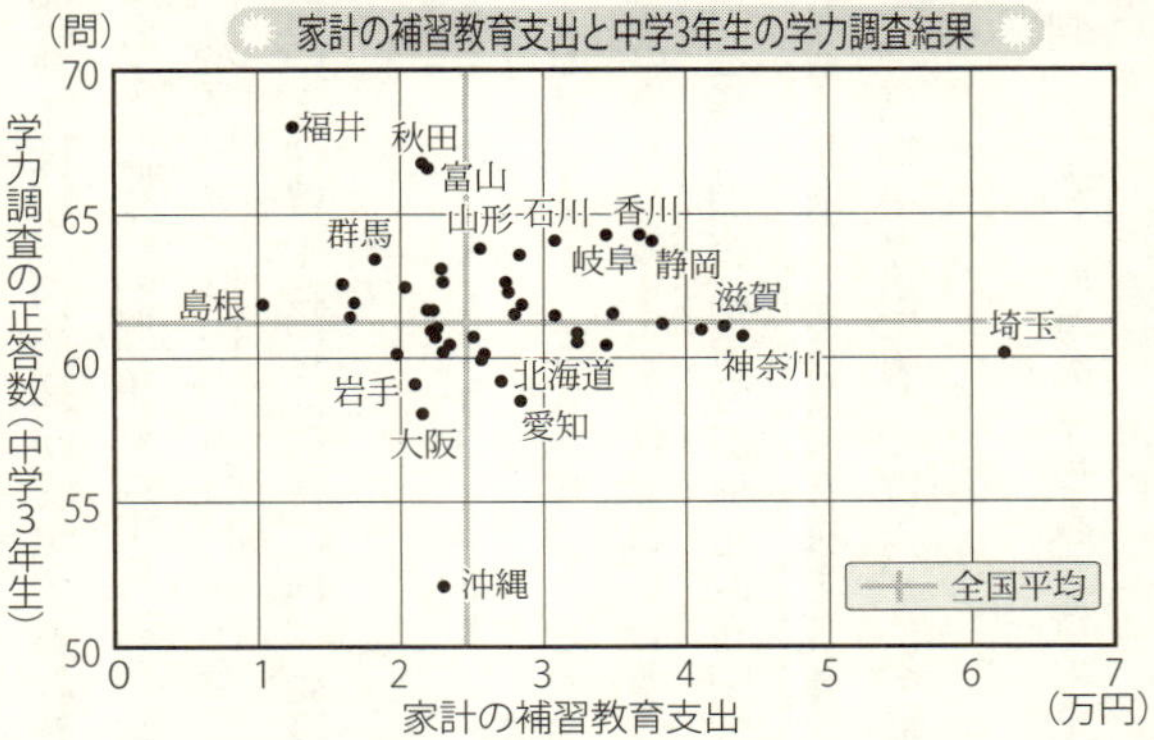

（問）
70
65
60
55
50
学力調査の正答数（中学3年生）
0
1
2
3
4
5
6
7
家計の補習教育支出
（万円）
福井
秋田
富山
山形
石川
香川
群馬
岐阜
静岡
島根
滋賀
埼玉
神奈川
北海道
岩手
愛知
大阪
沖縄
全国平均

備考：家計のデータは各都道府県庁所在市の２人以上世帯。「補習教育支出」は、学習参考教材費と幼児から中学生までの補習教育費を加算した金額。学校関係の費用及び高校生の補習費等は含まない。中学3年生の学力調査結果は図4-4の総合得点。
出典：家計調査年報（家計収支編）平成19年（総務省）、学力調査結果は図4-2と同じ

高知・島根では学校教育費が無駄に使われている⁉

次に、自治体の教育支出を見てみよう。**図4-10**は、自治体が支出する教育関係経費のうち小学校と中学校の「学校教育費」を、それぞれ県内の児童数と生徒数で割って算出した「一人当たり学校教育費」である。財源には県支出金、県内の市町村支出金に加え、国庫補助金及びPTA寄付金なども含まれ、教職員の人件費や教育活動費の他、施設の建築費、債務の償還《しょうかん》等に使われる。

平成一八年度の全国平均は、小学生は一人当たり八八・九万円、中学生は一〇三・四万円。小学校、中学校ともに支出が多いのは高知と島根だった。この二県はかなり金額が突出している。しかし、その経費は子どもの学力向上のために効率よく使われているのか。

図4-11と**図4-12**に、自治体の教育支出と学力調査結果の関係を散布図で示した。これらのグラフで明らかなように、家計支出の場合と同様、自治体支出額と児童・生徒の成績とはほとんど関連性がない。福井や秋田に比べ、高知や島根などではムダに多額の税金が使われていると言わざるを得ない。

ちなみに平成一八年度の、高校生（全日制）一人当たりの学校教育費の全国平均は一一六・九万円だった。

図4-10 自治体の教育支出/児童・生徒1人あたり(平成18年度)

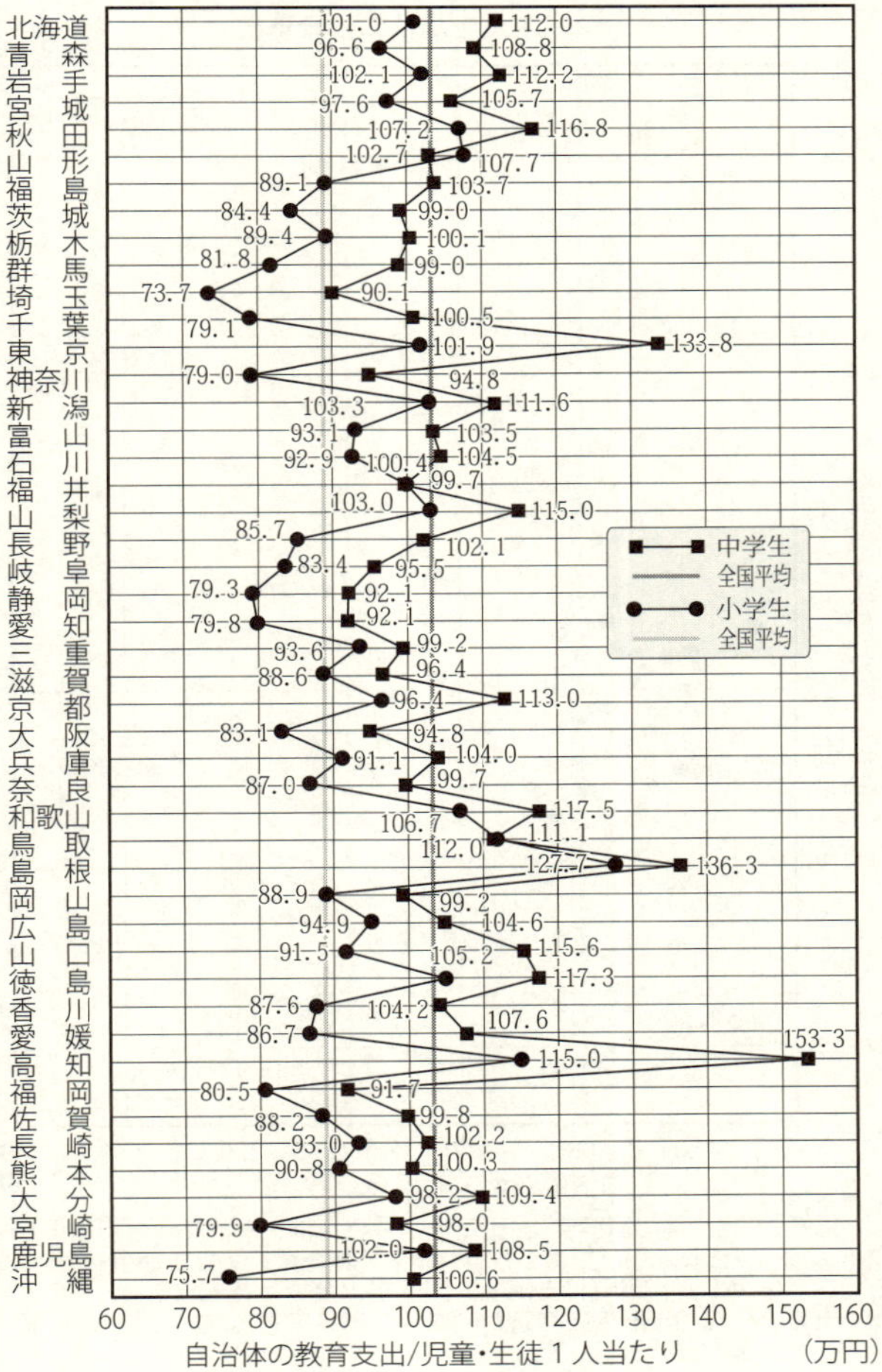

図4-11　自治体の教育支出と学力調査結果（小学6年生）

1人当たりの教育支出

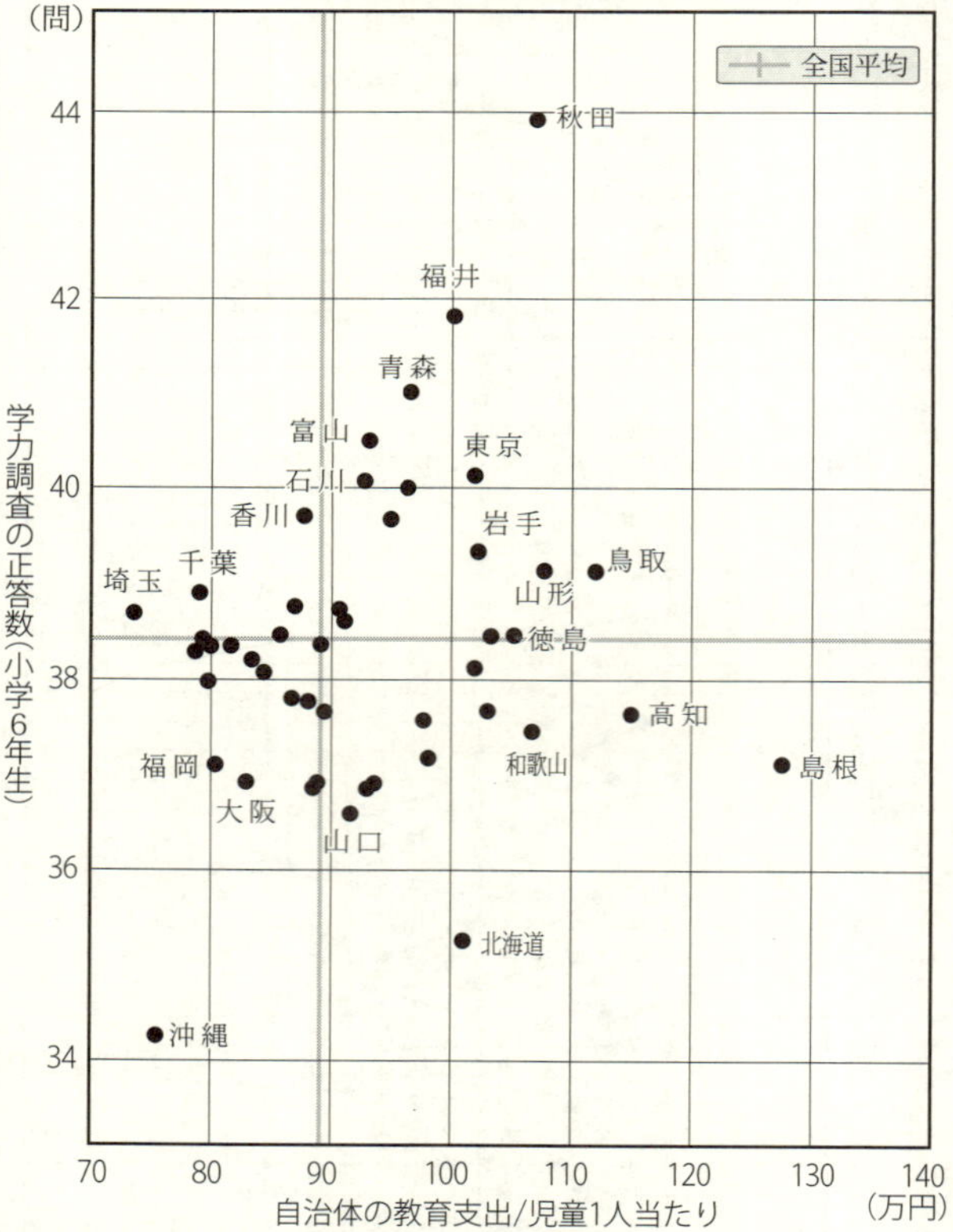

備考：「自治体の教育支出/児童1人当たり」は、平成18年度自治体が支出した小学校の学校教育費を児童総数で除した金額。県支出金の他、市町村支出金、国庫支出金、私費も含む。
出典：平成19年度地方教育費調査（文部科学省）。学力調査結果は図4-2と同じ

図4-12 自治体の教育支出と学力調査結果(中学3年生)

1人当たりの教育支出

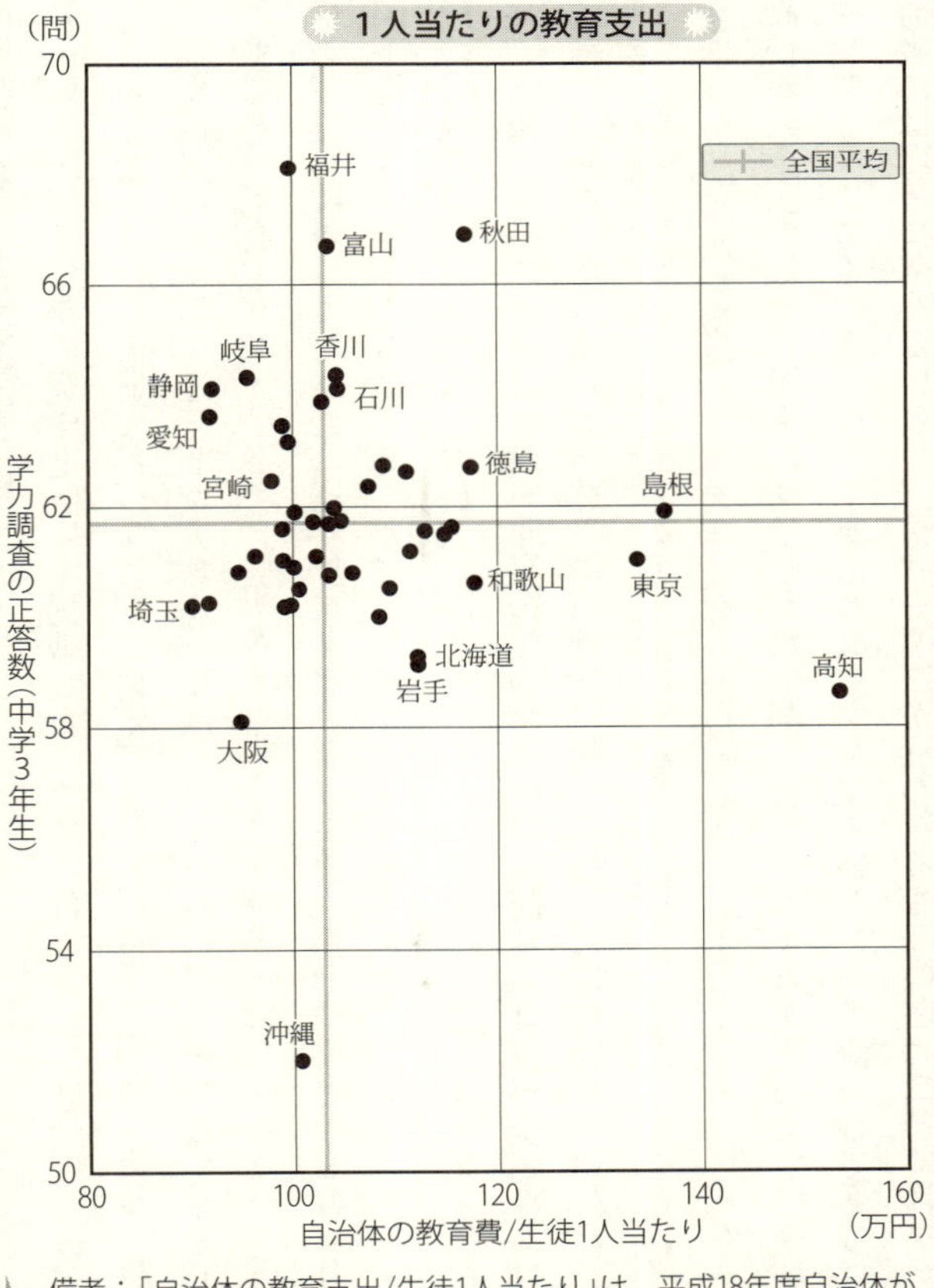
(問)
70
66
62
58
54
50
全国平均
福井
富山
秋田
岐阜
香川
静岡
石川
愛知
徳島
宮崎
島根
和歌山
東京
埼玉
北海道
岩手
高知
大阪
沖縄
学力調査の正答数(中学3年生)
80
100
120
140
160
(万円)
自治体の教育費/生徒1人当たり

備考：「自治体の教育支出/生徒1人当たり」は、平成18年度自治体が支出した中学校の学校教育費を生徒総数で除した金額。県支出金の他、市町村支出金、国庫支出金、私費も含む。

出典：平成19年度地方教育費調査（文部科学省）。学力調査結果は図4-2と同じ

県民所得が低い県の大学進学率は低い

図4-13に平成二〇年の大学進学率を掲載した。ここで言う「大学進学率」は、高校生の大学進学率ではなく、一八歳人口に占める大学等に進学した者の割合である。具体的には、平成二〇年四月に大学等に進学した人数を、平成一七年三月に県内中学校を卒業した人数で割って求めた。「大学等」には大学、短期大学の他、高校の専攻科も含めたが、大学と短大の通信教育部は除外した。また、過年度卒業者いわゆる浪人生の進学者数も含まれていない。

全国平均では、同年代のおよそ二人に一人が大学等へ進学する。しかし、最上位の東京と最下位の沖縄では、進学率に二倍以上の開きがある。気になる点は、進学率上位に入っている愛知、大阪、神奈川などは中学三年生の学力調査結果（**図4-4**）が全国平均以下であり、逆に成績が優秀だった秋田の大学進学率が意外に低いことだ。これはどうしたことか。

そこで、**図4-14**で「一人当たりの県民所得」、**図4-15**では「大学収容力指数」、各々の大学進学率との関連を調べた。「大学収容力指数」とは、県内の大学と短大の入学者数を、県内高校から全国の大学と短大に進学した数で割った数。つまり県内の大学で受け入れ可能なキャパシティである。近くに大学があれば進学しやすいという予測からである。その結果は、前者には顕著に関連が見られ、後者も関連が疑われるものの前者ほどではなかった。

図4-13　大学進学率（平成20年）

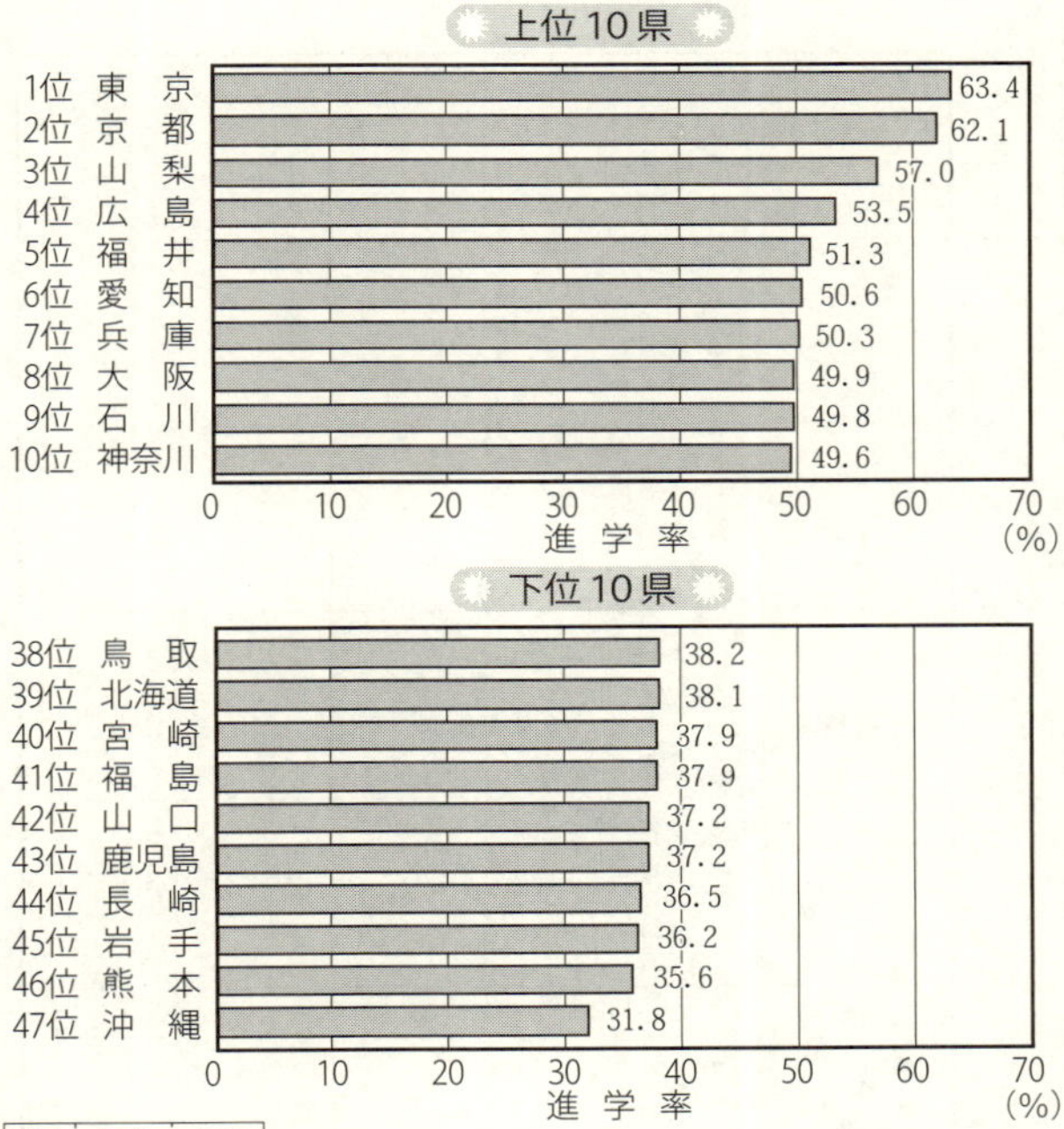
上位10県
1位 東京 63.4
2位 京都 62.1
3位 山梨 57.0
4位 広島 53.5
5位 福井 51.3
6位 愛知 50.6
7位 兵庫 50.3
8位 大阪 49.9
9位 石川 49.8
10位 神奈川 49.6
0 10 20 30 40 50 60 70
進学率 (%)
下位10県
38位 鳥取 38.2
39位 北海道 38.1
40位 宮崎 37.9
41位 福島 37.9
42位 山口 37.2
43位 鹿児島 37.2
44位 長崎 36.5
45位 岩手 36.2
46位 熊本 35.6
47位 沖縄 31.8
0 10 20 30 40 50 60 70
進学率 (%)

順位	県名	(%)									
11位	奈良	49.2	全国平均		47.1	24位	香川	45.5	31位	山形	41.8
12位	滋賀	48.9	18位	愛媛	46.9	25位	千葉	45.5	32位	島根	41.0
13位	富山	48.8	19位	静岡	46.8	26位	長野	45.5	33位	宮城	40.6
14位	栃木	48.5	20位	徳島	46.5	27位	福岡	45.1	34位	高知	40.1
15位	岐阜	48.3	21位	群馬	46.2	28位	和歌山	44.3	35位	秋田	39.2
16位	茨城	48.1	22位	埼玉	46.0	29位	新潟	43.7	36位	佐賀	38.6
17位	岡山	47.6	23位	三重	45.7	30位	大分	43.1	37位	青森	38.4

備考：大学等進学率は、平成20年3月に大学等に進学した人数を平成17年3月に中学校を卒業した数で割って求めた。過年度卒業生は含まれない。
出典：学校基本調査（平成20年度、17年度、文部科学省）

図4-14　1人当たりの県民所得と大学進学率

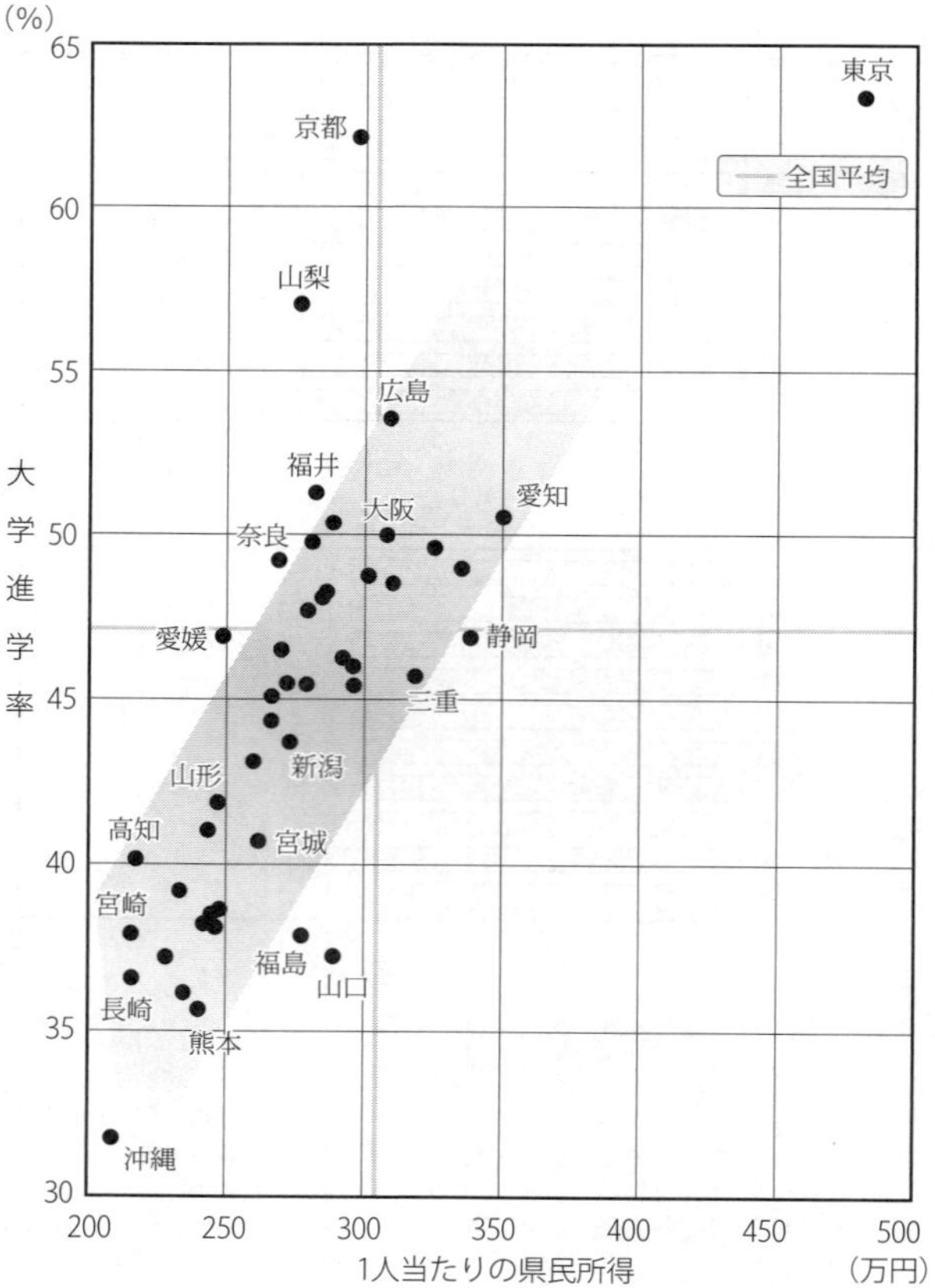
(%)
65
60
55
50
45
40
35
30
大学進学率
東京
京都
全国平均
山梨
広島
福井
愛知
大阪
奈良
愛媛
静岡
三重
新潟
山形
高知
宮城
宮崎
福島
山口
長崎
熊本
沖縄
200
250
300
350
400
450
500
1人当たりの県民所得
(万円)

備考：「1人当たりの県民所得」は平成18年度の県民所得を県内総人口で割った額。全国平均は「1人当たりの国民所得」。
出典：平成18年度県民経済計算（内閣府）

図4-15　大学収容力指数（平成20年）

大学収容力指数

順位	県名	(%)	順位	県名	(%)	順位	県名	(%)
1位	京都	244.5	17位	熊本	95.1	33位	佐賀	61.3
2位	東京	243.1	18位	沖縄	87.3	34位	新潟	60.2
3位	神奈川	157.5	19位	山口	86.9	35位	岐阜	57.8
4位	大阪	146.8	20位	奈良	86.4	36位	茨城	57.7
5位	福岡	137.3	21位	大分	84.2	37位	香川	57.7
6位	愛知	132.3	22位	徳島	81.1	38位	栃木	57.5
7位	宮城	130.8	23位	群馬	79.0	39位	富山	56.2
8位	滋賀	121.6	24位	高知	75.5	40位	福井	56.0
9位	埼玉	121.2	25位	長崎	72.8	41位	秋田	55.2
10位	千葉	119.9	26位	鹿児島	72.8	42位	島根	55.1
11位	北海道	118.3	27位	鳥取	71.1	43位	福島	55.1
12位	石川	116.5	28位	青森	68.7	44位	静岡	49.8
13位	兵庫	111.4	29位	愛媛	64.2	45位	長野	48.7
14位	岡山	111.0	30位	宮崎	62.8	46位	三重	48.6
15位	山梨	97.9	31位	岩手	62.2	47位	和歌山	39.1
16位	広島	95.2	32位	山形	62.1	全国平均		120.0

大学収容力指数と大学進学率

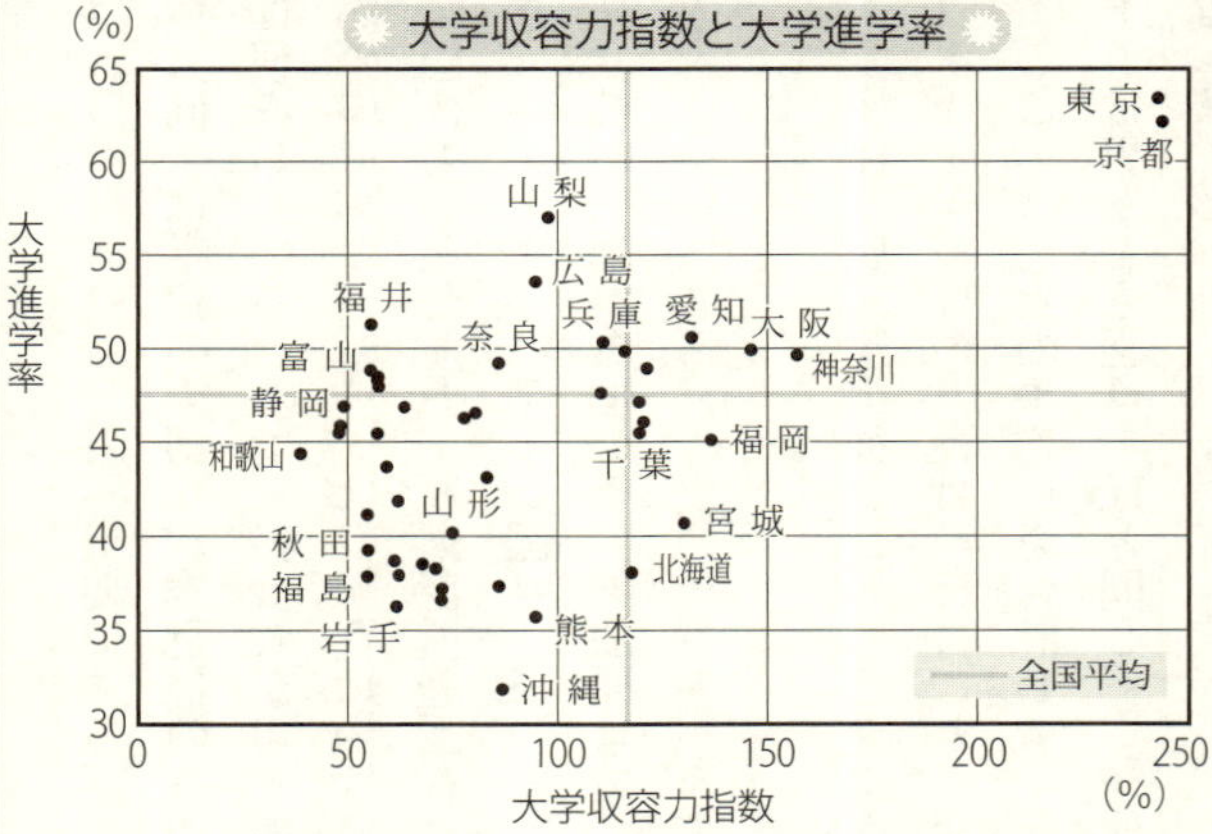

備考：「大学収容力指数」は、平成20年3月に県内の大学・短期大学に入学した人数を、県内の高校（通信制、中等教育学校等を含む）を卒業して大学・短期大学に進学した者で除して求めた。
出典：平成20年学校基本調査（文部科学省）

学力の高い県の児童は体力・運動能力も高い！

学力とともに、子どもには基礎体力をしっかりつけさせることが重要である。むろん学校だけの責任ではないものの、児童・生徒の体力向上は学校の大切な教育目標の一つ。某県の知事が「学力も低い、体力も低いで、学校は何をしているのか」と憤《いきどお》ったが、実態はどうなのか。その知事が怒った理由は前出の学力調査の成績と、**図4-16**の調査結果にあった。

図4-16は、平成二〇年に実施された「全国体力・運動能力、運動習慣等調査」における公立小学校五年生の成績である。調査は小学五年生と中学二年生（**図4-18**）を対象におこなわれ、全国の国公立校のおよそ七割と、私立校の三割が参加した。参加児童数は約七八万一〇〇〇名（うち公立校の小学生は約七七万三〇〇〇名）、生徒数は約七六万七〇〇〇名（うち公立校の中学生は約七三万四〇〇〇名）である。

小学生が挑んだのは、握力、上体起こし、長座体前屈、反復横とび、二〇メートルシャトルラン、五〇メートル走、立ち幅とび、ソフトボール投げの八種目。種目ごとに記録に一〜一〇点が振りつけられ、合計で八〇点満点。ここでは男女の平均点を合計して「体力・運動能力合計点」としてランキングした。ベスト五は男女とも**図4-16**と同じく、一位福井、二位秋田、三位新潟、四位茨城、五位千葉となっている。

図4-16　全国体力・運動能力調査結果（小学5年生、平成20年）

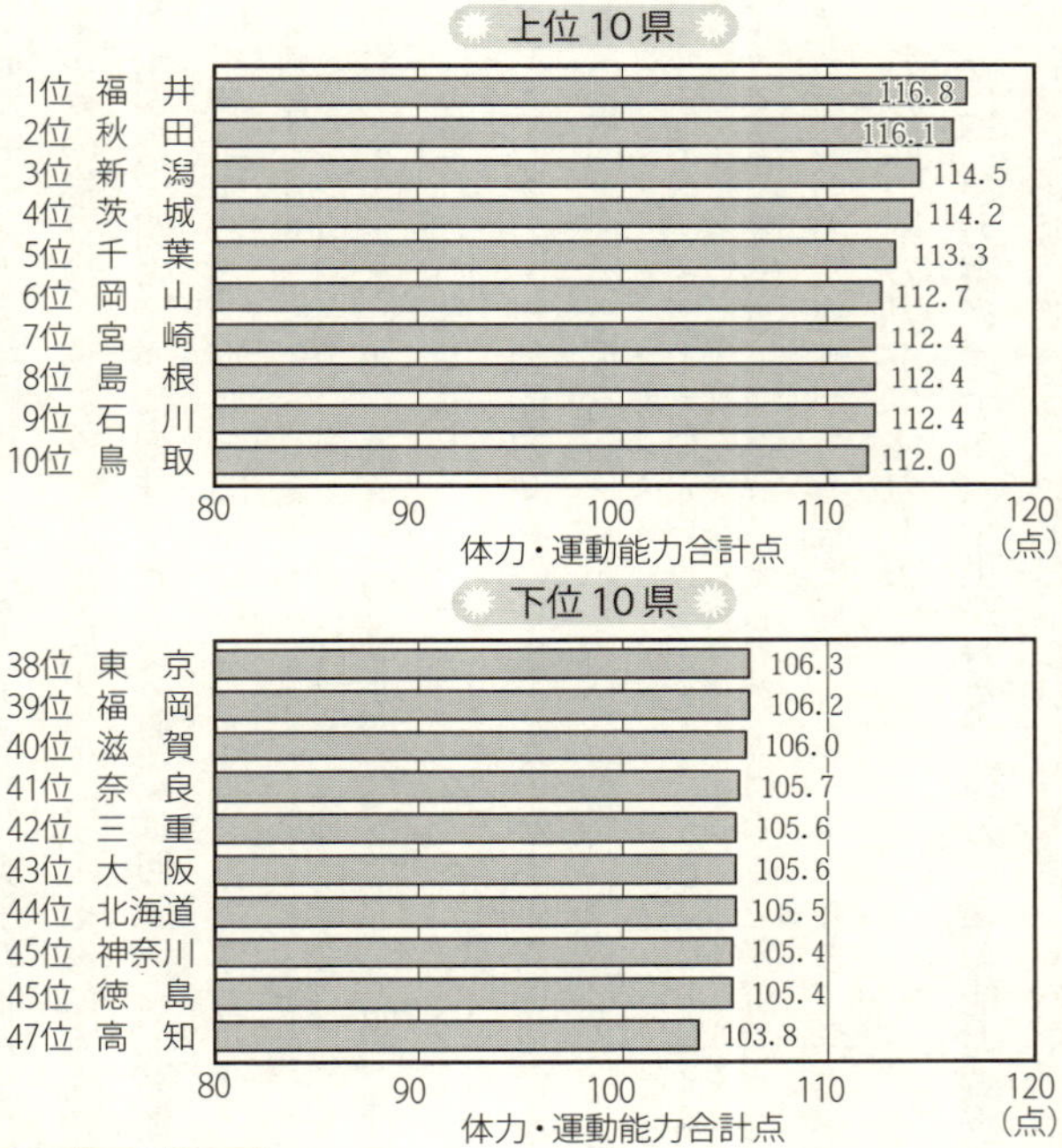
上位10県
1位 福井 116.8
2位 秋田 116.1
3位 新潟 114.5
4位 茨城 114.2
5位 千葉 113.3
6位 岡山 112.7
7位 宮崎 112.4
8位 島根 112.4
9位 石川 112.4
10位 鳥取 112.0
80 90 100 110 120
体力・運動能力合計点
（点）
下位10県
38位 東京 106.3
39位 福岡 106.2
40位 滋賀 106.0
41位 奈良 105.7
42位 三重 105.6
43位 大阪 105.6
44位 北海道 105.5
45位 神奈川 105.4
45位 徳島 105.4
47位 高知 103.8
80 90 100 110 120
体力・運動能力合計点
（点）

順位	県名	（点）									
11位	埼玉	112.0	18位	福島	110.1	25位	長野	109.3	31位	鹿児島	107.8
12位	熊本	111.8	19位	青森	110.1	26位	山口	109.2	32位	沖縄	107.8
13位	富山	111.6	20位	栃木	110.0	全国平均		109.0	33位	宮城	107.6
14位	静岡	111.6	21位	香川	109.9	27位	京都	108.8	34位	群馬	107.2
15位	岩手	111.4	22位	岐阜	109.8	28位	山梨	108.7	35位	兵庫	106.6
16位	長崎	111.3	23位	広島	109.7	29位	和歌山	108.5	35位	大分	106.6
17位	山形	110.7	24位	愛媛	109.5	30位	佐賀	108.5	37位	愛知	106.3

備考：男女8種目の各平均点を足し算した合計点。
出典：平成20年度全国体力・運動能力、運動習慣等調査結果について一概要版（文部科学省）

都道府県間の体力・運動能力差は案外大きく、男子の個人総合評価五段階（A～E）のうち、トップの福井はAランクの児童の割合が二三・七％にもなるのに対して、最下位の高知ではわずか六・四％。逆に福井のEランク児童は四・二％、高知では一二・五％にも及ぶ。

全国を俯瞰《ふかん》すると、東北と関東の一部、北陸地方で体力が強く、近畿地方が弱い。また大都市圏が劣る傾向にあるが、最下位が高知で、四五位が徳島と、四国の二県がワースト三のうちの二つを占めている。意外なのは北海道がワースト四、沖縄が全国平均以下である点。大自然に恵まれた両県では子どもが走り回っているというのは勝手なイメージなのか。

さて、この体力・運動能力調査の結果と先の学力調査の成績を合わせて見たのが**図4-17**である。全国平均の二本の線で区切られた四つの領域のうち、右上は学力も体力もある県、左下は学力も体力も乏しい県ということになる。前述の知事が嘆いたのは、自分の県が左下にあるからだ。それにしても秋田と福井のすばらしさが際立っている。また、この散布図から、学力と体力の関連性がある程度見られる。すなわち、学力が高い県の児童は体力もあり、逆に学力の低い県の児童は体力も弱い。

ちなみに、学力調査は小学六年生が対象、体力・運動能力調査は小学五年生が対象であり、両者で学年が異なっていることを蛇足ながら再確認しておく。

図4-17 体力・運動能力と学力調査結果（小学生）

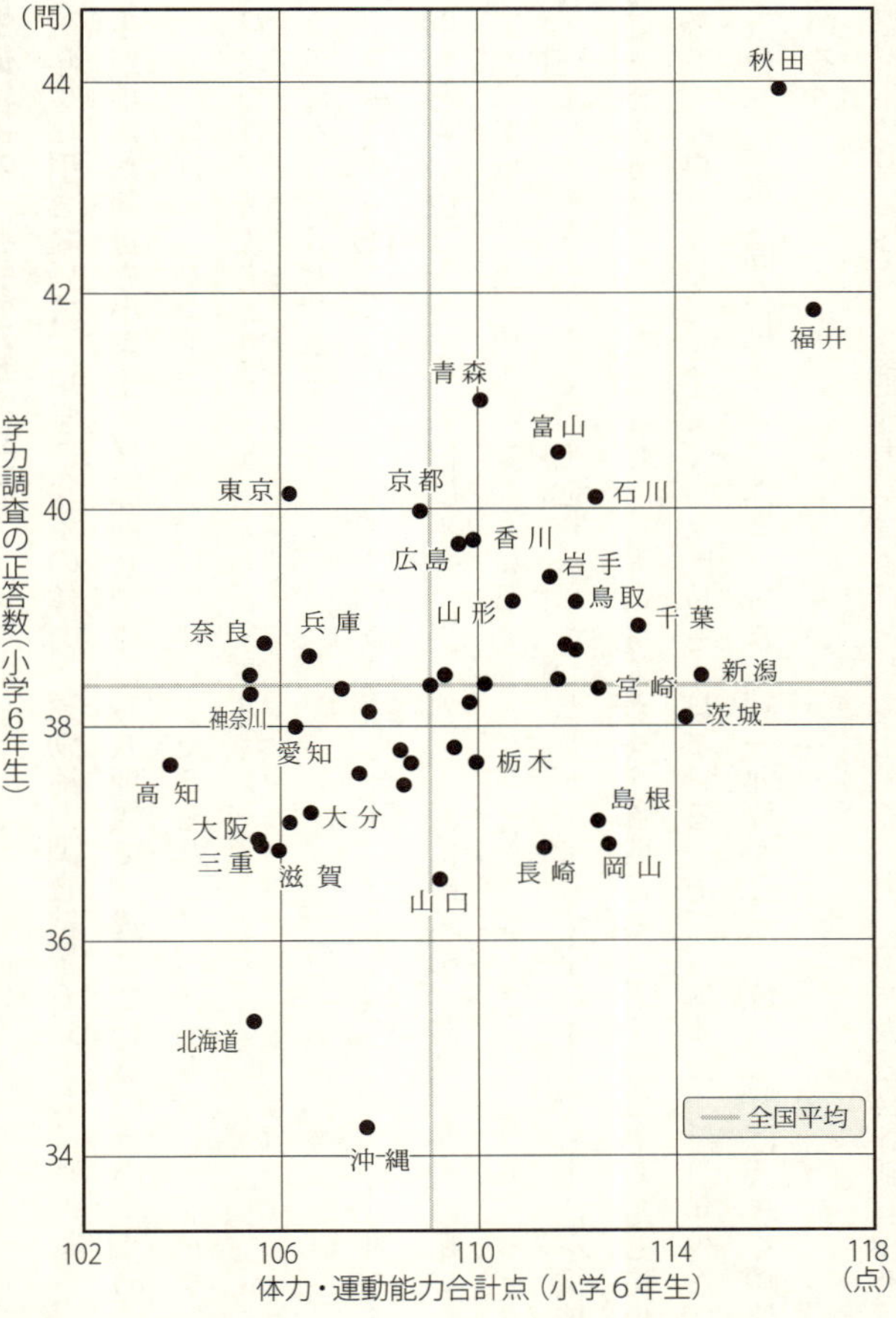

▶ 出典：体力・運動能力合計点は図4-16、学力調査結果は図4-1と同じ

千葉の生徒は体力・運動能力が際立つが……

小学五年生に引き続いて、中学二年生の体力・運動能力調査結果も見ておこう。

中学生が挑んだ種目も小学生とほぼ同じ。やはり八種類で、違っているのは小学生の「ソフトボール」投げが「ハンドボール」投げに変わったことと、二〇メートルシャトルランが選択種目になり、持久走（男子一五〇〇メートル、女子一〇〇〇メートル）のどちらか一方を選ぶようになったことである。

その結果を図4-18に示した。これは男女の成績を合計した総合順位だが、男女別の成績では、男女とも一位は千葉で、二位は福井。男子の三〜五位は秋田、茨城、新潟の順、女子の三〜五位は茨城、埼玉、岩手となっている。

図4-18より、小学五年生で最上位レベルだった県がやはり中学二年生でも上位を維持していることがわかる。しかし、上位一〇県の顔ぶれを全部眺めると若干様変わりもしている。岩手、静岡、岐阜が中学二年生でぐっと順位を上げている一方で、熊本（小学五年生一二位から二五位）、島根（同八位から二七位）、青森（同一九位から三一位）などは大きく順位を下げている。

上位県と下位県の体力・運動能力差は依然として大きく、男子の個人総合評価五段階（A

図4-18　**全国体力・運動能力調査結果（中学2年生、平成20年）**

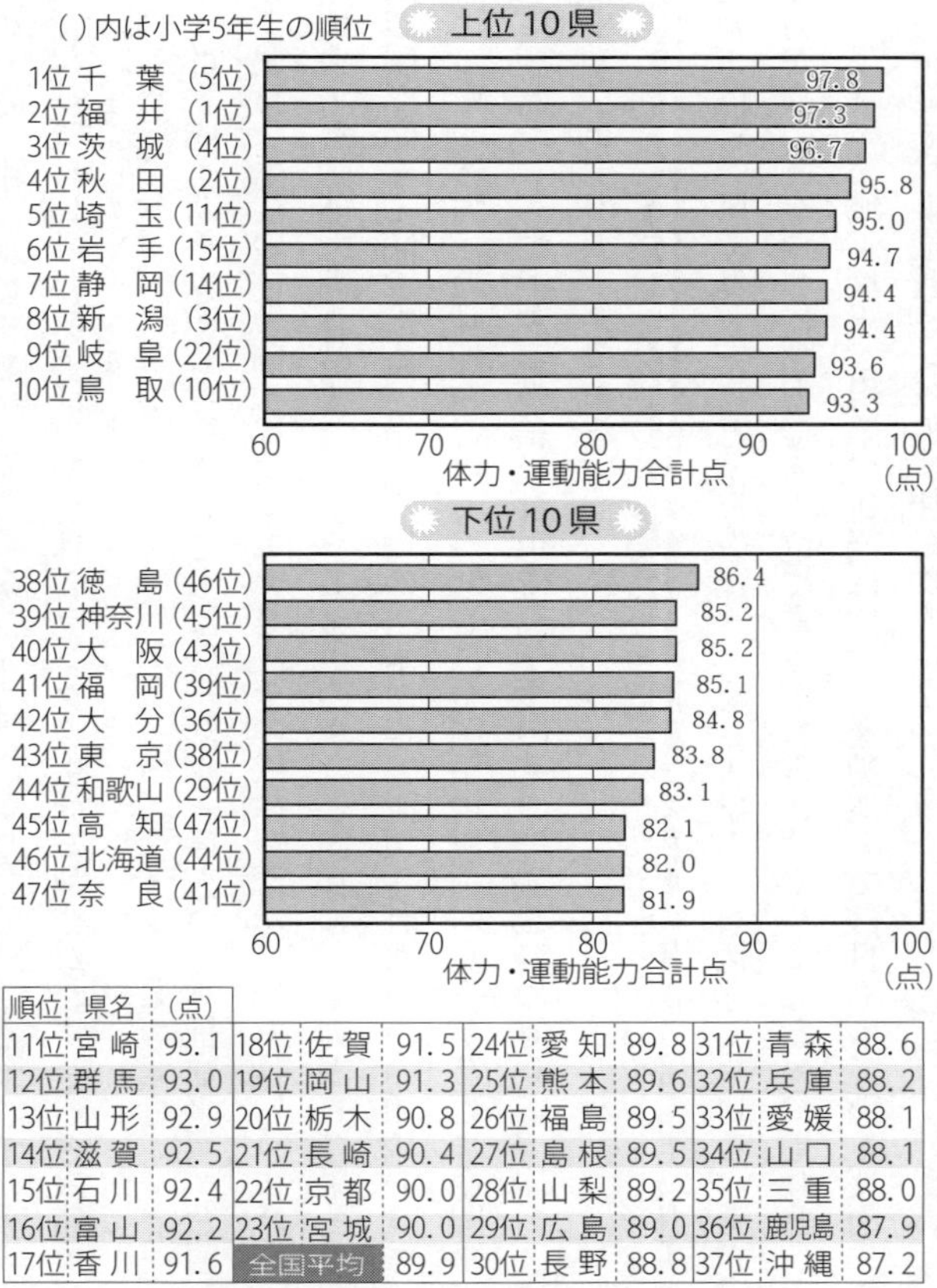
( ) 内は小学5年生の順位
上位10県
1位 千　葉 (5位) 97.8
2位 福　井 (1位) 97.3
3位 茨　城 (4位) 96.7
4位 秋　田 (2位) 95.8
5位 埼　玉 (11位) 95.0
6位 岩　手 (15位) 94.7
7位 静　岡 (14位) 94.4
8位 新　潟 (3位) 94.4
9位 岐　阜 (22位) 93.6
10位 鳥　取 (10位) 93.3
60 70 80 90 100
体力・運動能力合計点
(点)
下位10県
38位 徳　島 (46位) 86.4
39位 神奈川 (45位) 85.2
40位 大　阪 (43位) 85.2
41位 福　岡 (39位) 85.1
42位 大　分 (36位) 84.8
43位 東　京 (38位) 83.8
44位 和歌山 (29位) 83.1
45位 高　知 (47位) 82.1
46位 北海道 (44位) 82.0
47位 奈　良 (41位) 81.9
60 70 80 90 100
体力・運動能力合計点
(点)

順位	県名	(点)									
11位	宮崎	93.1	18位	佐賀	91.5	24位	愛知	89.8	31位	青森	88.6
12位	群馬	93.0	19位	岡山	91.3	25位	熊本	89.6	32位	兵庫	88.2
13位	山形	92.9	20位	栃木	90.8	26位	福島	89.5	33位	愛媛	88.1
14位	滋賀	92.5	21位	長崎	90.4	27位	島根	89.5	34位	山口	88.1
15位	石川	92.4	22位	京都	90.0	28位	山梨	89.2	35位	三重	88.0
16位	富山	92.2	23位	宮城	90.0	29位	広島	89.0	36位	鹿児島	87.9
17位	香川	91.6	全国平均		89.9	30位	長野	88.8	37位	沖縄	87.2

備考：男女8種目の各平均点を足し算した合計点。
出典：平成20年度全国体力・運動能力、運動習慣等調査結果について一概要版（文部科学省）

〜E）のうち、トップの千葉ではAランクの生徒の割合が一四・九％、Eランクの生徒が四・六％なのに対して、最下位の奈良はAランクの生徒の割合がわずか一・六％で、Eランクの生徒は一三％もいる。

千葉では平成一八年度から「いきいきちばっ子健康・体力づくり推進事業」と題して、県を挙げて児童・生徒の体力向上に努めており、その成果が確かに現れているようだ。

この体力・運動能力調査結果と、小学五年生の場合と同様に、学力調査結果との関連を調べた散布図が**図4-19**である。全国平均の二本の線で区切られた四つの領域のうち、右上に入っている県が体力・運動能力と学力がともに全国平均以上、左下がともに全国平均以下の県である。ただし、学力調査の結果は中学三年生のものであるのに対して、体力・運動能力調査は中学二年生のデータである。

中学生の場合も、体力・運動能力と学力との間にある程度の相関が見られ、体力・運動能力が低い下位一〇県では、奈良と徳島を除き、総じて学力でも低迷している。ただ、体力・運動能力が高い県がつねに学力でも上位にあるかと言えばそうでもない。福井と秋田はさすがだが、千葉、茨城、埼玉、岩手、新潟は体力・運動能力では目立っている反面、学力では全国平均か、それより低いレベルに甘んじている。

図4-19　体力・運動能力と学力調査結果（中学生）

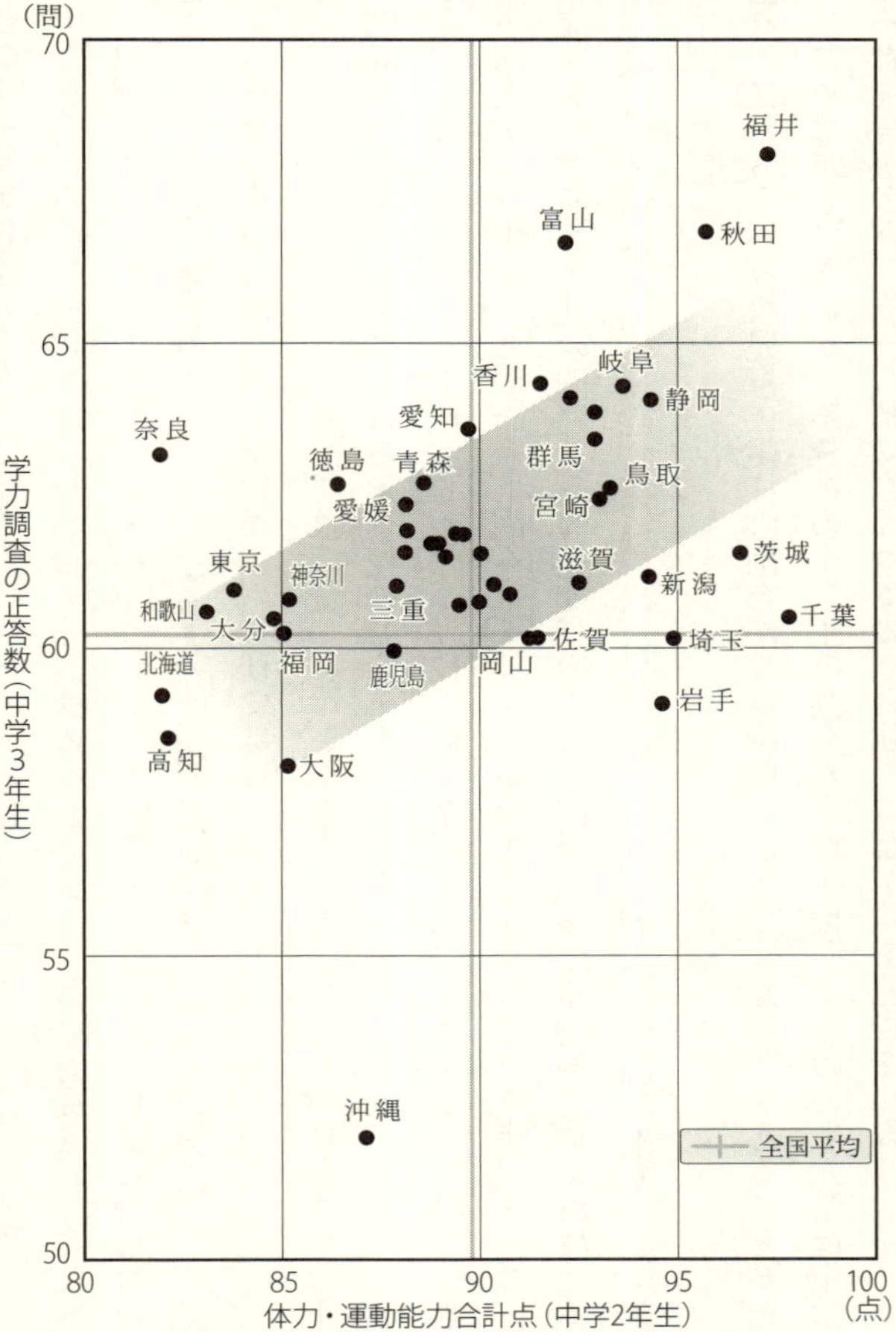

（問）
70
65
60
55
50
学力調査の正答数（中学3年生）
80
85
90
95
100
（点）
体力・運動能力合計点（中学2年生）
福井
富山
秋田
香川
岐阜
静岡
愛知
奈良
徳島
青森
群馬
鳥取
宮崎
愛媛
東京
神奈川
滋賀
茨城
和歌山
新潟
三重
千葉
大分
佐賀
埼玉
北海道
福岡
岡山
鹿児島
岩手
高知
大阪
沖縄
全国平均

▶ 出典：体力・運動能力合計点は図4-16、学力調査結果は図4-1と同じ

不登校の小中学生は千人当たり一二人

学力と体力の向上以外にも、学校にはさまざまな役目がある。集団行動を通して、規律を守り、協調性や社会性を育《はぐく》むこともその一つ。しかし、それになじめないあるいははみ出す子どもは必ずおり、教育現場でしばしば重大な問題となる。そこで試されるのが「教育力」なのだろうが、もちろんこれも学校だけの責任ではない。

ここでは教育現場の三大問題として「不登校」「いじめ」「暴力行為」の統計を取り上げる。まず**図4-20**に小中学生における不登校の児童・生徒の割合（一〇〇〇人当たりの人数）を示した。人数が少ないほど上位とした。不登校の数は全国平均で、小学生一〇〇〇人当たり約三・四人、中学生は二九・一人。**図4-20**では小中学生を総合してランキングした。

「平成一九年度児童生徒の問題行動等生徒指導上の諸問題に関する調査」によれば、不登校状態が継続している理由の第一は小学生、中学生とも「不安など情緒的混乱」、二番目は「無気力」となっている。

図4-20から、不登校児童・生徒の割合が都道府県によってかなり差があることがわかる。実はここでは示してないが、不登校の小学生の割合が多い下位一〇県のうち六県は中学生の不登校者割合が多い下位一〇県にも入っており、強いつながりを感じさせる。

図4-20

不登校の小中学生/児童・生徒千人当たり（平成19年度）

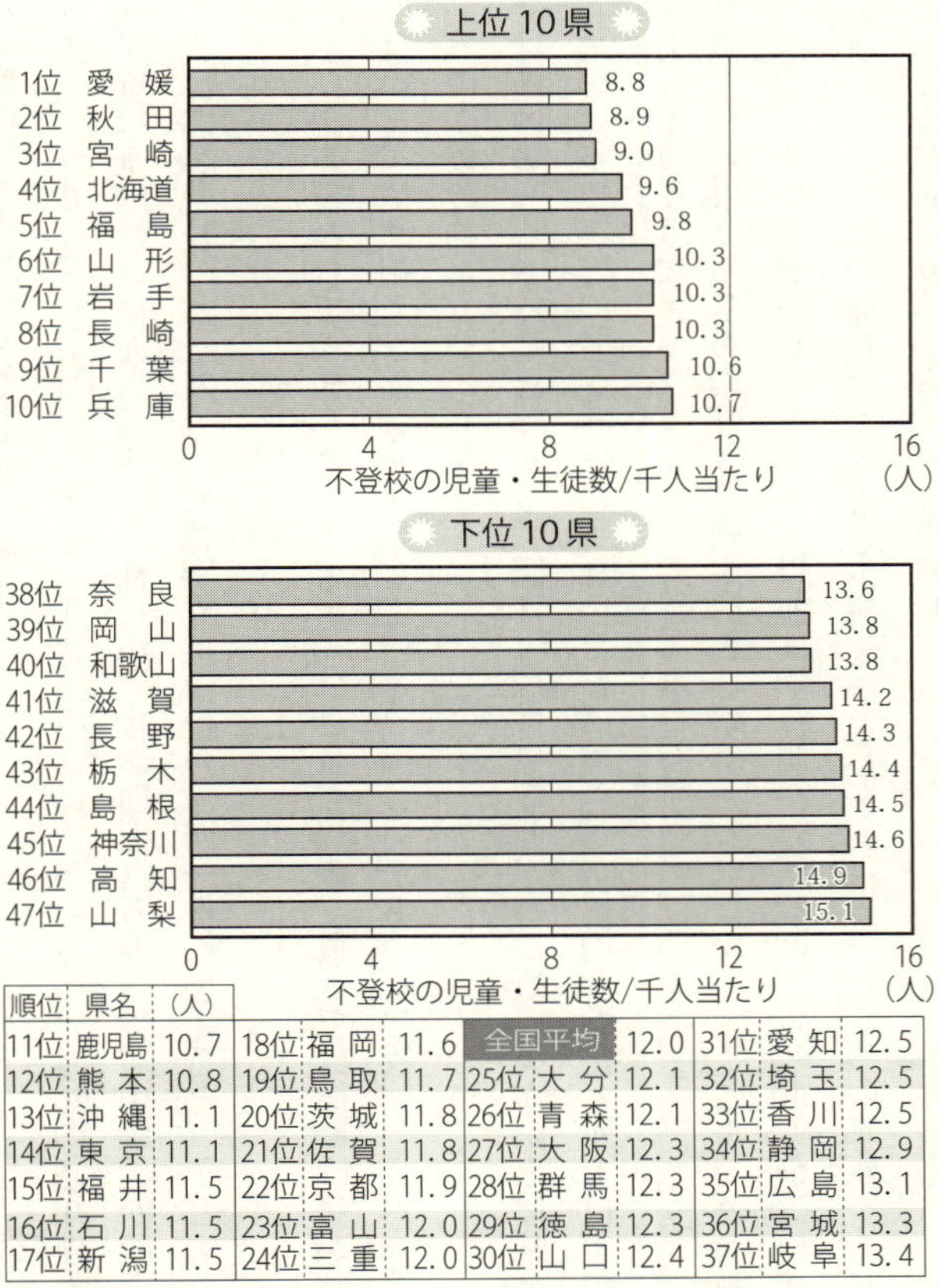
上位10県
1位 愛媛 8.8
2位 秋田 8.9
3位 宮崎 9.0
4位 北海道 9.6
5位 福島 9.8
6位 山形 10.3
7位 岩手 10.3
8位 長崎 10.3
9位 千葉 10.6
10位 兵庫 10.7
0 4 8 12 16
不登校の児童・生徒数/千人当たり
（人）
下位10県
38位 奈良 13.6
39位 岡山 13.8
40位 和歌山 13.8
41位 滋賀 14.2
42位 長野 14.3
43位 栃木 14.4
44位 島根 14.5
45位 神奈川 14.6
46位 高知 14.9
47位 山梨 15.1
0 4 8 12 16
不登校の児童・生徒数/千人当たり
（人）

順位	県名	（人）	順位	県名	（人）	順位	県名	（人）	順位	県名	（人）
11位	鹿児島	10.7	18位	福岡	11.6	全国平均		12.0	31位	愛知	12.5
12位	熊本	10.8	19位	鳥取	11.7	25位	大分	12.1	32位	埼玉	12.5
13位	沖縄	11.1	20位	茨城	11.8	26位	青森	12.1	33位	香川	12.5
14位	東京	11.1	21位	佐賀	11.8	27位	大阪	12.3	34位	静岡	12.9
15位	福井	11.5	22位	京都	11.9	28位	群馬	12.3	35位	広島	13.1
16位	石川	11.5	23位	富山	12.0	29位	徳島	12.3	36位	宮城	13.3
17位	新潟	11.5	24位	三重	12.0	30位	山口	12.4	37位	岐阜	13.4

備考：国公私立小中学校における不登校児童・生徒の合計を、小中学生の総数で割って求めた。
出典：平成19年度学校基本調査（文部科学省）

県によって四〇倍も違ういじめの発生件数

図4‐21は、小中学校における、児童・生徒一〇〇〇人当たりのいじめの認知件数である。平成一九年度の全国総数は九万二四〇一件。小学校が四万八八九六件、中学校が四万三五〇五件。これに高等学校の八三八五件と特別支援学校の三四一件を加えると、子どもたちのいじめはトータルで一〇万一〇〇〇件を超える。

いじめが社会問題として大きくクローズアップされて以来、最近では徐々に数が減ってきているとはいえ、依然相当な件数が発生している。いじめがあった学校は、公立小学校の約四割、公立中学校の約六五％にも及ぶ。

いじめ件数の多さもさることながら、**図4‐21**を見ると、いじめの少ない上位県といじめが多発している下位県との差が非常に大きいことに驚く。一位の和歌山と四七位の岐阜とではじつに四〇倍近い開きがある。

上位県の学校の取り組みを素直に評価すべきなのかもしれないが、ここまで差が激しいと、データの信ぴょう性を疑いたくもなる。以前は学校側が故意にいじめの事実を隠した例が多発したとはいえ、いまの時代にそんなことはないと信じれば、「いじめの定義」もしくはカウントのしかたに違いがあるのかもしれない。

図4-21　小中学校のいじめの認知件数/児童・生徒千人当たり（平成19年度）

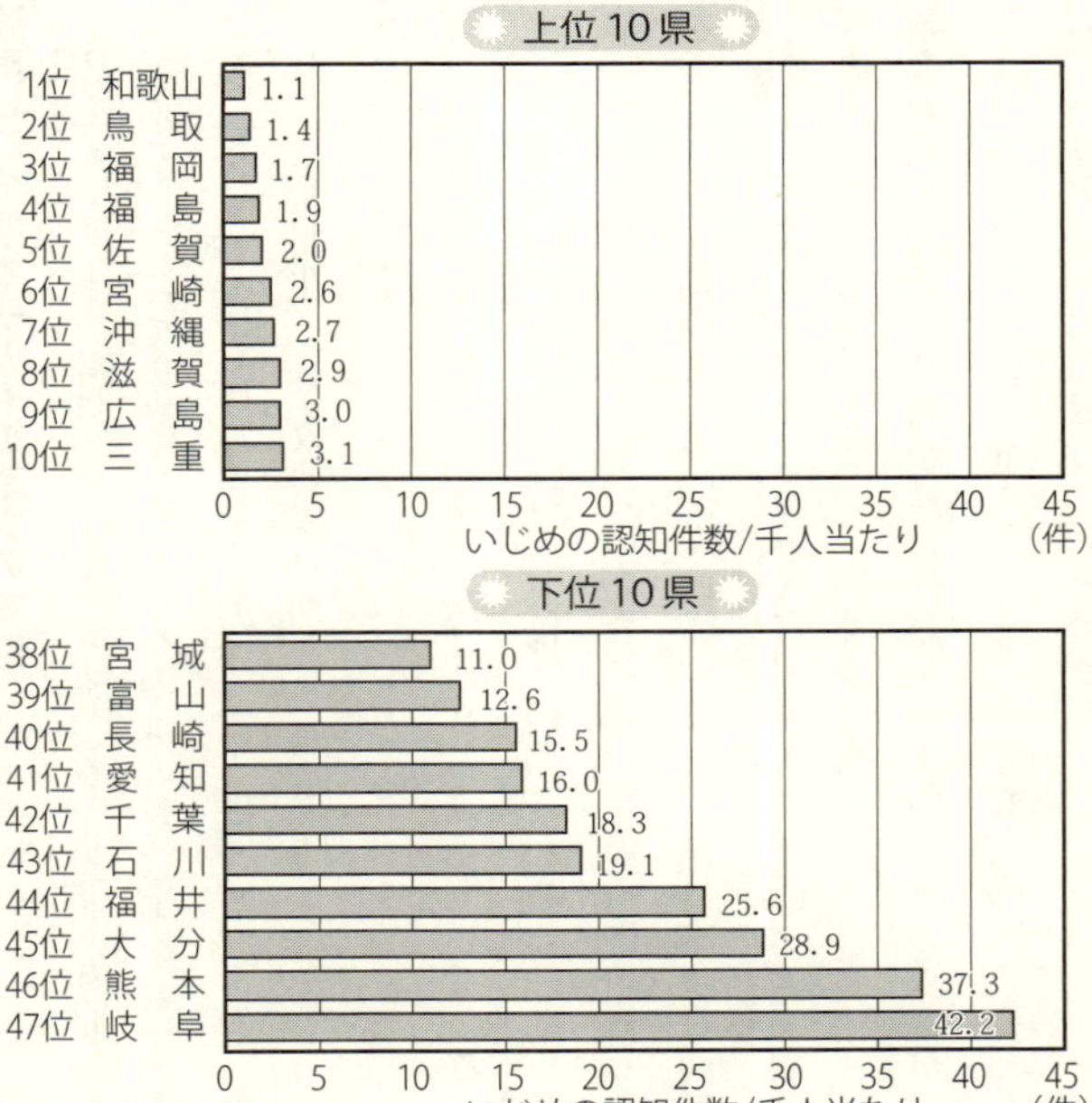
上位10県
1位 和歌山 1.1
2位 鳥取 1.4
3位 福岡 1.7
4位 福島 1.9
5位 佐賀 2.0
6位 宮崎 2.6
7位 沖縄 2.7
8位 滋賀 2.9
9位 広島 3.0
10位 三重 3.1
0 5 10 15 20 25 30 35 40 45
いじめの認知件数/千人当たり （件）
下位10県
38位 宮城 11.0
39位 富山 12.6
40位 長崎 15.5
41位 愛知 16.0
42位 千葉 18.3
43位 石川 19.1
44位 福井 25.6
45位 大分 28.9
46位 熊本 37.3
47位 岐阜 42.2
0 5 10 15 20 25 30 35 40 45
いじめの認知件数/千人当たり （件）

順位	県名	（人）									
11位	兵庫	3.5	18位	東京	4.9	25位	長野	7.3	全国平均		8.6
12位	京都	3.7	19位	埼玉	5.0	26位	香川	7.4	32位	徳島	8.6
13位	群馬	3.8	20位	島根	5.3	27位	静岡	7.6	33位	秋田	9.5
14位	高知	4.3	21位	奈良	5.5	28位	青森	7.7	34位	愛媛	9.7
15位	大阪	4.4	22位	神奈川	5.8	29位	岡山	7.9	35位	新潟	9.8
16位	山形	4.8	23位	岩手	6.6	30位	山口	8.1	36位	茨城	10.4
17位	鹿児島	4.9	24位	山梨	7.2	31位	栃木	8.3	37位	北海道	10.7

備考：国公私立小中学校、及び小中特別支援学校でのいじめの認知件数を、小中学生の総数で割って求めた。
出典：平成19年度児童生徒の問題行動等生徒指導上の諸問題に関する調査（文部科学省）

四国を極端に二分する子どもの暴力の実態

図4・22は、小学校・中学校・高校における、児童・生徒一〇〇〇人当たりの暴力行為の発生件数である。ここで集計されているのは「対教師暴力」「生徒間暴力」「対人暴力」「器物《き》損壊《ぶつそんかい》」。このうち、最も件数が多いのが「生徒間暴力」の二万八三九六件、次いで「器物損壊」一万三二九九件、「対教師暴力」六三九四件、「対人暴力」一六六四件、合計で四万四六二一件となっている。

この暴力行為件数も、数の少ない上位県と多数発生している下位県との差が大きい。トップの福島県と最下位の香川県では二五倍もの開きがあるので、前項の「いじめ」件数と同様、隠蔽《いんぺい》がないとすれば、カウントのしかたに違いがあるのかもしれない。

ともかくデータを信用して全国を俯瞰すると、東日本より西日本のほうが暴力行為が多く、とりわけ下位一〇県は神奈川（と岐阜）を除いて西日本勢のみとなっている。ただ、その中にあって九州はおおむね落ち着いているようだ。

不思議なのは四国で、徳島が暴力行為が少ない二位、愛媛が一一位である一方で、香川と高知がワースト一位、二位に並んでいる。小さな島の隣り合った県でこうも極端に児童・生徒の素行が分かれるのはなぜなのだろうか。

図4-22　**小中高校生の暴力行為発生件数/児童・生徒千人当たり(平成19年度)**

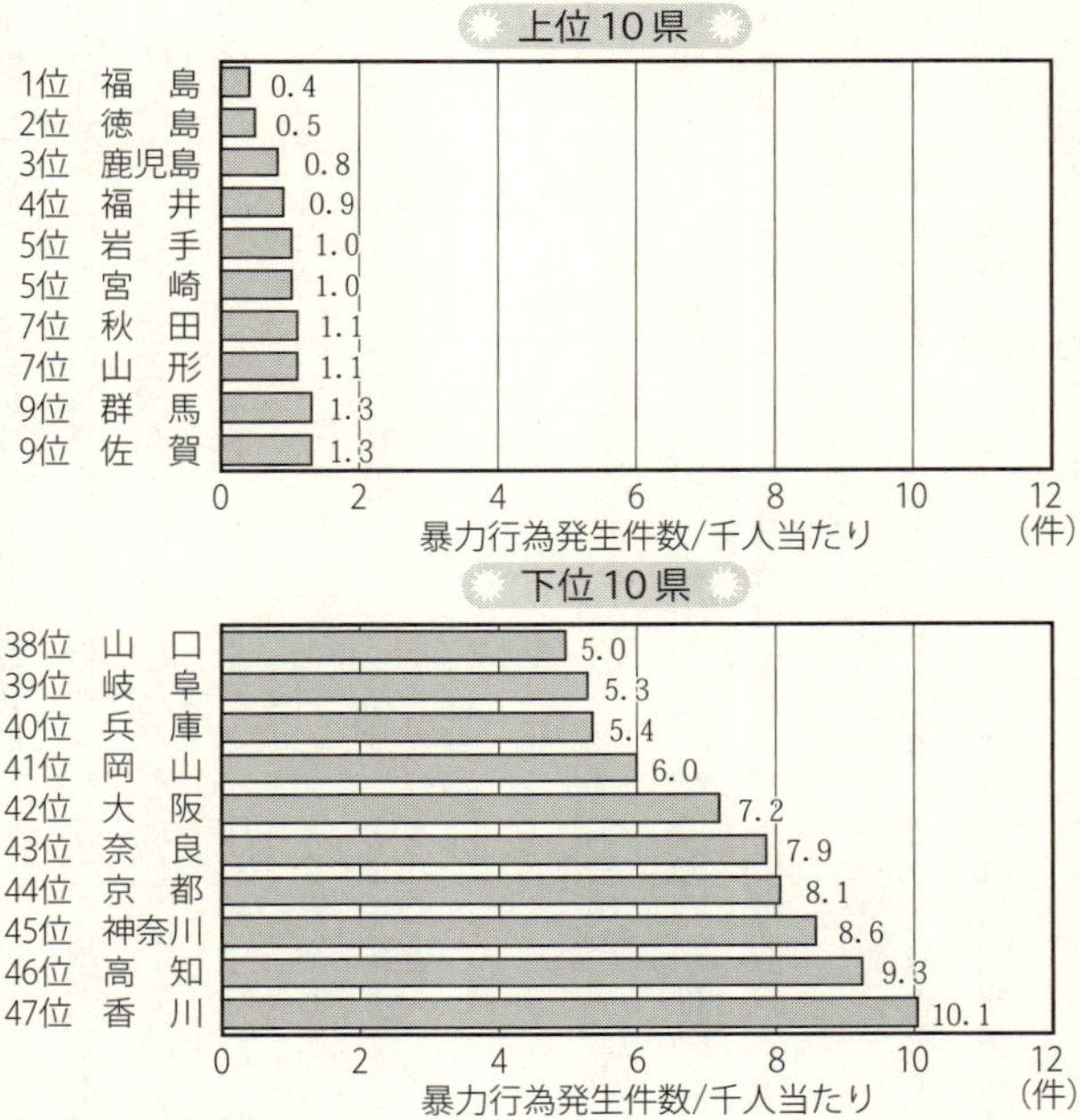
上位10県
1位 福島 0.4
2位 徳島 0.5
3位 鹿児島 0.8
4位 福井 0.9
5位 岩手 1.0
5位 宮崎 1.0
7位 秋田 1.1
7位 山形 1.1
9位 群馬 1.3
9位 佐賀 1.3
0 2 4 6 8 10 12
(件)
暴力行為発生件数/千人当たり
下位10県
38位 山口 5.0
39位 岐阜 5.3
40位 兵庫 5.4
41位 岡山 6.0
42位 大阪 7.2
43位 奈良 7.9
44位 京都 8.1
45位 神奈川 8.6
46位 高知 9.3
47位 香川 10.1
0 2 4 6 8 10 12
(件)
暴力行為発生件数/千人当たり

順位	県名	(件)	順位	県名	(件)	順位	県名	(件)	順位	県名	(件)
11位	北海道	1.4	18位	長崎	1.9	24位	静岡	3.2	全国平均		3.7
11位	愛媛	1.4	19位	鳥取	2.0	26位	福岡	3.4	32位	青森	3.8
11位	熊本	1.4	20位	大分	2.2	27位	滋賀	3.5	32位	三重	3.8
14位	長野	1.5	21位	山梨	2.4	28位	栃木	3.6	34位	富山	3.9
15位	石川	1.7	22位	宮城	2.8	29位	新潟	3.7	35位	千葉	4.0
16位	東京	1.8	23位	沖縄	2.9	29位	島根	3.7	36位	和歌山	4.3
16位	愛知	1.8	24位	埼玉	3.2	29位	広島	3.7	37位	茨城	4.4

備考：国公私立小中高校での暴力行為件数を、小中高校生の総数で割って求めた。
出典：図4-21と同じ

「教育の北陸」で意外にも多い子どもの問題行動

図4-20～22で取り上げてきた「不登校」「いじめ」「暴力行為」という教育現場の重大問題の発生件数を、合計して図4-23に示した。ただしここでは上記三項目とも、小中高すべての発生件数（人数）を足し算し直し、それを小中高校生総数で割って、児童・生徒一〇〇〇人当たりの数に変換した。そして、三項目の数値を合算して比べた。

つまり、図4-23は児童・生徒一〇〇〇人当たりの「不登校」「いじめ」「暴力行為」の発生率を総合したもので、これをもって学校教育の健全さもしくは荒廃度の目安の一つとした。

問題行動の発生数が少ない県を上位とした。

大雑把《おおざっぱ》に言えば、東北地方の健全さが光っている一方で、意外にも小中学校の学力検査で好成績をおさめている福井、石川、富山の北陸勢での問題行動が目立つ。また、大都市圏では、東京を除く神奈川、大阪、愛知等はそろって下位に位置しているものの、ことさら地方都市より問題行動が多いとも言えない。

試しに中学三年生の学力検査の正答数（図4-4）や基礎学力（図4-5、6）、さらに体力・運動能力（図4-18）とクロスして、それぞれに関連があるかどうかを調べたが、いずれもさほど結びつきはなかった。

図4-23　不登校・いじめ・暴力行為の総数／児童・生徒千人当たり

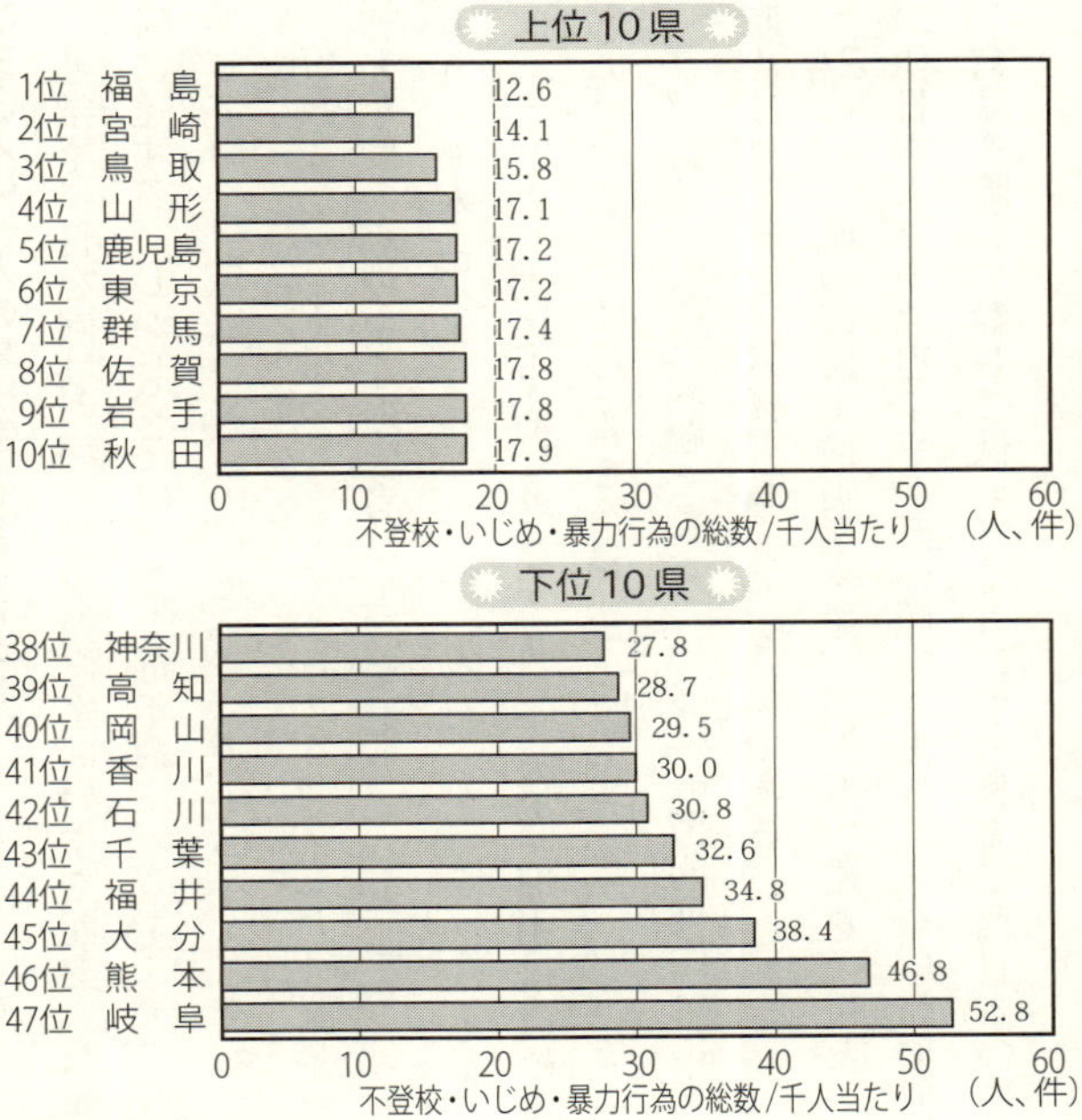
上位10県
1位 福島 12.6
2位 宮崎 14.1
3位 鳥取 15.8
4位 山形 17.1
5位 鹿児島 17.2
6位 東京 17.2
7位 群馬 17.4
8位 佐賀 17.8
9位 岩手 17.8
10位 秋田 17.9
0 10 20 30 40 50 60
不登校・いじめ・暴力行為の総数/千人当たり　（人、件）
下位10県
38位 神奈川 27.8
39位 高知 28.7
40位 岡山 29.5
41位 香川 30.0
42位 石川 30.8
43位 千葉 32.6
44位 福井 34.8
45位 大分 38.4
46位 熊本 46.8
47位 岐阜 52.8
0 10 20 30 40 50 60
不登校・いじめ・暴力行為の総数/千人当たり　（人、件）

順位	県名	(人、件)									
11位	福岡	18.5	18位	埼玉	19.9	25位	茨城	23.2	31位	宮城	25.6
12位	北海道	18.8	19位	徳島	20.3	全国平均		23.7	32位	奈良	25.7
13位	沖縄	19.0	20位	広島	20.6	26位	山口	23.9	33位	長崎	25.9
14位	愛媛	19.2	21位	滋賀	21.3	27位	新潟	24.3	34位	大阪	26.6
15位	和歌山	19.3	22位	青森	21.4	28位	山梨	24.5	35位	富山	26.7
16位	兵庫	19.4	23位	長野	21.6	29位	島根	24.6	36位	愛知	26.8
17位	三重	19.8	24位	静岡	22.1	30位	京都	24.6	37位	栃木	27.4

備考：国公私立小中高校の不登校、いじめ、暴力行為の件数をすべて合計して、小中高生の総数で割って求めた。
出典：図4-21と同じ

大阪では三〇人に一人の高校生が中退する！

次は、進学率に目を向けたい。高校進学率はいまや九七・八％。通信制課程を除いても九六・四％に達する。しかし、その一方で毎年約二・一〜二・二％（定時制を含む）の生徒が中途退学していく。とはいえ、中途退学率は近年ほとんど変わっておらず、平成八〜一三年頃は二・五〜二・六％に上がっていたものの、その後は上記の数値で落ち着いている。

平成一九年度の高校中途退学者は全国で七万二八五四人。うち国立は四五人（〇・五％）、公立五万五二九人（二・一％）、私立二万二二八〇人（二・二％）となっている。退学理由の第一は「もともと高校生活に熱意がない」（退学理由に占める割合一四・八％、以下同）というもので、第二は「就職を希望」（一四・七％）、次いで「別の高校への入学を希望」（一〇・一％）など。最近問題となっている「経済的理由」による中途退学者は、平成一九年度の時点では公立二・六％、私立五・八％である。

図4-24に、各県の高校中途退学率を、率が低い県を上位として示した。おおむね東日本のほうが西日本より中途退学率が低い傾向にあり、とくに前項で教育の健全さが光った東北地方が、宮城を除いて総じて低い。それに引き換え、西日本の中でも大阪の数値は群を抜いて高い。

図4-24　高校生の中途退学率（平成19年度）

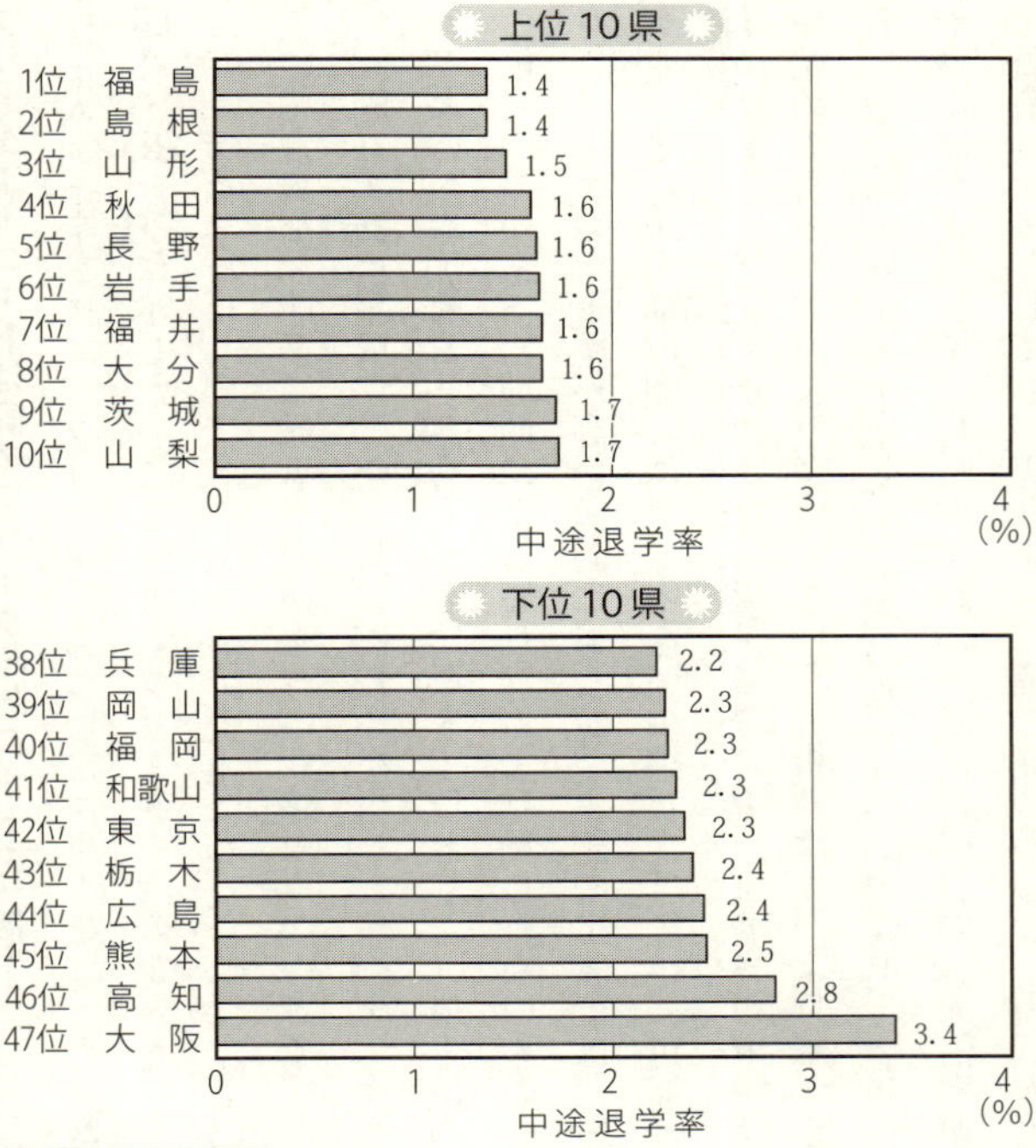
上位10県
1位 福島 1.4
2位 島根 1.4
3位 山形 1.5
4位 秋田 1.6
5位 長野 1.6
6位 岩手 1.6
7位 福井 1.6
8位 大分 1.6
9位 茨城 1.7
10位 山梨 1.7
0 1 2 3 4
中途退学率
(%)
下位10県
38位 兵庫 2.2
39位 岡山 2.3
40位 福岡 2.3
41位 和歌山 2.3
42位 東京 2.3
43位 栃木 2.4
44位 広島 2.4
45位 熊本 2.5
46位 高知 2.8
47位 大阪 3.4
0 1 2 3 4
中途退学率
(%)

順位	県名	（%）									
11位	三重	1.7	18位	新潟	1.8	25位	愛媛	2.0	32位	千葉	2.1
12位	青森	1.8	19位	山口	1.8	26位	鹿児島	2.0	全国平均		2.1
13位	鳥取	1.8	20位	奈良	1.8	27位	群馬	2.0	33位	沖縄	2.1
14位	岐阜	1.8	21位	佐賀	1.9	28位	京都	2.0	34位	宮崎	2.2
15位	富山	1.8	22位	静岡	1.9	29位	長崎	2.1	35位	埼玉	2.2
16位	滋賀	1.8	23位	香川	1.9	30位	北海道	2.1	36位	宮城	2.2
17位	石川	1.8	24位	徳島	1 9	31位	愛知	2.1	37位	神奈川	2.2

備考：国公私立高校の中途退学者を在籍者総数で割って求めた。
出典：図4-21と同じ

大卒フリーター・ニートは高卒フリーター・ニートの二倍！

高校・大学を卒業後に、フリーターあるいはニートになった人数の卒業者総数に占める割合を図4・25と26に示した。ここでは「フリーター」の定義を、卒業後の進路で「一時的な仕事に就いた者」とし、「ニート」を「進学や留学、公共職業能力開発施設等への入学、（家事手伝いを含めた）仕事に従事、のいずれにも該当しない者で、進路が未定な者」とした。

まず、図4・25は平成二〇年三月に高校を卒業した者のデータである。フリーターとニートそれぞれの数を加算し、割合が小さい県を上位とした。最上位の富山と最下位の沖縄とでは一一倍もの差がある。地域による偏りはあまり見られないものの、大都市圏が地方に比べてフリーター・ニート率が高い傾向にあるが、上記の定義では、自宅浪人生もニートに含まれるから、それが大都市圏のニート率を多少押し上げている可能性がある。しかし、大都市圏ではアルバイトなどの仕事がたくさんあるため、進路を決められず取りあえずアルバイト生活を始める若者が地方より多い、という分析のほうがより確からしい。

一方、地方のフリーター・ニート率の高さは、求人倍率に左右されると思われる。事実、沖縄や高知は平成二〇年三月時点において高校新卒者の求人倍率が全国で最低レベル。高校を出て就職しようとしても、思うように職が見つからない現状がある。しかし、求人倍率が

図4-25　高卒のフリーターとニート(平成20年)

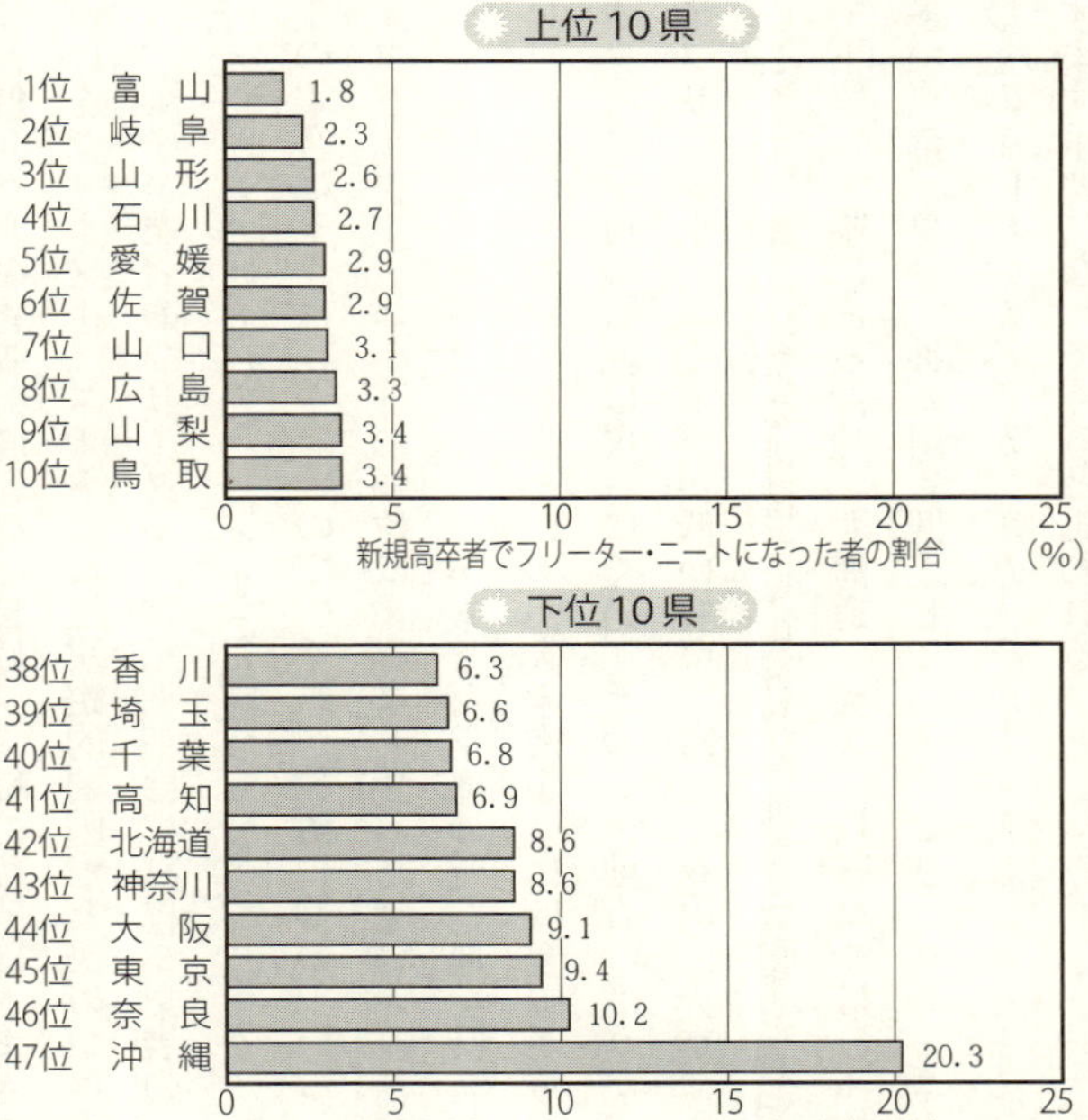
上位10県
1位 富山 1.8
2位 岐阜 2.3
3位 山形 2.6
4位 石川 2.7
5位 愛媛 2.9
6位 佐賀 2.9
7位 山口 3.1
8位 広島 3.3
9位 山梨 3.4
10位 鳥取 3.4
0 5 10 15 20 25
新規高卒者でフリーター・ニートになった者の割合 (%)
下位10県
38位 香川 6.3
39位 埼玉 6.6
40位 千葉 6.8
41位 高知 6.9
42位 北海道 8.6
43位 神奈川 8.6
44位 大阪 9.1
45位 東京 9.4
46位 奈良 10.2
47位 沖縄 20.3
0 5 10 15 20 25
新規高卒者でフリーター・ニートになった者の割合 (%)

順位	県名	(%)									
11位	大分	3.5	18位	愛知	4.2	25位	長崎	4.8	32位	茨城	5.7
12位	熊本	3.5	19位	福井	4.2	26位	島根	4.9	33位	岡山	5.8
13位	秋田	3.5	20位	群馬	4.2	27位	兵庫	5.0	34位	福岡	5.8
14位	岩手	3.7	21位	長野	4.2	28位	鹿児島	5.0	35位	宮城	5.8
15位	新潟	3.7	22位	三重	4.6	29位	滋賀	5.2	36位	京都	6.0
16位	宮崎	3.8	23位	福島	4.6	30位	青森	5.3	全国平均		6.1
17位	徳島	4.1	24位	静岡	4.7	31位	栃木	5.4	37位	和歌山	6.2

備考：高校卒業後「一時的な仕事に就いた者」をフリーター、「進学、留学」「公共職業能力開発施設等入学者」「家事手伝いを含め仕事に就いた者」等のいずれにも該当しない者をニートと定義。
出典：平成20年度学校基本調査（文部科学省）

同じく最低レベルの青森、鹿児島、長崎、宮崎の数値はさまざまなので、一概に求人倍率の低さだけをフリーター・ニートになる決定的要因だと決めつけるわけにはいかない。

一方、大学卒業者のフリーター・ニート率は、高校卒業者の二倍。これでは何のために大学に行ったかわからないが、高校生の場合「とりあえず大学に進学する」ことができるが、大学生の場合はそうはいかないので、それが数値に響いていることもあるだろう。

大卒フリーター・ニートの順位は、高卒と比べてずいぶん様変わりしている。これには大卒のデータが出身県別ではなく、卒業した学部の所在地を県名としていることも関係している。東京や大阪、愛知、京都といった大学密集県には全国から学生が集まるから、**図4-26**のデータに県独自の特性は現れにくい。その点、地方のほうが実情をより映しているだろう。

高卒フリーター・ニート率が低い岐阜、富山、石川は大卒でも上位にあり、福井が一位に立ったことで、学力優秀な北陸三県の面目躍如《めんぼくやくじょ》たる結果となっている。それとは対照的に、高卒で下位一〇県にある沖縄、北海道、大阪、埼玉はやはり下位に甘んじており、また大学数の多い京都、東京、神奈川も低迷している。フリーター・ニート率を下げるには、景気回復が最上の手段なのだろうが、現在大学が力を入れているキャリアデザインなどの取り組みがますます重要になってくると思われる。

図4-26　大卒のフリーターとニート（平成20年）

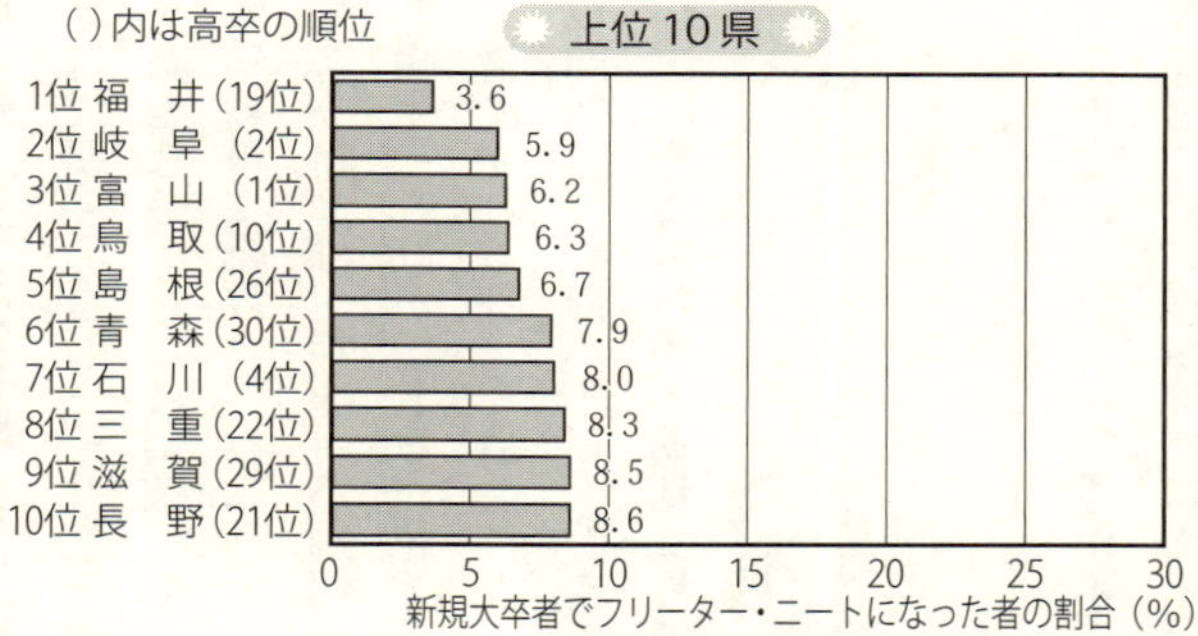
（）内は高卒の順位
上位10県
1位 福　井（19位） 3.6
2位 岐　阜 （2位） 5.9
3位 富　山 （1位） 6.2
4位 鳥　取（10位） 6.3
5位 島　根（26位） 6.7
6位 青　森（30位） 7.9
7位 石　川 （4位） 8.0
8位 三　重（22位） 8.3
9位 滋　賀（29位） 8.5
10位 長　野（21位） 8.6
0 5 10 15 20 25 30
新規大卒者でフリーター・ニートになった者の割合（%）

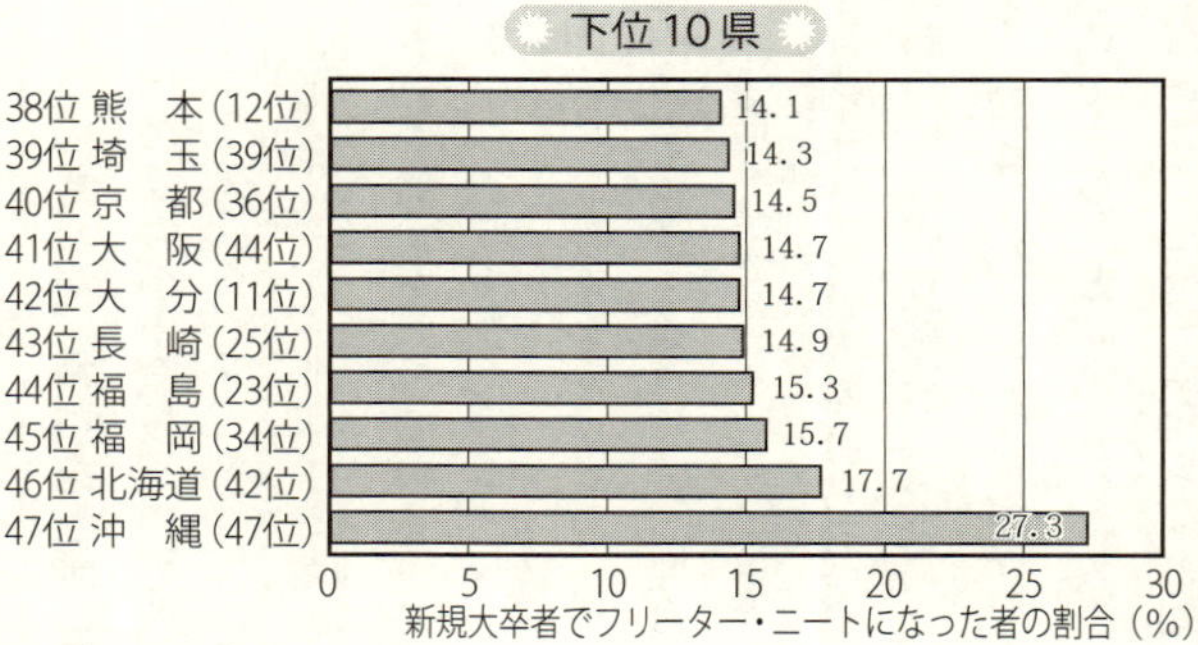
下位10県
38位 熊　本（12位） 14.1
39位 埼　玉（39位） 14.3
40位 京　都（36位） 14.5
41位 大　阪（44位） 14.7
42位 大　分（11位） 14.7
43位 長　崎（25位） 14.9
44位 福　島（23位） 15.3
45位 福　岡（34位） 15.7
46位 北海道（42位） 17.7
47位 沖　縄（47位） 27.3
0 5 10 15 20 25 30
新規大卒者でフリーター・ニートになった者の割合（%）

順位	県名	（%）	順位	県名	（%）	順位	県名	（%）	順位	県名	（%）
11位	秋田	8.6	18位	群馬	10.2	25位	広島	10.6	32位	奈良	12.1
12位	山形	8.7	19位	宮崎	10.2	26位	鹿児島	11.3	全国平均		12.8
13位	高知	8.7	20位	愛知	10.2	27位	千葉	11.5	33位	岡山	12.9
14位	愛媛	8.7	21位	佐賀	10.3	28位	静岡	11.8	34位	山梨	13.2
15位	茨城	9.0	22位	岩手	10.5	29位	神奈川	11.8	35位	宮城	13.4
16位	新潟	9.0	23位	山口	10.6	30位	兵庫	11.9	36位	香川	13.4
17位	和歌山	9.7	24位	栃木	10.6	31位	徳島	12.0	37位	東京	13.7

備考：フリーターとニートの定義は図4-25と同じ。都道府県別は卒業した学部の所在地による。
出典：図4-25と同じ

四国には指導力不足の教師が多い!?

ここまで児童・生徒・学生の実情を見てきたが、視点を教師に移し、教師側の問題点を問うことにしよう。ここで対象としたのは公立の小中高校、中等教育学校、特別支援学校における本務教員(総数八九万六一七一人)のみ。

各教育委員会は、指導が不適切な教員を認定し、継続的に研修を受けさせたり、必要に応じて免職することができる。認定は教育委員会が設けている、外部の有識者や保護者などを交えて構成される判定委員会によっておこなわれる。指導が不適切とされる具体例には「教科の専門知識や技術が不足(教える内容に誤りが多かったり、児童等の質問に正確に答えられない)」「指導方法が不適切(授業内容を板書するだけで、児童等の質問を受けつけない)」「児童の心を理解せず、学級経営や生徒指導ができない(児童等の意見を聞かず、対話もしない」(以上、文部科学省HPより一部引用)などが挙げられている。

そんな教師が本当にいるのか、にわかには信じ難いが、事実ごく少数ではあるけれど、ちゃんと当局の統計に計上されている。**図4-27**はそんな指導力不足の教員数の推移である。平成一九年度において「指導が不適切である」と認定された教員数は全国で三七一人。平成一六年をピークに減少傾向にあるとはいえ、平成一四年以前と比べれば依然として多い。

図4-27　指導力不足の教員数

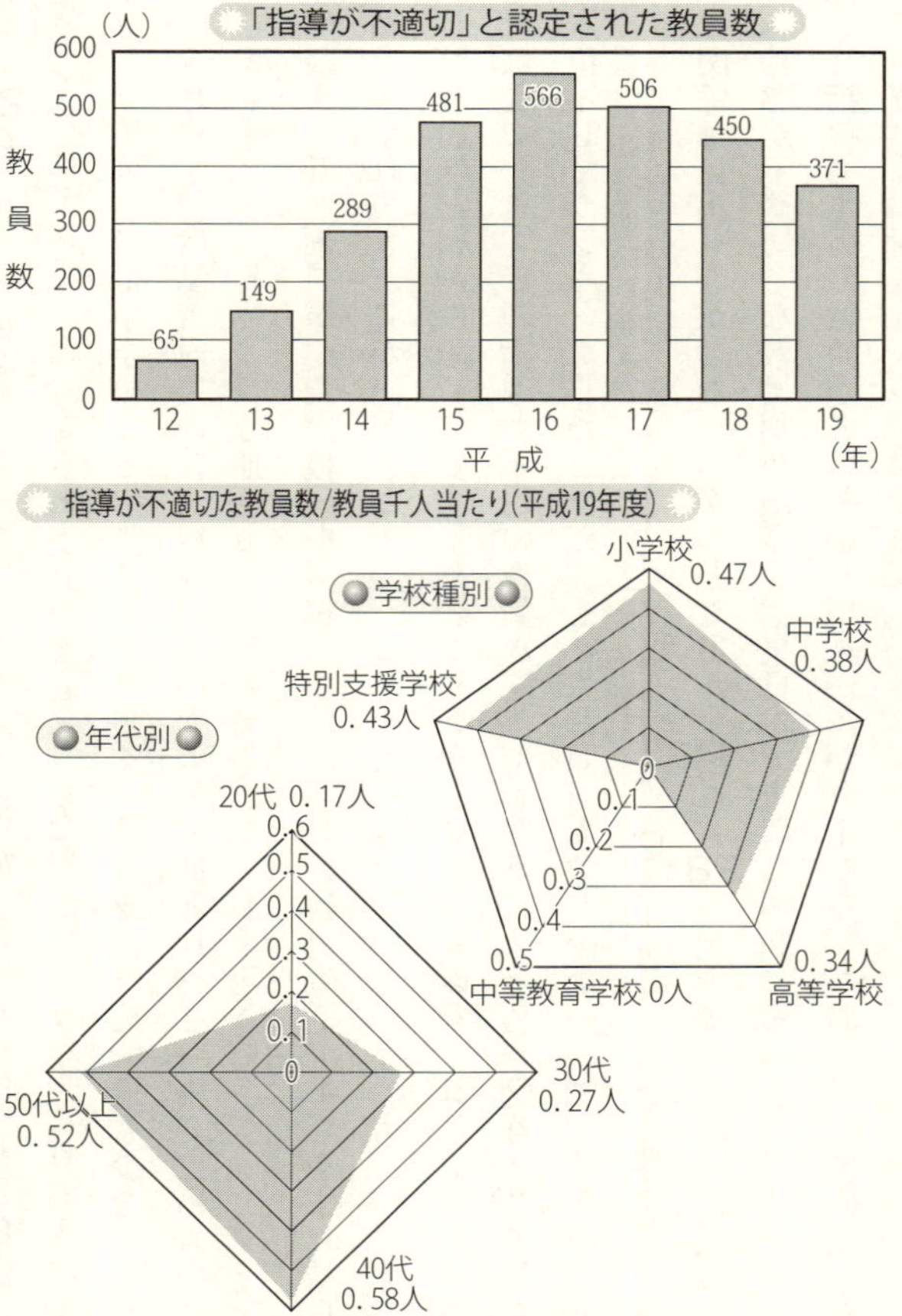

「指導が不適切」と認定された教員数
（人）
600
500
400
300
200
100
0
教員数
65
149
289
481
566
506
450
371
12
13
14
15
16
17
18
19
平成
（年）
指導が不適切な教員数/教員千人当たり（平成19年度）
学校種別
小学校 0.47人
中学校 0.38人
特別支援学校 0.43人
0.34人 高等学校
中等教育学校 0人
0
0.1
0.2
0.3
0.4
0.5
年代別
20代 0.17人
30代 0.27人
40代 0.58人
50代以上 0.52人
0.6

備考：平成20年4月1日現在までのデータ。
出典：指導が不適切な教員の人事管理に関する取組等について（文部科学省）

図4-27の下の二つのレーダーチャートに、学校種別と教員の年代別に教員数に占める「指導が不適切である」と認定された教員割合を、教員一〇〇〇人当たりの人数で示した。結果は、学校種別では小学校でその割合が最も多く、特別支援学校で最も少なかった。ただし、中等教育学校は調査対象の教員総数が五四九人と、他と比べて一桁《けた》、二桁も小さいのでここでは除外した。また、年代別ではベテラン教員であるはず四〇代（〇・五八人）次いで五〇代（〇・五二人）が、若い教員を凌駕《りょうが》している。長い教員生活で神経をすり減らし、どこか調子がずれてきた者が出てきたということかもしれない。というのも、後述するように、ベテラン教員ほど精神疾患《しっかん》で休職する割合が多いからである（図4-36）。

それはさておき、この指導力不足の教員数を都道府県別にまとめ、図4-28で数が少ない県を上位としてランキングした。ただ、もともと該当人数が少ないので、確かなことは言いにくく、試しに「全国学力調査結果／中学三年生」（図4-4）との関連を調べてみたが、有意な関係は見出せなかった。しかしとりあえず図4-28のデータを地域別に見ると、西日本で「指導が不適切」な教員割合が多く、東日本で少ない傾向にあるようだ。また、四国には総じて指導力不足の教員が多いという現状が浮かび上がる。なお、最上位の岐阜がゼロになっているのは、四捨五入の結果ではなく、真に「〇人」である。

図4-28 「指導が不適切な」教員数/教員千人当たり(平成19年度)

上位10県

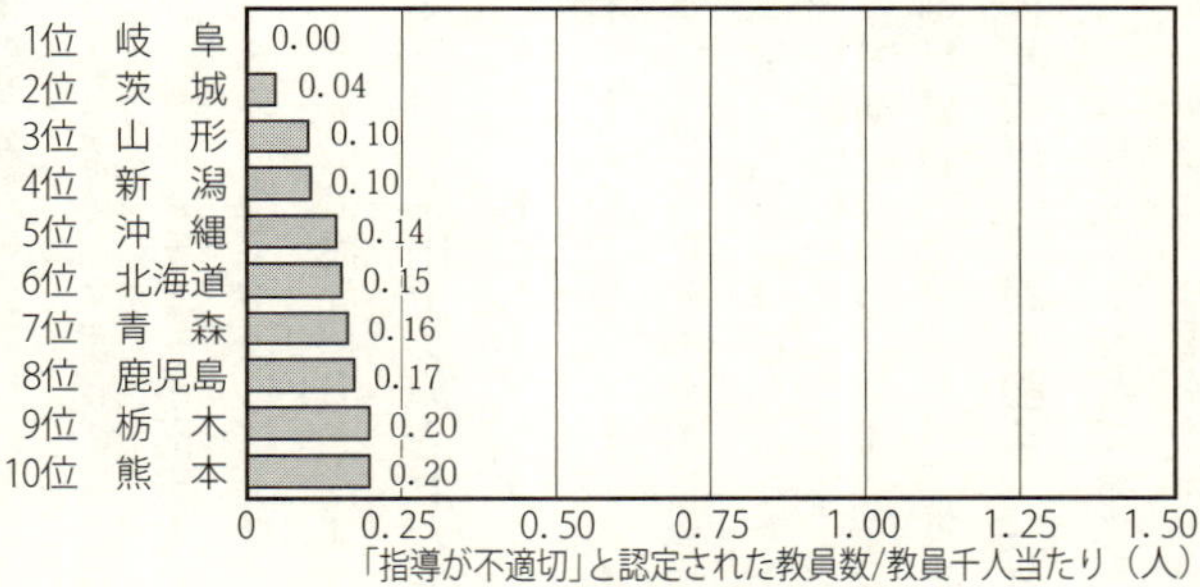
1位 岐阜 0.00
2位 茨城 0.04
3位 山形 0.10
4位 新潟 0.10
5位 沖縄 0.14
6位 北海道 0.15
7位 青森 0.16
8位 鹿児島 0.17
9位 栃木 0.20
10位 熊本 0.20
0 0.25 0.50 0.75 1.00 1.25 1.50
「指導が不適切」と認定された教員数/教員千人当たり（人）

下位10県

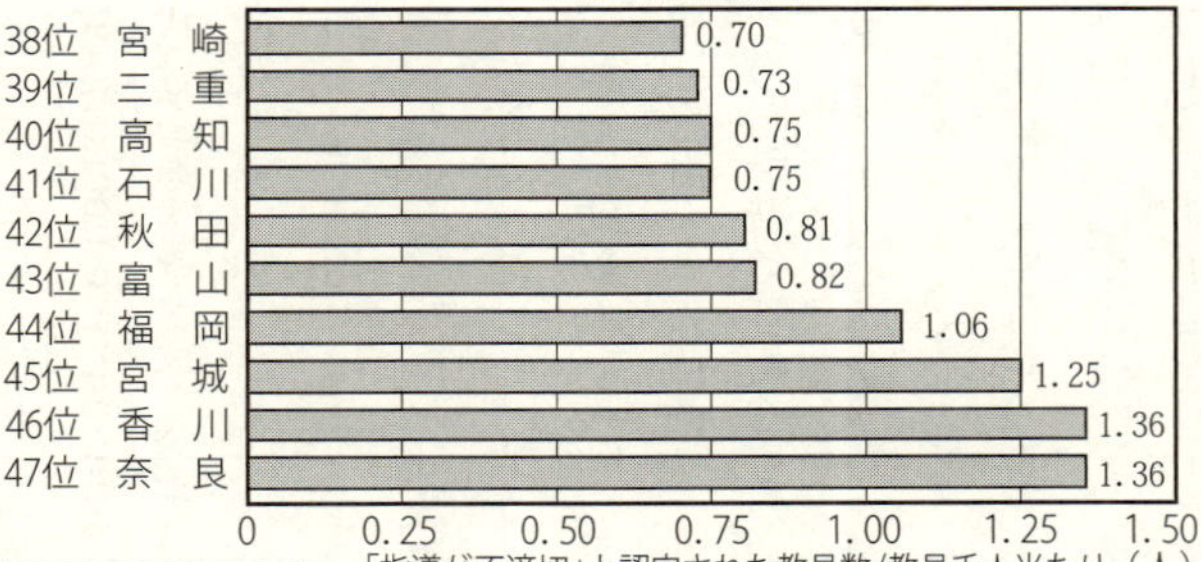
38位 宮崎 0.70
39位 三重 0.73
40位 高知 0.75
41位 石川 0.75
42位 秋田 0.81
43位 富山 0.82
44位 福岡 1.06
45位 宮城 1.25
46位 香川 1.36
47位 奈良 1.36
0 0.25 0.50 0.75 1.00 1.25 1.50
「指導が不適切」と認定された教員数/教員千人当たり（人）

順位	県名	（人）									
11位	静岡	0.20	18位	東京	0.33	全国平均		0.41	31位	京都	0.54
12位	愛知	0.21	19位	長野	0.33	25位	山口	0.42	32位	長崎	0.61
13位	福島	0.22	20位	滋賀	0.35	26位	和歌山	0.42	33位	佐賀	0.64
14位	埼玉	0.24	21位	大阪	0.36	27位	神奈川	0.44	34位	山梨	0.65
15位	大分	0.29	22位	千葉	0.37	28位	島根	0.51	35位	愛媛	0.67
16位	兵庫	0.30	23位	岡山	0.39	29位	徳島	0.52	36位	鳥取	0.68
17位	群馬	0.32	24位	岩手	0.39	30位	広島	0.54	37位	福井	0.69

備考：対象は、公立の小中高校、中等教育学校、特別支援学校の本務教員のみ。
出典：指導が不適切な教員の認定及び措置等の状況（平成19年度　文部科学省）

教員のICT能力

次に紹介するのは、教員のICT（Information & Communication Technology）活用指導力について。いまやICT活用力が現代社会を生きていく上で必要不可欠な能力であることは常識。そのため、学校にはICT教育のますますの充実が求められる。

そこで、ICT教育を担う教師自身のICT活用力はどうなのかを見た。**図4-29**は、平成二〇年三月に全国で実施された「平成一九年度学校における教育の情報化の実態等に関する調査」による教員へのアンケート結果を集計したもの。調査対象は公立の小中高校、中等教育学校、特別支援学校の校長、教頭、教諭《きょうゆ》、助教諭、講師、養護教諭、養護助教諭である。

アンケートはA～Eの五項目について、合計一八の設問に〈わりにできる〉〈ややできる〉〈あまりできない〉〈ほとんどできない〉の四段階で答えるもの。**図4-29**は小学校教員用のアンケート項目のうち一〇問だけを内容例として示したが、「A～B平均」の数値はそれぞれの全項目において、〈わりにできる〉〈ややできる〉と答えた教員の平均割合である。中学・高校教員用の設問も**図4-29**とほぼ同じで、項目Dのみ異なっているが割愛した。ただし、〈わりにできる〉〈ややできる〉の評価は自己申告なので、その点を含みおく必要がある。

結果からすると、全国的に見て教員のICT活用指導力がそれほど高くないと言える。中

図4-29　教員のICT活用指導力の全国アンケート結果（平成20年3月1日）

<table>
<tr><th>項目</th><th>A～Dは他2問あり、各4問構成</th><th>「できる」</th><th></th></tr>
<tr><td>A</td><td colspan="3">教材研究・指導の準備・評価などにICTを活用する能力</td></tr>
<tr><td>1</td><td>教育効果をあげるには、どの場面にどのようにしてコンピュータやインターネットなどを利用すればよいかを計画をする。</td><td>60.5%</td><td rowspan="2">A平均
71.4%</td></tr>
<tr><td>2</td><td>授業で使う教材や資料などを集めるために、インターネットやCD-ROMなどを活用する。</td><td>78.6%</td></tr>
<tr><td>B</td><td colspan="3">授業中にICTを活用して指導する能力</td></tr>
<tr><td>1</td><td>学習に対する児童（生徒）の興味・関心を高めるために、コンピュータや提示装置などを活用して資料などを効果的に提示する。</td><td>58.7%</td><td rowspan="2">B平均
55.2%</td></tr>
<tr><td>2</td><td>児童（生徒）一人一人に課題を明確につかませるために、コンピュータや提示装置などを活用して資料などを効果的に提示する。</td><td>53.8%</td></tr>
<tr><td>C</td><td colspan="3">児童（生徒）のICT活用を指導する能力</td></tr>
<tr><td>1</td><td>児童（生徒）がコンピュータやインターネットなどを活用して、情報を収集したり選択したりできるように指導する。</td><td>66.7%</td><td rowspan="2">C平均
57.8%</td></tr>
<tr><td>2</td><td>児童（生徒）が自分の考えをワープロソフトで文章にまとめたり、調べたことを表計算ソフトで表や図などにまとめたりすることを指導する。</td><td>57.6%</td></tr>
<tr><td>D</td><td colspan="3">情報モラルなどを指導する能力</td></tr>
<tr><td>※1</td><td>児童が発信する情報や情報社会での行動に責任を持ち、相手のことを考えた情報のやりとりができるように指導する。</td><td>66.0%</td><td rowspan="2">D平均
65.1%</td></tr>
<tr><td>※2</td><td>児童が情報社会の一員としてルールやマナーを守って、情報を集めたり発信したりできるように指導する。</td><td>67.4%</td></tr>
<tr><td>E</td><td colspan="3">校務にICTを活用する能力</td></tr>
<tr><td>1</td><td>校務分掌や学級経営に必要な情報をインターネットなどで集めて、ワープロソフトや表計算ソフトなどを活用して文書や資料などを作成する。</td><td>74.1%</td><td rowspan="2">E平均
65.6%</td></tr>
<tr><td>2</td><td>教員間、保護者・地域の連携協力を密にするため、インターネットや校内ネットワークなどを活用して、必要な情報の交換・共有化を図る。</td><td>57.2%</td></tr>
</table>

備考：「できる」割合は「わりにできる」「ややできる」と答えた教員の割合。Dの※1～2の設問は中高・中等教育学校では異なる。
出典：学校における教育の情報化の実態等に関する調査結果（平成19年度、文部科学省）

でもB「授業中にICTを活用して指導する能力」とC「児童（生徒）のICT活用を指導する能力」が低く、四割以上の教員が苦手としている。

A〜Eの項目ごとに都道府県別に集計すると、〈わりにできる〉〈ややできる〉と答えた割合が多かった県は、一〜四位まではすべて愛媛、茨城、沖縄、岩手の順になっており、五位と六位は京都か山梨のどちらか。反対にすべての項目で最下位だったのは高知である。おそらく年齢の高い教員の中にほどICTが不得手である人が多いと思われるので、試しに各県教員の平均年齢と調査結果（**図4-30**）との関連を調べてみたところ、やや相関が見られた。

図4-30は、都道府県ごとにA〜Eの各平均割合を合計し、それを5で割って求めたいわば「総合点」である。「できる」割合を「ICT活用指導力のある」割合として、割合が多いほど上位とした。前述の愛媛、茨城、沖縄、岩手がベスト四に並び、最下位は高知だった。

地方による偏《かたよ》りはほとんど見られないが、意外なのは情報化が進んでいるように思われる大都市圏が下位に並んでいることと、学力が高い北陸三県も下位に低迷している点。四国は極端な結果になり、全国トップの愛媛に続いて香川が一〇位、徳島が一一位につけているのに対して、ただ高知一県のみが遅れている。学力が低迷している沖縄、北海道は、教員のICT活用指導力の面では上位に食い込んでいる。

図4-30　教員のICT活用指導力（平成20年3月1日現在）

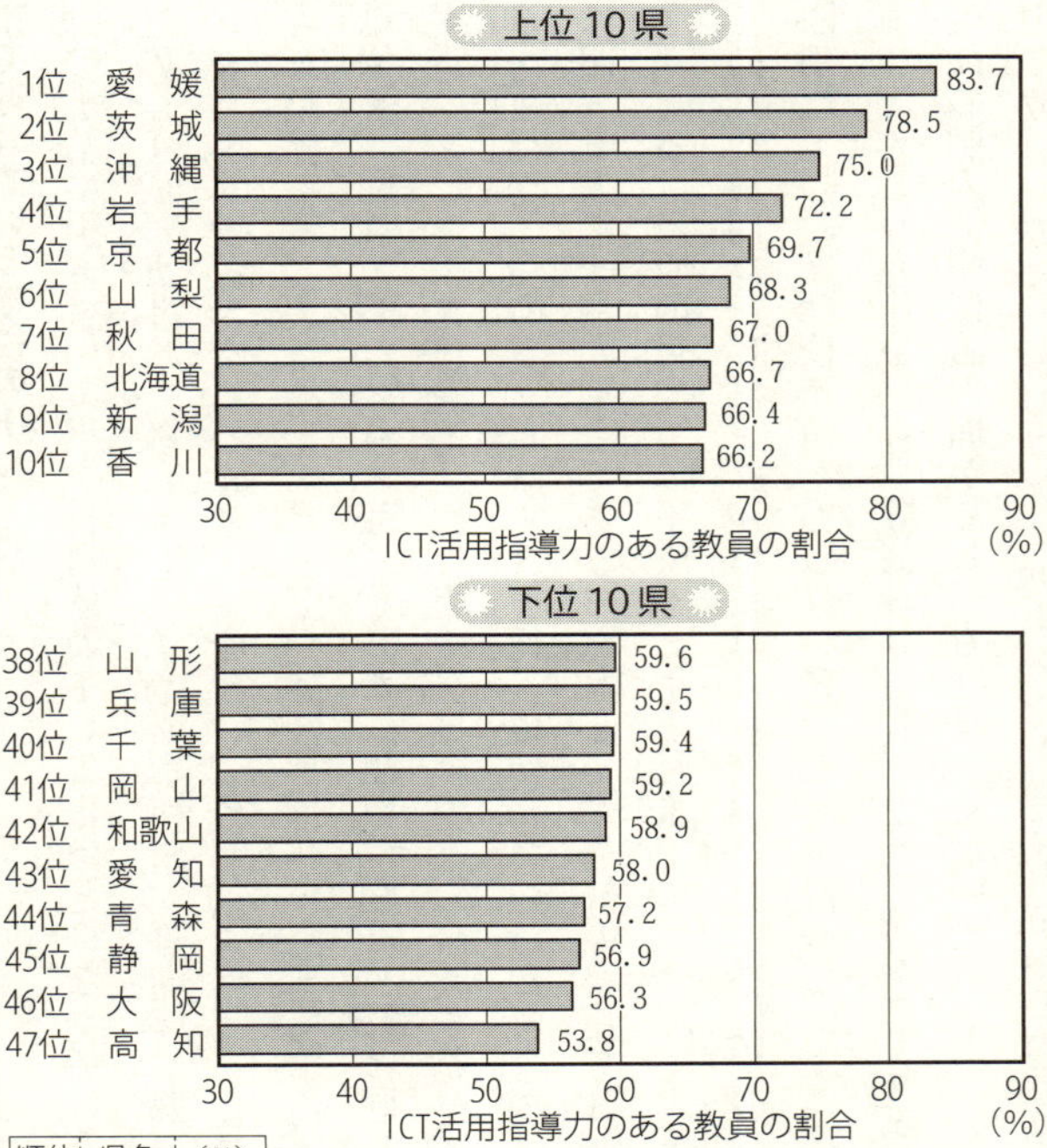
上位10県
1位 愛媛 83.7
2位 茨城 78.5
3位 沖縄 75.0
4位 岩手 72.2
5位 京都 69.7
6位 山梨 68.3
7位 秋田 67.0
8位 北海道 66.7
9位 新潟 66.4
10位 香川 66.2
30 40 50 60 70 80 90
ICT活用指導力のある教員の割合 (%)
下位10県
38位 山形 59.6
39位 兵庫 59.5
40位 千葉 59.4
41位 岡山 59.2
42位 和歌山 58.9
43位 愛知 58.0
44位 青森 57.2
45位 静岡 56.9
46位 大阪 56.3
47位 高知 53.8
30 40 50 60 70 80 90
ICT活用指導力のある教員の割合 (%)

順位	県名	(%)									
11位	徳島	66.1	18位	岐阜	64.9	24位	広島	62.4	31位	宮崎	61.5
12位	山口	66.0	19位	栃木	64.7	25位	宮城	62.3	32位	神奈川	61.2
13位	長野	65.9	20位	鹿児島	64.4	26位	福島	62.2	33位	富山	61.1
14位	鳥取	65.5	21位	大分	63.7	27位	長崎	62.0	34位	三重	61.0
15位	埼玉	65.4	全国平均		63.0	28位	石川	61.9	35位	福井	60.8
16位	福岡	65.4	22位	奈良	62.6	29位	群馬	61.6	36位	東京	60.4
17位	佐賀	65.3	23位	熊本	62.5	30位	滋賀	61.5	37位	島根	59.8

備考：アンケートの質問に「わりにできる」もしくは「ややできる」と答えた教員の割合。5項目（計18問）それぞれの割合を加算し、それを5で割って求めた。
出典：図4-29と同じ

大都市で遅れている学校のICT化

教師の実情に引き続いて、学校自体のICT化はどうなっているのかを見てみたい。

前述の「平成一九年度学校における教育の情報化の実態等に関する調査」における「教育用コンピュータ一台当たりの児童・生徒数」「教員の校務用コンピュータ整備率」「普通教室のLAN整備率」「インターネットの高速回線接続率（30Mbps以上回線）」の四項目についての結果を、図4－31と図4－32に示した（出典は図4－29と同じ）。

まず、コンピュータ整備率。教育用コンピュータの台数を児童・生徒数で割った値、つまり児童・生徒が一台のコンピュータを何人で使っているかの全国平均は七・〇人。トップの鳥取は四・五人に一台の割合であるのに対して、最低の奈良では九・三人で一台。二倍以上の開きがある。政府の目標では平成二三年三月までに、全国でこれを三・六人にする予定だ。

驚くのは教員用コンピュータがあまりに少ないこと。整備率の全国平均は五七・八％。つまり四割以上の教員は校務のためのコンピュータを持っていない。そのため、個人所有のコンピュータを「仕事上必要なため学校で使うことがある」とする教員は約四割に及ぶ。児童・生徒の個人情報保護の面からしても好ましくないだろう。

全国で教員一人に一台のコンピュータが整備されているのは鳥取（九九・四％）と山梨

図4-31 学校のコンピュータ整備率（平成20年3月1日現在）

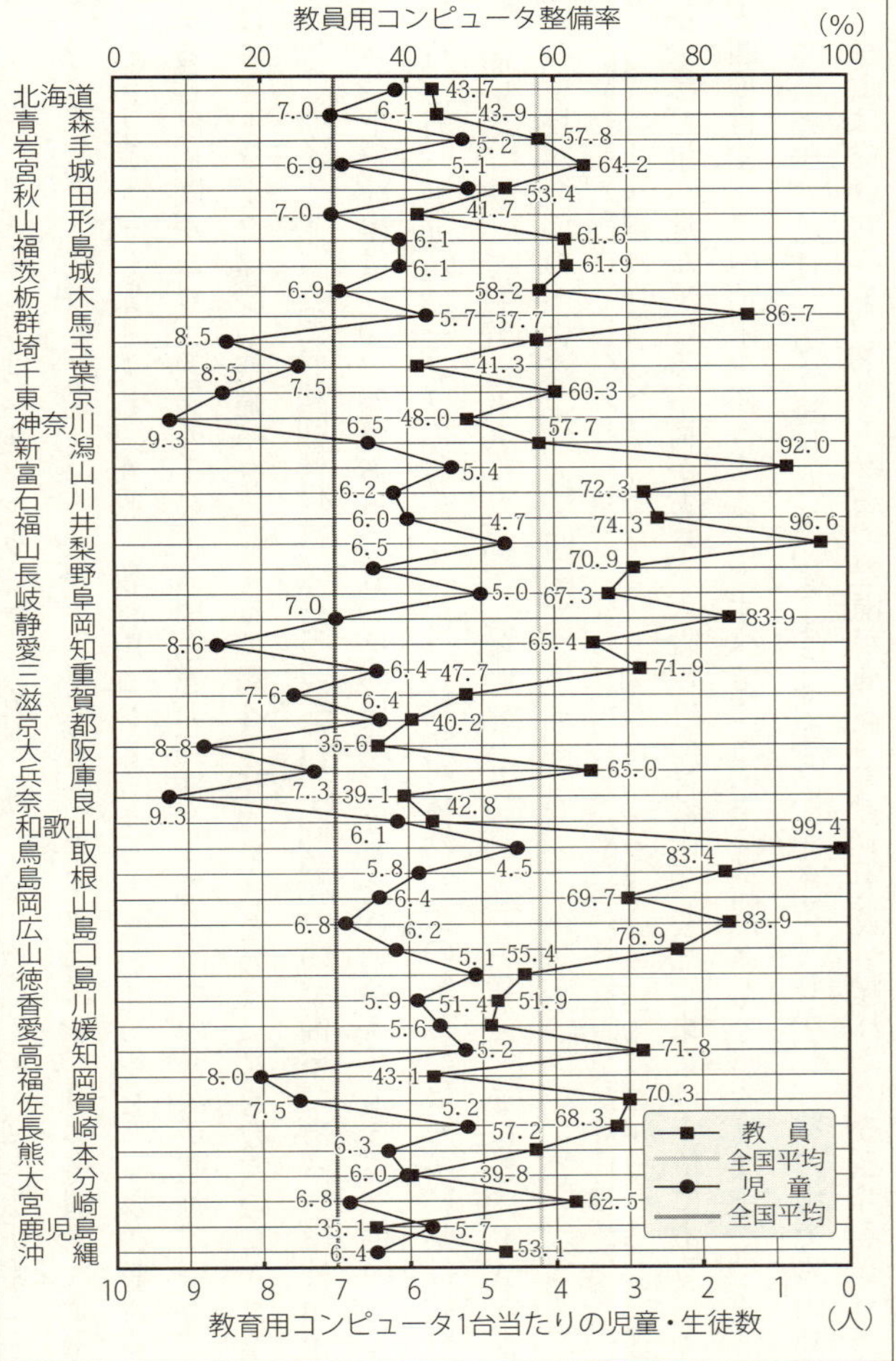

（九六・六％）くらい。九割を超えるのはあと富山（九二・〇％）だけ。逆に鹿児島（三五・一％）、大阪（三五・六％）ではおよそ三人の教員で一台のコンピュータを使っており、二人に一台未満が一三県もある。なお、教育用コンピュータと教員用コンピュータの整備率にはある程度相関があり、教員のＩＣＴ活用指導力同様、大都市圏での普及が遅れている。

次にネットワーク環境の整備率を比較する。**図4-32**に示したのは「普通教室のＬＡＮ整備率」「インターネットの高速回線接続率（30Mbps以上回線）」の整備率である。学校のインターネット接続率は一〇〇％である一方、その環境にはかなり差があるようだ。校内ＬＡＮが整備され、普通教室でもインターネット接続が可能な学校の割合が最も多い県は岐阜（九一・四％）。次いで長野（八八・三％）、富山（八八・〇％）と続く。逆に校内ＬＡＮが未導入の学校が多いのが青森（三五・四％）、東京（三七・〇％）、大阪（三八・九％）。ここでも大都市圏の遅れが目立つ。ただ、インターネットの高速接続では、市中のインフラ整備が都会ほど早く進んでいる事情があり、大阪以外の神奈川、愛知、東京は上位にある。

以上四項目すべての結果を総合すると、すべてにおいて整備が進んでいる県はなく、各県とも限られた予算の使い方を選択しているようすがうかがえる。しかし、その中でも山梨、岐阜、富山は総合的にネットワーク環境整備が進み、青森と大阪が遅れていると言える。

図4-32《学校のネット環境の整備率（平成20年3月1日現在）》

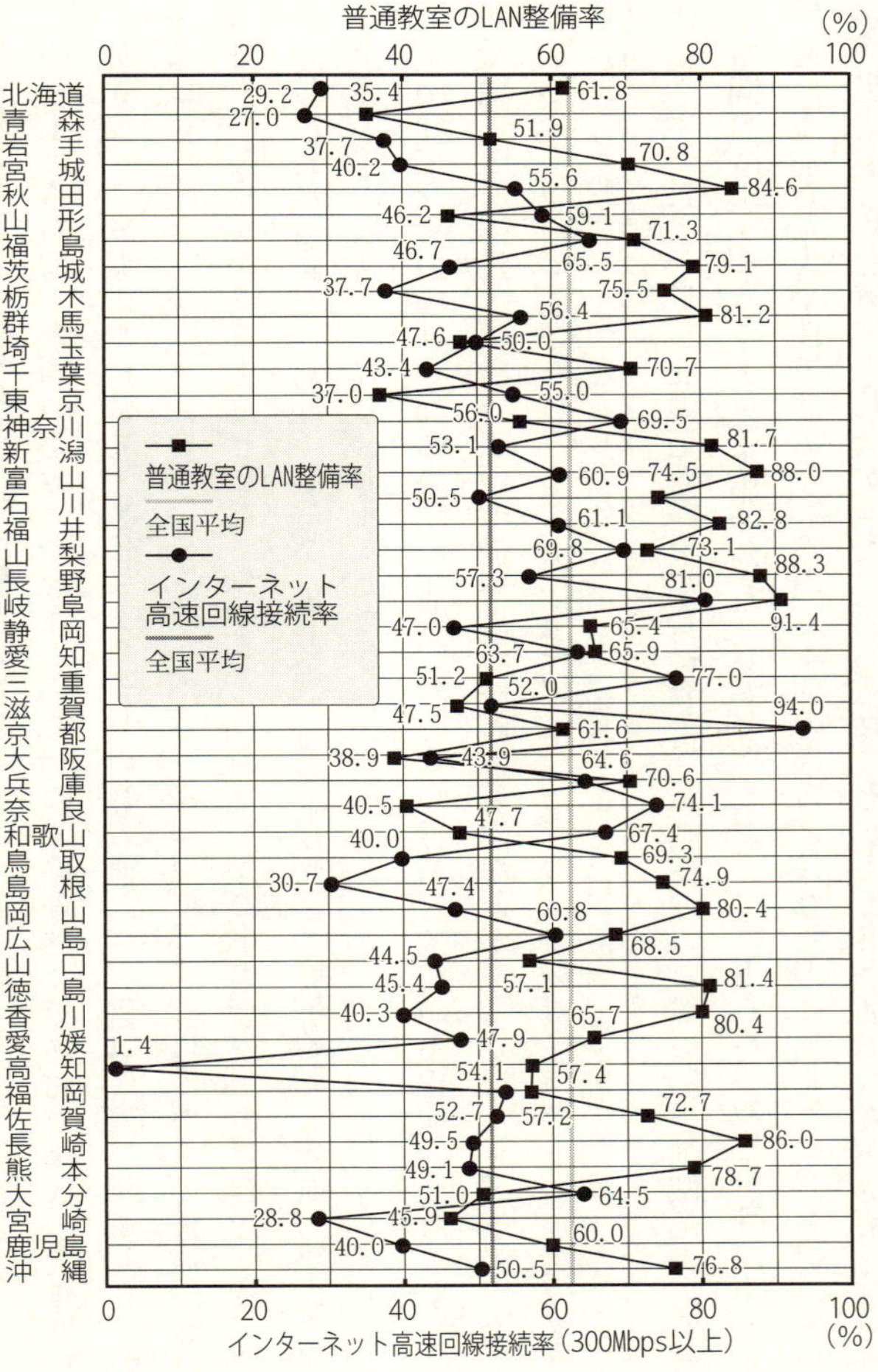

佐賀で懲戒処分を受けた教員の割合は岡山の八〇倍！

次に取り上げるのは、教師の指導力ではなく、教師の「倫理観」である。平成一九年度に懲戒処分を受けた各県の教員数を、教員千人当たりの数に直して、**図4－33**に掲載した。懲戒処分には重い順に「免職」「停職」「減給」「戒告」があり、ここではそれらの件数を合計し、処分人数の少ない県を上位とした。対象としたのは公立の小中高校、中等教育学校、特別支援学校における校長、教頭、教諭、助教諭、養護教諭、養護助教諭、講師、実習助手、寄宿舎指導員。総数は九二万九一七九人である。

処分事由の主なものには、交通事故、体罰、わいせつ行為、公費の不正執行または手当等の不正受給、国旗掲揚《けいよう》・国歌斉唱《せいしょう》の取扱いにかかわるものなどがある。ただし、争議行為にかかわる処分については除外し、また不祥事を起こした者の「監督責任」で上司が処分を受けた例もここではカウントしなかった。

平成二〇年一月三〇日、北海道教職員組合は査定昇給制度導入と職員給与削減延長に反対して一時間の時限ストライキを実施。それに対して一万三六一七人に懲戒処分等が下った。教育界を揺るがした大事件ではあるものの、本項の趣旨と外れるのに加えて、北海道の処分人数が突出するため計算に入れなかったので、それにそろえて東京都で六人が争議行為関連

図4-33　懲戒処分を受けた教員数/教員千人当たり(平成19年度)

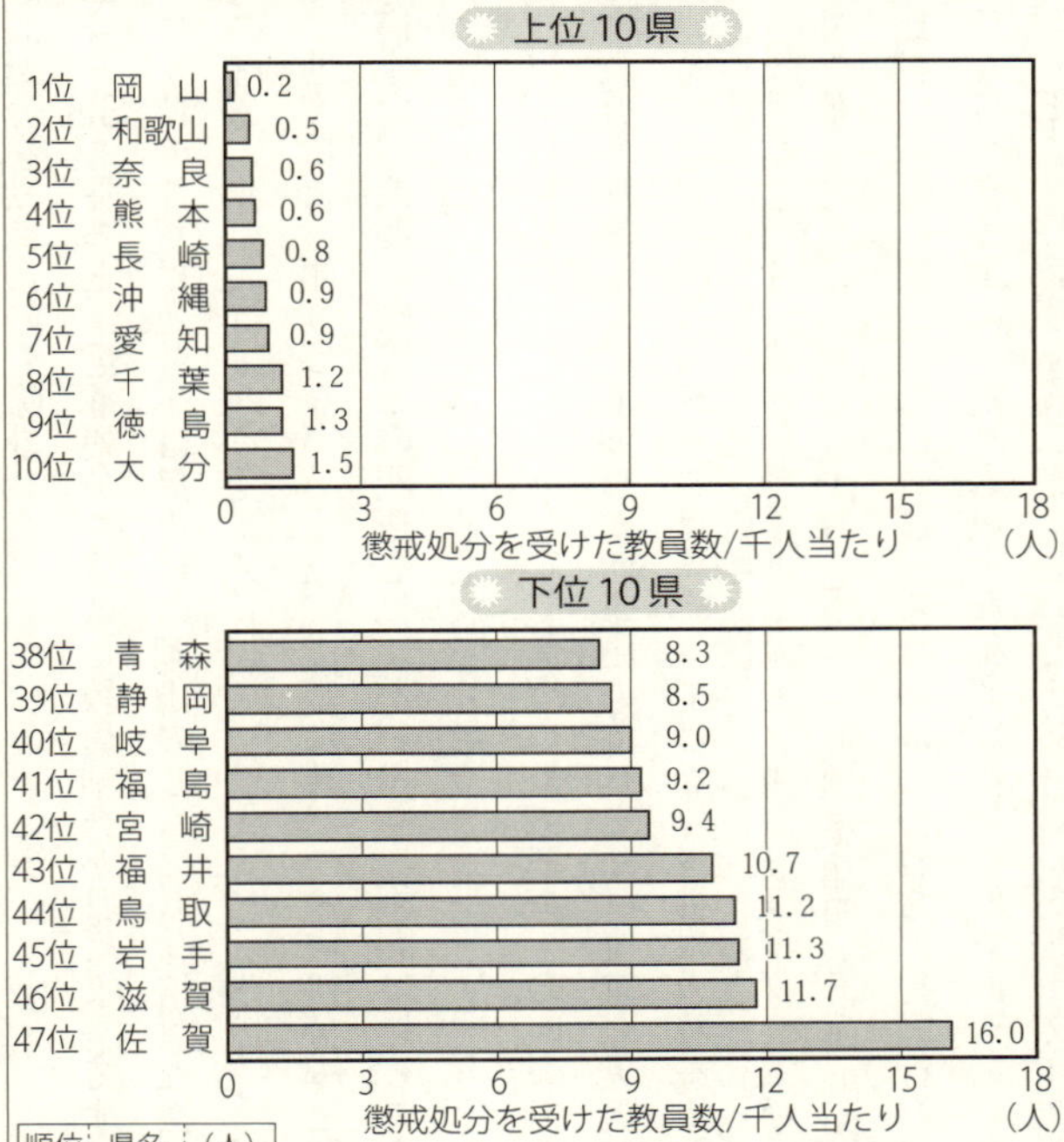
上位10県
1位 岡山 0.2
2位 和歌山 0.5
3位 奈良 0.6
4位 熊本 0.6
5位 長崎 0.8
6位 沖縄 0.9
7位 愛知 0.9
8位 千葉 1.2
9位 徳島 1.3
10位 大分 1.5
0 3 6 9 12 15 18
懲戒処分を受けた教員数/千人当たり (人)
下位10県
38位 青森 8.3
39位 静岡 8.5
40位 岐阜 9.0
41位 福島 9.2
42位 宮崎 9.4
43位 福井 10.7
44位 鳥取 11.2
45位 岩手 11.3
46位 滋賀 11.7
47位 佐賀 16.0
0 3 6 9 12 15 18
懲戒処分を受けた教員数/千人当たり (人)

順位	県名	(人)	順位	県名	(人)	順位	県名	(人)	順位	県名	(人)
11位	茨城	1.5	18位	三重	2.3	25位	島根	3.5	31位	宮城	5.9
12位	福岡	1.6	19位	鹿児島	2.5	26位	山口	3.9	32位	群馬	6.0
13位	埼玉	1.9	20位	新潟	2.5	全国平均		4.2	33位	北海道	6.2
14位	山梨	2.0	21位	東京	2.7	27位	香川	4.7	34位	神奈川	6.5
15位	大阪	2.0	22位	長野	2.8	28位	広島	4.9	35位	秋田	7.1
16位	石川	2.1	23位	山形	3.1	29位	高知	4.9	36位	富山	7.7
17位	愛媛	2.1	24位	栃木	3.4	30位	兵庫	5.4	37位	京都	8.3

備考：懲戒処分受けた人数を教員総数で割って求めた。ただし、争議行為による懲戒処分の件数を除外。
出典：平成19年度教育職員に係る懲戒処分等の状況について（文部科学省）

で懲戒処分を受けたのも除外した。

図4-33を見ると、懲戒処分を受けた教員割合が県によってすさまじく差があることに驚く。最下位の佐賀は処分率は最上位の岡山のじつに八〇倍。ただ、処分人数が少ない上位一〇県のほとんどが西日本勢で占められているものの、九州勢は上位と下位に分かれるなど、とくに地方による偏りはない。また、試しに教員の懲戒処分率と児童・生徒の学力検査結果や基礎学力、問題行動等との関連を見たが、とくに相関は見られなかった。

次に**図4-34**に、上記の処分事由のうち重大な犯罪行為である「わいせつ行為」「体罰」「公費の不正執行または手当等の不正受給」「飲酒運転」の四つで懲戒処分を受けた教員数が多かった県を列挙した。北海道が四事由のすべてに、東京と大阪が三事由でワースト五に入っている。ただし、このデータは「率」ではなく単純に人数を比較したものなので、教員総数が多い県には不利。教員が多い県は順に、東京五万八六二二人、大阪五万六〇〇九人、神奈川四万九九二二人、北海道四万七七一一人、愛知四万七四五四人……となっている。「公平な比較」には「率」でなければならないが、これらの犯罪行為は件数が少なくて「率」が小さくなりすぎる上に、どれも重大な犯罪ばかりなのであえて「数」で順位づけした。なお、次**図4-35**に四七都道府県ごとに上記処分事由による処分教員数を積み上げグラフで示した。

図4–34　懲戒処分の事由別ワースト5県（平成19年度）

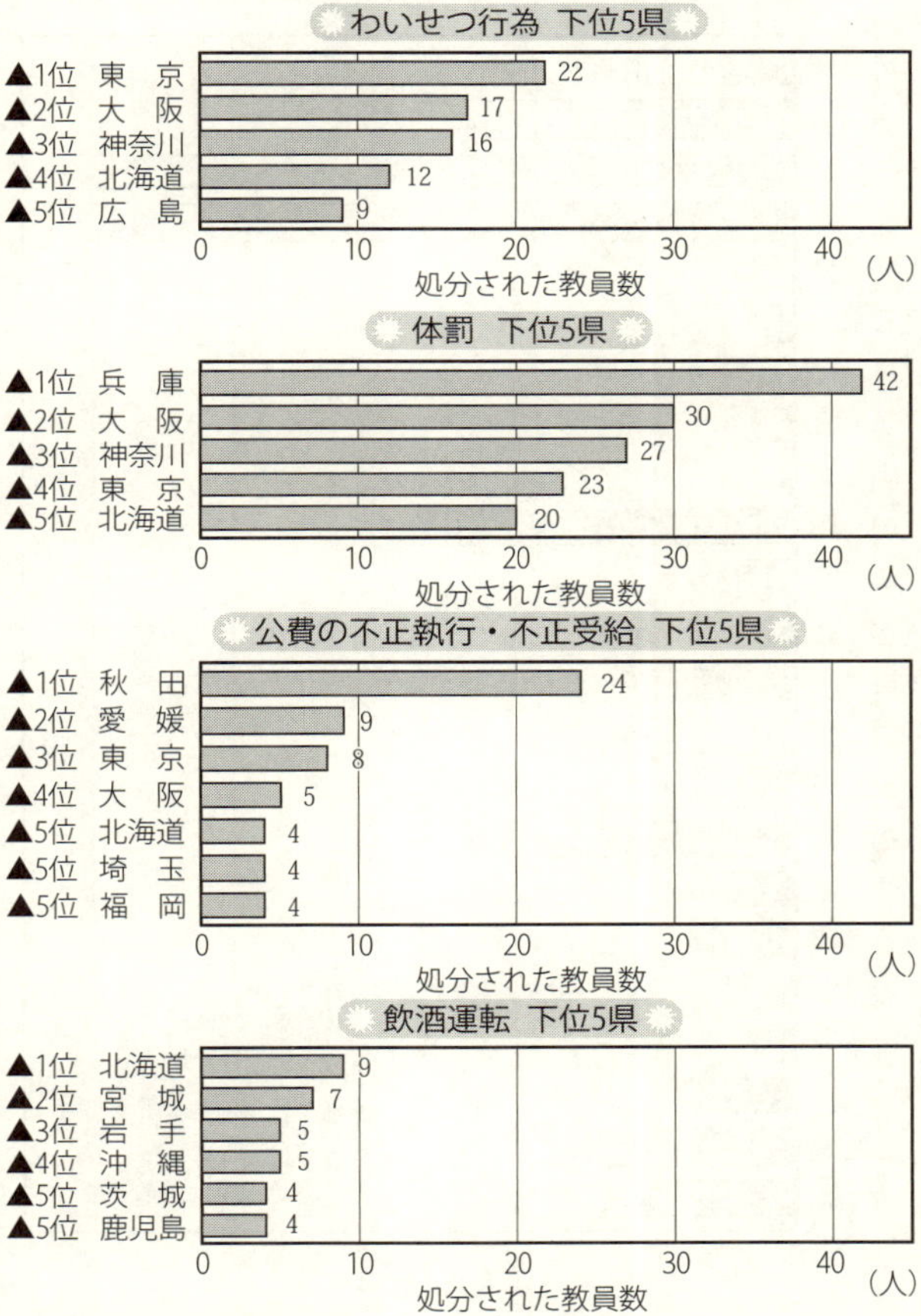
わいせつ行為　下位5県
▲1位 東京 22
▲2位 大阪 17
▲3位 神奈川 16
▲4位 北海道 12
▲5位 広島 9
0 10 20 30 40 （人）
処分された教員数
体罰　下位5県
▲1位 兵庫 42
▲2位 大阪 30
▲3位 神奈川 27
▲4位 東京 23
▲5位 北海道 20
0 10 20 30 40 （人）
処分された教員数
公費の不正執行・不正受給　下位5県
▲1位 秋田 24
▲2位 愛媛 9
▲3位 東京 8
▲4位 大阪 5
▲5位 北海道 4
▲5位 埼玉 4
▲5位 福岡 4
0 10 20 30 40 （人）
処分された教員数
飲酒運転　下位5県
▲1位 北海道 9
▲2位 宮城 7
▲3位 岩手 5
▲4位 沖縄 5
▲5位 茨城 4
▲5位 鹿児島 4
0 10 20 30 40 （人）
処分された教員数

備考：事由別に懲戒処分を受けた教員数が多い県からワースト1～5とした。
出典：図4–33と同じ

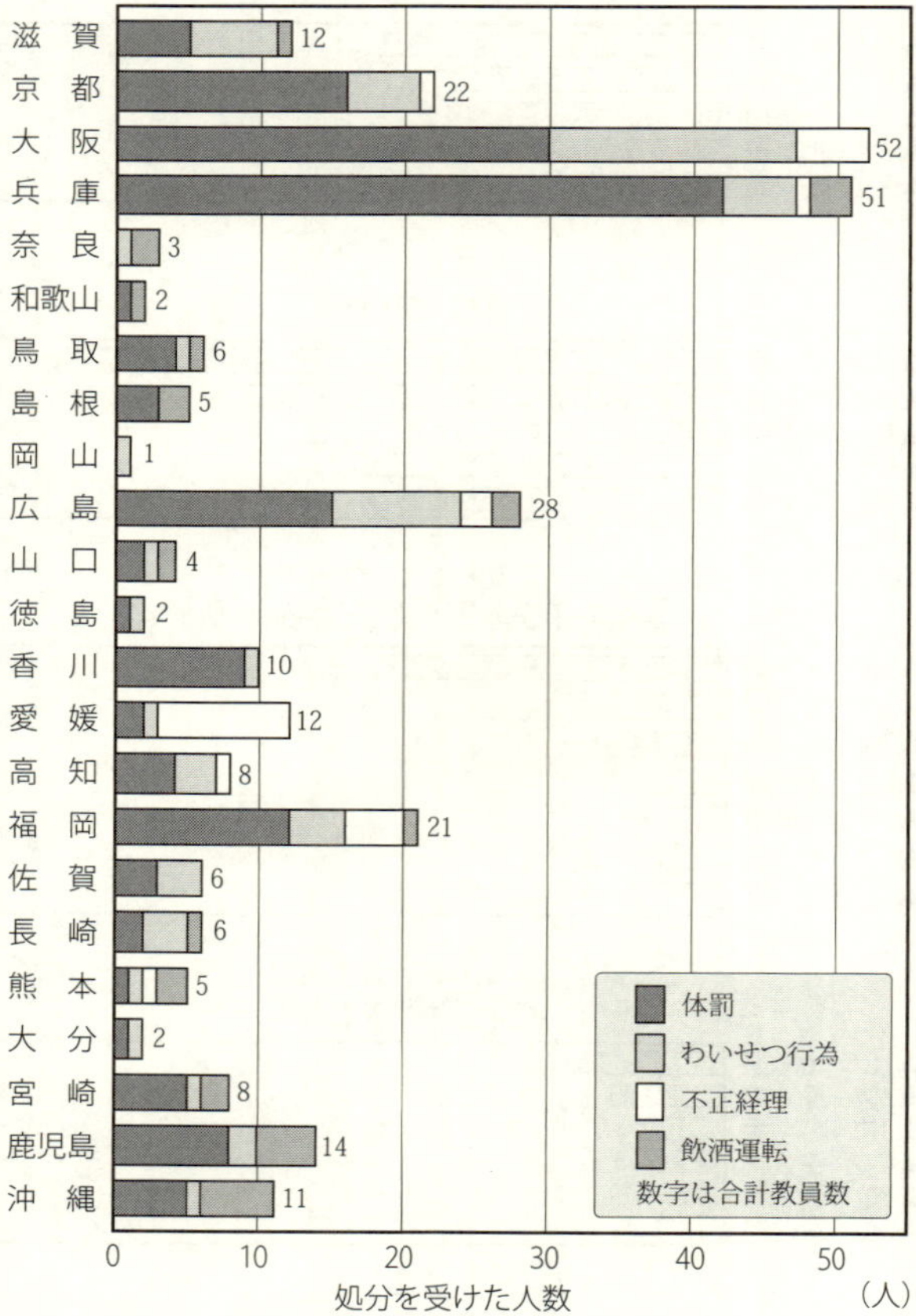
滋賀 12
京都 22
大阪 52
兵庫 51
奈良 3
和歌山 2
鳥取 6
島根 5
岡山 1
広島 28
山口 4
徳島 2
香川 10
愛媛 12
高知 8
福岡 21
佐賀 6
長崎 6
熊本 5
大分 2
宮崎 8
鹿児島 14
沖縄 11
体罰
わいせつ行為
不正経理
飲酒運転
数字は合計教員数
0
10
20
30
40
50
処分を受けた人数
（人）

備考：ここでの「不正経理」とは、「公費の不正執行」「手当の不正受給」などを意味する。
出典：図4-33と同じ

図4-35　事由別、懲戒処分された教員数（平成19年度）

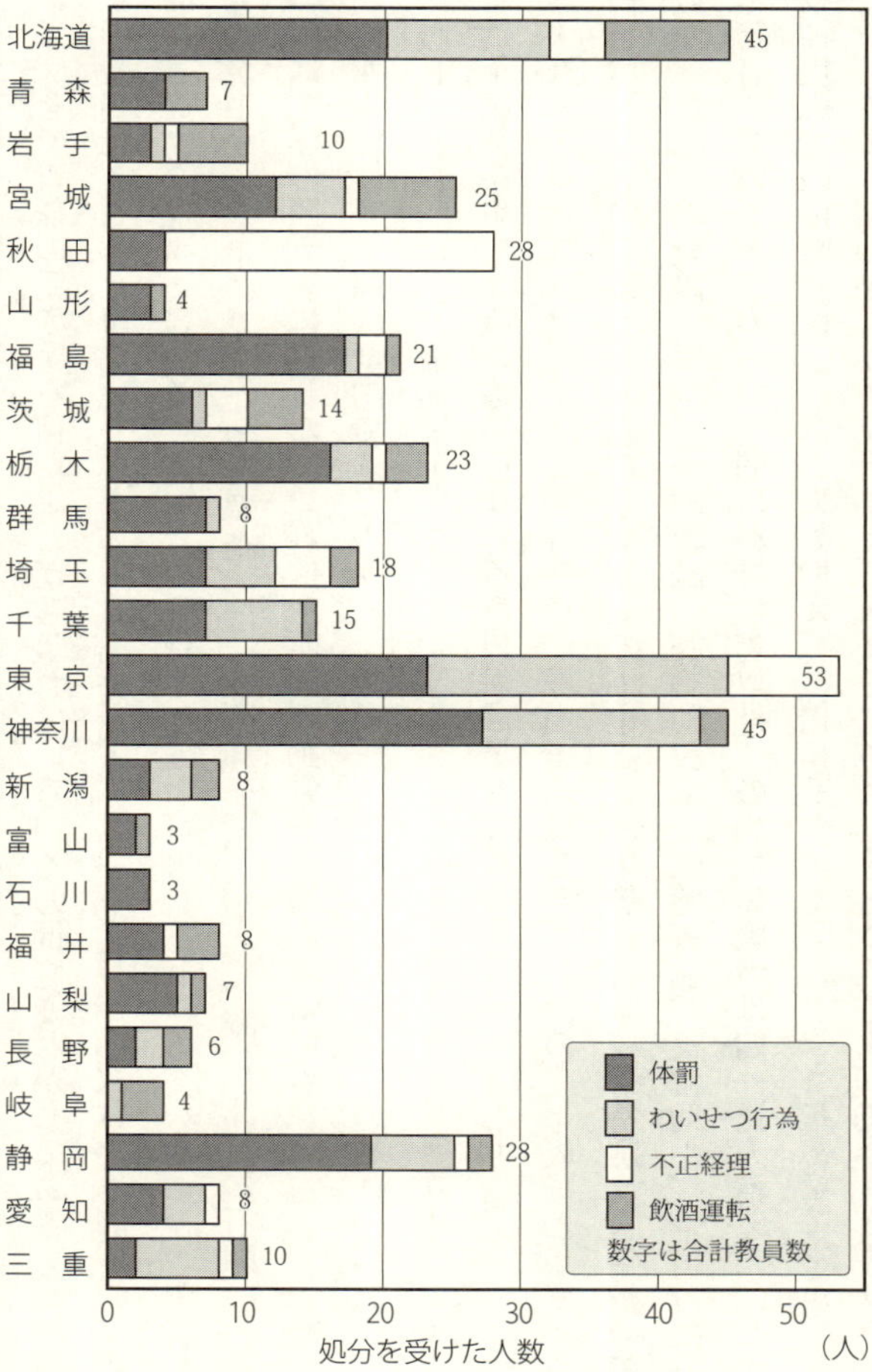
北海道 45
青森 7
岩手 10
宮城 25
秋田 28
山形 4
福島 21
茨城 14
栃木 23
群馬 8
埼玉 18
千葉 15
東京 53
神奈川 45
新潟 8
富山 3
石川 3
福井 8
山梨 7
長野 6
岐阜 4
静岡 28
愛知 8
三重 10
0
10
20
30
40
50
処分を受けた人数
（人）
体罰
わいせつ行為
不正経理
飲酒運転
数字は合計教員数

沖縄では一年間に一〇〇人に一人以上の教員が精神を病んで休職

教員は、その責任の重さから何かことが起これぱいろいろと批判されがちである。しかし、大多数の教員はまじめに勤め、しかもかなりの激務をこなしており、「教育」は肉体的にも精神的にもタフな仕事と言える。教員という仕事がどれほどストレスの多いものか。労働科学研究所が平成一八年におこなった調査では、健康状態が「やや不調」「非常に不調」とする教職員は全体の四五％に達した。これは全産業の勤労者平均の三倍に当たる。

平成一九年度の一年間に全国で八〇六九人(教員千人当たり八・七人)の教員が病気を理由に休職しており、そのうち四九九五人(教員千人当たり五・四人)が精神疾患であった。とくに近年精神疾患で休職に追い込まれる教員が急増している。

図4 - 36の上のグラフは、全国で精神疾患が理由で休職した教員数の、平成一〇年度からの推移を示したものである。調査対象は公立の小中高校、中等教育学校、特別支援学校の校長、教頭、教諭、助教諭、講師、養護教諭、養護助教諭、栄養教諭、実習助手、寄宿舎指導員(本務者)である。この一〇年間に精神疾患以外での病気休職者は四一三人増えた。しかし、精神疾患での休職者は三二八〇人も増え、三倍に膨《ふく》れ上がった。まさに激増である。

そして、平成一九年度における精神疾患休職者の内訳を見たのが**図4 - 36**の下の二つのレ

図4-36 精神疾患による教員の休職

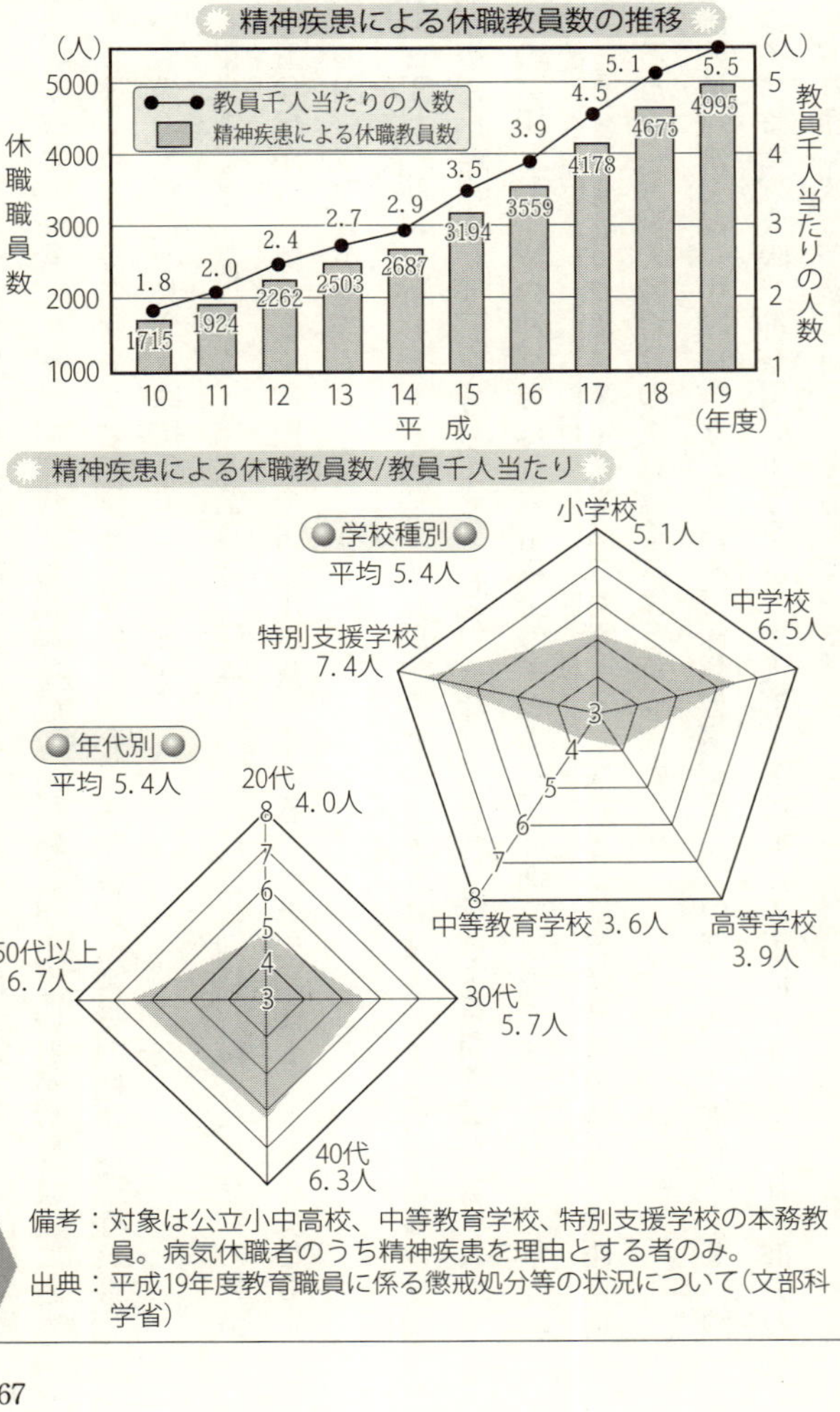
精神疾患による休職教員数の推移
(人)
休職職員数
(人)
教員千人当たりの人数
教員千人当たりの人数
精神疾患による休職教員数
1.8
2.0
2.4
2.7
2.9
3.5
3.9
4.5
5.1
5.5
1715
1924
2262
2503
2687
3194
3559
4178
4675
4995
10
11
12
13
14
15
16
17
18
19
平成
(年度)
精神疾患による休職教員数/教員千人当たり
学校種別
平均 5.4人
小学校 5.1人
中学校 6.5人
高等学校 3.9人
中等教育学校 3.6人
特別支援学校 7.4人
年代別
平均 5.4人
20代 4.0人
30代 5.7人
40代 6.3人
50代以上 6.7人

備考：対象は公立小中高校、中等教育学校、特別支援学校の本務教員。病気休職者のうち精神疾患を理由とする者のみ。
出典：平成19年度教育職員に係る懲戒処分等の状況について（文部科学省）

ーダーチャートで、学校種別と年代別に教員数に占める精神疾患休職者の割合を示したものである。いずれの学校、いずれの年代でも精神疾患での休職者が出ているが、教員数に占める割合が多いのは、学校種別では特別支援学校、次いで中学校。気苦労の種類は違うかもしれないものの、両校の大変さは拮抗《きっこう》するのだろう。

一方年代別では、「指導が不適切な教員」（**図4-27**）の場合と同様、最もベテランの教員である五〇代がいちばん多く、僅差《きんさ》で四〇代が続いている。ベテランゆえにさまざまな重荷が彼らの両肩にのしかかっているのだろうか。

図4-37は、平成一九年に精神疾患での休職者数割合を県別にまとめたものである。休職者数が少ない県を上位としてランキングした。見てのとおり県による開きはかなり大きく、トップの富山と最下位の沖縄では、六倍以上の差がある。沖縄では驚くべきことに一年間に一〇〇人に一人以上の教員が精神を病んで休職に至っている。このような県別差の理由は何なのだろうか。沖縄の教育界の現状はそれほど苛酷《かこく》なのか。

全国の地域別では、中国地方など西日本で休職教員が多く、中部、北陸、東北で少ない傾向にある。また、大阪、神奈川、東京をはじめ大都市圏は軒並み下位に並んでおり、都会の教員を取り巻く状況が厳しいことを示している。

図4-37

精神疾患で休職した教員数/教員千人当たり（平成19年度）

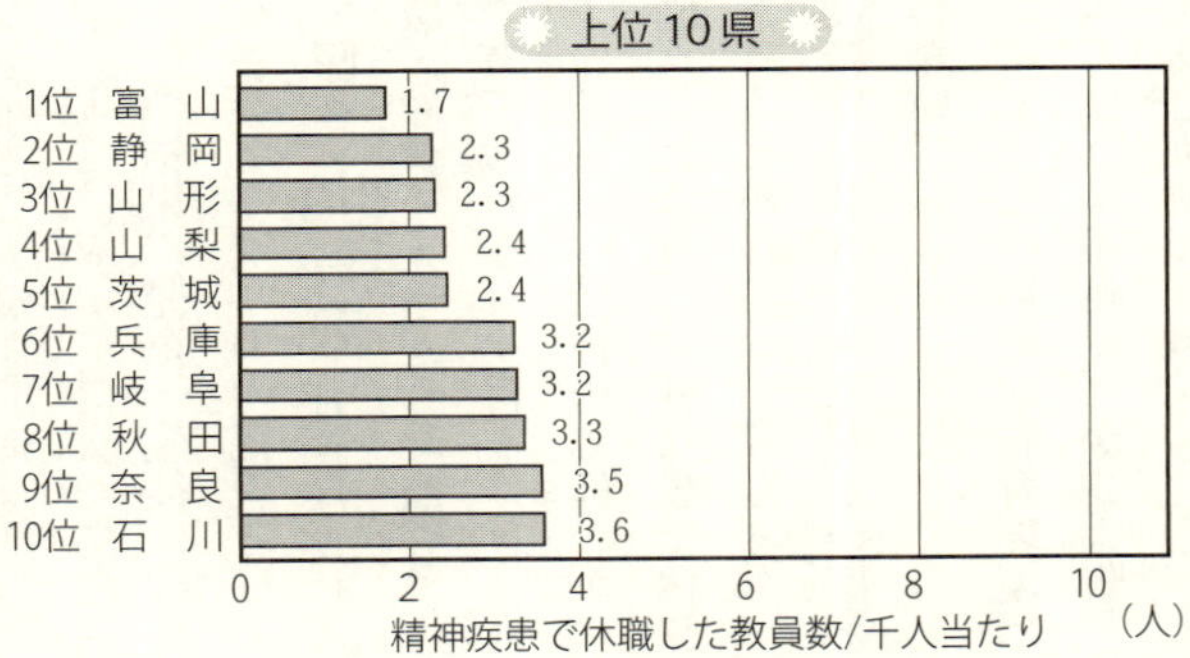
上位10県
1位 富山 1.7
2位 静岡 2.3
3位 山形 2.3
4位 山梨 2.4
5位 茨城 2.4
6位 兵庫 3.2
7位 岐阜 3.2
8位 秋田 3.3
9位 奈良 3.5
10位 石川 3.6
0 2 4 6 8 10
精神疾患で休職した教員数/千人当たり （人）

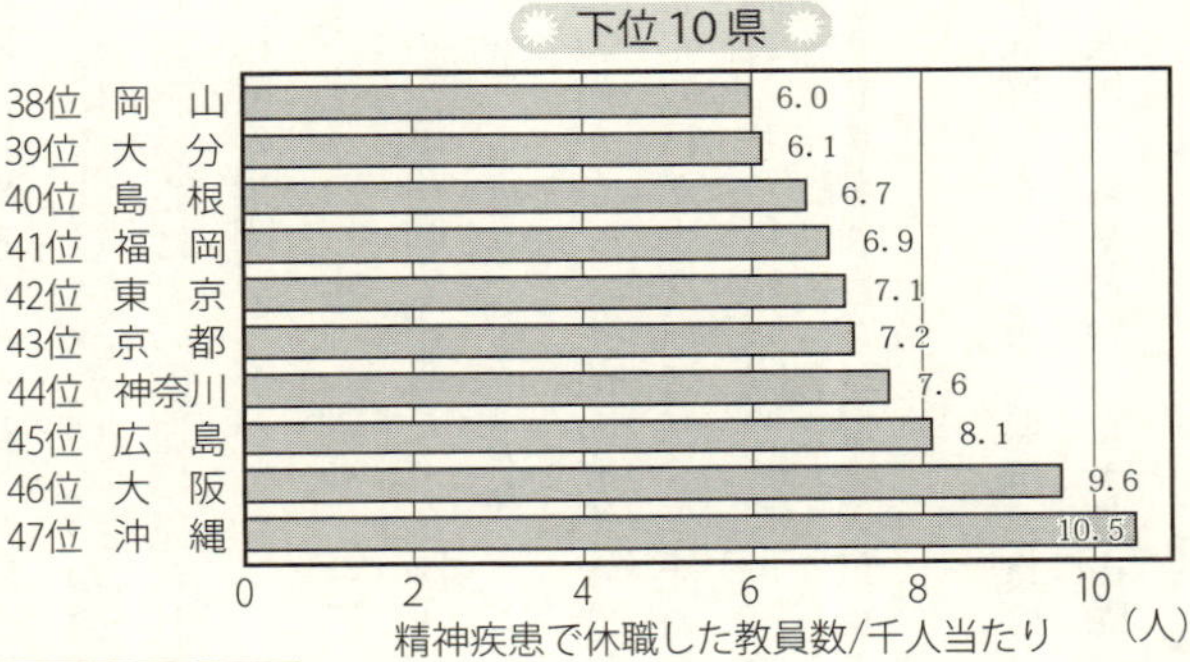
下位10県
38位 岡山 6.0
39位 大分 6.1
40位 島根 6.7
41位 福岡 6.9
42位 東京 7.1
43位 京都 7.2
44位 神奈川 7.6
45位 広島 8.1
46位 大阪 9.6
47位 沖縄 10.5
0 2 4 6 8 10
精神疾患で休職した教員数/千人当たり （人）

順位	県名	（人）									
11位	長崎	3.7	18位	宮崎	4.1	25位	佐賀	4.8	32位	北海道	5.2
12位	福井	3.7	19位	徳島	4.2	26位	和歌山	4.8	33位	高知	5.3
13位	香川	3.7	20位	滋賀	4.2	27位	埼玉	4.8	全国平均		5.4
14位	熊本	3.9	21位	長野	4.3	28位	三重	4.9	34位	栃木	5.4
15位	愛媛	3.9	22位	宮城	4.4	29位	鳥取	5.0	35位	山口	5.5
16位	群馬	3.9	23位	鹿児島	4.5	30位	岩手	5.1	36位	千葉	5.5
17位	青森	4.0	24位	福島	4.6	31位	新潟	5.1	37位	愛知	5.8

▶ 出典：図4-36と同じ

教員を精神疾患に追い詰める原因はいろいろあるだろうが、教員の精神疾患と教育状況との関連性を見るために、本章でここまでに取り上げてきたいくつかのデータとの相関を調べてみた。その結果、児童・生徒の問題行動とはさほどの関連は見られなかったものの、学力調査の正答数と基礎学力の定着とはある程度の相関がうかがえた。

そこで図4-38に「全国学力調査結果/中学三年生」(図4-4)と「精神疾患で休職した教員数/教員千人当たり」(図4-37)の散布図を示した。全国平均の二本の線で区切られた四つの領域のうち、右上が「精神疾患にかかった教員が少なく、生徒の成績がよい県」、逆に左下の領域が「精神疾患にかかった教員が多く、生徒の成績が悪い県」となる。

この図4-38より、精神疾患で休職した教員が少ないほど、生徒の学力調査の成績がよい傾向にあることがわかる。もちろん、両者のどちらが原因でどちらが結果かはわからないので、生徒の学力調査の成績がよいほど、教員の精神疾患休職率が低いと言ったほうがよいのかもしれない。

いずれにしろ、全般的な教育環境は散布図の右上に近い県ほど良好である。大雑把に言って西日本のほうが不良で、かつ大阪、神奈川、東京といった大都市圏の教育環境もよくない傾向にあると推測できる。

図4-38　学力調査の成績と教員の精神疾患

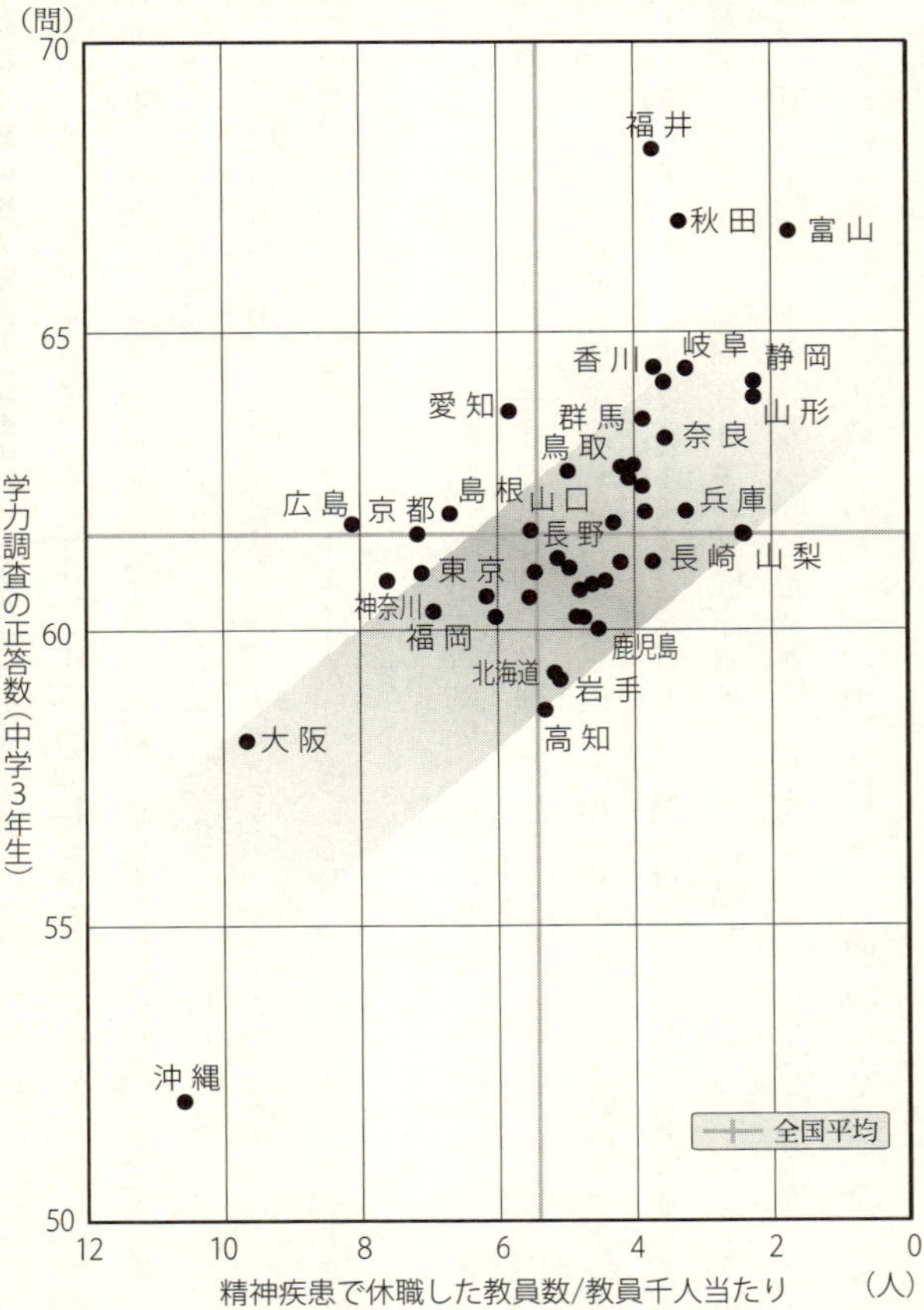
（問）
70
65
60
55
50
学力調査の正答数（中学3年生）
福井
秋田
富山
香川
岐阜
静岡
愛知
群馬
山形
奈良
鳥取
島根
広島
京都
山口
兵庫
長野
長崎
山梨
東京
神奈川
福岡
鹿児島
北海道
岩手
高知
大阪
沖縄
全国平均
12
10
8
6
4
2
0
精神疾患で休職した教員数/教員千人当たり
（人）

出典：平成19年度教育職員に係る懲戒処分等の状況について（文部科学省）、平成20年度全国学力・学習状況調査集計結果（国立教育政策研究所）より計算

自ら降格を願い出る教頭と正式採用を辞退する新米教員

「教職はつらい仕事」であることを示すデータが他にもある。

図4-39の上図は、希望降任制度によって役職を降格した教員数の推移である。「希望降任制度」とは、地方自治体に特異な、文字どおり「希望して降格してもらう制度」。平成一〇年二月に枚方市が全国に先駆けて導入し、いまでは多くの自治体で採用されている。

希望降任した教員の数は平成一七年を除き、一貫して増加しており、一九年度は全国で一〇〇人を超えた。降任には、校長→教頭、校長→教諭、教頭→教諭などのパターンがあり、最も多いのは教頭から一挙に教諭へ降格する例で、逆に校長から教頭への降格は少ない。教頭は校長と教諭との間にはさまれた中間管理職。精神的ストレスが大きいのは民間企業と同じだ。加えて、教員勤務実態調査報告書（平成一九年三月公表）によれば、小中学校の教頭は夏休みの時期以外は一年を通しておよそ毎日一二時間働いており、校長や教諭の平均時間より長く（ただし、持ち帰り仕事の時間を含めない）、年齢的にもきついことがうかがえる。

図4-39の下図は、平成一九年度に希望降任した教員一〇六名の降任理由をまとめたもの。健康上の理由が半数以上を占めており、その中には精神的な要因が大きい人も少なくないだろうと推測できる。

図4-39　**希望降任した教員**

希望降任した教員数

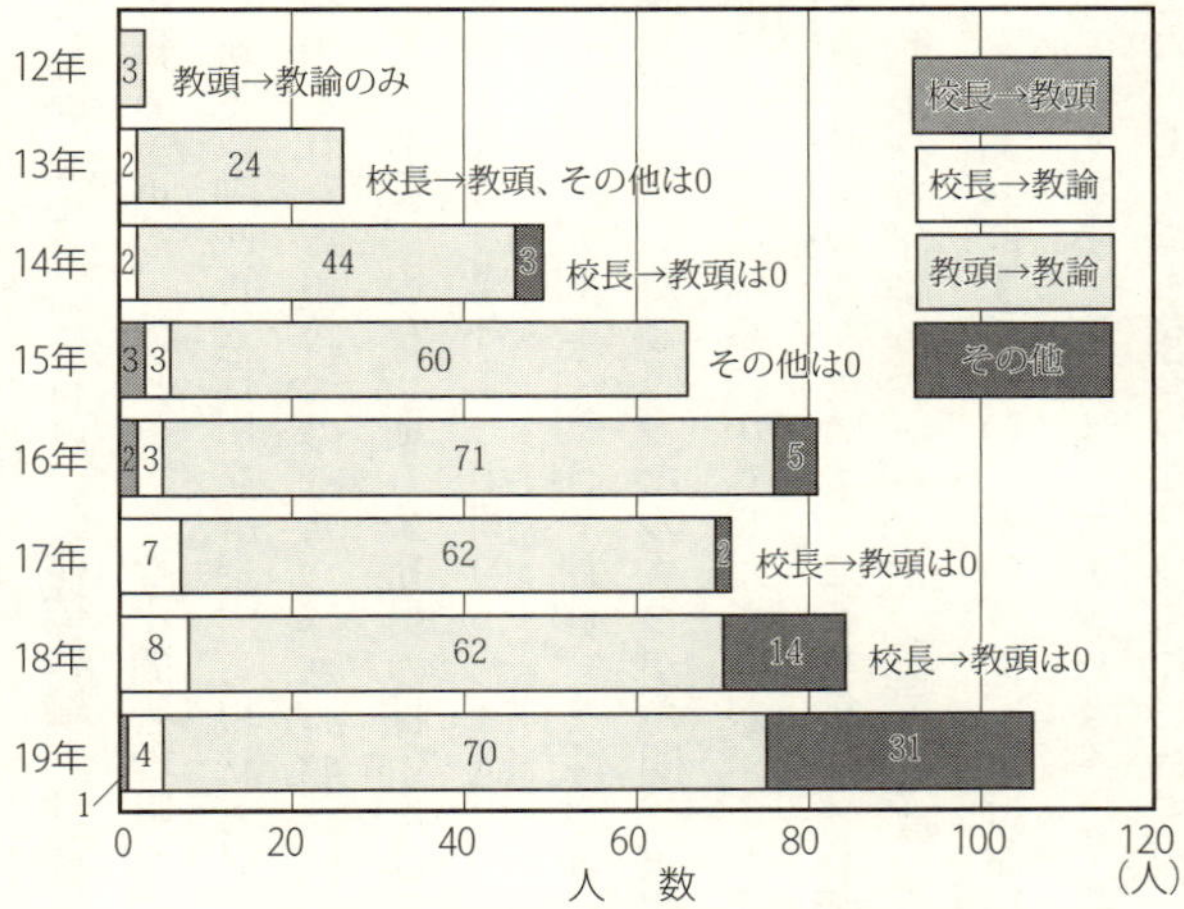
12年
3
教頭→教諭のみ
13年
2
24
校長→教頭、その他は0
14年
2
44
3
校長→教頭は0
15年
3
3
60
その他は0
16年
2
3
71
5
17年
7
62
2
校長→教頭は0
18年
8
62
14
校長→教頭は0
19年
1
4
70
31
校長→教頭
校長→教諭
教頭→教諭
その他
0
20
40
60
80
100
120
(人)
人　数

希望降任の理由（平成19年度）

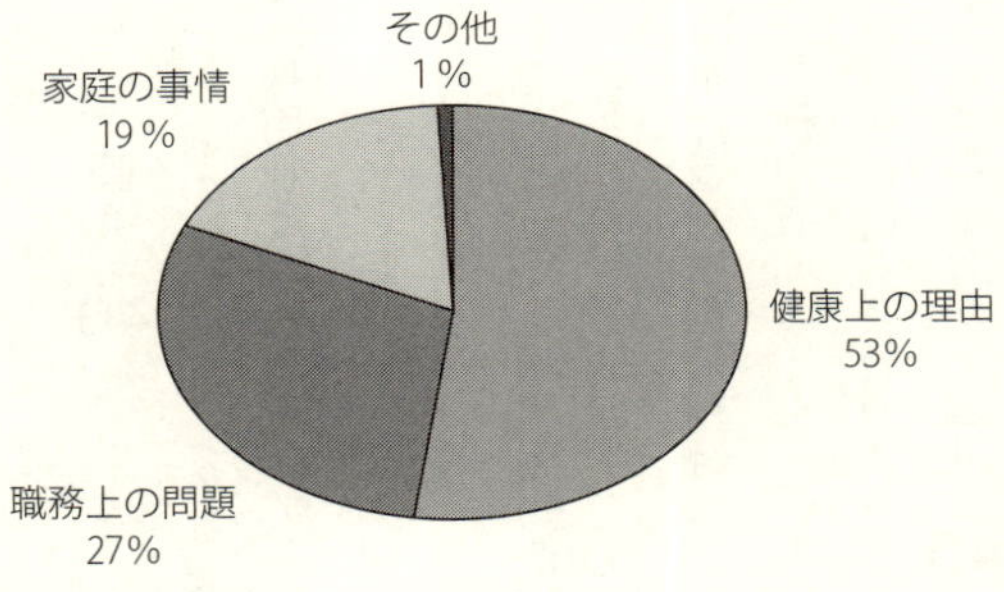
その他
1％
家庭の事情
19％
健康上の理由
53％
職務上の問題
27％

備考：平成20年4月1日現在までの状況。
出典：指導が不適切な教員の人事管理に関する取組等について（文部科学省）

ちなみに、近年は「その他」の理由が増えているが、これは自治体によって設けられ始めた「指導教諭」「主幹」「首席」「総括教諭」などの、教諭と教頭の間に位置する新しい役職からの降任者である。彼らも新たな中間管理職だ。

次に、新米教師が正式採用を辞退する現状も見ておきたい。**図4-40**は、平成一九年度に全国で採用された新規教員のうち、一年の間に自ら教員になるのをやめた（依願退職した）者のデータである。現在、地方公務員の採用には「条件附採用制度」がとられており、一般職員は半年、教員の場合は一年間のいわば試用期間を経て、とくに問題がなければ晴れて正式採用となる。その間に「初任者研修」を受けることも義務付けられている。

採用試験に合格したと思ったのもつかの間、正式採用まであと一年も試用期間が続くのは、教員の卵にとってはつらいかもしれないが、これも教師の適性を見極めるために設けられた制度なのでしかたがない。ただ、この期間に不採用の烙印《らくいん》を押された新米教員は、たとえば平成一九年度の場合はわずか一五人（懲戒免職を含む）。全採用者二万一七三四人のうちわずか〇・〇七％にすぎない。その反面、実は試用期間のうちに自ら教員の道をあきらめた者が二八一人もいる。しかも、「病気による」を理由とした者の割合が、**図4-40**の下図のように三六・七％にもなるのだ。つまり、わずか一年の教員生活で病んだわけである。

図4-40　正式採用を辞退した新人教員

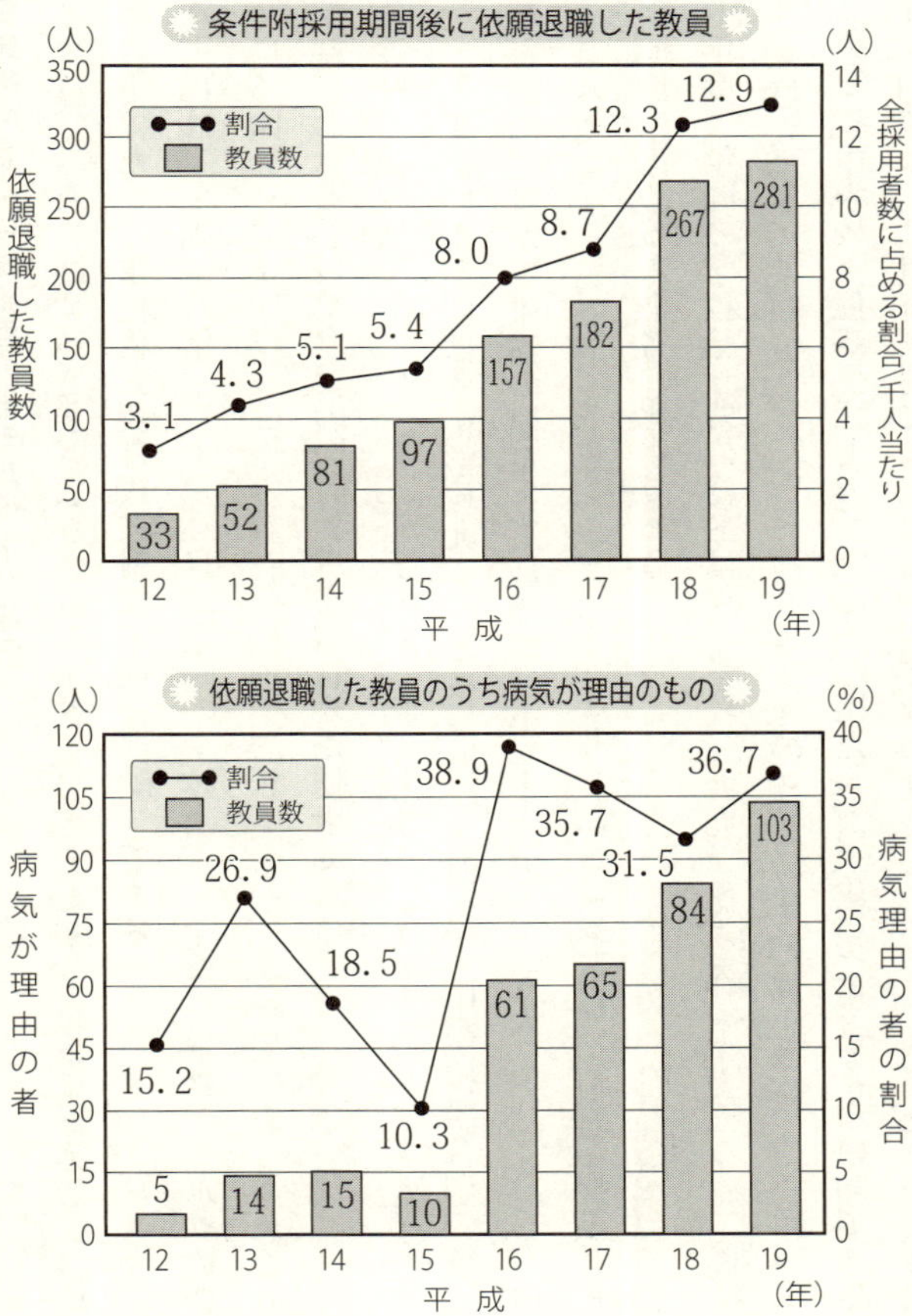
条件附採用期間後に依願退職した教員
(人)
(人)
割合
教員数
依願退職した教員数
全採用者数に占める割合/千人当たり
350
300
250
200
150
100
50
0
14
12
10
8
6
4
2
0
3.1
4.3
5.1
5.4
8.0
8.7
12.3
12.9
33
52
81
97
157
182
267
281
12
13
14
15
16
17
18
19
平　成
(年)
依願退職した教員のうち病気が理由のもの
(人)
(%)
割合
教員数
病気が理由の者
病気理由の者の割合
120
105
90
75
60
45
30
15
0
40
35
30
25
20
15
10
5
0
15.2
26.9
18.5
10.3
38.9
35.7
31.5
36.7
5
14
15
10
61
65
84
103
12
13
14
15
16
17
18
19
平　成
(年)

備考：依願退職者には不採用決定者を除外。
出典：図4-39と同じ

給食費未納の多くは保護者のモラル低下が原因

本章では、教育に関するさまざまな統計データを見てきたが、最後に保護者についての問題を取り上げたい。学校給食費と授業料の未納（滞納）である。

図4・41は、平成一八年一一～一二月に全国の学校給食（完全、補食、ミルク給食）を実施している国公私立小中学校（中等教育学校前期課程を含む）を対象におこなわれた、平成一七年度における学校給食費の徴収状況を調査した結果である。

対象学校の総数は、小学校二万二五五三校、中学校九三六八校。そのうち給食費の未納滞納児童・生徒がいた学校は、小学校九一〇七校（四〇・四％）、中学校四八〇〇校（五一・二％）だった。また、未納の児童・生徒数は、小学生六万八六五人（〇・八％）、中学生三万八一二八人（一・三％）。ただし、ここで表記した割合（％）は、給食を提供していた児童・生徒数に占める未納者の比率である。

一七年度一年間の学校給食費の総額は、小学校二九九二億六九二七万三〇〇〇円、中学校一二一九億六六九二万円だったのに対して、そのうちの未納は小学校一三億六二六万円（〇・四％）、中学校九億二三三七万八三〇〇〇円だった。決して少なくない額である。

図4・41では、都道府県別に未納児童・生徒数の割合（一〇〇〇人当たりの人数にして表

図4-41

給食費未納の児童・生徒数/千人当たり（平成17年度）

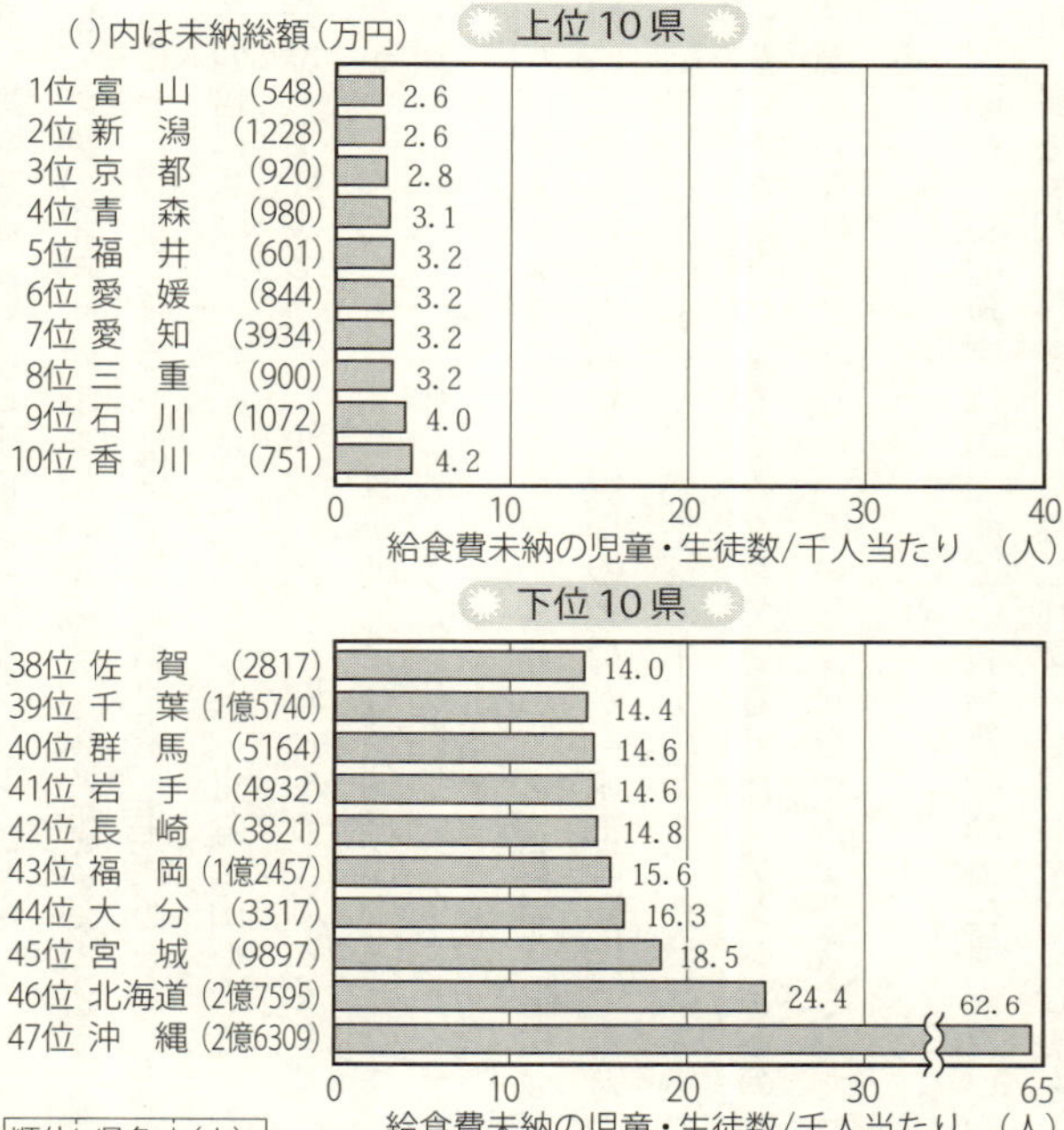
（）内は未納総額（万円）
上位10県
1位 富　山 (548) 2.6
2位 新　潟 (1228) 2.6
3位 京　都 (920) 2.8
4位 青　森 (980) 3.1
5位 福　井 (601) 3.2
6位 愛　媛 (844) 3.2
7位 愛　知 (3934) 3.2
8位 三　重 (900) 3.2
9位 石　川 (1072) 4.0
10位 香　川 (751) 4.2
0 10 20 30 40
給食費未納の児童・生徒数/千人当たり　(人)
下位10県
38位 佐　賀 (2817) 14.0
39位 千　葉 (1億5740) 14.4
40位 群　馬 (5164) 14.6
41位 岩　手 (4932) 14.6
42位 長　崎 (3821) 14.8
43位 福　岡 (1億2457) 15.6
44位 大　分 (3317) 16.3
45位 宮　城 (9897) 18.5
46位 北海道 (2億7595) 24.4
47位 沖　縄 (2億6309) 62.6
0 10 20 30 65
給食費未納の児童・生徒数/千人当たり　(人)

順位	県名	(人)									
11位	広島	4.3	18位	和歌山	5.5	25位	東京	7.8	全国平均		9.9
12位	奈良	4.4	19位	徳島	6.3	26位	高知	8.2	32位	秋田	9.9
13位	静岡	4.4	20位	神奈川	6.7	27位	栃木	8.4	33位	宮崎	9.9
14位	兵庫	4.5	21位	熊本	6.8	28位	岐阜	8.5	34位	滋賀	10.6
15位	山形	4.6	22位	福島	7.0	29位	鳥取	8.6	35位	埼玉	10.9
16位	長野	4.8	23位	岡山	7.5	30位	島根	8.6	36位	茨城	13.1
17位	山口	4.8	24位	山梨	7.6	31位	大阪	8.8	37位	鹿児島	13.8

備考：「千人当たり」は、給食を提供していた児童・生徒千人当たり。
出典：学校給食費の徴収状況に関する調査の結果について（文部科学省）

した）を、数が少ない県ほど上位としてランキングした。

最下位の沖縄の未納率が群を抜いて高く、続く北海道と併せて他の四五県を大きく引き離していることに目を見張る。沖縄では未納児童・生徒が一〇〇人中六人以上もいて、富山や新潟の二四倍にも及ぶのだ。地域別に見ると、青森と山形を除いた東北、関東、そして九州に未納児童・生徒が多い。しかし、大都市圏と地方ではとくに違いはないようである。

未納率がいくら高くとも、それが純粋に経済的理由であるなら、社会福祉の精神からいってもしかたがない面がある。しかし、もし保護者が子どもの給食費を払わない理由が他にあるなら大いに問題があるだろう。それを示したのが**図4-42**である。これは児童・生徒の家庭の事情にくわしいと思われる現場の教員が「未納の原因」をどのように捉《とら》えているかのアンケート結果。これによると、小学校、中学校とも、教員は未納の約六割が「保護者の責任感や規範意識のなさ」によるとみなしているのだ。アンケートの回答には「なぜ子どもの給食費を私が払わなければならないのかと支払を拒否した親もいた」との報告もあり、唖然《あぜん》とさせられる。

むろん、**図4-42**の数字はあくまでも教員側の認識にすぎないので、本当は経済的理由による未納の割合がもっと高いのかもしれないが、いずれにしても未納家庭のうち子どもの給

図4-42 給食費未納に関する学校の認識（平成17年度）

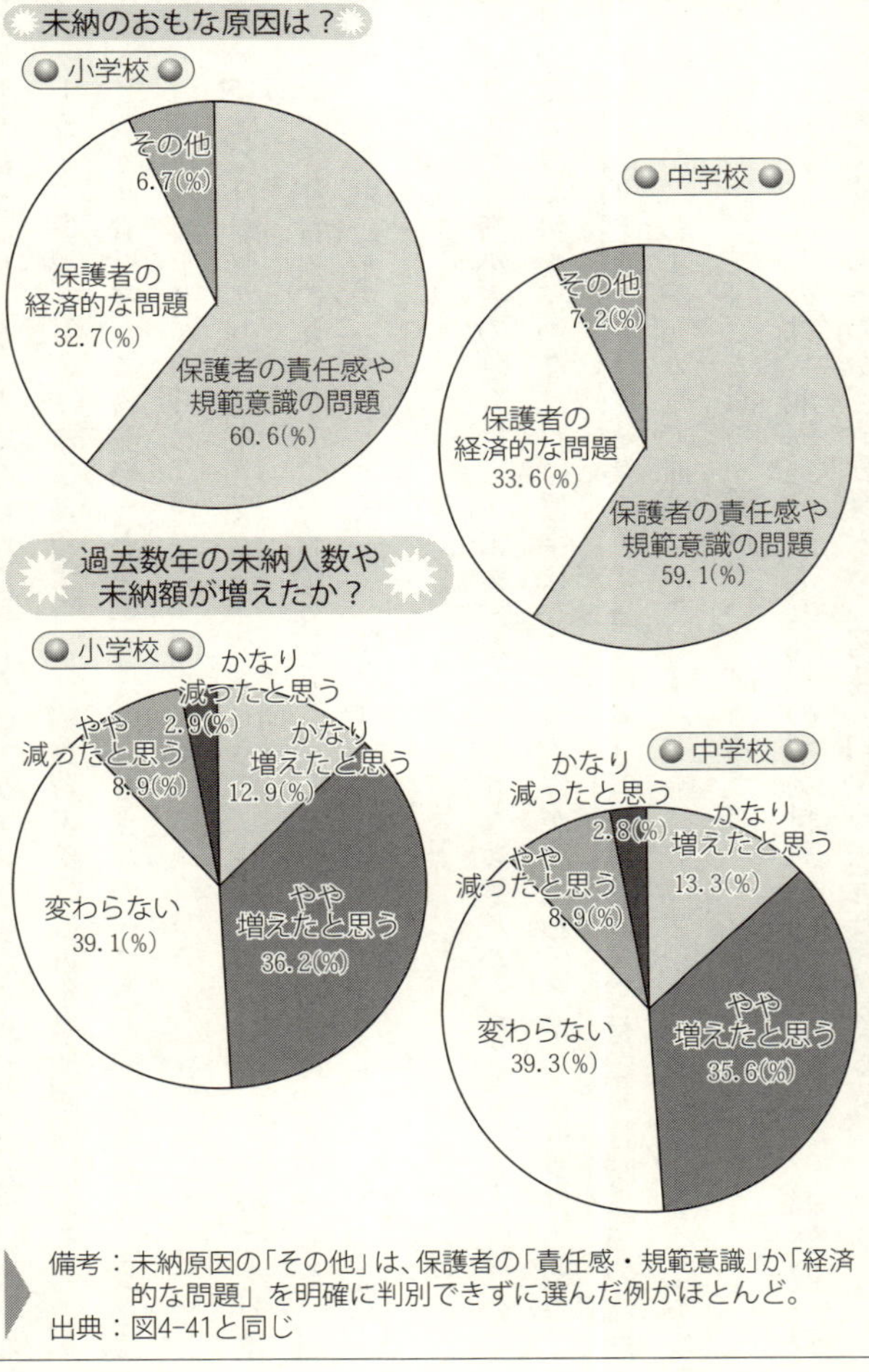
未納のおもな原因は？
小学校
その他
6.7(%)
保護者の
経済的な問題
32.7(%)
保護者の責任感や
規範意識の問題
60.6(%)
中学校
その他
7.2(%)
保護者の
経済的な問題
33.6(%)
保護者の責任感や
規範意識の問題
59.1(%)
過去数年の未納人数や
未納額が増えたか？
小学校
かなり
減ったと思う
2.9(%)
やや
減ったと思う
8.9(%)
かなり
増えたと思う
12.9(%)
やや
増えたと思う
36.2(%)
変わらない
39.1(%)
中学校
かなり
減ったと思う
2.8(%)
やや
減ったと思う
8.9(%)
かなり
増えたと思う
13.3(%)
やや
増えたと思う
35.6(%)
変わらない
39.3(%)

備考：未納原因の「その他」は、保護者の「責任感・規範意識」か「経済的な問題」を明確に判別できずに選んだ例がほとんど。
出典：図4-41と同じ

食費を「お金はあるが、払いたくないから払わない」ケースが少なくないことだけは確かなようだ。しかも、**図4‐42**の下図にあるように、給食費未納数は近年増加傾向にある。

一方、これが給食費でなく授業料だと未納の理由はどうなのか。ただ残念ながら、公立校についてはは確かなデータがそろわないため、**図4‐43**に私立校のデータを掲載した。

図4‐43は、日本私立中学高等学校連合会が全国の私立高校すべて（一三二一校）を対象におこなった、平成二〇年一二月三一日現在における、「授業料滞納調査」結果である。回答校は一二一八校（九二・二％）。ただし、都道府県別データが公表されておらず、地域別データにとどまる。

全生徒に占める滞納者の割合は二・七％。かなり大きな数字だが、私立校ともなれば公立校と違って「授業料を払わなければ退学になる」可能性が高いわけだから、授業料滞納のほとんどが「経済的理由」によると考えられる。**図4‐43**には、同年三月三一日時点での滞納率を併記したが、わずか九カ月で滞納率がこれほど大幅にアップしているのには驚くばかりだ。景気後退の影響を子どもたちが受けている証だろう。

しかし一点気になるのは、北海道・東北と九州の授業料滞納割合が高いこと。偶然の一致か、それとも関連があるのか、給食費未納（**図4‐41**）の状況と同じである。

図4-43　私立高校における授業料滞納生徒の割合（平成20年）

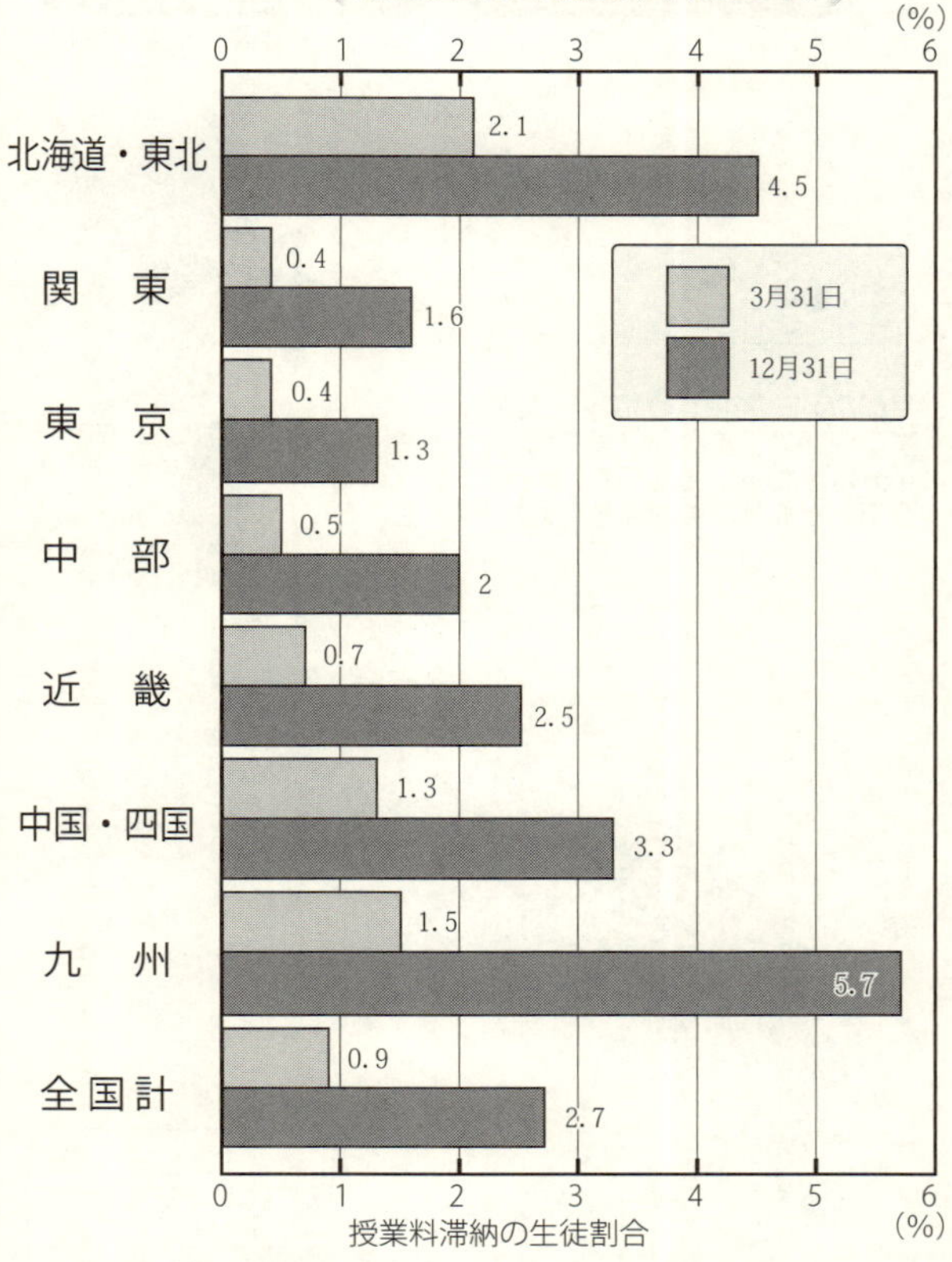
(%)
0
1
2
3
4
5
6
北海道・東北
2.1
4.5
関　東
0.4
1.6
東　京
0.4
1.3
中　部
0.5
2
近　畿
0.7
2.5
中国・四国
1.3
3.3
九　州
1.5
5.7
全国計
0.9
2.7
3月31日
12月31日
授業料滞納の生徒割合

備考：調査対象は、全国の私立高校（全日制、定時制）のうち92.2%に当たる1218校の生徒。平成20年3月31日時点と平成20年12月31日時点での、生徒総数に占める滞納生徒の割合。

出典：私立高等学校における授業料滞納の状況について（日本私立中学高等学校連合会）

「住みにくい県」の日本地図

図0-6 基礎学力が定着していない生徒の割合

※中学3年生・数学

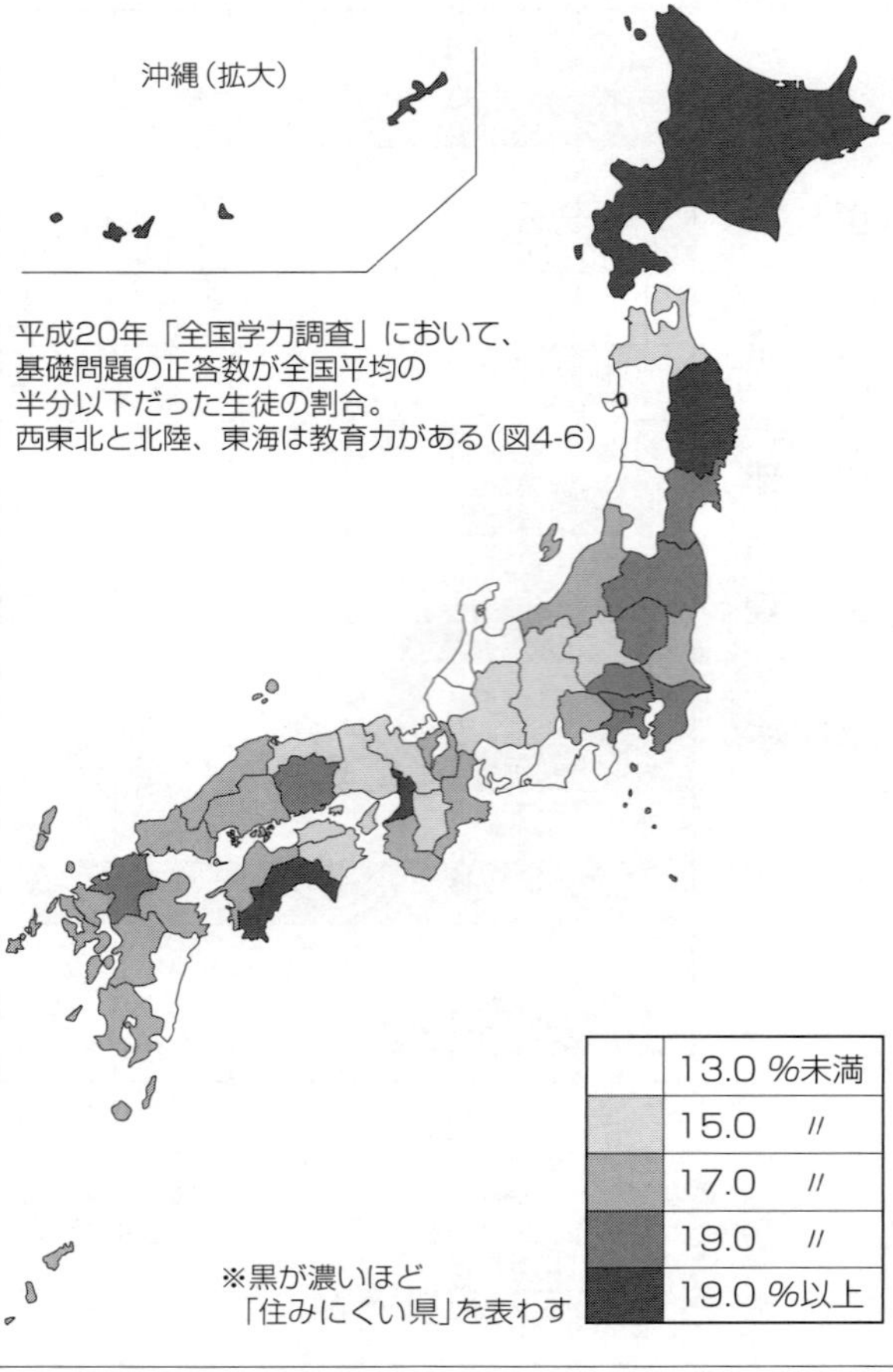
沖縄（拡大）
平成20年「全国学力調査」において、
基礎問題の正答数が全国平均の
半分以下だった生徒の割合。
西東北と北陸、東海は教育力がある（図4-6）
13.0 %未満
15.0 〃
17.0 〃
19.0 〃
19.0 %以上
※黒が濃いほど
「住みにくい県」を表わす

第五章

治安がよくて危険のない県で暮らしたい

犯罪発生率が高い大都市圏の中でもさらに高い大阪

だれしも心穏やかに毎日を過ごしたいと願っている。だが、現実には日本全国至る所で犯罪が起き、犯罪の数だけ被害者が生まれている。

平成二〇年に全国で発生した犯罪の認知件数は一八一万八〇二三件。「認知件数」とは、警察が「犯罪が発生した」と認めた件数で、平均すると毎日およそ五〇〇〇件もの犯罪が起きている計算になる。ただし、この数は「刑法犯」に限ったもの。犯罪は大きく「刑法犯」と「特別法犯」の二つに分けられ、刑法犯は「刑法」で規定された犯罪であり、殺人、強盗、窃盗《せっとう》の他、詐欺《さぎ》、賭博《とばく》など多数ある。

一方、特別法犯は刑法以外の諸法令で規定される犯罪で、刑法犯に比べて軽微とは言わないまでも、多くが行政上の取締りのための法律に違反する行為なので「行政犯」とも称される。覚せい剤取締法違反、銃刀法違反、公職選挙法違反、道路交通法違反などがあるが、件数のほとんどを占めているのが交通違反関係である。

図5-1では、上記の刑法犯に限って都道府県別にランキングし、発生件数の少ない県を上位とした。発生件数の多い下位県には予想に違《たが》わず大都市圏がずらりと顔をそろえている。どこの国でも都会は田舎より犯罪が多発する。しかし、その中でも大阪の犯罪発生率は頭一

図5-1　犯罪発生数/県民千人当たり（平成20年）

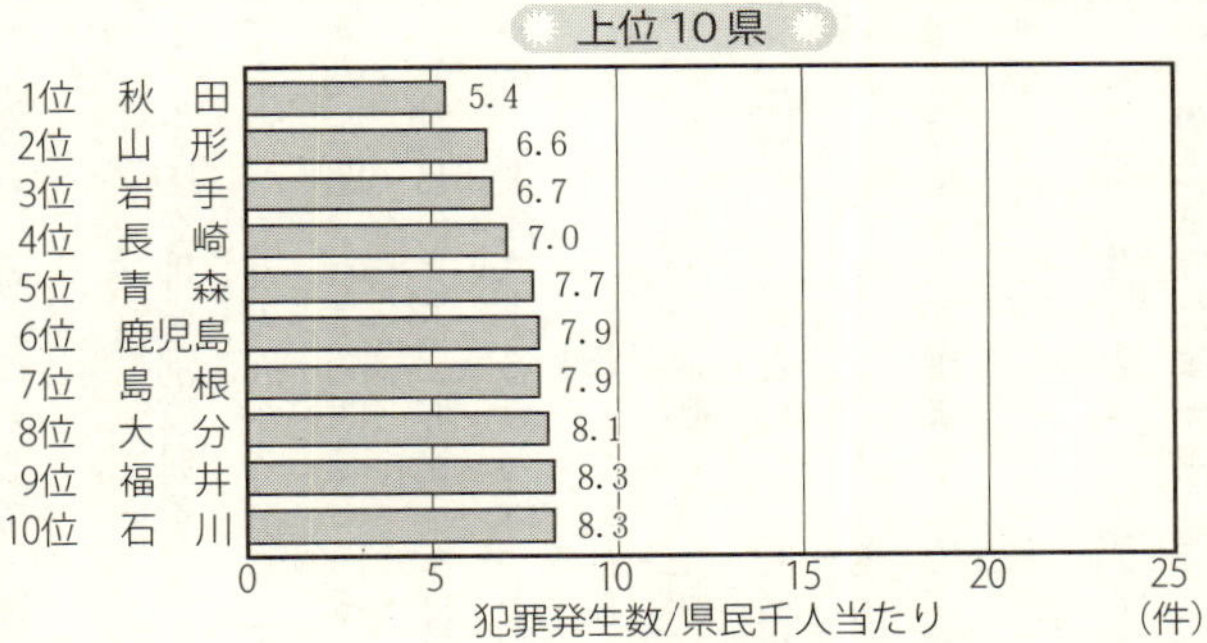
上位10県
1位 秋田 5.4
2位 山形 6.6
3位 岩手 6.7
4位 長崎 7.0
5位 青森 7.7
6位 鹿児島 7.9
7位 島根 7.9
8位 大分 8.1
9位 福井 8.3
10位 石川 8.3
0 5 10 15 20 25
犯罪発生数/県民千人当たり
(件)

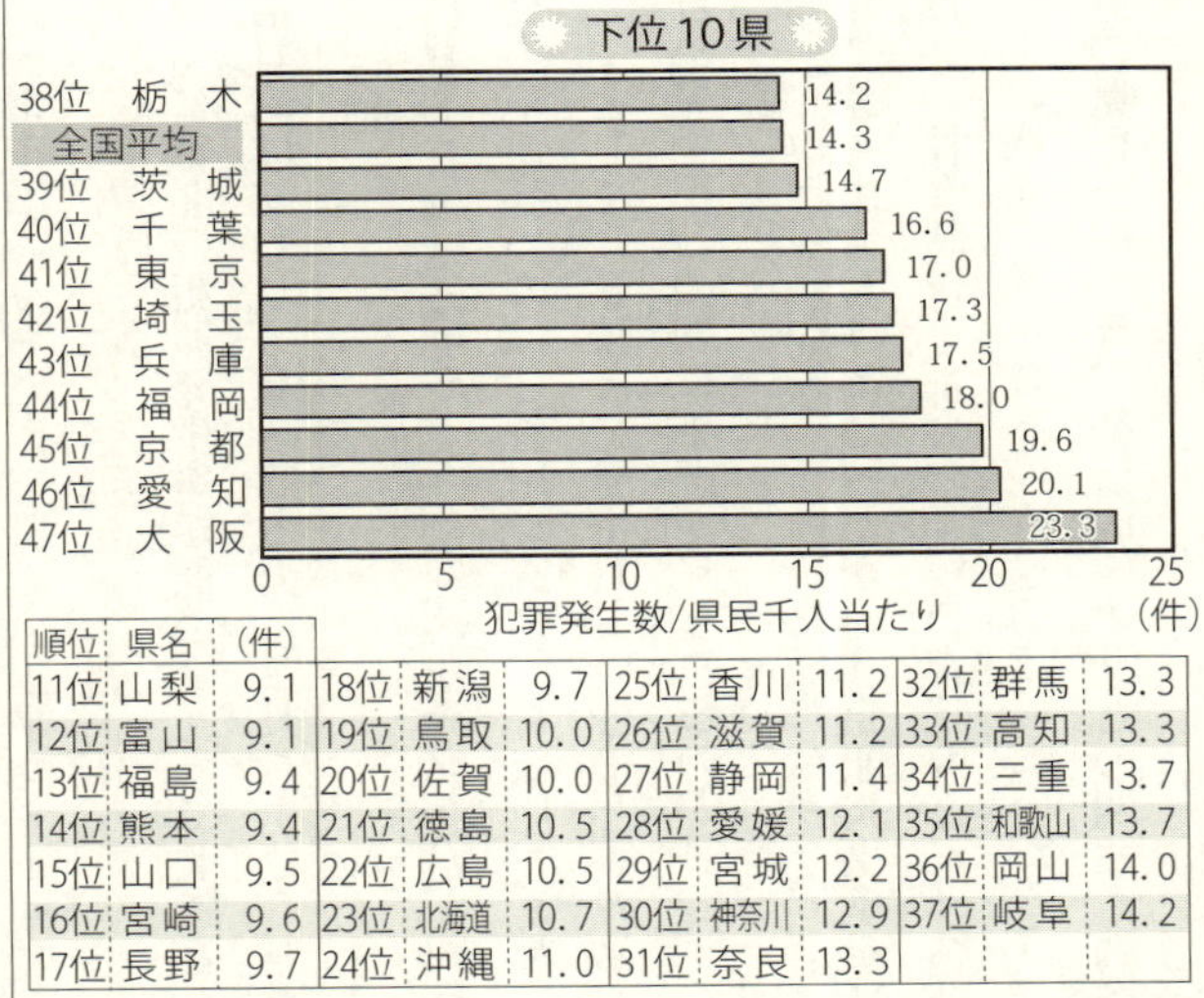
下位10県
38位 栃木 14.2
全国平均 14.3
39位 茨城 14.7
40位 千葉 16.6
41位 東京 17.0
42位 埼玉 17.3
43位 兵庫 17.5
44位 福岡 18.0
45位 京都 19.6
46位 愛知 20.1
47位 大阪 23.3
0 5 10 15 20 25
犯罪発生数/県民千人当たり
(件)

順位	県名	(件)									
11位	山梨	9.1	18位	新潟	9.7	25位	香川	11.2	32位	群馬	13.3
12位	富山	9.1	19位	鳥取	10.0	26位	滋賀	11.2	33位	高知	13.3
13位	福島	9.4	20位	佐賀	10.0	27位	静岡	11.4	34位	三重	13.7
14位	熊本	9.4	21位	徳島	10.5	28位	愛媛	12.1	35位	和歌山	13.7
15位	山口	9.5	22位	広島	10.5	29位	宮城	12.2	36位	岡山	14.0
16位	宮崎	9.6	23位	北海道	10.7	30位	神奈川	12.9	37位	岐阜	14.2
17位	長野	9.7	24位	沖縄	11.0	31位	奈良	13.3			

備考：平成20年の犯罪認知件数（刑法犯のみ）を、平成20年3月31日現在の県民人口で除して算出。
出典：平成20年1〜12月犯罪統計（警察庁）、住民基本台帳に基づく人口・人口動態及び世帯数（総務省）

つ抜けて高い。それに対して、逆に大都市圏のうちただ一県、全国平均を下回っているのが神奈川である。

また、全国を地域別に見ると、とくに東北の犯罪発生率が低い。次いで北陸と九州が低い傾向にあり、治安の面から言うと相対的に安心して暮らせるのはこれら上位の県だろう。反対に治安が悪いのは関西圏である。

さて、**図5－1**と「児童・生徒の暴力行為」（**図4－22**）の関連を見たのが**図5－2**である。児童・生徒による暴力行為の発生率が高いのは、香川、高知、神奈川、京都、奈良、大阪……だった。はたして、これら（主として）学校内で発生している子どもの暴力行為の頻度と、一般社会の中で起きる犯罪行為発生率との間に相関が見られるのか。

結果は**図5－2**のとおり、両者に一定の相関が見られた。

むろん、このデータのみで軽々に結論を出すわけにはいかない。犯罪発生率が高い大都市圏には地方から人が集まるため、都会の社会状況を都会の学校教育状況とだけ結び付けるには無理がある。しかし、二つのデータの関係を軽んじるのも適切ではないだろう。

試しに犯罪発生率と「一人当たりの県民所得」等、経済的データとの関連も調べてみたが、有意な相関は見られなかった。

図5-2　児童・生徒の暴力行為と犯罪発生率

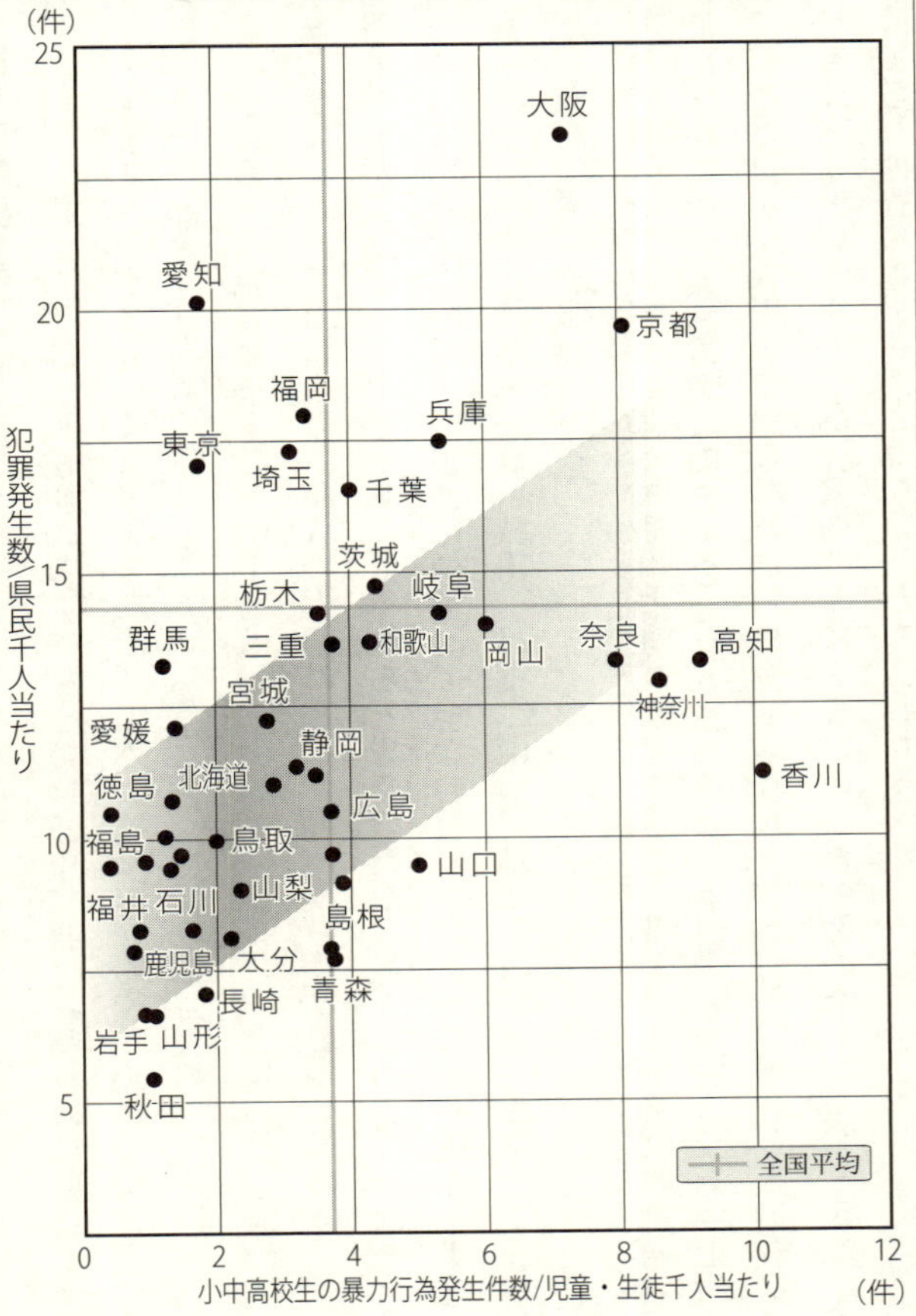
(件)
25
20
15
10
5
犯罪発生数/県民千人当たり
0
2
4
6
8
10
12
小中高校生の暴力行為発生件数/児童・生徒千人当たり
(件)
大阪
愛知
京都
福岡
兵庫
東京
埼玉
千葉
茨城
栃木
岐阜
群馬
三重
和歌山
岡山
奈良
高知
宮城
神奈川
愛媛
静岡
徳島
北海道
香川
広島
福島
鳥取
山口
福井
石川
山梨
島根
鹿児島
太分
青森
長崎
岩手
山形
秋田
全国平均

備考：横軸は図4-22のデータ。
出典：図5-1と同じ

その大阪で犯罪検挙率は二割を切る！

毎日五〇〇〇件もの犯罪（刑法犯のみ）が起きている中、我々が願うのは警察がすみやかに犯人を逮捕し、事件を解決してくれること。しかし、それがあやしくなってきている。

図5-3に、都道府県別の犯罪検挙率を、検挙率が高い県を上位としてランキングした。平成二〇年における犯罪検挙率の全国平均は三一・五％。つまり、発生した犯罪の三分の一も解決できていないことになり、犯人の七割はどこかでのうのうと暮らしている。

犯罪検挙率が三割というのも十分に低すぎると思うのだが、最下位の大阪ではそれが実に二割を切っている。八割以上の犯人が捕まっていないというのだから、府民ならずとも非常に不安に感ずる。逆に検挙率が高い秋田、島根、山口、鳥取の四県は、検挙率が五割を超えており、警察の面目を保っている。

地域別に見ると、検挙率はおおむね中国地方以西で高く、関西圏、首都圏、中部圏すなわち大都市圏が低い。大都市圏は**図5-2**で見たように犯罪発生率が高いので、「犯罪数が多すぎて、捜査員が足らず手が回らないために検挙率も低い」という推測がある。事実、警察官が忙しすぎるという声が、関係者の間では大きいようだ。そのために微罪とされる犯罪は打ち捨てられ捜査に着手さえされない、とも言われる。

図5-3　犯罪検挙率（平成20年）

上位10県

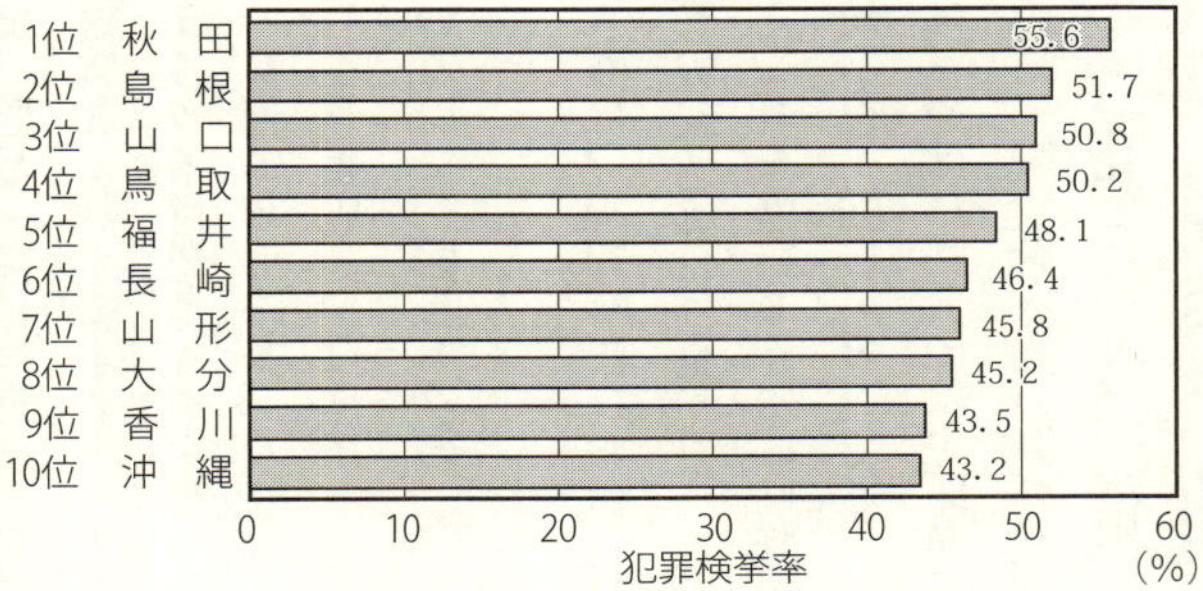
1位 秋田 55.6
2位 島根 51.7
3位 山口 50.8
4位 鳥取 50.2
5位 福井 48.1
6位 長崎 46.4
7位 山形 45.8
8位 大分 45.2
9位 香川 43.5
10位 沖縄 43.2
0 10 20 30 40 50 60
犯罪検挙率
(%)

下位10県

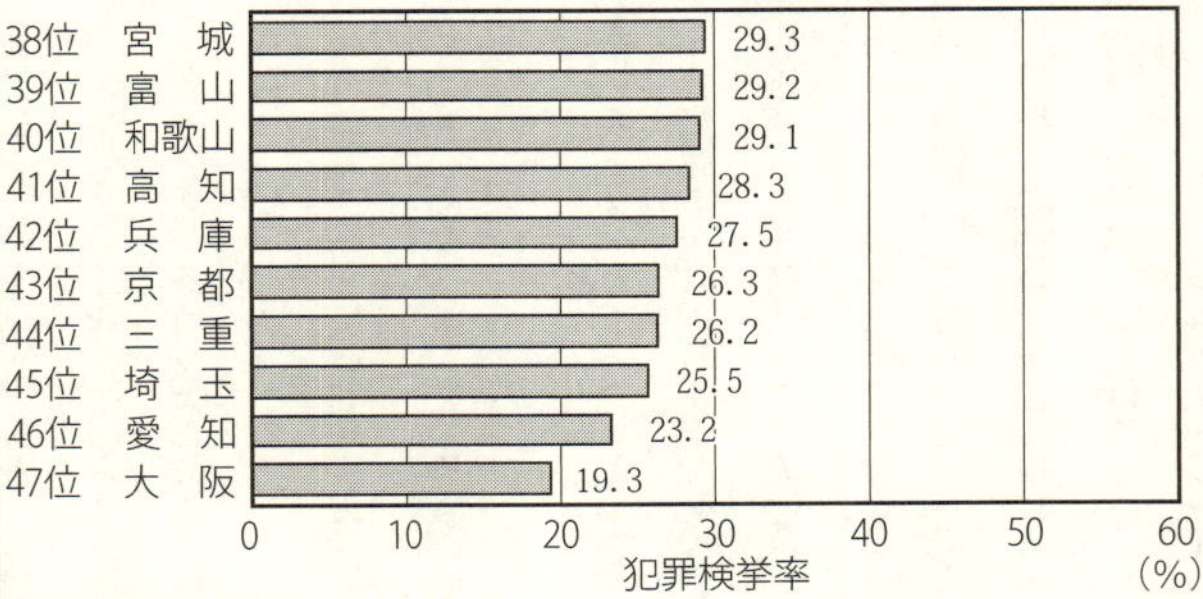
38位 宮城 29.3
39位 富山 29.2
40位 和歌山 29.1
41位 高知 28.3
42位 兵庫 27.5
43位 京都 26.3
44位 三重 26.2
45位 埼玉 25.5
46位 愛知 23.2
47位 大阪 19.3
0 10 20 30 40 50 60
犯罪検挙率
(%)

順位	県名	(%)	順位	県名	(%)	順位	県名	(%)	順位	県名	(%)
11位	熊本	42.2	18位	滋賀	39.5	25位	神奈川	36.9	32位	岐阜	33.6
12位	長野	42.1	19位	群馬	39.4	26位	愛媛	36.8	33位	静岡	33.1
13位	宮崎	41.9	20位	奈良	38.8	27位	青森	36.7	34位	新潟	33.1
14位	徳島	41.5	21位	石川	38.3	28位	鹿児島	36.6	35位	東京	31.8
15位	広島	39.9	22位	福岡	38.1	29位	北海道	36.2	全国平均		31.5
16位	佐賀	39.8	23位	岩手	37.9	30位	福島	36.2	36位	千葉	30.4
17位	茨城	39.8	24位	山梨	37.6	31位	栃木	34.6	37位	岡山	29.9

備考：刑法犯における犯罪検挙率。
出典：社会生活統計指標-都道府県の指標（総務省）、犯罪検挙数は図5-1と同じ

そこで、図5-4に警官一人当りの犯罪検挙数を掲載した。各県の犯罪検挙数（刑法犯のみ）を警官数で除して求め、一人当たりの検挙数が多いほど上位とした。ただし、ここでは東京のデータを除外した。というのも、首都東京を守る警視庁は犯罪捜査以外に重要施設等の警備・警護に非常に多くの警官を投入しているためである。またそれを言うなら、成田空港を抱える千葉県は、約一万一三〇〇人の警官のうちおよそ一五〇〇人もを空港警備に振り向けているので、図5-4の二・七という数字を少しだけかさ上げする必要があるかもしれない。

図5-4は、犯罪解決における警官数の効率を示していると言える。警官一人当たりの犯罪検挙数が最も多い茨城では、一人が下位県の二倍以上の犯人を捕まえていることになる。むろん、これを警官あるいは県警組織の優秀さと評価してもよいだろう。

犯罪検挙率（図5-3）では下位にずらっと並んでいた大都市圏が図5-4ではばらけているのは、やはり都会では犯罪が多すぎて警官が足りないことを示している。

ちなみに、警官一人当たりの犯罪認知件数（図5-1）を算出したところ、多い順に埼玉（一一件）、愛知（一一件）、大阪（一〇件）、茨城（九件）……、少ないほうは秋田（三件）長崎（三件）、島根（四件）、山形（四件）……。全国平均は七件だった。

図5-4　警官1人当たりの犯罪検挙数（平成20年）

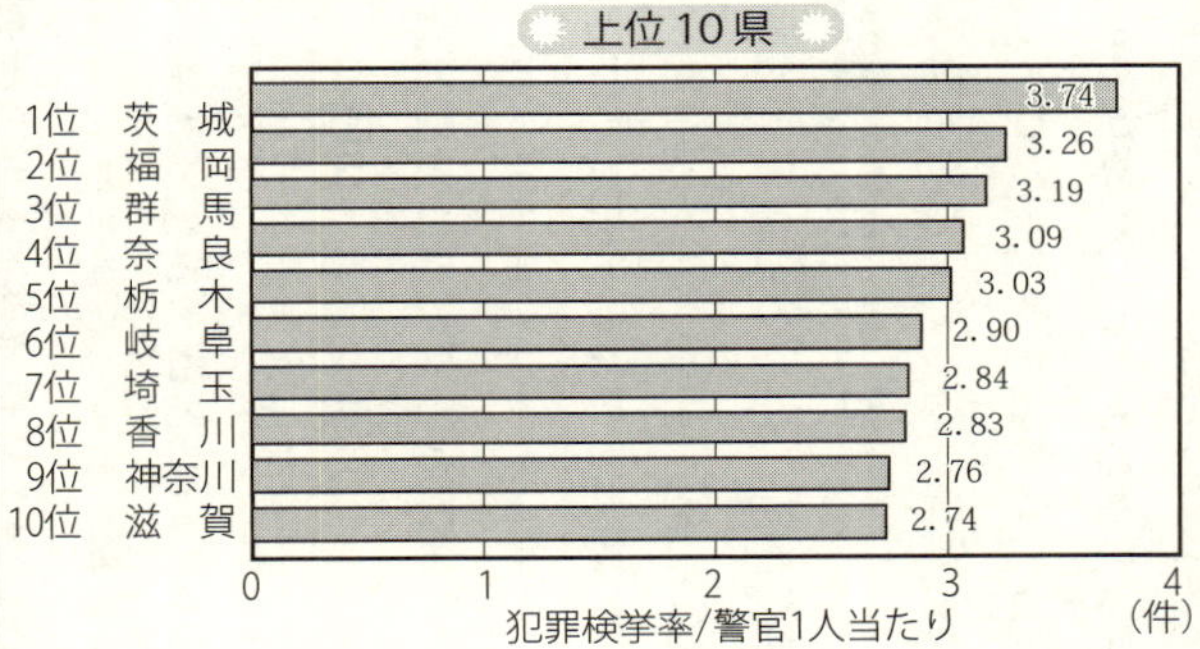
上位10県
1位 茨城 3.74
2位 福岡 3.26
3位 群馬 3.19
4位 奈良 3.09
5位 栃木 3.03
6位 岐阜 2.90
7位 埼玉 2.84
8位 香川 2.83
9位 神奈川 2.76
10位 滋賀 2.74
0 1 2 3 4
犯罪検挙率/警官1人当たり
（件）

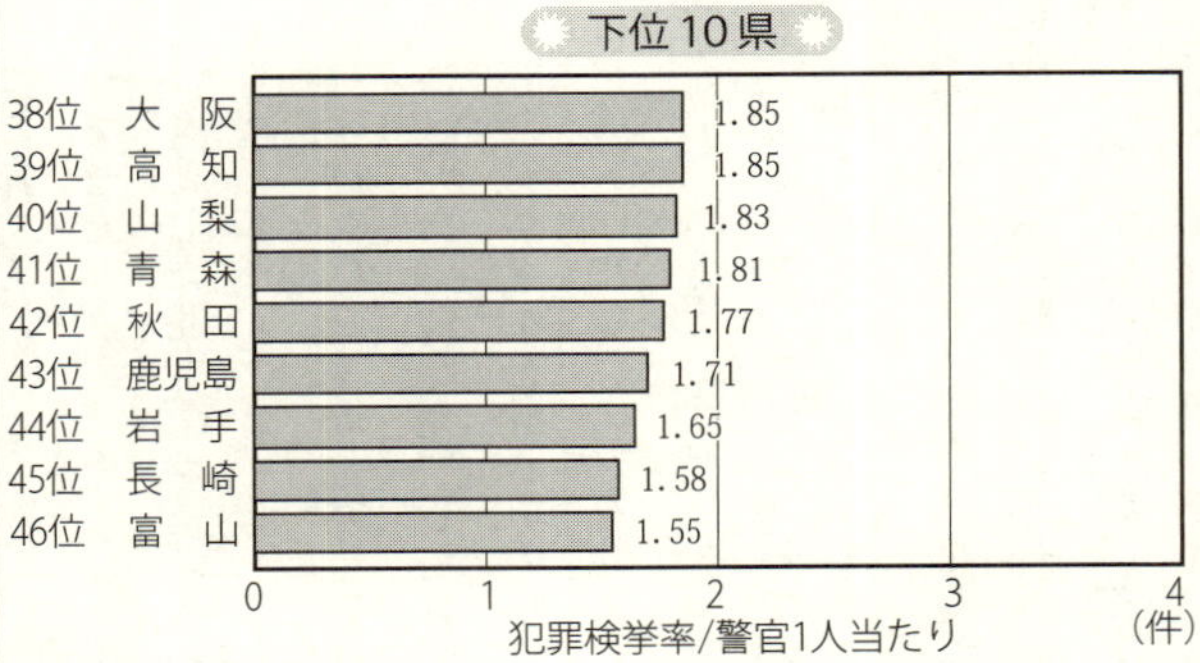
下位10県
38位 大阪 1.85
39位 高知 1.85
40位 山梨 1.83
41位 青森 1.81
42位 秋田 1.77
43位 鹿児島 1.71
44位 岩手 1.65
45位 長崎 1.58
46位 富山 1.55
0 1 2 3 4
犯罪検挙率/警官1人当たり
（件）

順位	県名	（件）	順位	県名	（件）	順位	県名	（件）	順位	県名	（件）
11位	愛媛	2.74	18位	岡山	2.41	25位	徳島	2.27	31位	京都	2.07
12位	千葉	2.70	19位	静岡	2.36	全国平均		2.27	32位	島根	2.05
13位	長野	2.63	20位	宮崎	2.36	26位	福島	2.22	33位	福井	1.97
14位	沖縄	2.60	21位	兵庫	2.33	27位	三重	2.21	34位	和歌山	1.95
15位	愛知	2.55	22位	広島	2.33	28位	大分	2.21	35位	石川	1.93
16位	鳥取	2.52	23位	宮城	2.32	29位	佐賀	2.11	36位	新潟	1.93
17位	熊本	2.44	24位	山口	2.30	30位	北海道	2.08	37位	山形	1.86

備考：東京のデータを除外した。
出典：図5-3と同じ

重要犯罪発生率・検挙率からすると、山口に住みたい

　ここまで刑法犯の発生数と検挙率を見てきたが、その中には万引きや放置自転車の盗みなども含まれている。むろんこれらもれっきとした犯罪だが、殺人や強盗事件が発生した場合、どちらの解決を望むかと言えばやはり後者に違いない。

　そこで**図5-5**に、県民一〇万人当たりの重要犯罪発生数とその検挙率を示した。ただし、単年度の結果だけではたまたまその年に凶悪な事件が発生したりすると数字が跳ね上がるので、ここでは平成一六～二〇年の五年間のデータを合計しその平均値を示した。県民一〇万人当たりを算出するための県民人口は平成二〇年のデータを使用した。

　ちなみに、ここで言う「重要犯罪」とは、殺人、強盗、放火、強姦、略取誘拐《りやくしゆゆうかい》・人身売買、強制わいせつのこと。最も遭遇したくない類《たぐい》の犯罪ばかりであり、刑法犯すべての犯罪発生数やその検挙率（**図5-1、3**）より、むしろこちらのデータのほうが重要だろう。警察の威信もかかっている。重要犯罪の発生率が高い下位県には見事に（？）大都市圏が並ぶ。

　図5-5の下の散布図では、全国平均の二本の線で区切られた領域のうち、右下は重要犯罪発生率が高く、しかも検挙率が低い「治安の悪い県」、逆に左上は重要犯罪発生率が低く、かつ検挙率も高い「治安のよい県」を示す。大阪と山口とでは、山口に住みたい。

図5-5　重要犯罪発生数と検挙率（平成16~20年）

重要犯罪発生数（5年間の平均）

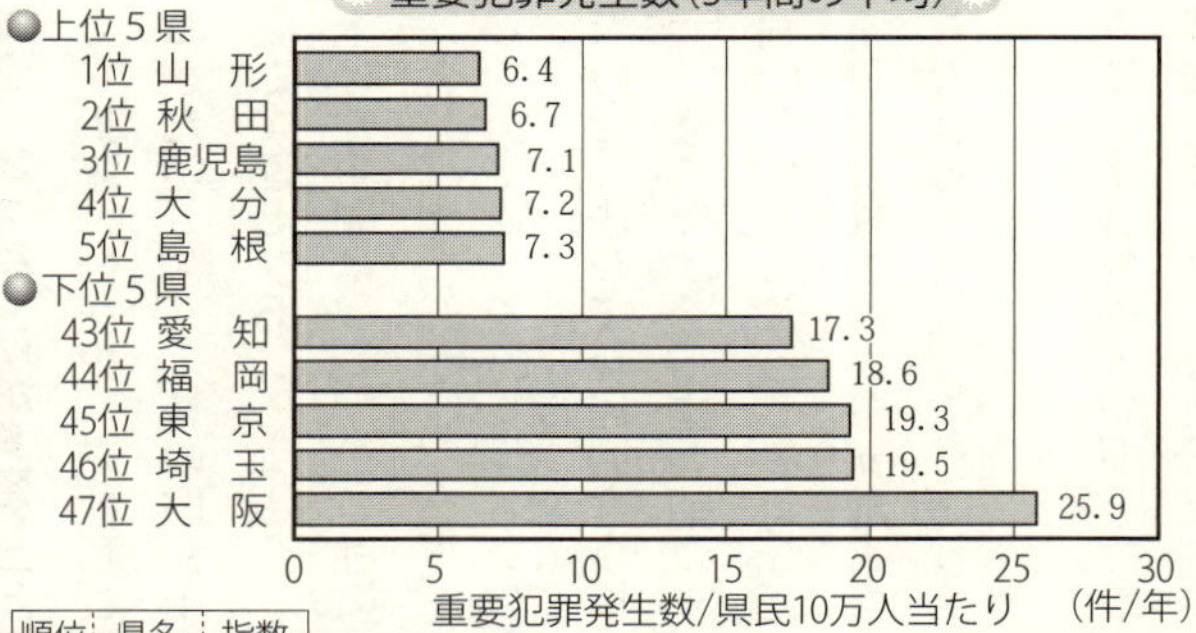
上位5県
1位 山　形 6.4
2位 秋　田 6.7
3位 鹿児島 7.1
4位 大　分 7.2
5位 島　根 7.3
下位5県
43位 愛　知 17.3
44位 福　岡 18.6
45位 東　京 19.3
46位 埼　玉 19.5
47位 大　阪 25.9
0 5 10 15 20 25 30
重要犯罪発生数/県民10万人当たり　（件/年）

順位	県名	指数	順位	県名	指数	順位	県名	指数	順位	県名	指数
6位	福　井	7.3	16位	熊　本	10.4	26位	新　潟	11.8	36位	高　知	14.6
7位	徳　島	7.3	17位	鳥　取	10.5	27位	滋　賀	11.9	37位	神奈川	14.7
8位	岩　手	7.6	18位	奈　良	10.6	28位	群　馬	12.0	38位	栃　木	14.7
9位	山　口	8.1	19位	岡　山	10.6	29位	三　重	12.1	全国平均		14.9
10位	石　川	8.2	20位	宮　崎	10.6	30位	山　梨	12.4	39位	千　葉	15.6
11位	福　島	8.4	21位	長　崎	10.7	31位	沖　縄	12.7	40位	茨　城	15.7
12位	富　山	8.6	22位	香　川	11.2	32位	北海道	12.8	41位	兵　庫	15.9
13位	青　森	8.7	23位	和歌山	11.2	33位	静　岡	13.5	42位	京　都	17.2
14位	長　野	9.3	24位	岐　阜	11.5	34位	宮　城	13.7			
15位	佐　賀	10.4	25位	愛　媛	11.7	35位	広　島	14.4			

重要犯罪発生数と検挙率

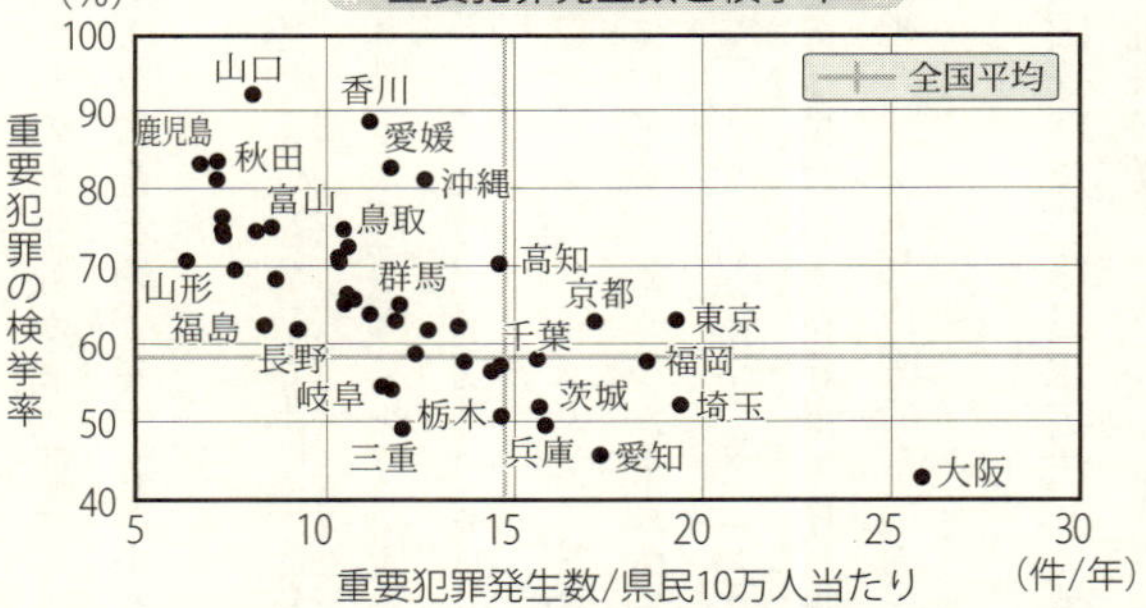
(%)
100
90
80
70
60
50
40
重要犯罪の検挙率
全国平均
山口
香川
鹿児島
秋田
愛媛
沖縄
富山
鳥取
高知
山形
群馬
京都
東京
福島
長野
千葉
福岡
岐阜
栃木
茨城
埼玉
三重
兵庫
愛知
大阪
5 10 15 20 25 30
重要犯罪発生数/県民10万人当たり　（件/年）

備考：平成16~20年における重要犯罪の認知件数と検挙数の年平均。
出典：図5-1と同じ

殺人、強盗、ひったくりが多発しているのはこの県だ！

ここで、犯罪（刑法犯）の種類ごとに、県民一〇万人当たりの発生数が多い県と少ない県を見ておきたい。スペースの関係上、上位五県と下位五県のみにとどめ、発生数が少ない県を上位として**図5-6**（一九五〜一九七ページ）に示した。

取り上げた犯罪は、「殺人」「強盗」「放火」「強姦」「恐喝」「侵入盗」「自動車盗」「ひったくり」「来日外国人犯罪」の九種。これらのすべての下位五県に大都市圏ばかりが入っているということはなく、それぞれに各県が入れ替わって登場する。ただ、平成二〇年の単年度データなので、決して普遍的な事情を表わすものではないことをお含みおきいただきたい。

「殺人」で驚くのは、下位五県のうち三県も四国勢が入っている点。最下位が瀬戸内海をはさんだ岡山というところも無気味だ。「強盗」が多発しているのは大都市圏だが、「放火」となると下位には地方ばかりが並んでいる。「強姦」「恐喝」の下位には大都市圏の中に地方がちらほら混ざる。「自動車盗」「ひったくり」「来日外国人犯罪」が大都市圏で多いのは合点《がてん》がいく。

ちなみに「来日外国人犯罪」で最も多数を占める「出入国管理及び難民認定法（入管法）」違反は刑法犯ではなく特別法犯なので、このデータには特別法犯数も含めた。

図5-6　犯罪種別の発生数、上位・下位5県/県民10万人当たり（平成20年）

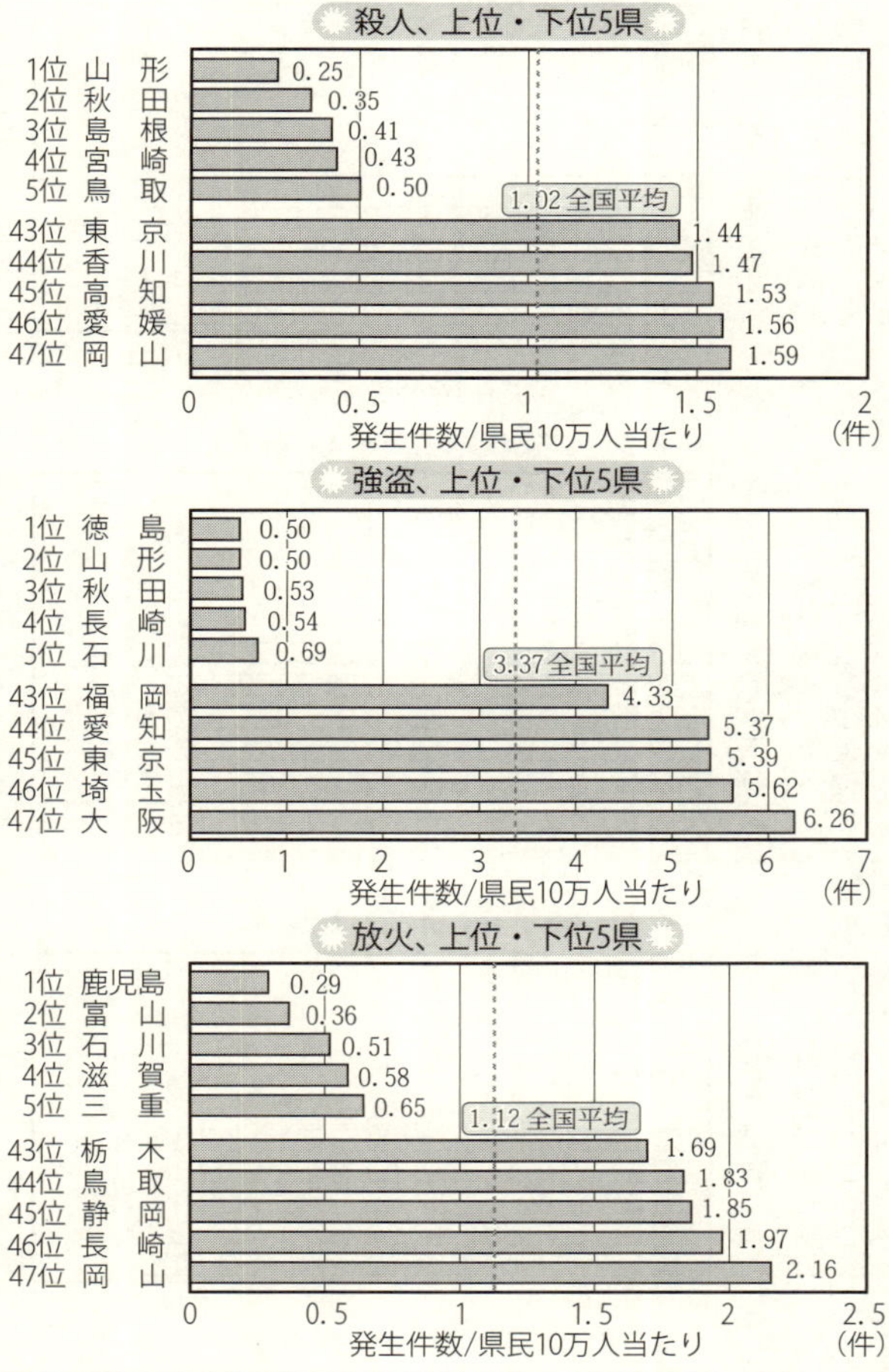
殺人、上位・下位5県
1位 山形 0.25
2位 秋田 0.35
3位 島根 0.41
4位 宮崎 0.43
5位 鳥取 0.50
1.02 全国平均
43位 東京 1.44
44位 香川 1.47
45位 高知 1.53
46位 愛媛 1.56
47位 岡山 1.59
0 0.5 1 1.5 2
発生件数/県民10万人当たり (件)
強盗、上位・下位5県
1位 徳島 0.50
2位 山形 0.50
3位 秋田 0.53
4位 長崎 0.54
5位 石川 0.69
3.37 全国平均
43位 福岡 4.33
44位 愛知 5.37
45位 東京 5.39
46位 埼玉 5.62
47位 大阪 6.26
0 1 2 3 4 5 6 7
発生件数/県民10万人当たり (件)
放火、上位・下位5県
1位 鹿児島 0.29
2位 富山 0.36
3位 石川 0.51
4位 滋賀 0.58
5位 三重 0.65
1.12 全国平均
43位 栃木 1.69
44位 鳥取 1.83
45位 静岡 1.85
46位 長崎 1.97
47位 岡山 2.16
0 0.5 1 1.5 2 2.5
発生件数/県民10万人当たり (件)

図5-6の続き

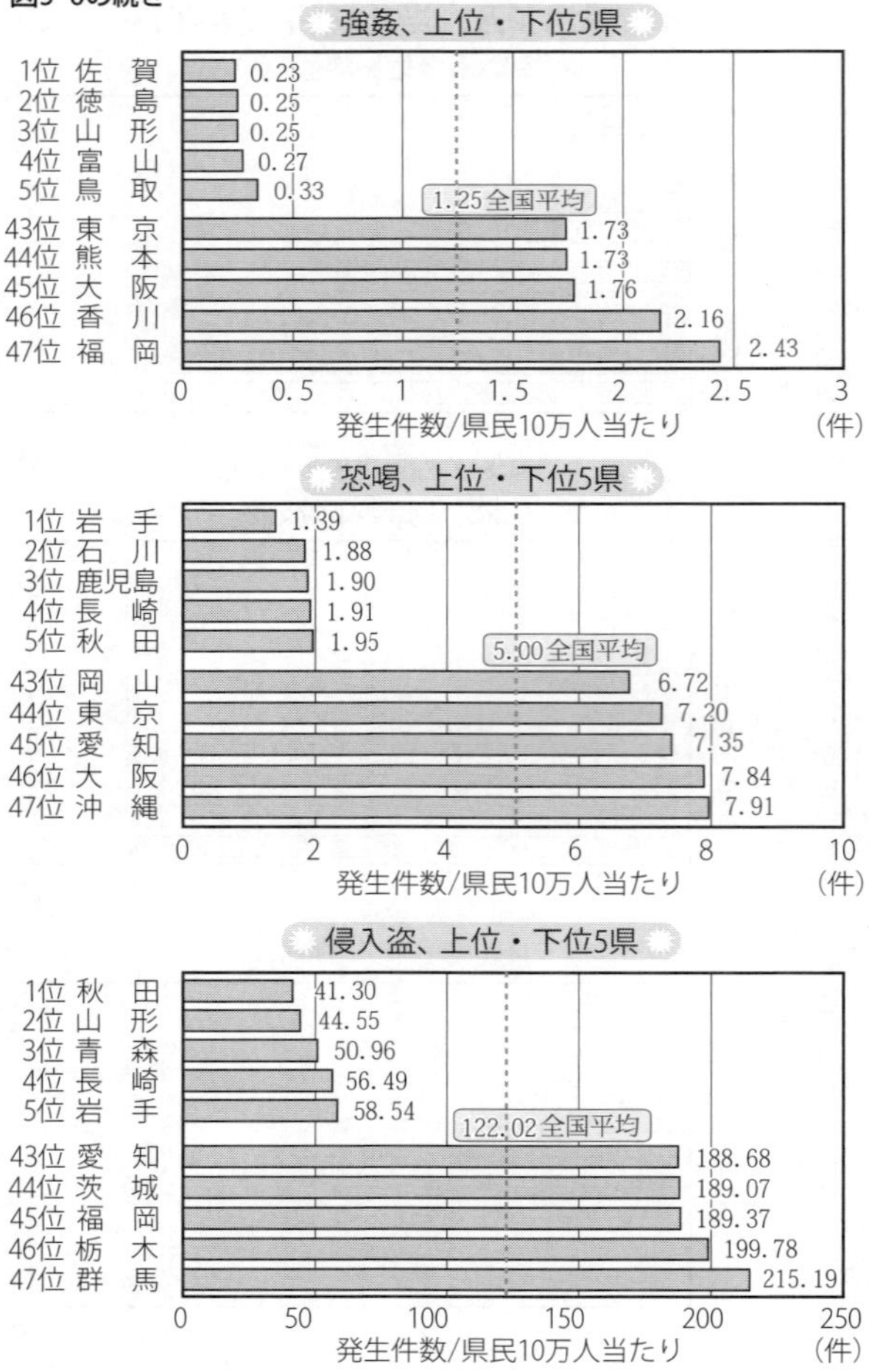
強姦、上位・下位5県
1位 佐賀 0.23
2位 徳島 0.25
3位 山形 0.25
4位 富山 0.27
5位 鳥取 0.33
1.25全国平均
43位 東京 1.73
44位 熊本 1.73
45位 大阪 1.76
46位 香川 2.16
47位 福岡 2.43
0 0.5 1 1.5 2 2.5 3
発生件数/県民10万人当たり (件)
恐喝、上位・下位5県
1位 岩手 1.39
2位 石川 1.88
3位 鹿児島 1.90
4位 長崎 1.91
5位 秋田 1.95
5.00全国平均
43位 岡山 6.72
44位 東京 7.20
45位 愛知 7.35
46位 大阪 7.84
47位 沖縄 7.91
0 2 4 6 8 10
発生件数/県民10万人当たり (件)
侵入盗、上位・下位5県
1位 秋田 41.30
2位 山形 44.55
3位 青森 50.96
4位 長崎 56.49
5位 岩手 58.54
122.02全国平均
43位 愛知 188.68
44位 茨城 189.07
45位 福岡 189.37
46位 栃木 199.78
47位 群馬 215.19
0 50 100 150 200 250
発生件数/県民10万人当たり (件)

図5-6の続き

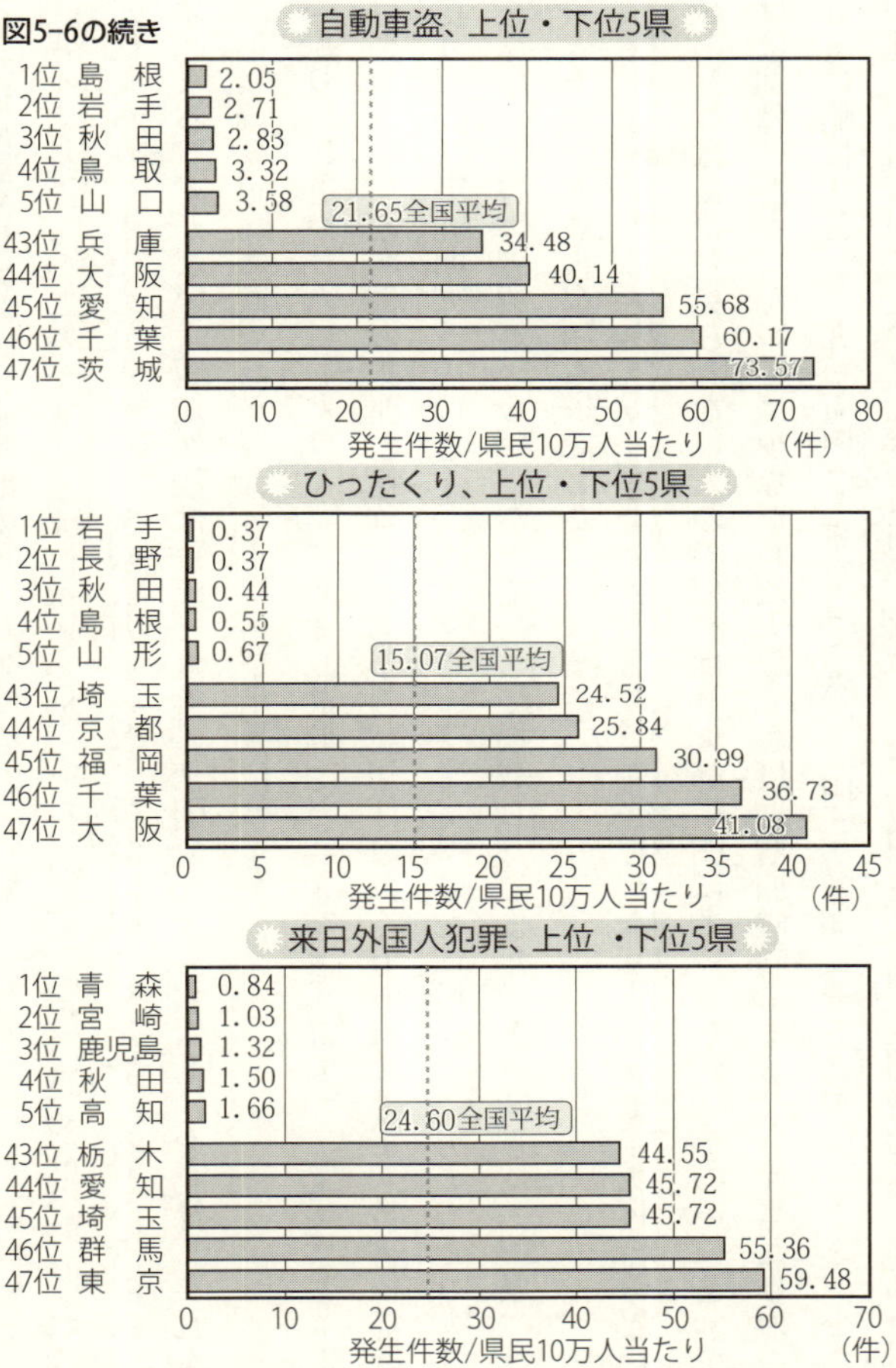
自動車盗、上位・下位5県
1位 島根 2.05
2位 岩手 2.71
3位 秋田 2.83
4位 鳥取 3.32
5位 山口 3.58
21.65全国平均
43位 兵庫 34.48
44位 大阪 40.14
45位 愛知 55.68
46位 千葉 60.17
47位 茨城 73.57
0 10 20 30 40 50 60 70 80
発生件数/県民10万人当たり (件)
ひったくり、上位・下位5県
1位 岩手 0.37
2位 長野 0.37
3位 秋田 0.44
4位 島根 0.55
5位 山形 0.67
15.07全国平均
43位 埼玉 24.52
44位 京都 25.84
45位 福岡 30.99
46位 千葉 36.73
47位 大阪 41.08
0 5 10 15 20 25 30 35 40 45
発生件数/県民10万人当たり (件)
来日外国人犯罪、上位・下位5県
1位 青森 0.84
2位 宮崎 1.03
3位 鹿児島 1.32
4位 秋田 1.50
5位 高知 1.66
24.60全国平均
43位 栃木 44.55
44位 愛知 45.72
45位 埼玉 45.72
46位 群馬 55.36
47位 東京 59.48
0 10 20 30 40 50 60 70
発生件数/県民10万人当たり (件)

備考：来日外国人犯罪とは、定住居住者（永住権保持者等）、在日米軍関係者及び留資格不明者以外の者による刑法犯と特別法犯。

出典：図5-1と同じ

「振り込め詐欺は大阪人に通用しない」は本当か!?

我々の身近なところでますます深刻さを増している犯罪「振り込め詐欺」。これほど被害が伝えられ、手口も公表され、警察も力を入れて撲滅《ぼくめつ》に取り組んでいるというのに、一向におさまる気配がない。認知件数は平成一六年に全国で二万五六六七件を記録。これをピークに年々減少傾向にあったが、二〇一〇年に再び上昇に転じた。

「振り込め詐欺」とはいわゆる「オレオレ詐欺」と「架空請求詐欺」「融資保証金詐欺」「還付金等詐欺」の四種の犯罪の総称。二〇一〇年の認知件数は二万四八一件で、被害総額は二七五億九四三八万九四九八円にも上った。**図5-7**では県ごとに県民一〇万人当たりの被害者数を算出し、被害者数が少ない県を上位として掲載した。また、上位・下位一〇県には被害者一人当たりの被害金額も併記した。

振り込め詐欺発生数の県別差は大きい。東京の発生率は鹿児島の五倍以上だ。発生率に地域の偏りはあまり見られないものの、やはり大都市圏に多い。ただ、その中にあって大阪だけは例外。だが、かつては少なかった大阪でも最近増加傾向にある。一件当たりの被害金額は多い順に千葉(一九一万円)、東京(一六一万円)、愛知(一五九万円)……、少ないのは沖縄(六四万円)、大分(七二万円)、兵庫(八三万円)……。全国平均は一三五万円だった。

図5-7　振り込め詐欺被害者数/県民10万人当たり（平成20年）

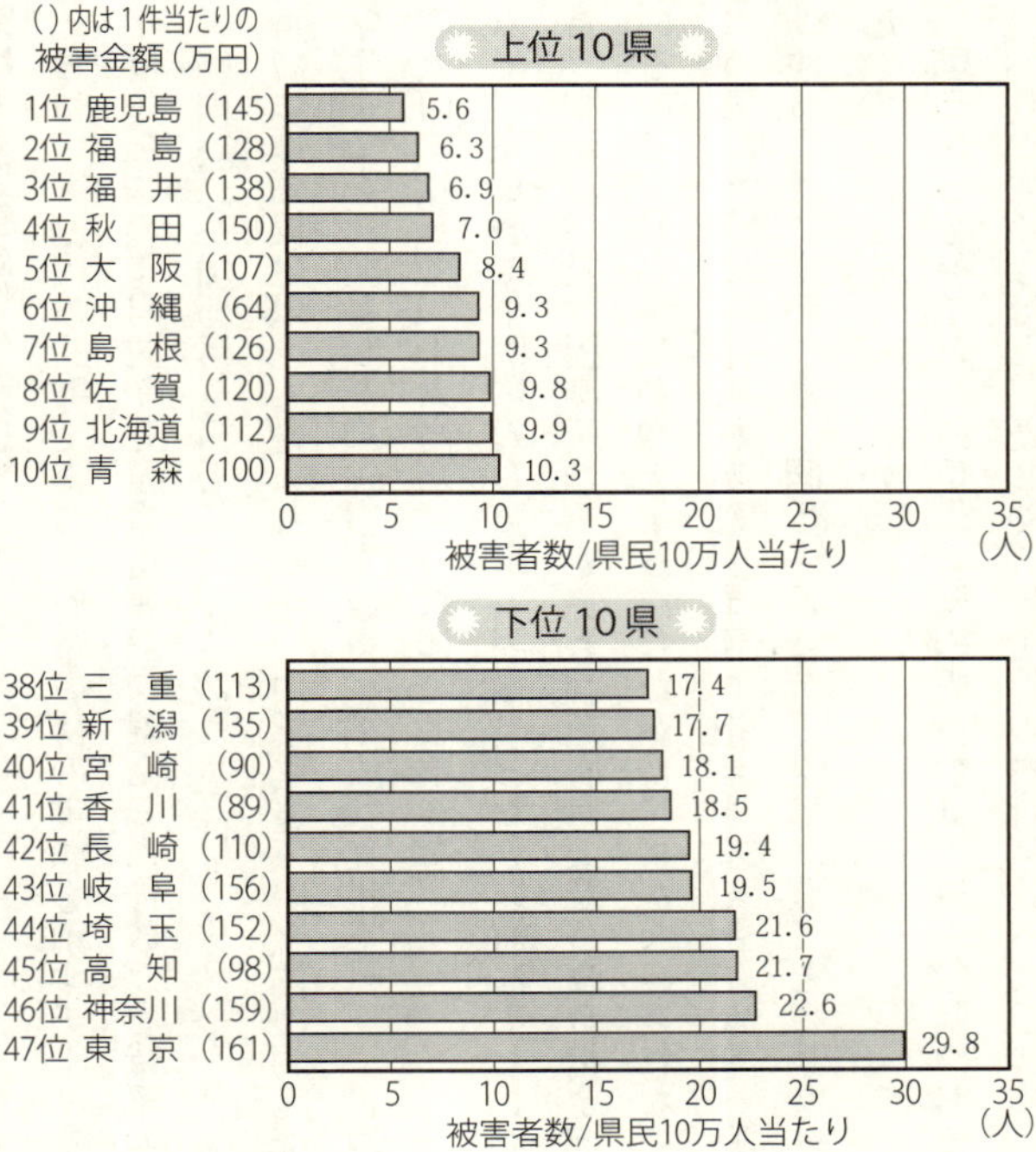

()内は1件当たりの被害金額（万円）
上位10県
1位 鹿児島 (145) 5.6
2位 福島 (128) 6.3
3位 福井 (138) 6.9
4位 秋田 (150) 7.0
5位 大阪 (107) 8.4
6位 沖縄 (64) 9.3
7位 島根 (126) 9.3
8位 佐賀 (120) 9.8
9位 北海道 (112) 9.9
10位 青森 (100) 10.3
0 5 10 15 20 25 30 35
被害者数/県民10万人当たり
（人）
下位10県
38位 三重 (113) 17.4
39位 新潟 (135) 17.7
40位 宮崎 (90) 18.1
41位 香川 (89) 18.5
42位 長崎 (110) 19.4
43位 岐阜 (156) 19.5
44位 埼玉 (152) 21.6
45位 高知 (98) 21.7
46位 神奈川 (159) 22.6
47位 東京 (161) 29.8
0 5 10 15 20 25 30 35
被害者数/県民10万人当たり
（人）

順位	県名	(人)									
11位	山梨	10.4	18位	大分	12.3	25位	兵庫	14.3	31位	奈良	16.6
12位	滋賀	10.7	19位	熊本	12.4	26位	茨城	14.4	32位	栃木	16.8
13位	鳥取	11.3	20位	徳島	12.8	27位	富山	14.4	33位	愛媛	17.0
14位	岩手	11.5	21位	静岡	13.1	28位	広島	15.7	34位	宮城	17.0
15位	福岡	11.5	22位	愛知	13.4	29位	岡山	16.0	35位	和歌山	17.1
16位	山形	11.6	23位	石川	13.7	全国平均		16.1	36位	千葉	17.1
17位	京都	11.8	24位	山口	13.8	30位	群馬	16.2	37位	長野	17.2

▶ 出典：各都道府県警のHP、新聞発表などから算出。

滋賀が突出する児童虐待相談件数

図5－8に、家庭内の犯罪である、児童虐待の実態を示すデータを掲載した。これは、平成一九年度に全国の市町村が児童虐待相談に対応した件数。虐待率の少ない県を上位とした。

児童虐待相談の全国総数は四万九八九五件。一日当たりにすると、約一三七件にもなる。虐待被害者には高校生以上も含まれるが、中学生までが全体の約九七％を占めるので、ここでは中学生までを対象とした。被害者数を、平成一九年三月三一日現在の都道府県ごとの〇～一四歳人口で除して、千人当たりの数にして示した。

ちなみに、児童虐待事例に対しては、周知のとおり以前は主として児童相談所が直接対応していた。しかし、児童相談所はそもそも都道府県（及び政令指定都市、中核都市）を主体としているので、対応件数が増大するにしたがってまかないきれなくなってきた。そこで平成一七年から、すべての市町村が対応業務を担当することになり、児童相談所は市町村を指導、援助する立場に変わった。図5－8のデータは、県ごとに集計された市町村の児童虐待相談対応数の合計をもとにしている。

さて、図5－8を見ると、下位一〇県の虐待数は上位一〇県のおよそ二倍。とりわけ滋賀県の突出ぶりが異常なほど甚《はなは》だしく、最上位の青森に比べてじつに一八倍にもなる。滋賀は、

図5-8　**児童虐待相談の対応件数/児童・生徒千人当たり（平成19年）**

上位10県

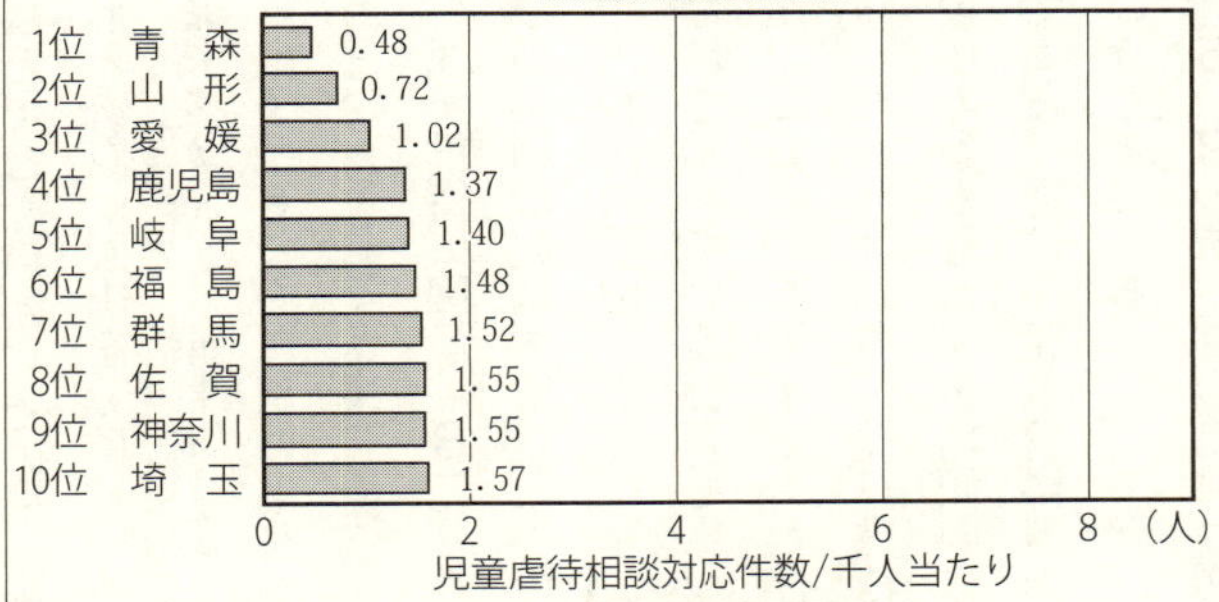
1位　青　森
2位　山　形
3位　愛　媛
4位　鹿児島
5位　岐　阜
6位　福　島
7位　群　馬
8位　佐　賀
9位　神奈川
10位　埼　玉
0.48
0.72
1.02
1.37
1.40
1.48
1.52
1.55
1.55
1.57
0
2
4
6
8
（人）
児童虐待相談対応件数/千人当たり

下位10県

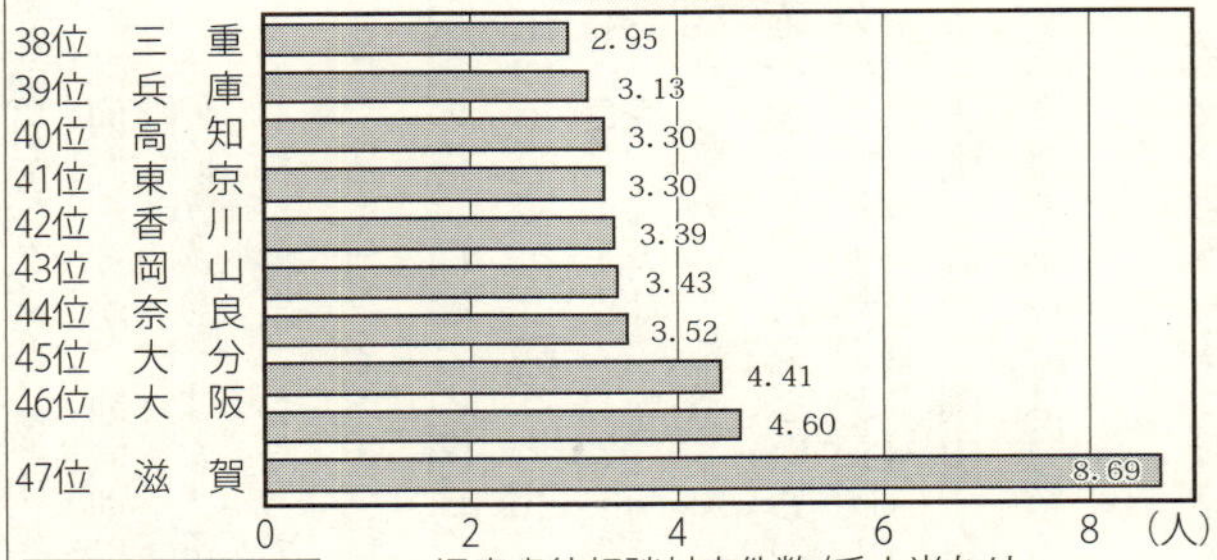
38位　三　重
39位　兵　庫
40位　高　知
41位　東　京
42位　香　川
43位　岡　山
44位　奈　良
45位　大　分
46位　大　阪
47位　滋　賀
2.95
3.13
3.30
3.30
3.39
3.43
3.52
4.41
4.60
8.69
0
2
4
6
8
（人）
児童虐待相談対応件数/千人当たり

順位	県名	（人）									
11位	鳥取	1.68	18位	新潟	1.87	25位	徳島	2.14	32位	山梨	2.45
12位	長崎	1.69	19位	静岡	1.89	26位	広島	2.18	33位	沖縄	2.48
13位	愛知	1.72	20位	福井	1.90	27位	茨城	2.27	34位	和歌山	2.53
14位	京都	1.76	21位	栃木	1.95	28位	宮崎	2.33	35位	山口	2.58
15位	福岡	1.77	22位	千葉	1.97	29位	熊本	2.33	36位	長野	2.59
16位	石川	1.79	23位	富山	2.06	30位	岩手	2.36	37位	島根	2.68
17位	北海道	1.87	24位	秋田	2.12	31位	宮城	2.42	全国平均		2.78

備考：県ごとに、市町村における中学生までの児童虐待相談対応件数を0～14歳人口で割って算出。
出典：平成19年度福祉行政報告例（厚生労働省）

一九年度ほどではないが、その前年度も相談件数が多く、岡山に次いでワースト二だった。青森・山形と滋賀・岡山を分けているものは何だろうか。地域別に見ると、西日本とくに関西地方で虐待率が高く、東日本で低いという傾向があり、また大都市圏が比較的高いようだ。

児童虐待は子どもの心に深い傷跡を残し、それが将来にわたってなにがしかの影響を及ぼすというのは、わざわざ発達心理学を持ち出さずともよく知られている事実だ。そこで図5-9で、児童虐待（図5-8）と教育現場の重大問題との関連を見てみた。

図5-9の上図は児童虐待率と小中学生の不登校率（図4-20）の相関を、下図は児童虐待率と小中高校生の暴力行為発生率（図4-22）の相関を、散布図で見たものである。ただし、特異な値を示している滋賀を二つの図から除外してある。

もちろん、これらの県別データだけで確かなことは言えないものの、どちらもある程度の相関が見られた。すなわち、児童虐待の多かった県の学校では小中学生の不登校が多く、かつ小中高校生の暴力行為が多い傾向にある。大阪、高知、岡山、奈良の数値はとくに気になるところである。逆に、児童虐待の少なかった県の学校では児童・生徒の問題行動が少なかった、ということである。

なお、図5-9のデータの出典は図4-20及び図5-8と同じである。

図5-9　児童虐待と不登校・暴力行為

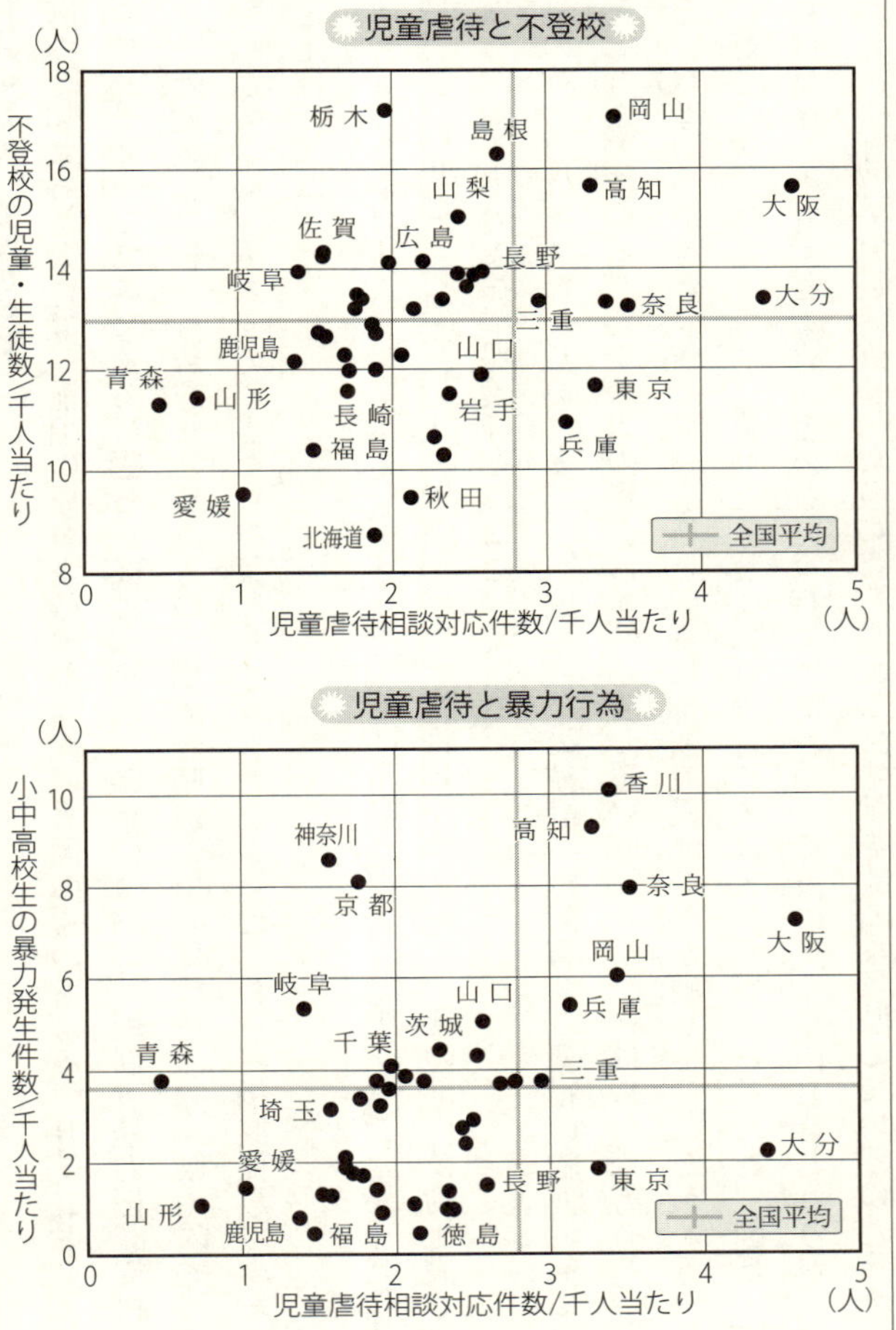
児童虐待と不登校
(人)
不登校の児童・生徒数/千人当たり
18
16
14
12
10
8
0
1
2
3
4
5
児童虐待相談対応件数/千人当たり
(人)
栃木
岡山
島根
高知
大阪
山梨
佐賀
広島
長野
岐阜
大分
奈良
三重
鹿児島
山口
青森
山形
東京
長崎
岩手
兵庫
福島
秋田
愛媛
北海道
全国平均
児童虐待と暴力行為
(人)
小中高校生の暴力発生件数/千人当たり
10
8
6
4
2
0
0
1
2
3
4
5
児童虐待相談対応件数/千人当たり
(人)
香川
高知
神奈川
奈良
京都
大阪
岡山
岐阜
山口
兵庫
茨城
千葉
青森
三重
埼玉
大分
愛媛
東京
長野
山形
鹿児島
福島
徳島
全国平均

夫婦円満の宮城、DVの佐賀

家庭内で起こる暴力には、前項の児童虐待の他に配偶者間のものもある。DV(ドメスティック・バイオレンス)である。図5-10は、平成二〇年に全国の「配偶者暴力相談支援センター」が対応した相談件数をまとめたもの。都道府県別の相談件数を、同一県内の夫婦総組数で割って求め、夫婦一万組当たりの数にしてランキングした。むろん相談件数の少ない県ほど上位とした。

配偶者暴力相談支援センターは「配偶者からの暴力の防止及び被害者の保護に関する法律」(配偶者暴力防止法)に基づいて、婦人相談所や女性相談センター、その他の公的施設が窓口となり、被害者の支援、保護等をおこなっている。

DVの被害者は当然ながら妻に多い。平成一八年の統計では障害及び暴行の約九五%で妻が被害者となっている。だが殺人の場合は事情が少し違い、三人に一人は夫が被害者だった。

図5-10より、DVの状況は児童虐待と同様に都道府県間の差が激しいことがわかる。お互いに好きで夫婦になっても、宮城と佐賀ではその行く末は大きく異なる。ただ、図5-10の数字は全体に小さすぎる感が否めない。DVは隠れやすく表に出にくいと言われるが、全国平均が一万組当たり四・九組というのは、はたして実情を正しく反映しているのだろうか。

図5-10 DV相談件数/夫婦1万組当たり(平成20年)

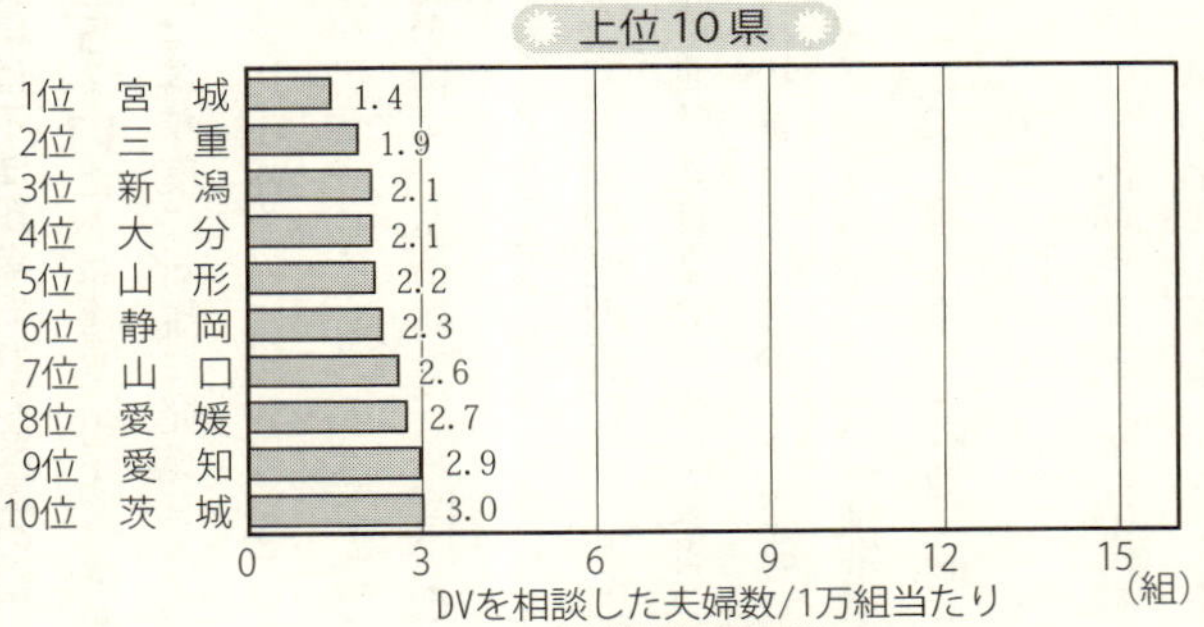
上位10県
1位 宮城 1.4
2位 三重 1.9
3位 新潟 2.1
4位 大分 2.1
5位 山形 2.2
6位 静岡 2.3
7位 山口 2.6
8位 愛媛 2.7
9位 愛知 2.9
10位 茨城 3.0
0
3
6
9
12
15
(組)
DVを相談した夫婦数/1万組当たり

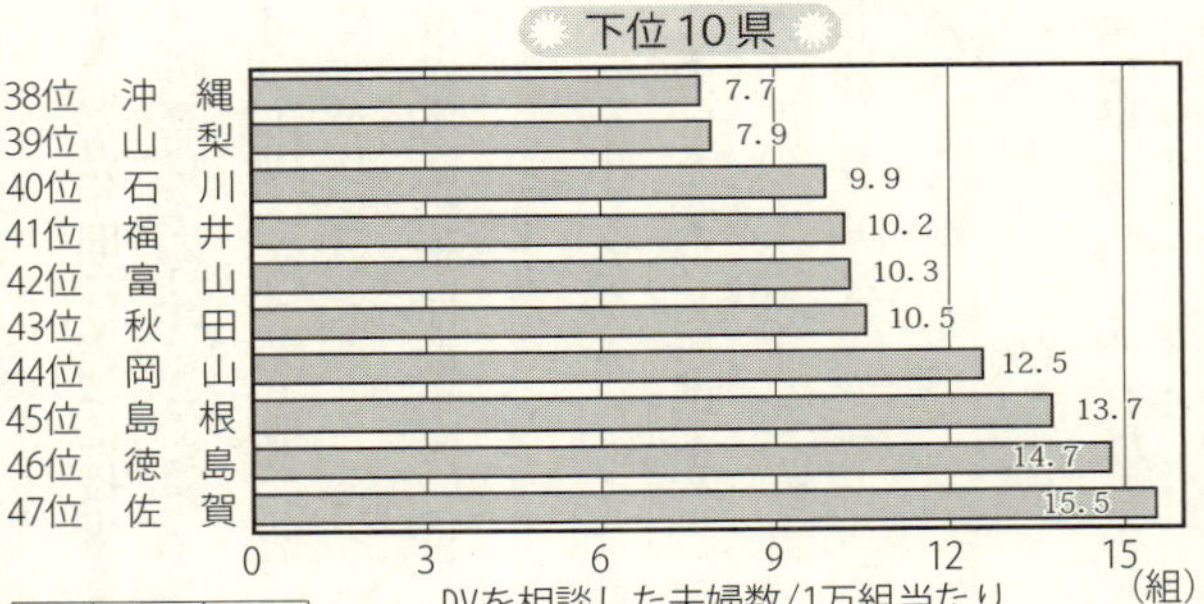
下位10県
38位 沖縄 7.7
39位 山梨 7.9
40位 石川 9.9
41位 福井 10.2
42位 富山 10.3
43位 秋田 10.5
44位 岡山 12.5
45位 島根 13.7
46位 徳島 14.7
47位 佐賀 15.5
0
3
6
9
12
15
(組)
DVを相談した夫婦数/1万組当たり

順位	県名	(組)									
11位	北海道	3.1	18位	奈良	4.3	25位	神奈川	4.7	31位	和歌山	6.9
12位	岐阜	3.2	19位	熊本	4.3	26位	高知	4.9	32位	福岡	7.1
13位	埼玉	3.2	20位	大阪	4.3	27位	京都	4.9	33位	千葉	7.1
14位	鹿児島	3.3	21位	兵庫	4.4	全国平均		4.9	34位	長崎	7.2
15位	広島	3.7	22位	香川	4.4	28位	東京	5.2	35位	鳥取	7.2
16位	宮崎	3.7	23位	滋賀	4.6	29位	栃木	6.2	36位	群馬	7.3
17位	長野	4.0	24位	岩手	4.7	30位	青森	6.4	37位	福島	7.5

備考：県別の夫婦総数は「国民生活基礎調査」より「配偶者あり」の人口を2で割って算出。

出典：配偶者暴力相談支援センターにおける配偶者からの暴力が関係する相談件数等について（内閣府男女共同参画局）、平成19年国民生活基礎調査（厚生労働省）

千葉には不法投棄された産廃の山

図5-11に、平成一五～一九年度の五年間に不法に投棄された産業廃棄物の量を示した。数値は各年度に新規に発覚した不法投棄量を合計したもの。ただし一件当たりの投棄量が一〇トン以上のものに限っている。不法投棄量が少ない県ほど上位とした。

不法投棄されるもののほとんどは、がれきや木くずといった建設系及びそれが混じった混合廃棄物。一九年度で言えば、それが不法投棄件数全体（三八二件）の七五・九％（二九〇件）、不法投棄量全体（一〇・二万トン）の七九％（八万トン）を占めている。

産業廃棄物の処理責任は、そのゴミを出した業者にある。ただ、都道府県の許可を受けた産業廃棄物処理業者が排出業者から委託を受けて処理をおこなうことができる。では、だれが不法投棄しているのか。平成一九年度の不法投棄量の統計では、許可処理業者が三・一万トン（三〇・六％）、次いで排出業者が二・四万トン（二三・七％）、無許可業者が二・三万トン（二二・四％）、その他不明となっている。

さて、図5-11で注意を要するのは、上位一〇県と下位一〇県のグラフとでは目盛りの単位が一〇〇倍違うこと。不法投棄量は県によってそれほどの差があり、不法投棄がほぼゼロの東京は別格としても、上位六位までが一〇〇〇トン未満であるのに対して、下位三県は一

図5-11 産業廃棄物の不法投棄量(平成15~19年度)

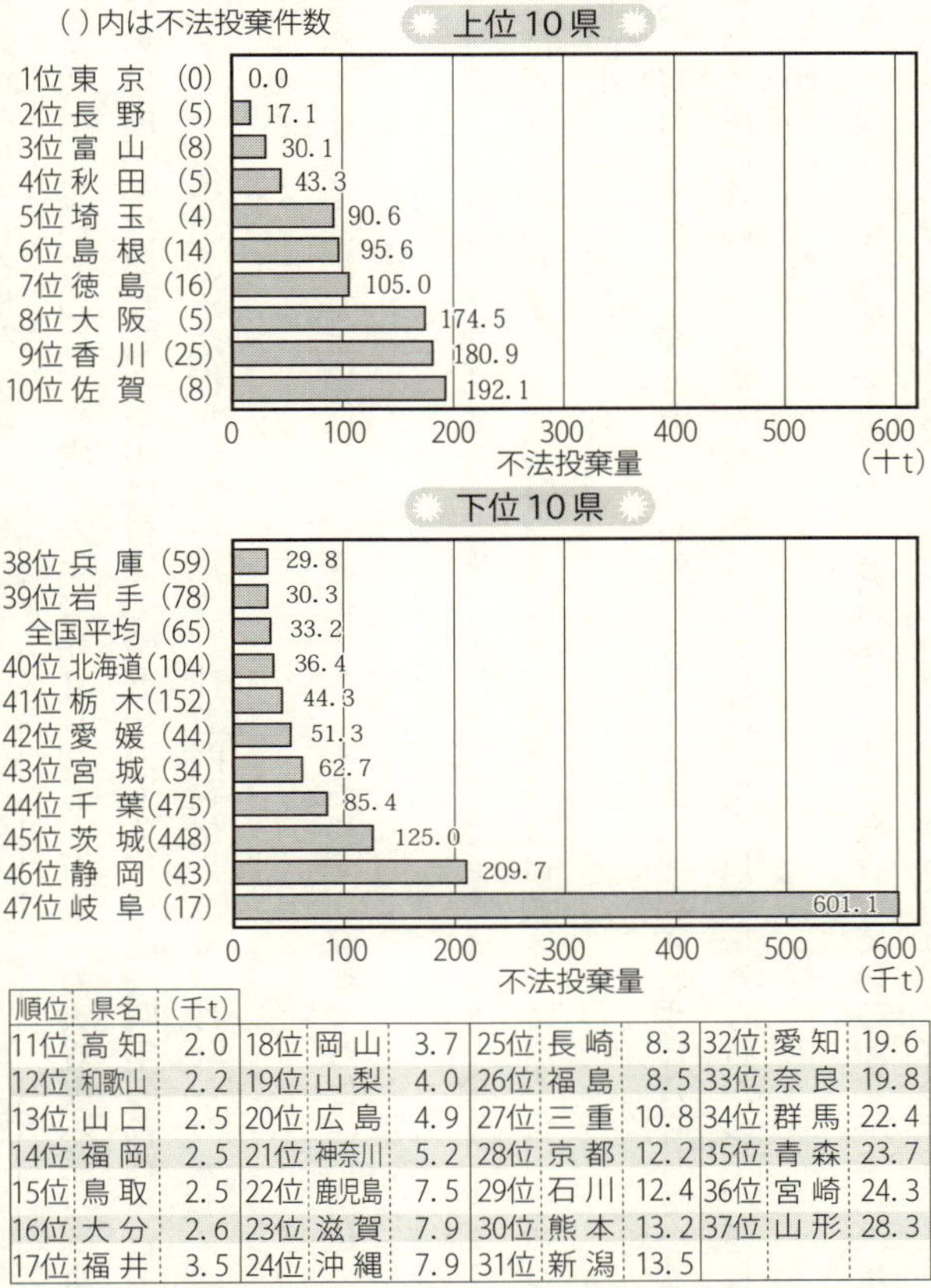
( )内は不法投棄件数
上位10県
1位 東京 (0) 0.0
2位 長野 (5) 17.1
3位 富山 (8) 30.1
4位 秋田 (5) 43.3
5位 埼玉 (4) 90.6
6位 島根 (14) 95.6
7位 徳島 (16) 105.0
8位 大阪 (5) 174.5
9位 香川 (25) 180.9
10位 佐賀 (8) 192.1
0 100 200 300 400 500 600
不法投棄量
(十t)
下位10県
38位 兵庫 (59) 29.8
39位 岩手 (78) 30.3
全国平均 (65) 33.2
40位 北海道(104) 36.4
41位 栃木(152) 44.3
42位 愛媛 (44) 51.3
43位 宮城 (34) 62.7
44位 千葉(475) 85.4
45位 茨城(448) 125.0
46位 静岡 (43) 209.7
47位 岐阜 (17) 601.1
0 100 200 300 400 500 600
不法投棄量
(千t)

順位	県名	(千t)									
11位	高知	2.0	18位	岡山	3.7	25位	長崎	8.3	32位	愛知	19.6
12位	和歌山	2.2	19位	山梨	4.0	26位	福島	8.5	33位	奈良	19.8
13位	山口	2.5	20位	広島	4.9	27位	三重	10.8	34位	群馬	22.4
14位	福岡	2.5	21位	神奈川	5.2	28位	京都	12.2	35位	青森	23.7
15位	鳥取	2.5	22位	鹿児島	7.5	29位	石川	12.4	36位	宮崎	24.3
16位	大分	2.6	23位	滋賀	7.9	30位	熊本	13.2	37位	山形	28.3
17位	福井	3.5	24位	沖縄	7.9	31位	新潟	13.5			

備考：投棄量が1件当たり10t以上の事案。2グラフの目盛りは100倍違う。
出典：環境省大臣官房廃棄物・リサイクル対策部産業廃棄物課適正処理・不法投棄対策室「産業廃棄物の不法投棄等の状況(平成19年度)について」

〇万トンのオーダーである。

岐阜が突出しているのは、平成一六年に発覚した五七万トンの大規模不法投棄事件による。過去にも平成二年に発覚した香川県豊島《てしま》での五一万トン、平成一四年の青森・岩手県境での八六万トンの大規模の不法投棄事件があり、社会問題化したが、これらのデータは**図5-11**には反映されていない。

産業廃棄物の不法投棄は環境汚染に直結する。不法投棄が発覚すれば、自治体によって撤去・適切処理の行政命令が出されるものの、投棄業者が不明だったり、資金力がないなどの理由で処理が遅れるケースも多い。長期に放置されればされるほど、環境にダメージを与え、ひいては近隣住民の健康へも悪影響を及ぼす。最終的に自治体が費用を負担し、つまり税金で原状回復をはかる場合もある。

図5-12は、平成二〇年三月三一日時点で未《いま》だ撤去・処理されずに残存している不法投棄された産業廃棄物の量。千葉が飛び抜けて多い他、関東以北に残存量が多く、西日本に少ないという傾向が見られる。

なお、平成一〇年以前に発覚した不法投棄で、まだ残存している産業廃棄物の量は、八七五・七万トンもあり、総残存量一六三三・七万トンのうちの五三・六%を占めている。

図5-12　不法投棄された産業廃棄物の残存量（平成20年3月31日現在）

上位10県

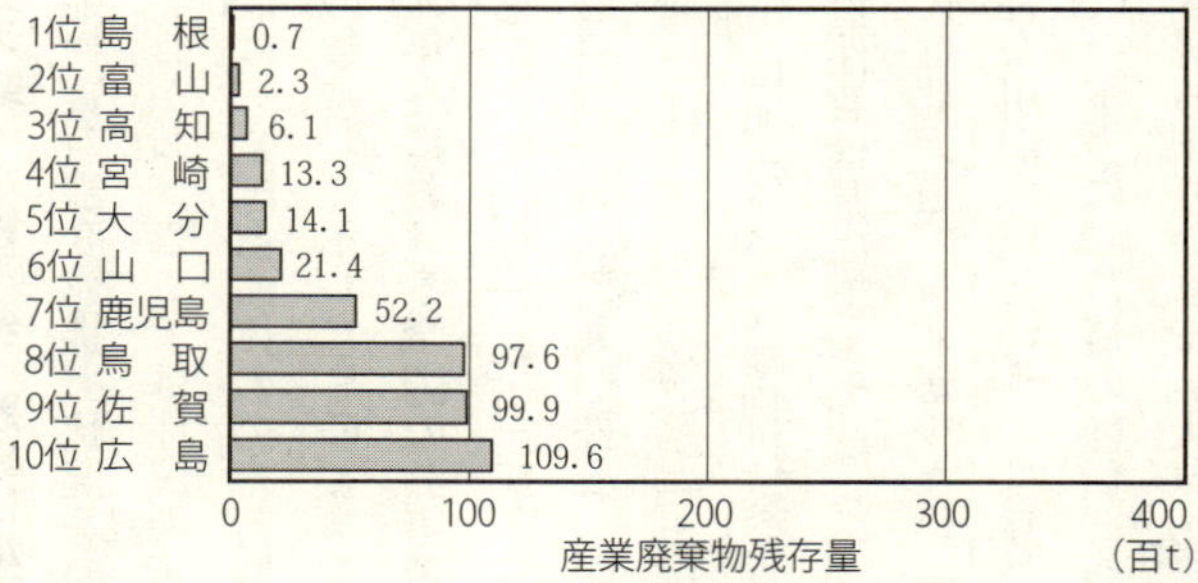
1位 島　根 0.7
2位 富　山 2.3
3位 高　知 6.1
4位 宮　崎 13.3
5位 大　分 14.1
6位 山　口 21.4
7位 鹿児島 52.2
8位 鳥　取 97.6
9位 佐　賀 99.9
10位 広　島 109.6
0
100
200
300
400
産業廃棄物残存量
（百t）

下位10県

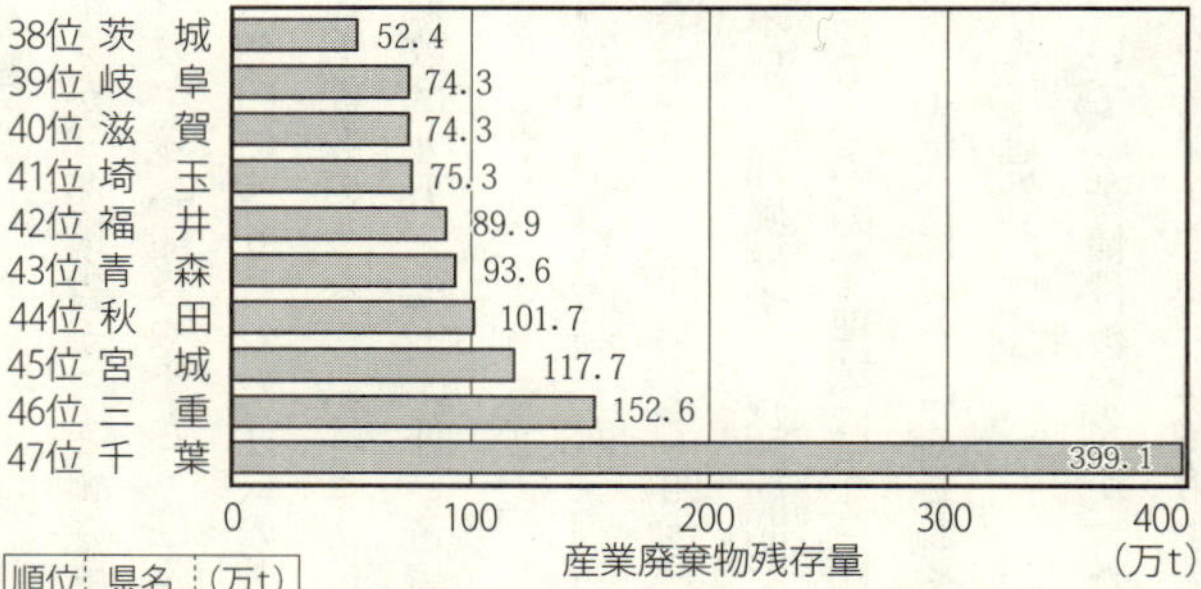
38位 茨　城 52.4
39位 岐　阜 74.3
40位 滋　賀 74.3
41位 埼　玉 75.3
42位 福　井 89.9
43位 青　森 93.6
44位 秋　田 101.7
45位 宮　城 117.7
46位 三　重 152.6
47位 千　葉 399.1
0
100
200
300
400
産業廃棄物残存量
（万t）

順位	県名	（万t）									
11位	岡山	1.5	18位	新潟	6.8	25位	石川	10.6	32位	神奈川	24.5
12位	熊本	2.8	19位	長野	7.1	26位	岩手	10.7	33位	香川	28.0
13位	和歌山	3.2	20位	徳島	7.6	27位	京都	13.7	34位	奈良	28.5
14位	福島	3.5	21位	兵庫	7.8	28位	大阪	16.1	35位	栃木	30.1
15位	山梨	3.7	22位	東京	7.9	29位	北海道	17.1	全国平均		34.8
16位	山形	6.0	23位	愛媛	9.0	30位	群馬	18.9	36位	福岡	45.9
17位	沖縄	6.1	24位	長崎	9.1	31位	静岡	23.6	37位	愛知	48.8

備考：平成20年3月31日現在の残存量。
出典：図5-11と同じ

いまや大気汚染・水質汚染・悪臭は地方型公害

環境汚染物質の濃度、排出状況等のデータが、環境省からさまざまな物質に関して公表されている。しかし、ここでは住民の苦情件数から「住みやすさ・住みにくさ」をはかりたい。

図5-13は、全国自治体の公害苦情相談窓口に寄せられた住民の苦情件数を、県民一〇万人当たりの数にして示したものである。苦情件数の少ない県ほど上位とした。

平成一九年度における全国の公害苦情総数は九万一七七〇件。苦情の種類は、典型七公害といわれる「大気汚染」二万三六二八件（三六・六％）、「騒音」一万五九一三件（二四・七％）、「悪臭」一万三二九〇件（二〇・六％）、「水質汚濁《おだく》」九三八三件（一四・五％）、「振動」二〇〇〇件（三・一％）、「土壌汚染」二八一件（〇・四％）、「地盤沈下」三四件（〇・一％）に加えて、廃棄物投棄、日照不足、通風妨害、夜間照明など多岐にわたる。

公害苦情件数は県によってばらつきはあるものの、地域による偏《かたよ》りはあまり見られない。強いて言えば北海道、東北が少ないようだ。上位にはいかにもさわやかな印象の県が並ぶが、その中で神奈川が六位というのは意外といえば意外だ。

図5-13の下表に、苦情の種類五つについて、苦情件数が多かったワースト五県を掲載した。これを見る限りいまや「大気汚染・水質汚染・悪臭」は地方型公害と言えそうである。

図5-13

公害苦情件数/県民10万人当たり（平成19年度）

公害苦情件数/県民10万人当たり

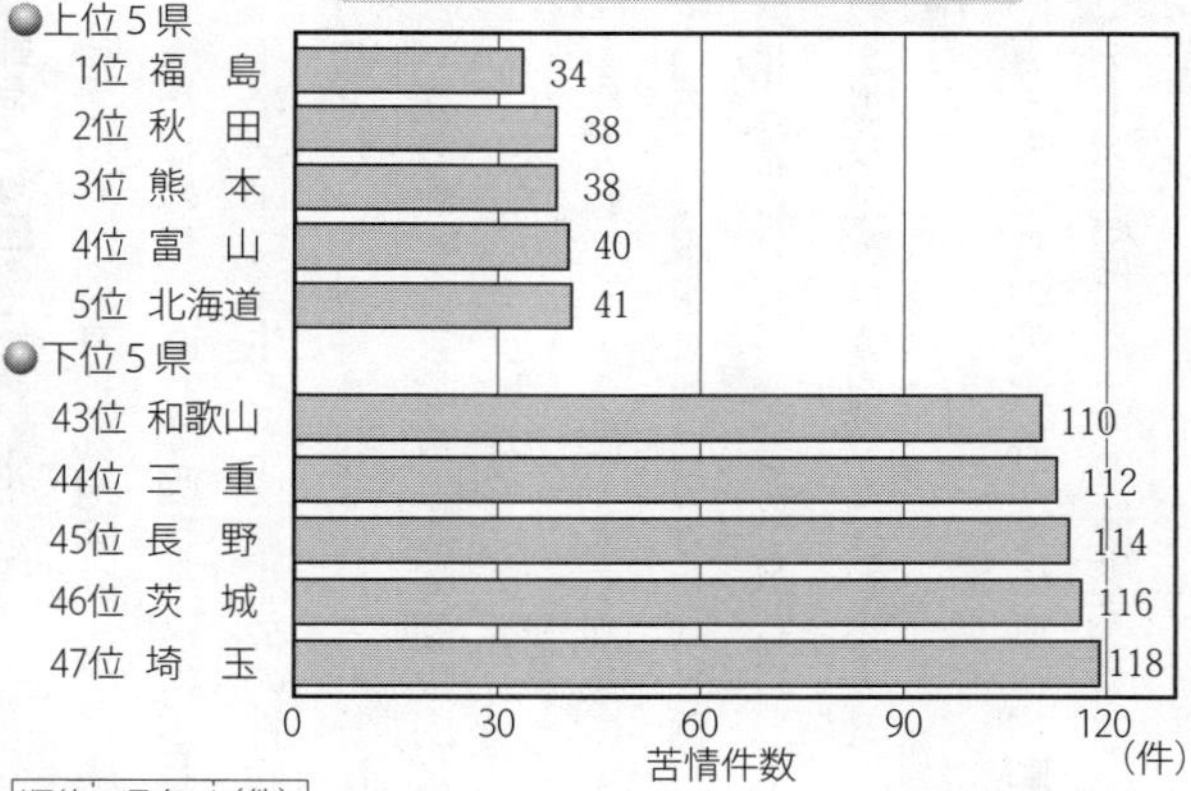
●上位5県
1位 福島 34
2位 秋田 38
3位 熊本 38
4位 富山 40
5位 北海道 41
●下位5県
43位 和歌山 110
44位 三重 112
45位 長野 114
46位 茨城 116
47位 埼玉 118
0
30
60
90
120
苦情件数
（件）

順位	県名	（件）									
6位	神奈川	42	16位	鳥取	62	25位	愛媛	76	35位	滋賀	88
7位	広島	49	17位	東京	63	26位	香川	77	36位	鹿児島	89
8位	新潟	52	18位	石川	66	27位	佐賀	80	37位	山形	89
9位	大阪	54	19位	沖縄	66	28位	栃木	81	38位	福岡	91
10位	岩手	54	20位	徳島	68	29位	奈良	82	39位	福井	91
11位	長崎	57	21位	京都	72	30位	群馬	83	40位	愛知	97
12位	兵庫	60	22位	大分	72	31位	千葉	84	41位	山梨	105
13位	岡山	60	全国平均		72	32位	島根	85	42位	宮崎	108
14位	静岡	60	23位	青森	73	33位	高知	85			
15位	宮城	60	24位	山口	75	34位	岐阜	85			

公害種別、苦情の多い県ワースト5/県民10万人当たり　（件）

	大気汚染		水質汚濁		騒音		振動		悪臭	
▲1位	三重	38.1	滋賀	27.3	東京	24.4	東京	4.0	宮崎	22.0
▲2位	長野	32.5	佐賀	21.9	愛知	21.3	大阪	3.0	三重	20.0
▲3位	山梨	31.7	福井	21.0	大阪	18.8	埼玉	2.6	鹿児島	15.8
▲4位	群馬	31.3	山形	20.8	埼玉	17.8	新潟	2.5	沖縄	15.6
▲5位	愛知	30.6	香川	20.3	神奈川	14.0	神奈川	2.3	愛知	15.4

備考：全国自治体の公害相談窓口に寄せられた苦情件数。
出典：平成19年度公害苦情調査（総務省）

交通事故は都会より田舎に多い！

我々にとっていちばん身近な危険の一つである交通事故の発生件数（平成二〇年）を、県民一〇万人当たりの数に直して図5‐14に示した。

平成二〇年に全国で発生した交通事故の件数は約七六万六一四七件。一日当たり約二一〇〇件、一分ごとに一・五件も起きている計算になる。その交通事故による死者数は六〇二三人。ふつう「死者数」は事故後二四時間以内に死亡した人数を言うが、ここでは「事故後三〇日以内に死亡した人」をカウントした。

図5‐14を見てわかるように、人口割合にすれば、交通事故は大都市圏よりむしろ地方で多く起きている。日本を東西に分ければ、西日本がやや多く、東日本が少ない。いちばん少ないのは東北・北海道だ。死者数も同様で、人口割合では大都市圏より地方のほうが多い。大都市では公共交通機関が発達しているため、車を運転する人の割合や時間が地方より少ないのが理由だろう。

県民一〇万人当たりの死者数が多い県は、順に佐賀（八・八人）、高知（八・二人）、茨城（八・一人）……、逆に少ないのは東京（二・一人）、神奈川（二・七人）、大阪（二・八人）となっている。

図5-14　交通事故発生件数/県民10万人当たり(平成20年)

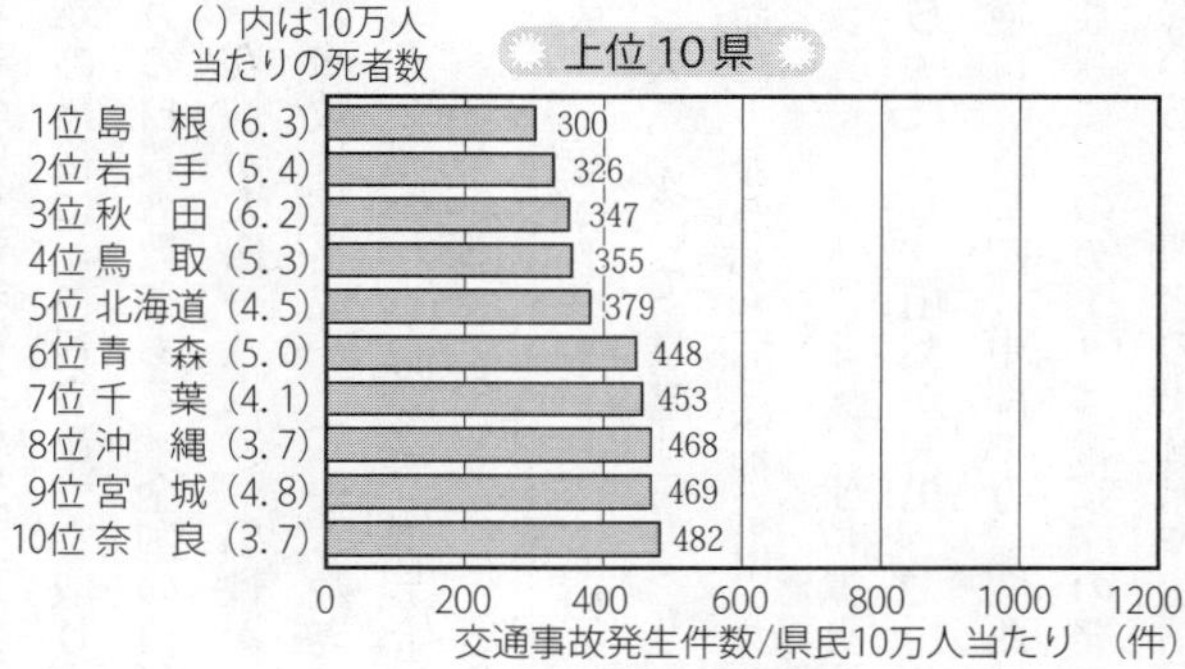
( )内は10万人
当たりの死者数
上位10県
1位 島　根 (6.3) 300
2位 岩　手 (5.4) 326
3位 秋　田 (6.2) 347
4位 鳥　取 (5.3) 355
5位 北海道 (4.5) 379
6位 青　森 (5.0) 448
7位 千　葉 (4.1) 453
8位 沖　縄 (3.7) 468
9位 宮　城 (4.8) 469
10位 奈　良 (3.7) 482
0 200 400 600 800 1000 1200
交通事故発生件数/県民10万人当たり (件)

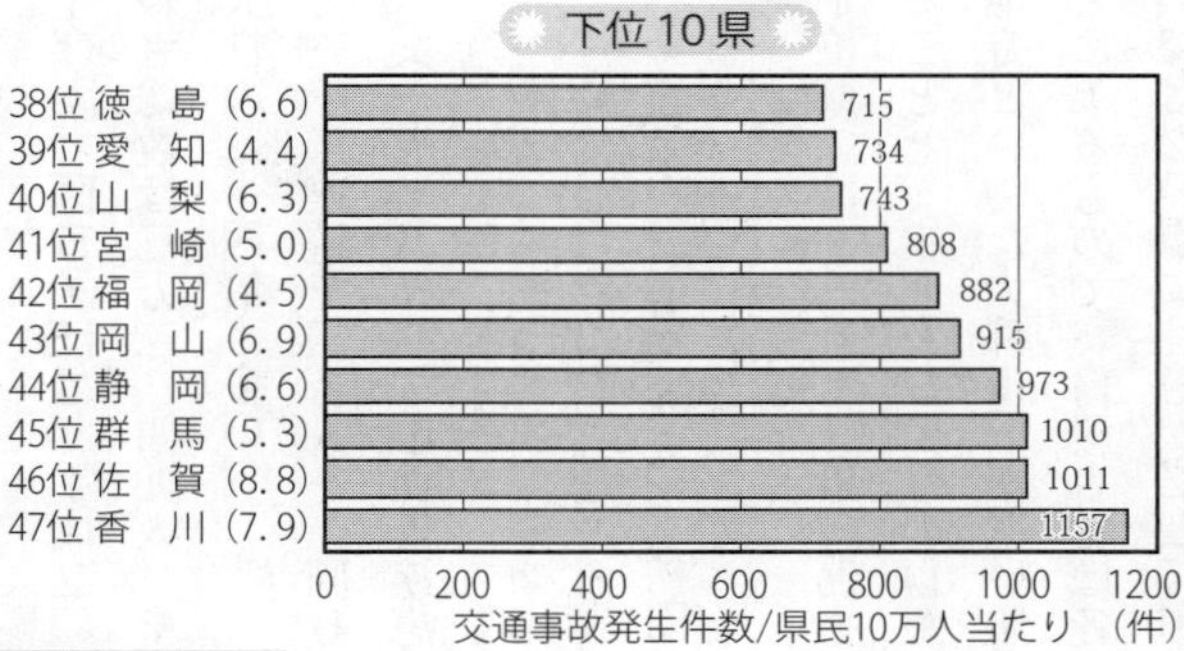
下位10県
38位 徳　島 (6.6) 715
39位 愛　知 (4.4) 734
40位 山　梨 (6.3) 743
41位 宮　崎 (5.0) 808
42位 福　岡 (4.5) 882
43位 岡　山 (6.9) 915
44位 静　岡 (6.6) 973
45位 群　馬 (5.3) 1010
46位 佐　賀 (8.8) 1011
47位 香　川 (7.9) 1157
0 200 400 600 800 1000 1200
交通事故発生件数/県民10万人当たり (件)

順位	県名	(件)									
11位	新潟	487	18位	山口	549	25位	石川	580	31位	熊本	625
12位	福井	492	19位	富山	563	全国平均		603	32位	鹿児島	629
13位	東京	494	20位	福島	565	26位	京都	606	33位	三重	640
14位	長崎	502	21位	大分	574	27位	茨城	611	34位	滋賀	655
15位	神奈川	510	22位	埼玉	579	28位	広島	618	35位	山形	656
16位	高知	511	23位	岐阜	579	29位	大阪	620	36位	兵庫	665
17位	長野	547	24位	栃木	580	30位	愛媛	624	37位	和歌山	695

備考：死者数は事故後30日以内に死亡した者。
出典：平成20年中の交通事故の発生状況（警察庁）

自殺者もやはり都会に少なく田舎に多い

本章の最後に「自殺者数」を取り上げた。図5-15は、平成二〇年における県民一〇万人当たりの自殺者数である。全国の自殺者総数は三万二二四九人。そのうち男性が二万二八三一人、女性が九四一八人で、男性が女性の二・四倍も多い。

自殺者数は、平成一〇年から数えて一一年連続で三万人を上回り、すでに日本人の死亡原因で「ガン」(三〇・四%)、「心疾患《しっかん》」(一五・八%)、「脳血管疾患」(一一・五%)、「肺炎」(九・九%)、「不慮《ふりょ》の事故」(三・四%)に次いで、第六位(二・八%)となっている。

平成二〇年における、県民人口一〇万人当たりの自殺者数が最も多かったのは山梨(四一・一人)、次いで青森(三五・九人)、岩手(三五・九人)、秋田(三五・八人)……と続く。逆に少なかったのは神奈川(二〇・七人)、岡山(二〇・九人)、香川(二一・四人)、愛知(二一・六人)……。上位県と下位県では一・五~二倍の開きがある。

図5-15より、山梨が突出していることと、東北及び山陰の自殺率が高いことが見てとれる。逆に、首都圏、中部地方、関西地方といった大都市圏が低い傾向にある。

ちなみにこのデータは警察庁の発表によるもので、自殺者数は死体が発見された県に計上されている。自殺者の出身県や生活県ではない点に注意が必要である。

図5-15　自殺者数/県民10万人当たり(平成20年)

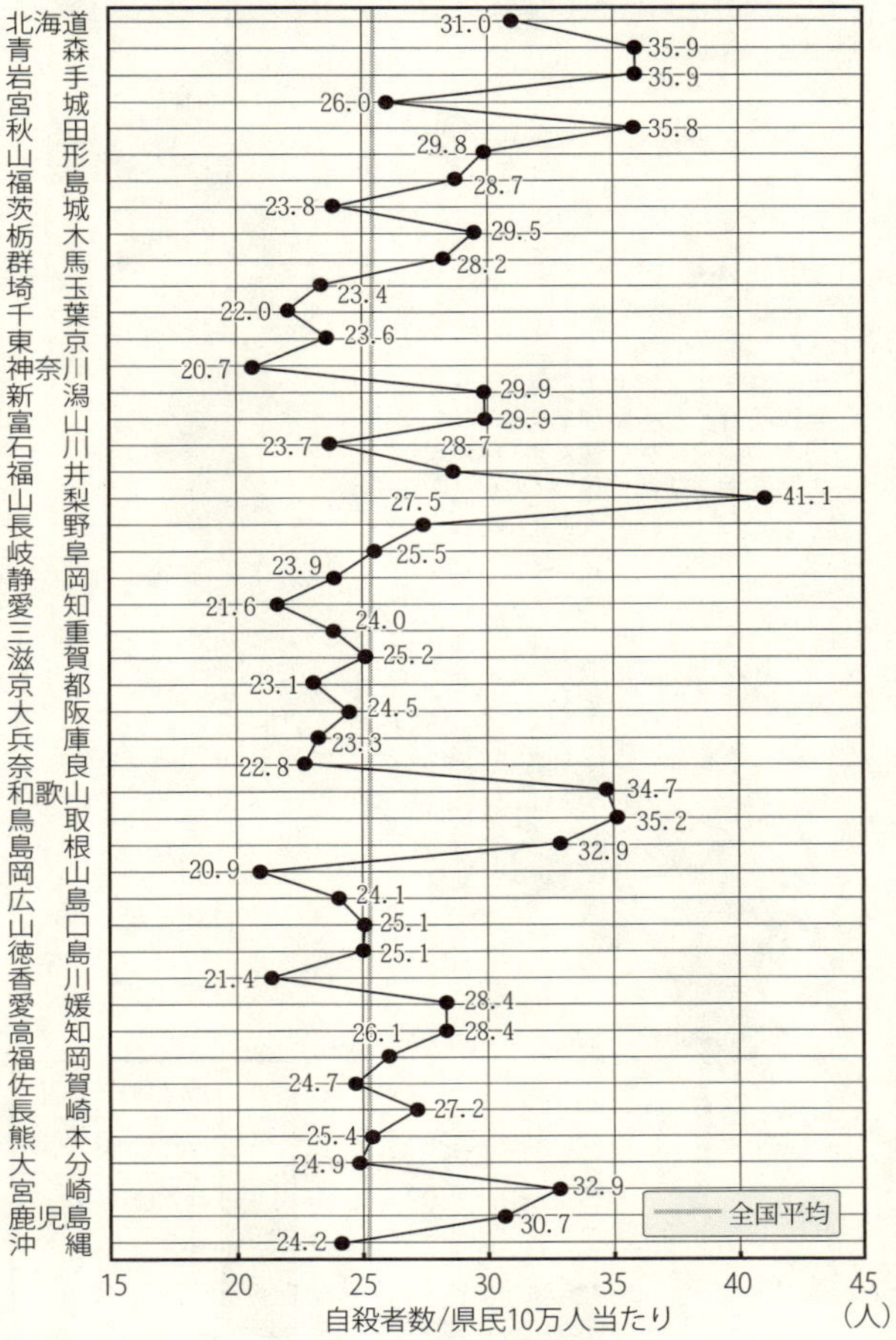
北海道
青森
岩手
宮城
秋田
山形
福島
茨城
栃木
群馬
埼玉
千葉
東京
神奈川
新潟
富山
石川
福井
山梨
長野
岐阜
静岡
愛知
三重
滋賀
京都
大阪
兵庫
奈良
和歌山
鳥取
島根
岡山
広島
山口
徳島
香川
愛媛
高知
福岡
佐賀
長崎
熊本
大分
宮崎
鹿児島
沖縄
31.0
35.9
35.9
26.0
35.8
29.8
28.7
23.8
29.5
28.2
23.4
22.0
23.6
20.7
29.9
29.9
23.7
28.7
41.1
27.5
25.5
23.9
21.6
24.0
25.2
23.1
24.5
23.3
22.8
34.7
35.2
32.9
20.9
24.1
25.1
25.1
21.4
28.4
28.4
26.1
24.7
27.2
25.4
24.9
32.9
30.7
24.2
全国平均
15
20
25
30
35
40
45
自殺者数/県民10万人当たり
(人)

「住みにくい県」の日本地図

図0-7 大学進学率

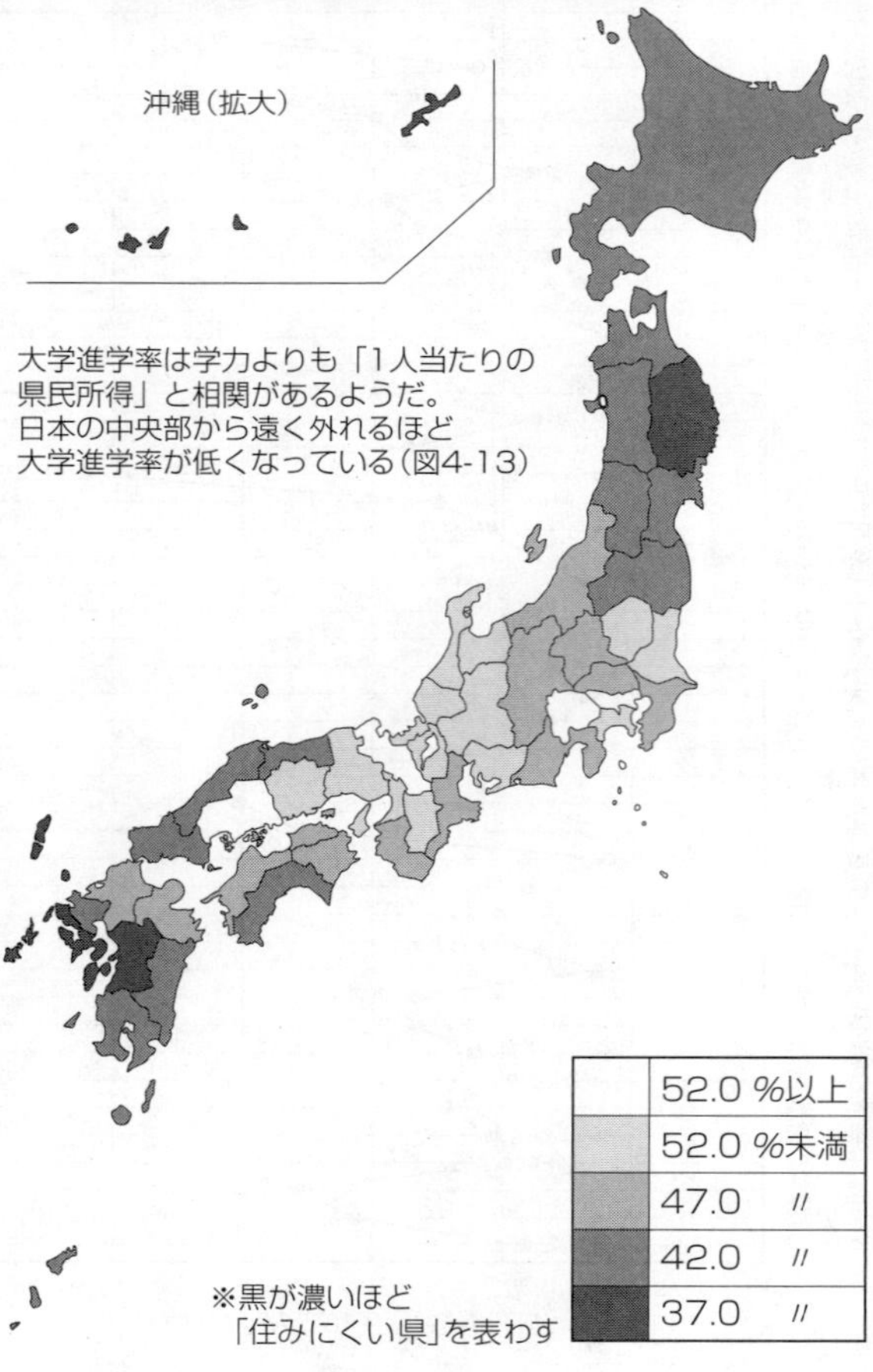
沖縄（拡大）
大学進学率は学力よりも「1人当たりの
県民所得」と相関があるようだ。
日本の中央部から遠く外れるほど
大学進学率が低くなっている（図4-13）
52.0 %以上
52.0 %未満
47.0 〃
42.0 〃
37.0 〃
※黒が濃いほど
「住みにくい県」を表わす

第六章

「ゆりかごから墓場まで」の県別格差

やはり大都市圏の出生率は低かった！

「合計特殊出生率」とは、簡単に言えば「一人の女性が生涯に産む子どもの数」のこと。子どもは夫婦二人でつくるのだから、最低でも二人産まなければ人口が減るのは道理だが、正確には合計特殊出生率が二・〇八を下回ると、じきに人口は減少する。この数値が平成一九年に日本は一・三四だった。

日本が人口が増加か減少の分岐点である二・〇八を越えて下がったのは、三五年も前のこと、以来減少基調にあったが平成一七年の一・二六を底に、一八年、一九年と増加に転じた。

図6－1に、都道府県別の合計特殊出生率を、数値が高いほど上位として示した。全国でもっとも出生率が低かったのが東京。首都圏の四都県がすべて下位一〇位に入り、関西圏からも三府県が入っているから、やはり大都市圏は子どもを産んで育てるには適さないのか。ただ、その中で愛知だけは中位につけ、全国平均を上回っている。出生率が高い県は、断トツの沖縄に加え九州勢に多い。日本を二分すれば、西日本が東日本よりやや優勢だ。

一方、一八年と比較すると、下落したのは一〇県のみ。下落幅が大きいのは鳥取（〇・〇四）、青森・秋田・山形（以上〇・〇三）。東北に元気がない。

では、出生率を下げている要因は何なのか。次に結婚年齢を見てみたい。

図6-1　合計特殊出生率（平成19年）

上位10県

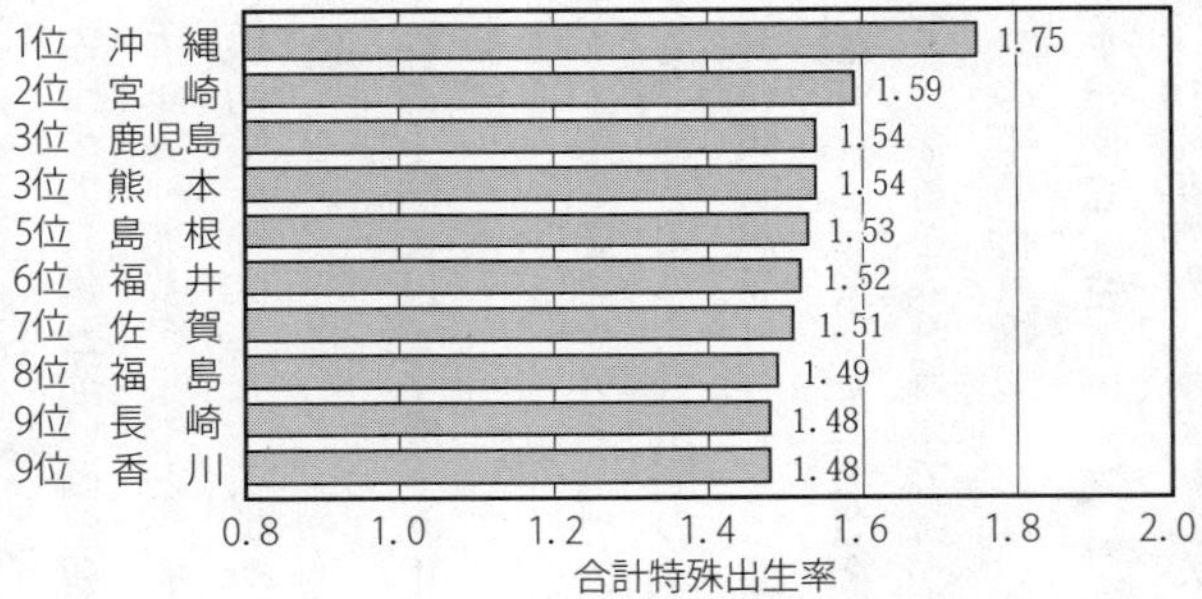

1位 沖縄 1.75
2位 宮崎 1.59
3位 鹿児島 1.54
3位 熊本 1.54
5位 島根 1.53
6位 福井 1.52
7位 佐賀 1.51
8位 福島 1.49
9位 長崎 1.48
9位 香川 1.48
0.8 1.0 1.2 1.4 1.6 1.8 2.0
合計特殊出生率

下位10県

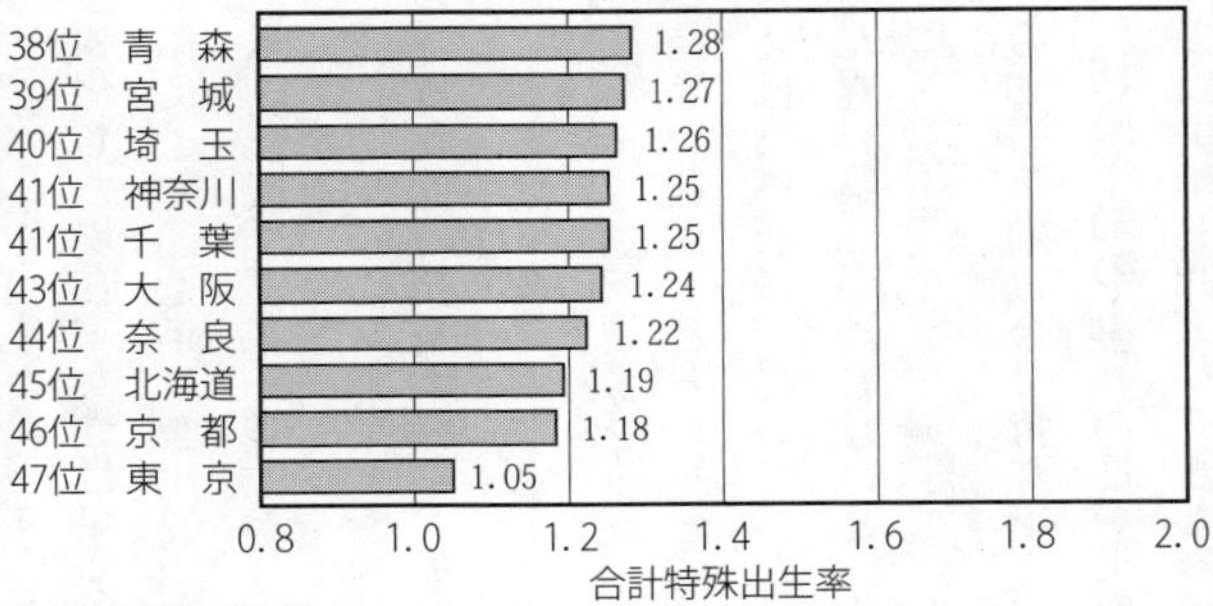

38位 青森 1.28
39位 宮城 1.27
40位 埼玉 1.26
41位 神奈川 1.25
41位 千葉 1.25
43位 大阪 1.24
44位 奈良 1.22
45位 北海道 1.19
46位 京都 1.18
47位 東京 1.05
0.8 1.0 1.2 1.4 1.6 1.8 2.0
合計特殊出生率

順位	県名	出生率									
11位	長野	1.47	16位	山口	1.42	25位	新潟	1.37	30位	和歌山	1.34
11位	鳥取	1.47	19位	岡山	1.41	25位	三重	1.37	30位	福岡	1.34
11位	大分	1.47	20位	石川	1.40	27位	群馬	1.36	全国平均		1.34
14位	静岡	1.44	20位	愛媛	1.40	28位	茨城	1.35	34位	秋田	1.31
15位	広島	1.43	22位	岩手	1.39	28位	山梨	1.35	34位	高知	1.31
16位	山形	1.42	22位	栃木	1.39	30位	富山	1.34	36位	兵庫	1.30
16位	滋賀	1.42	24位	愛知	1.38	30位	岐阜	1.34	36位	徳島	1.30

備考：合計特殊出生率は、一人の女性が生涯に産む子どもの数を表す。
出典：人口動態調査（厚生労働省）

子どもをたくさん産むためには、とくに女性は早く結婚すればするほどよいに違いない。しかし、かつての日本と違い価値観が多様化した現在、女性は早すぎる結婚を望まない。

昭和五五年（一九八〇年）と平成一九年（二〇〇七年）を比較すると、この約三〇年間に女性の平均初婚年齢は二五・二歳から二八・三歳へ三・一歳上がり、男性も二七・八歳から三〇・一歳へ二・三歳上がった。

図6-2の上図には、平成一九年における女性の初婚年齢を、年齢が低いほうを上位として示した。また上位・下位五県には（　）内にその県の男性の初婚年齢を併記した。全国的にさほど差がないとはいえ、女性が最も早く結婚する福島と最も遅い東京とでは二・三歳の開きがある。地方より大都市圏のほうが結婚が遅く、どちらかと言うと、東日本のほうが西日本より遅い傾向が見られる。当然と言えば当然だが、総じて、女性の初婚年齢が低い県は男性の初婚年齢も低く、逆に女性の結婚が遅い県は男性も遅いという相関関係がある。もちろん、男女の順番を入れ替えて言ってもよい。

図6-2の下の折れ線グラフは、女性の初婚年齢と合計特殊出生率の推移を示したものである（出典は**図6-2**と同じ）。むろん、初婚年齢の上昇だけが出生率の低下の原因ではないものの、初婚年齢が上がるにしたがって出生率が低下してきたのは事実である。

図6-2　女性の初婚年齢と出生率

女性の初婚年齢（平成19年）

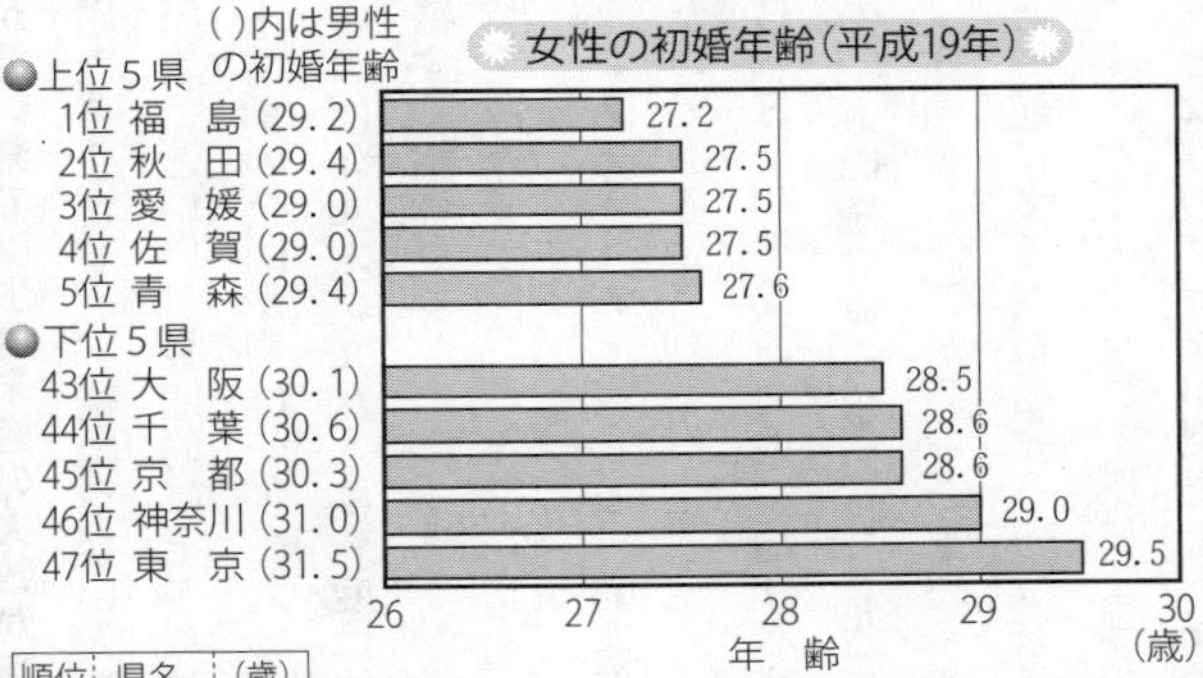
( )内は男性の初婚年齢
上位5県
1位 福島 (29.2) 27.2
2位 秋田 (29.4) 27.5
3位 愛媛 (29.0) 27.5
4位 佐賀 (29.0) 27.5
5位 青森 (29.4) 27.6
下位5県
43位 大阪 (30.1) 28.5
44位 千葉 (30.6) 28.6
45位 京都 (30.3) 28.6
46位 神奈川 (31.0) 29.0
47位 東京 (31.5) 29.5
26
27
28
29
30
年齢
(歳)

順位	県名	(歳)	順位	県名	(歳)	順位	県名	(歳)	順位	県名	(歳)
6位	岩手	27.6	16位	香川	27.7	26位	栃木	28.0	36位	高知	28.2
7位	山口	27.6	17位	熊本	27.7	27位	新潟	28.0	全国平均		28.3
8位	徳島	27.6	18位	鹿児島	27.7	28位	愛知	28.0	37位	兵庫	28.3
9位	宮崎	27.6	19位	宮城	27.8	29位	長崎	28.0	38位	奈良	28.3
10位	山形	27.7	20位	茨城	27.8	30位	大分	28.0	39位	福岡	28.3
11位	福井	27.7	21位	岐阜	27.8	31位	北海道	28.1	40位	山梨	28.4
12位	三重	27.7	22位	島根	27.8	32位	群馬	28.1	41位	埼玉	28.5
13位	和歌山	27.7	23位	広島	27.8	33位	石川	28.1	42位	長野	28.5
14位	鳥取	27.7	24位	滋賀	27.9	34位	静岡	28.1			
15位	岡山	27.7	25位	沖縄	27.9	35位	富山	28.2			

女性の初婚年齢と合計特殊出生率の推移

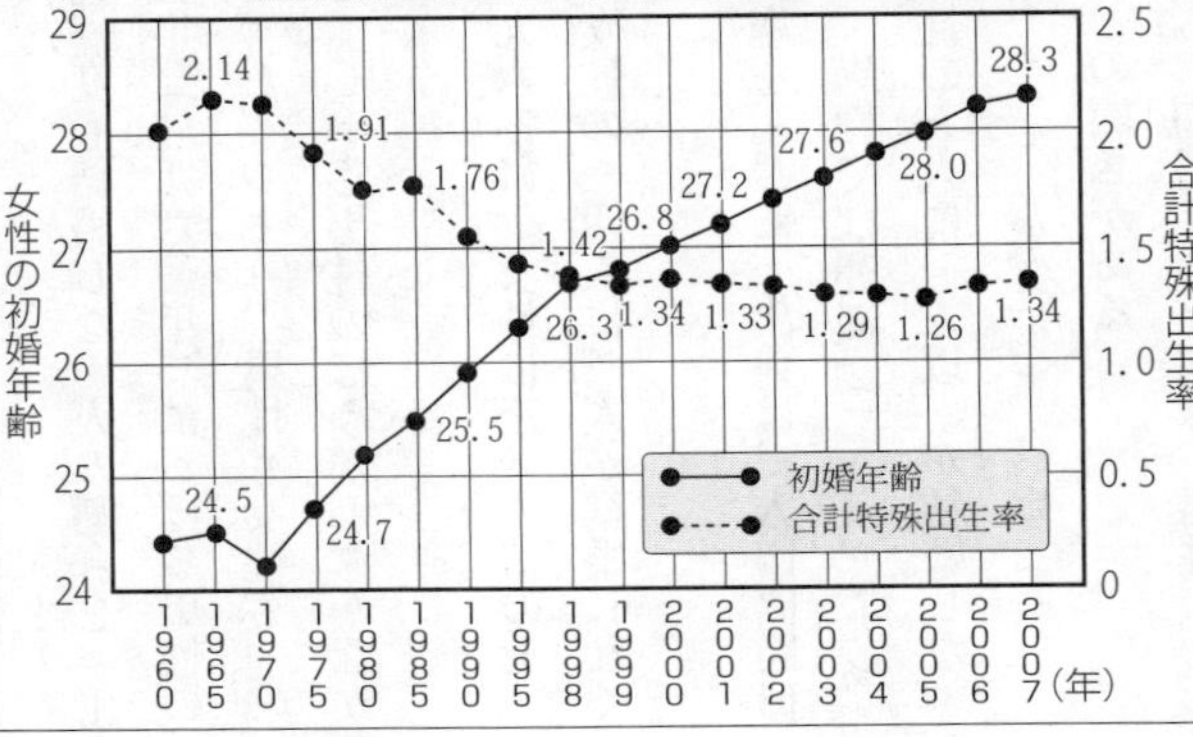
(歳)
女性の初婚年齢
合計特殊出生率
2.14
1.91
1.76
1.42
1.34
1.33
1.29
1.26
1.34
24.5
24.7
25.5
26.3
26.8
27.2
27.6
28.0
28.3
初婚年齢
合計特殊出生率
1960
1965
1970
1975
1980
1985
1990
1995
1998
1999
2000
2001
2002
2003
2004
2005
2006
2007
(年)

所得が低い県では生涯未婚の人数が増加する

晩婚ならまだしも、結婚しない人数も増えている。生涯一度も結婚しない人の割合を「生涯未婚率」といい、長期的に上がり続けている。昭和三五年（一九六〇年）における男性の生涯未婚率の全国平均は一・二六％、女性は一・八七％だった。つまり、男性も女性も一〇〇人いれば九九人か九八人は一度は結婚していたのである。しかも男性のほうがわずかながら結婚する割合が多かった。

それが平成一七年には、男性は実に一二・七倍の一五・九六％に、女性は三・九倍の七・二五％にも跳ね上がっている。およそ男性の六人に一人、女性の一四人に一人が結婚しなくなったのである。

図6-3に、平成一七年における都道府県別の生涯未婚率を示した（出典は、人口問題研究所の「人口統計資料集二〇〇九」）。未婚率が高いのは、男性では沖縄（二二・二九％）、東京（二一・二％）が二〇％を超える。この二都県では男性の五人に一人以上が結婚しない計算だ。逆に多くが結婚するのは奈良（一〇・三％）、滋賀（一一・五三％）、岐阜（一二・〇一）……。このように、県によって生涯未婚率は二倍ほどの開きがある。

男性と女性のグラフが似たような動きをしていることから、初婚年齢と同様、男性（もし

図6-3　生涯未婚率（平成17年）

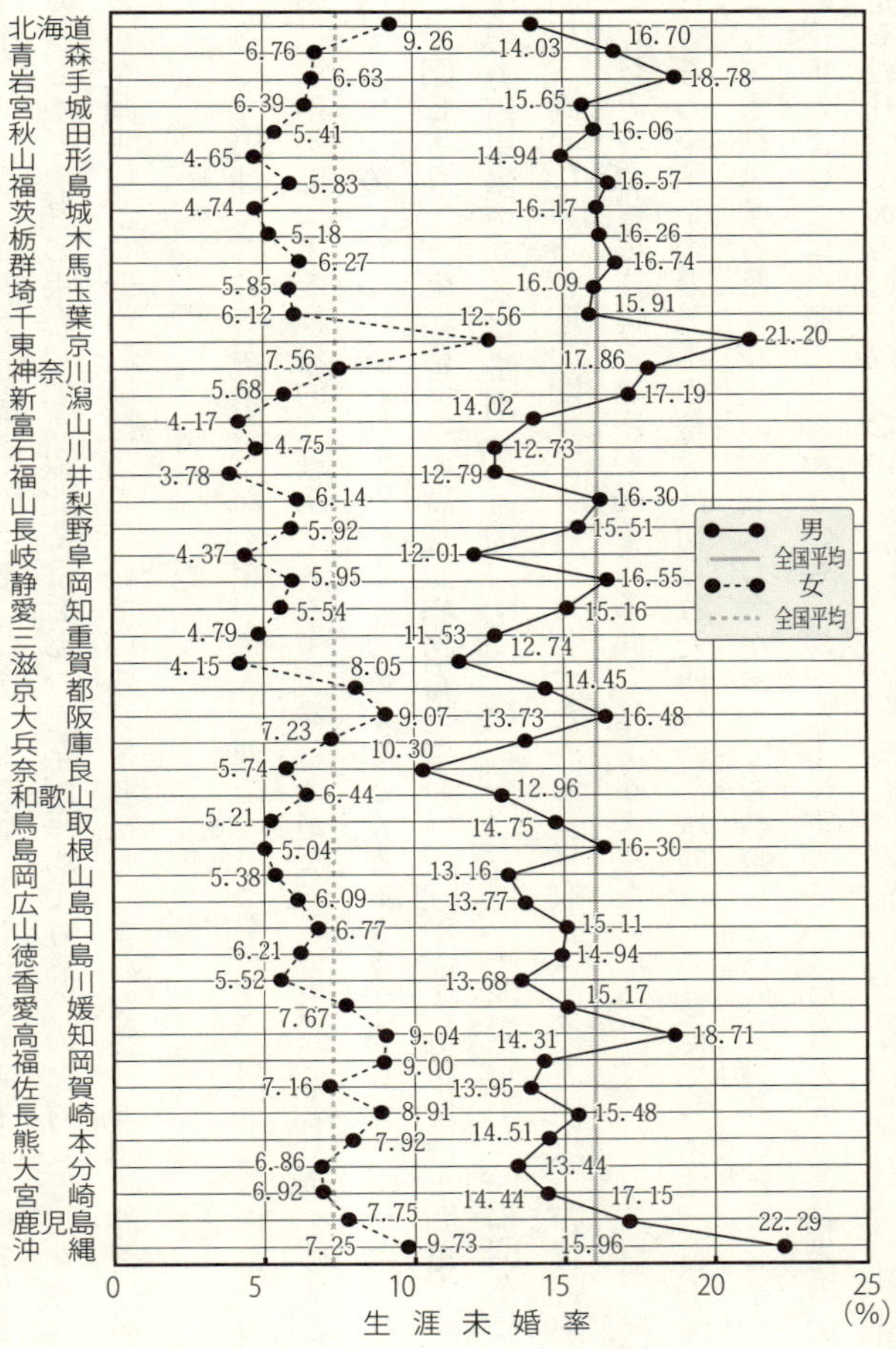

くは女性）の生涯未婚率が高い県は、女性（もしくは男性）の生涯未婚率も高い傾向にあるようだ。しかし男性の場合、関東以北ではおおかた全国平均より高いのに対して、女性はほとんどが全国平均より低い数値に落ち着いている。生涯結婚しない女性は九州・沖縄に多いようだ。

ところで、男性（若者）が結婚しなくなってきた理由の一つとして、最近とみに言われているのは雇用不安による経済的な理由である。現在お金がなく、将来的にもお金を稼げる希望が持てないために結婚に踏み切れないというのが原因だというのである。

そこで**図6‐4**で、就業構造基本調査（総務省）における、平成一七年度の年間世帯収入が三〇〇万円未満である世帯割合の県別データと、先の男性の生涯未婚率との相関を見た。その結果、両者にある程度の関連が見られた。すなわち、年収が三〇〇万円以下の世帯割合が多い県ほど、男性の生涯未婚率が高くなる傾向にあるようだ。

図6‐4の全国平均の二本の線で区切られた四つの領域のうち、あえて言えば、右下はお金がなくても結婚する県、左上の領域はお金があっても結婚しない県ということになる。どちらの選択がよいとは一概には言えないものの、左下に寄っている県ほど収入と結婚の面では安定した社会であるには違いない。

図6-4 年収300万円以下の世帯割合と生涯未婚率

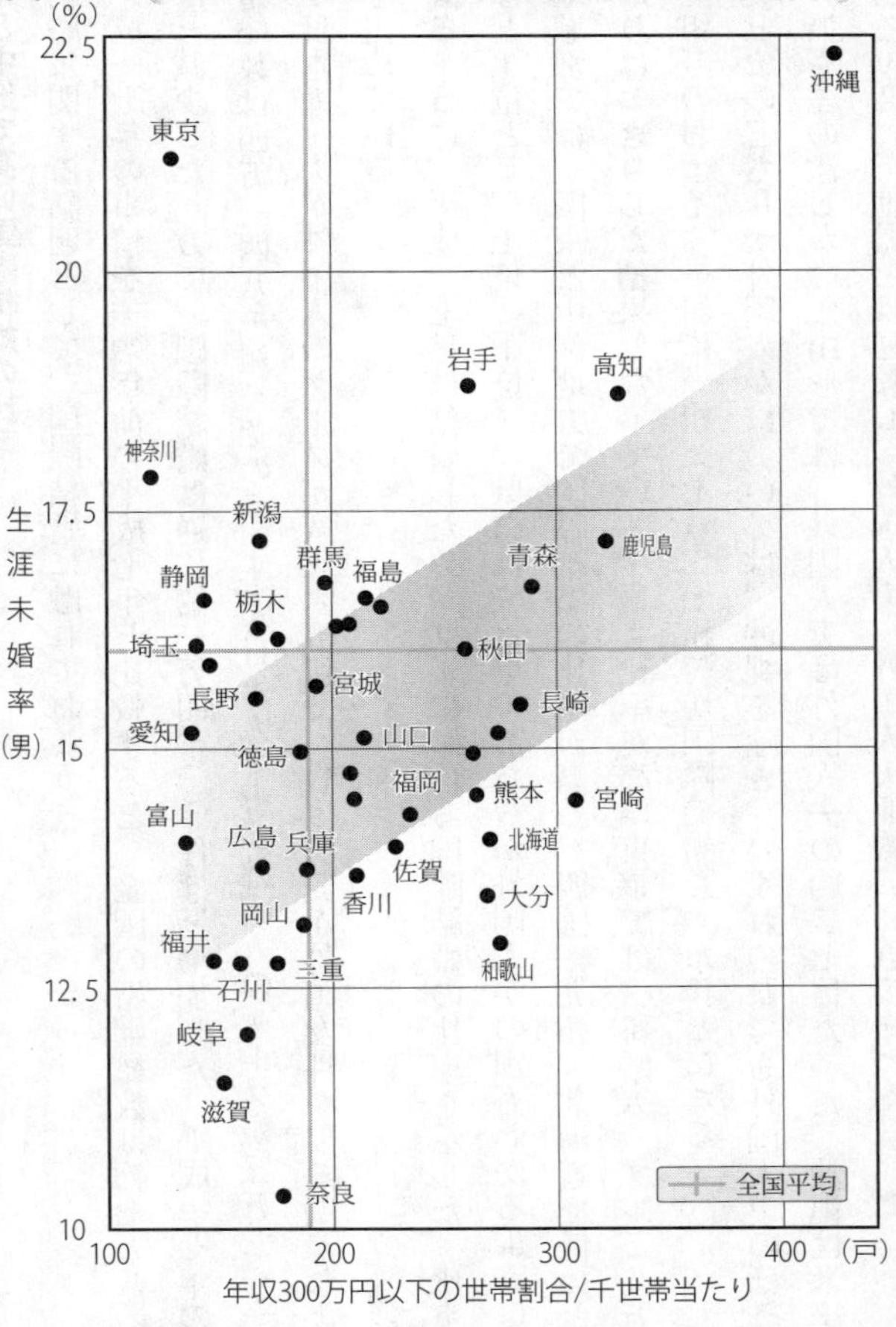
(%)
22.5
20
17.5
15
12.5
10
生涯未婚率（男）
100
200
300
400
(戸)
年収300万円以下の世帯割合/千世帯当たり
全国平均
沖縄
東京
岩手
高知
神奈川
新潟
鹿児島
群馬
福島
青森
静岡
栃木
埼玉
秋田
宮城
長野
長崎
愛知
山口
徳島
福岡
熊本
宮崎
富山
広島
兵庫
北海道
佐賀
香川
大分
岡山
福井
三重
和歌山
石川
岐阜
滋賀
奈良

出典：人口統計資料集2009（人口問題研究所）、平成19年就業構造基本調査（総務省統計局）

関東と中部で高い国際結婚の比率

結婚に関する話題として、国際結婚に触れておこう。

平成一七年の事情を一〇年前の平成七年と比較すると、全国の婚姻総数は約七万八〇〇〇件ほど減少した一方で、国際結婚は逆に約一万四〇〇〇件ほど増加した。平成一七年の国際結婚総数は四万一四八一組。そのうち夫が日本人・妻が外国人のケースが三万三一一六組、妻が日本人・夫が外国人のケースが八三六五組で、日本男児が外国女性を娶《めと》る例がおよそ八割を占めている。

図6-5に、平成一七年に結婚したカップルにおける国際結婚の比率を示した。比率が高いほど上位とし、上位・下位一〇県には夫と妻のどちらが外国人かの別もわかるようにした。

地域別では、関東と中部地方で国際結婚の比率が高く、四国、九州、北海道で低いという、かなりはっきりした結果となっている。最も比率が高い東京では、新婚カップル（八万五三八二組）のおよそ一一組に一組（七八二七組）が国際結婚だったことになる。

夫と妻のどちらが外国人かについては、沖縄を除き、いずれの県でも外国人妻のほうが多く、最も差の激しかった山形では、外国人妻は外国人夫の約二七倍だった。沖縄は米軍基地があるゆえに、他県とは逆転し、外国人妻：外国人夫＝約二：五であった。

図6-5　国際結婚の割合（平成17年）

上位10県

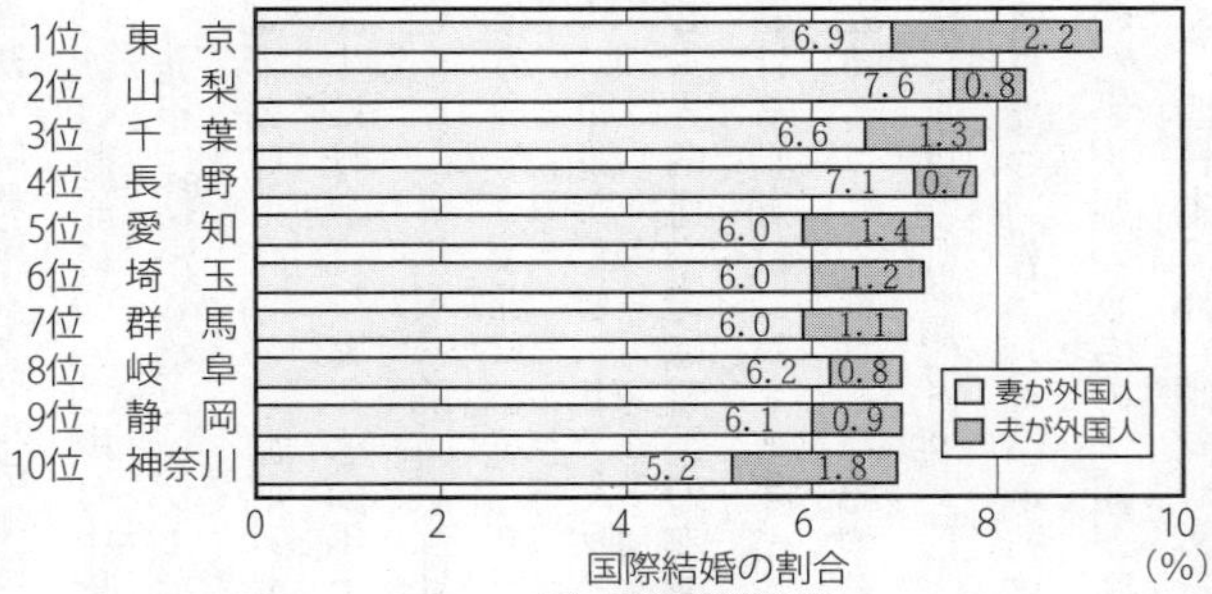
1位 東京 6.9 2.2
2位 山梨 7.6 0.8
3位 千葉 6.6 1.3
4位 長野 7.1 0.7
5位 愛知 6.0 1.4
6位 埼玉 6.0 1.2
7位 群馬 6.0 1.1
8位 岐阜 6.2 0.8
9位 静岡 6.1 0.9
10位 神奈川 5.2 1.8
妻が外国人
夫が外国人
0 2 4 6 8 10
国際結婚の割合
(%)

下位10県

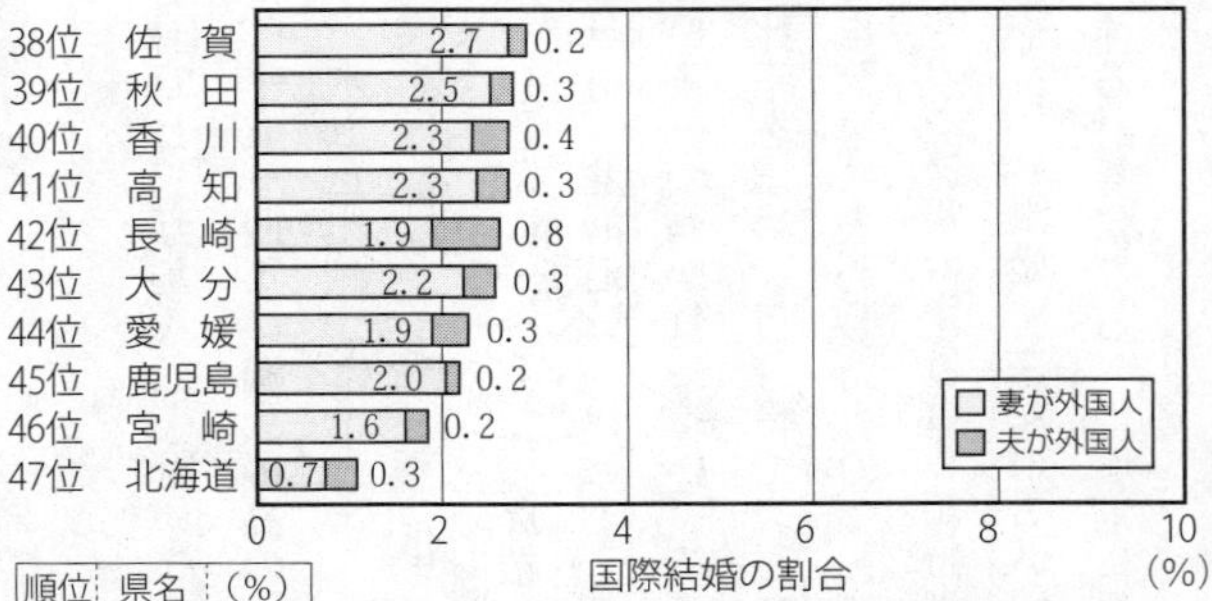
38位 佐賀 2.7 0.2
39位 秋田 2.5 0.3
40位 香川 2.3 0.4
41位 高知 2.3 0.3
42位 長崎 1.9 0.8
43位 大分 2.2 0.3
44位 愛媛 1.9 0.3
45位 鹿児島 2.0 0.2
46位 宮崎 1.6 0.2
47位 北海道 0.7 0.3
妻が外国人
夫が外国人
0 2 4 6 8 10
国際結婚の割合
(%)

順位	県名	（%）									
11位	栃木	6.8	17位	三重	5.4	24位	福島	4.5	31位	徳島	3.7
12位	福井	6.8	18位	京都	5.3	25位	島根	4.1	32位	奈良	3.3
13位	山形	6.3	19位	兵庫	5.0	26位	岩手	4.1	33位	山口	3.3
14位	大阪	6.2	20位	沖縄	4.9	27位	鳥取	4.1	34位	福岡	3.2
15位	茨城	6.1	21位	滋賀	4.8	28位	宮城	3.9	35位	青森	3.2
16位	富山	5.8	22位	和歌山	4.7	29位	広島	3.8	36位	熊本	3.2
全国平均		5.8	23位	新潟	4.6	30位	岡山	3.7	37位	石川	2.9

備考：国際結婚の割合は、平成19年の婚姻総数に占める夫または妻が外国人の場合の割合。都道府県別は夫の住所による。表には国際結婚総数の割合のみを表示。

出典：平成18年度婚姻に関する統計（人口動態調査特殊報告、総務省）

青森や高知では新婚カップルの半数が離婚する

結婚の次は離婚について取り上げる。

平成一九年に結婚したカップルは全国で七一万九八〇一組。その一方で、二五万四八二二組の夫婦が離婚している。離婚件数は、平成一四年に過去最高の二八万九八三六組を記録して以降減少に転じ、一九年も前年より二六五三組減った。

人口一〇〇〇人当たりの離婚件数は、全国平均で二・〇二組。都道府県順位を挙げれば、最も少なかったのは新潟で一・四六組、以下富山一・五三、島根一・五四……と続き、多かったのは、沖縄二・七一組、大阪二・三五、北海道二・三三……となっている。

しかし、人口比率では離婚の実態はいま一つわかりにくい。そこで図6・6では、平成一九年における婚姻数に対する離婚数の比率を求め、百分率で表してランキングした。これは結婚したカップルの何割が離婚するかを簡単に表わしたもので、この「離婚率」が最も高い(最下位の)青森や高知では、結婚したカップルの半分近くが将来離婚するという衝撃的な推測が成り立つ。もっともいまの日本では、「離婚率」が最も低い(最上位の)愛知でさえ一〇組の新婚夫婦のうちの三組が離婚する計算になる。地域別に見れば、中部・北陸で離婚率が低く、西日本で高い傾向がある。

図6-6　離婚数の婚姻数に対する比率（平成19年）

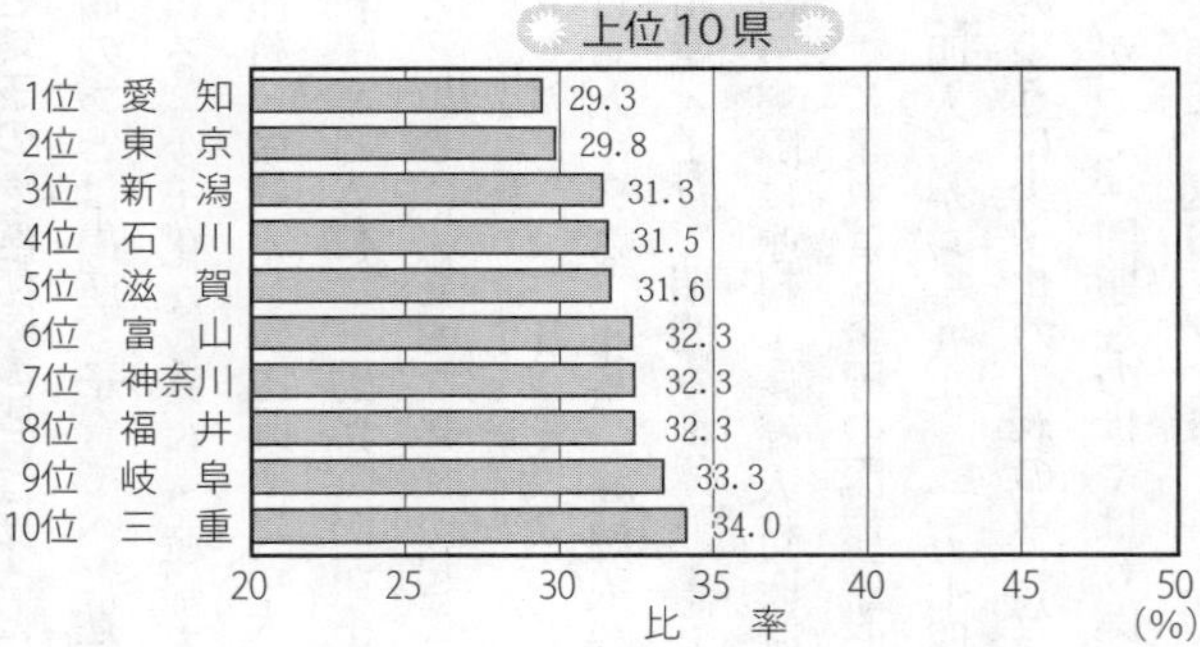
上位10県
1位 愛知 29.3
2位 東京 29.8
3位 新潟 31.3
4位 石川 31.5
5位 滋賀 31.6
6位 富山 32.3
7位 神奈川 32.3
8位 福井 32.3
9位 岐阜 33.3
10位 三重 34.0
20 25 30 35 40 45 50
比率
(%)

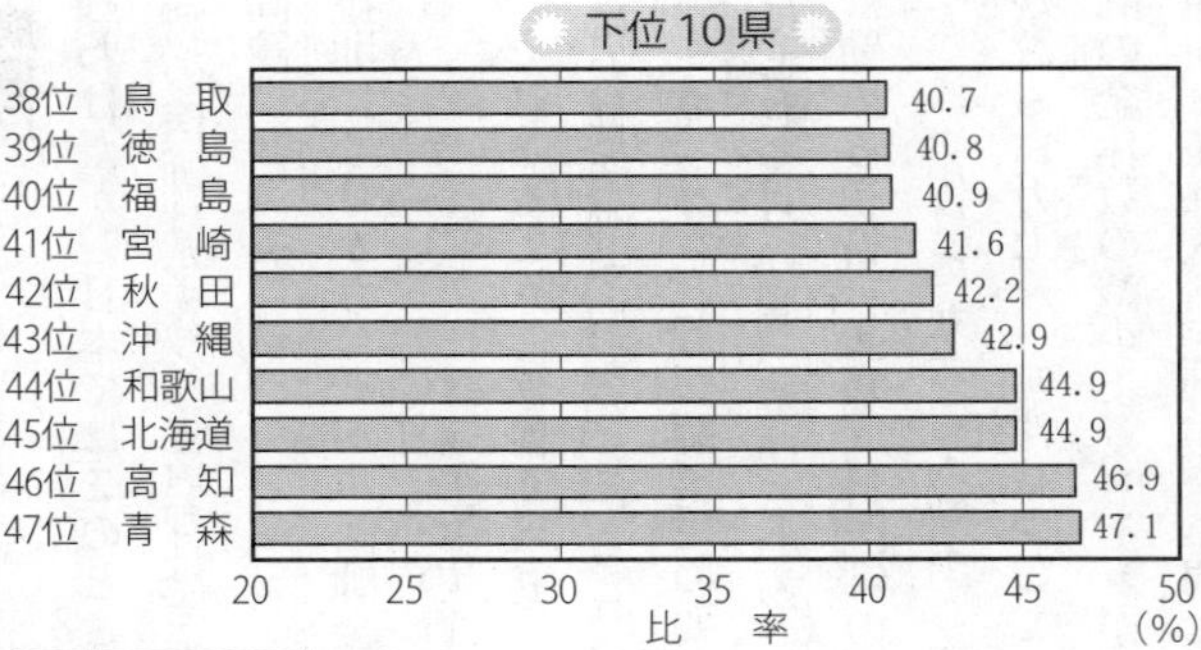
下位10県
38位 鳥取 40.7
39位 徳島 40.8
40位 福島 40.9
41位 宮崎 41.6
42位 秋田 42.2
43位 沖縄 42.9
44位 和歌山 44.9
45位 北海道 44.9
46位 高知 46.9
47位 青森 47.1
20 25 30 35 40 45 50
比率
(%)

順位	県名	（%）									
11位	静岡	34.1	17位	京都	35.5	24位	佐賀	36.6	31位	香川	37.8
12位	広島	34.2	18位	兵庫	35.6	25位	山口	36.9	32位	鹿児島	38.2
13位	千葉	34.6	19位	岡山	36.1	26位	奈良	37.4	33位	大分	38.2
14位	島根	34.9	20位	宮城	36.3	27位	茨城	37.4	34位	山梨	38.7
15位	埼玉	35.2	21位	岩手	36.3	28位	福岡	37.7	35位	大阪	39.1
16位	長野	35.3	22位	栃木	36.4	29位	群馬	37.7	36位	長崎	39.2
全国平均		35.4	23位	山形	36.4	30位	熊本	37.8	37位	愛媛	39.7

備考：比率は、平成19年の離婚数を婚姻数で割って求めた百分率。
出典：平成19年人口動態統計月報年計（概数）の概況（厚生労働省）

滋賀と埼玉の周産期医療態勢はすでに崩壊!?

結婚のあとは出産、子育てへと進むわけだが、日本ではこのところずっと少子化傾向が続いている。少子化なら産科・産婦人科の医師は少なくて済むはずなのだが、周知のとおり、いま産科・産婦人科の医師不足が大問題になっている。

産科・産婦人科は、勤務時間が不規則になりがちで、かつ医師全体の平均勤務時間より長いこと。患者に突発的な異変が起きることがあり、それが医師の責任でない場合でも患者から訴訟を起こされる例が近年増えてきたことなどが、医師が産科・産婦人科を敬遠する理由に挙げられている。また、産婦人科に女性医師が増えてきており、彼女らが自分自身の妊娠・出産・子育て期間中に休職・離職することなども医師不足の要因の一つとなっている。

では、実際に産科・産婦人科医師はどれくらい減っているのか。「医師・歯科医師・薬剤師調査」によれば、全国の医療施設に勤める産科・産婦人科医師の数は、平成一四年（一万一〇三四人）から一八年（一万七四人）にかけて九六〇人減少している。ただその一方で、前述のように少子化の流れの中、分娩《ぶんべん》数も六万七一一四件減少している。

したがって、問題なのはやはり医師の全体数の減少よりもそれが地域的に偏《かたよ》っているかどうかである。図6-7では、一人の産科・産婦人科医師が一年間に扱う分娩数で、医師の偏《へん》

図6-7　1人の産科・産婦人科医師が扱う年間分娩数（平成19年）

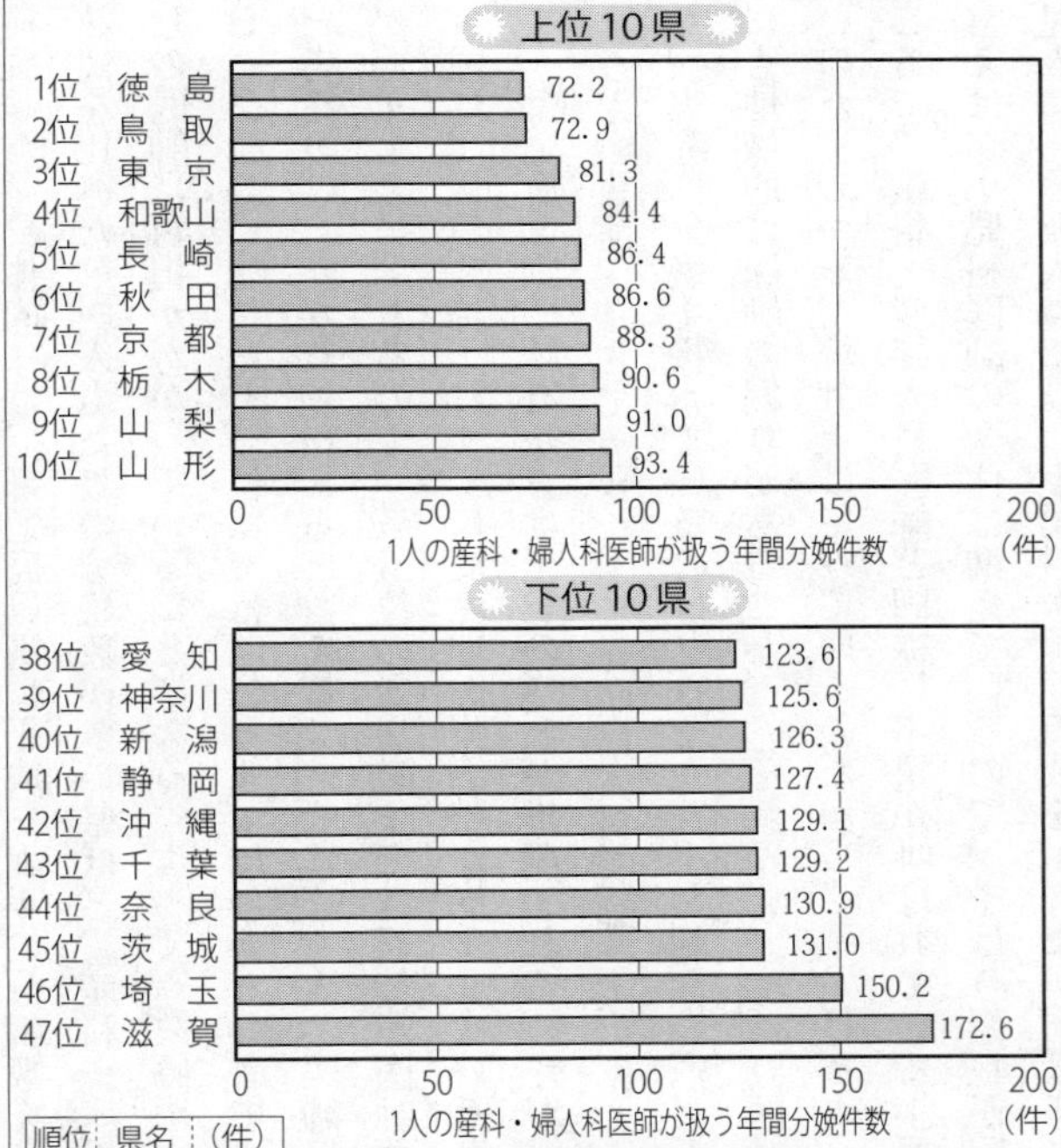
上位10県
1位 徳島 72.2
2位 鳥取 72.9
3位 東京 81.3
4位 和歌山 84.4
5位 長崎 86.4
6位 秋田 86.6
7位 京都 88.3
8位 栃木 90.6
9位 山梨 91.0
10位 山形 93.4
0 50 100 150 200
1人の産科・婦人科医師が扱う年間分娩件数 （件）
下位10県
38位 愛知 123.6
39位 神奈川 125.6
40位 新潟 126.3
41位 静岡 127.4
42位 沖縄 129.1
43位 千葉 129.2
44位 奈良 130.9
45位 茨城 131.0
46位 埼玉 150.2
47位 滋賀 172.6
0 50 100 150 200
1人の産科・婦人科医師が扱う年間分娩件数 （件）

順位	県名	（件）									
11位	島根	95.3	18位	香川	101.2	全国平均		109.8	31位	広島	114.4
12位	石川	98.3	19位	群馬	101.4	25位	兵庫	111.5	32位	福岡	114.7
13位	宮崎	98.3	20位	山口	103.4	26位	鹿児島	112.8	33位	三重	116.0
14位	福井	98.3	21位	岡山	103.8	27位	熊本	113.1	34位	岩手	117.4
15位	富山	98.4	22位	大阪	105.1	28位	岐阜	113.5	35位	北海道	118.7
16位	愛媛	101.1	23位	佐賀	109.0	29位	宮城	114.0	36位	青森	120.5
17位	高知	101.2	24位	長野	109.4	30位	大分	114.4	37位	福島	122.6

備考：分娩数には死産を含む。また、分娩数と医師数の調査年が1年異なる。

出典：分娩数は、平成19年人口動態調査、医師数は、平成18年医師・歯科医師・薬剤師調査（ともに厚生労働省）

在《ざい》を検証した。具体的には、都道府県別に平成一九年の分娩数を産科・産婦人科医師数で割った数値を比べた。一人当たりの分娩数が多い県ほど、産科・産婦人科医師が足りず、一人ひとりの医師に負担がかかっていることになる。よって、数値が大きい県を下位にした。

図6-7より、上位県と下位県では二倍とまではいかないまでも、一人の医師の仕事量の違いと考えれば、かなり差があると言える。一般に、一人の医師が扱える分娩数は一二〇件までが適正とも言われるので、三五位の北海道までは何とか医師数が足りていると言えるだろう。逆に、滋賀や埼玉はすでに周産期医療態勢が崩壊しているとみなせる。

さて、都道府県別の統計からは上記のことが推測されるのだが、実は現実にはそう甘くはないようだ。まず、ここでカウントした産婦人科医師（みずから産婦人科を標榜《ひょうぼう》する医師）のうち、実際に分娩を扱っているのはどうやら八～九割らしい。そして、より重要なのは県の中にも地域的に医師の偏りがあることだ。それゆえ、やはり医師は一部の地域でかなり足りないのだ。しかし、統計上は足りているのだから、手の打ちようはあるはずである。

ところで、産科・産婦人科医師と同様に不足が叫ばれている小児科医師の数も見ておこう。実を言えば、小児科医師の全体は増えているので、やはり偏在が問題と思われる。図6-8に小児人口一〇万人当たりの小児科医師数の数を示したが、県によってかなり開きがある。

図6-8　小児科医師数/15歳未満人口10万人当たり（平成18年）

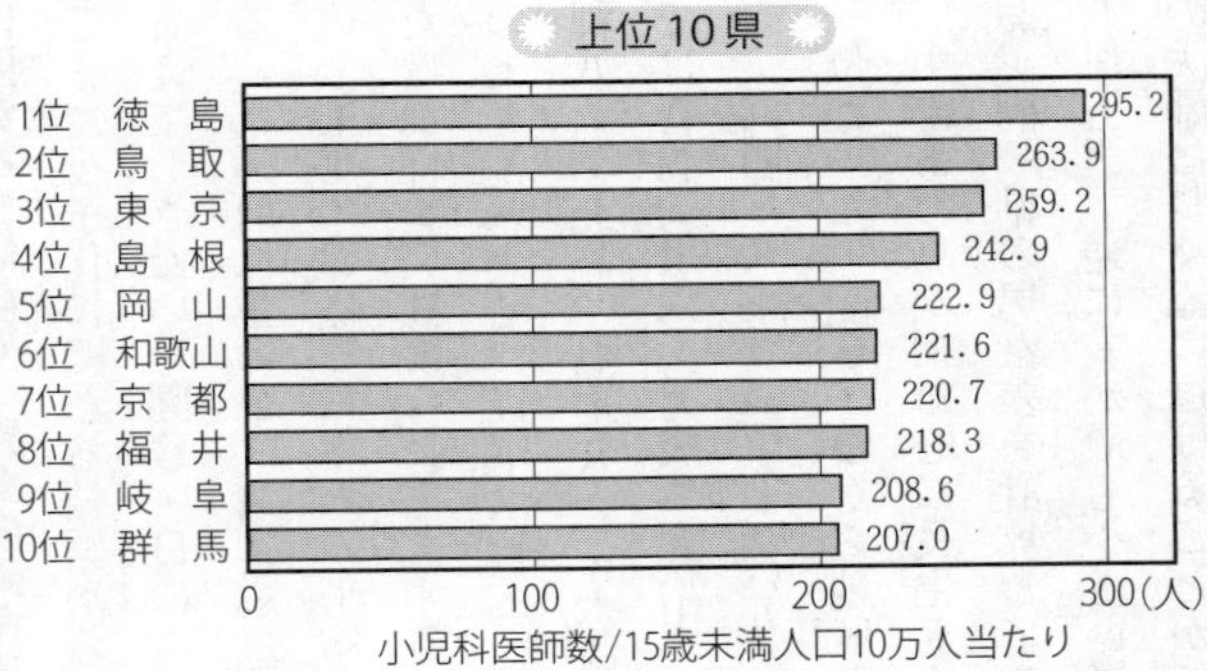
上位10県
1位 徳島 295.2
2位 鳥取 263.9
3位 東京 259.2
4位 島根 242.9
5位 岡山 222.9
6位 和歌山 221.6
7位 京都 220.7
8位 福井 218.3
9位 岐阜 208.6
10位 群馬 207.0
0
100
200
300(人)
小児科医師数/15歳未満人口10万人当たり

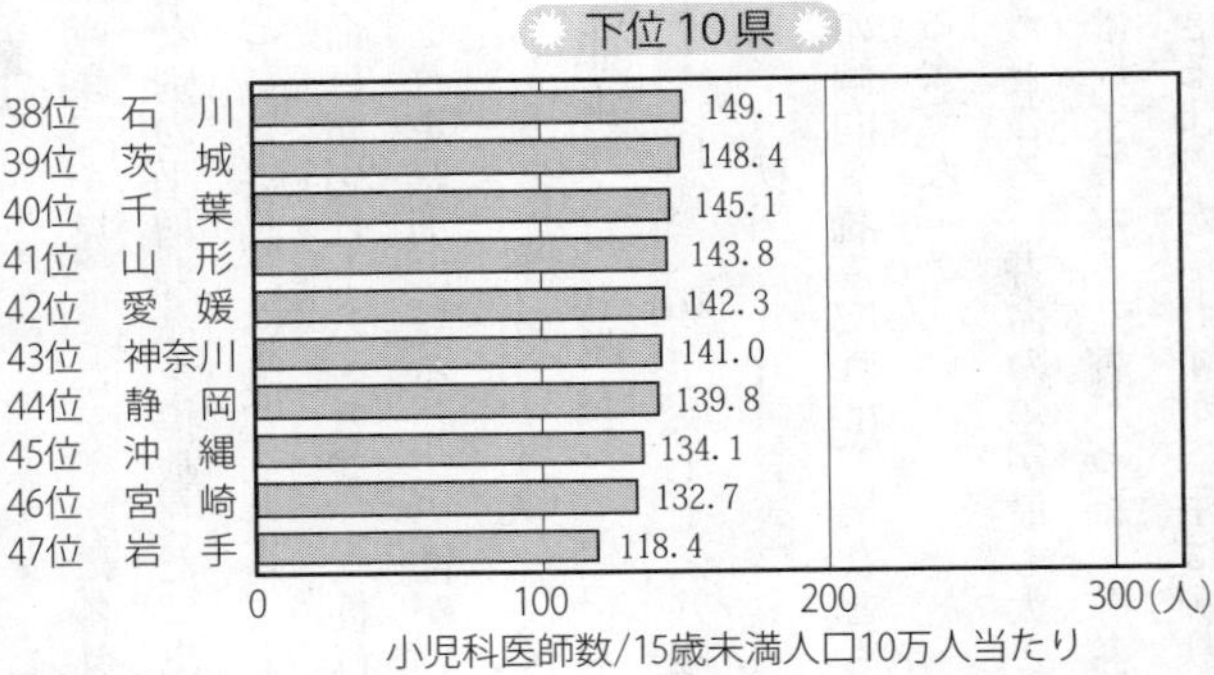
下位10県
38位 石川 149.1
39位 茨城 148.4
40位 千葉 145.1
41位 山形 143.8
42位 愛媛 142.3
43位 神奈川 141.0
44位 静岡 139.8
45位 沖縄 134.1
46位 宮崎 132.7
47位 岩手 118.4
0
100
200
300(人)
小児科医師数/15歳未満人口10万人当たり

順位	県名	（人）									
11位	佐賀	197.7	18位	奈良	187.2	24位	大分	174.2	31位	秋田	159.9
12位	山梨	196.0	19位	高知	187.0	25位	長崎	168.4	32位	北海道	158.4
13位	滋賀	195.8	20位	長野	185.2	26位	青森	166.8	33位	兵庫	157.3
14位	愛知	191.3	21位	福島	179.4	27位	香川	164.7	34位	新潟	155.4
15位	栃木	190.5	22位	福岡	178.0	28位	鹿児島	164.0	35位	宮城	153.9
16位	大阪	190.3	全国平均		177.9	29位	三重	161.0	36位	広島	152.4
17位	熊本	187.4	23位	富山	174 3	30位	山口	160.8	37位	埼玉	150.5

▶ 出典：　図6-7と同じ

青森は男女とも短命で、男女の寿命差も最大

ここまで少子化に関わる結婚から出産までを見てきたが、次に各県民が何歳まで生きるかをおさえておきたい。**図6-9**に、男女別の平均寿命を掲載した。出典は、五年ごとに発表される「都道府県生命表」（厚生労働省）の最新版（平成一七年）である。

平成一七年における日本人の平均寿命は、男性七八・八歳、女性は八五・八歳。ちょうど七年だけ女性が男性より長生きする。これを県別に見ると、男性がいちばん長生きする県は長野の七九・八歳で、以下滋賀（七九・六歳）、神奈川（七九・五歳）……と続く。女性では沖縄八六・九歳、島根八六・六歳、熊本八六・五歳……となっている。逆に短命なのは、男性では青森（七六・三歳）、秋田（七七・四歳）、岩手（七七・八歳）と続き、女性の場合は青森（八四・八歳）、栃木（八五・〇歳）、秋田（八五・二歳）……。青森は男女ともワースト一位だった。**図6-9**から地域別の傾向を読み取れば、男女とも東北の平均寿命が短く、北陸・中部あたりが相対的に長生きするようだ。

なお、同一県の男女差を計算してみたところ、寿命の差が最も大きい県はなぜかやはり青森で八・五歳。逆に差が最も小さい県は埼玉で六・二歳だった。青森の夫婦は早く死に別れ、埼玉の夫婦は長く添い遂げることができるようだ。わずか二年ばかりの違いでしかないが。

図6-9　男女の平均寿命（平成17年）

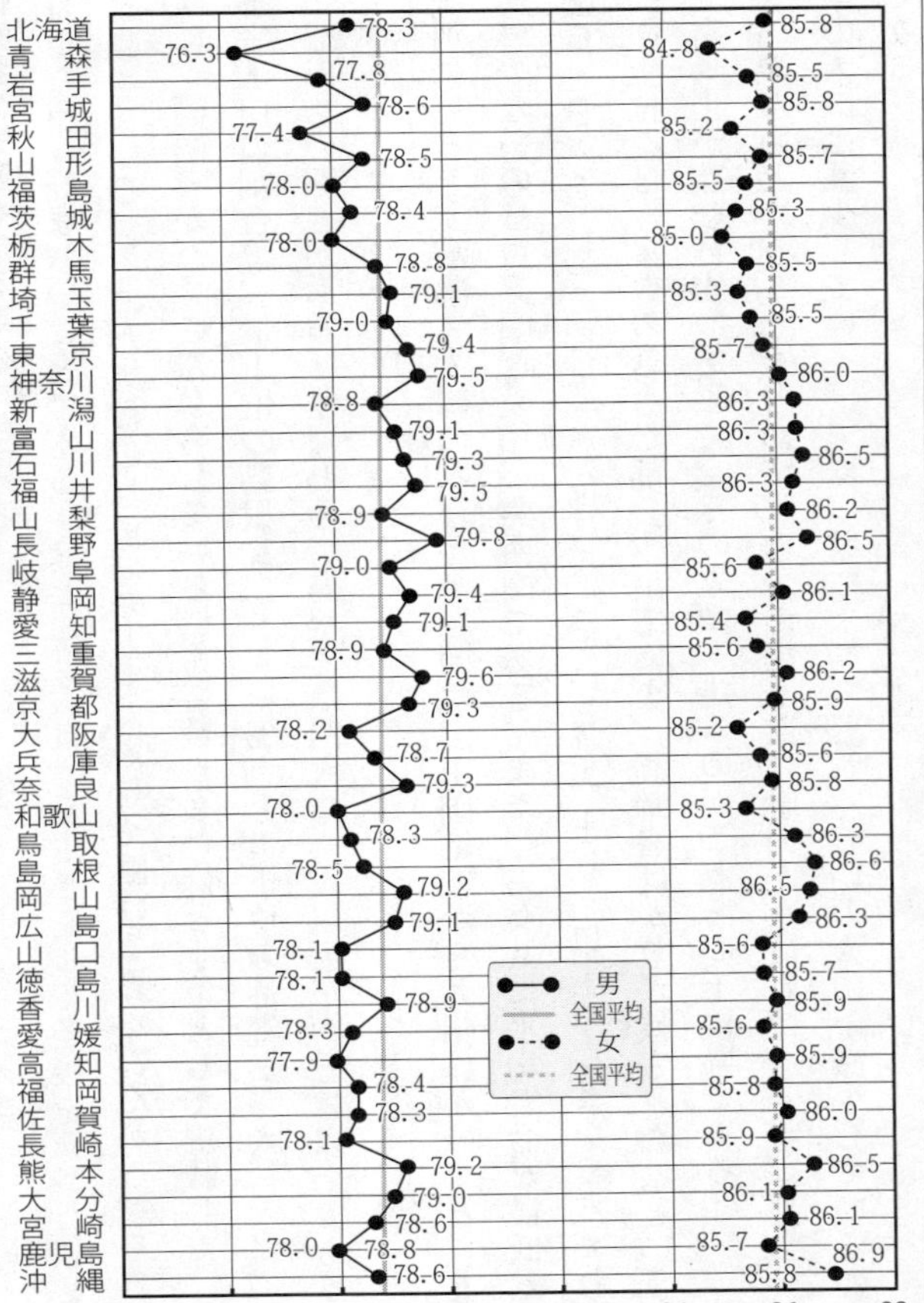
北海道
青森
岩手
宮城
秋田
山形
福島
茨城
栃木
群馬
埼玉
千葉
東京
神奈川
新潟
富山
石川
福井
山梨
長野
岐阜
静岡
愛知
三重
滋賀
京都
大阪
兵庫
奈良
和歌山
鳥取
島根
岡山
広島
山口
徳島
香川
愛媛
高知
福岡
佐賀
長崎
熊本
大分
宮崎
鹿児島
沖縄
78.3
76.3
77.8
78.6
77.4
78.5
78.0
78.4
78.0
78.8
79.1
79.0
79.4
79.5
78.8
79.1
79.3
79.5
78.9
79.8
79.0
79.4
79.1
78.9
79.6
79.3
78.2
78.7
79.3
78.0
78.3
78.5
79.2
79.1
78.1
78.1
78.9
78.3
77.9
78.4
78.3
78.1
79.2
79.0
78.6
78.8
78.0
78.6
85.8
84.8
85.5
85.8
85.2
85.7
85.5
85.3
85.0
85.5
85.3
85.5
85.7
86.0
86.3
86.3
86.5
86.3
86.2
86.5
85.6
86.1
85.4
85.6
86.2
85.9
85.2
85.6
85.8
85.3
86.3
86.6
86.5
86.3
85.6
85.7
85.9
85.6
85.9
85.8
86.0
85.9
86.5
86.1
86.1
85.7
86.9
85.8
男
全国平均
女
全国平均
74
76
78
80
82
84
86
88
(歳)
平均寿命

高齢化社会の先頭を走る島根、秋田

長寿はむろん好ましいことである。ほとんど人は、長生きをして老後をゆったりと楽しみたいと願っている。そのためにこれまでの人生あくせく働いてきたのだから。そこで、図6-10に、高齢者がたくさん暮らしている県を、数が多いほど上位として掲載した。

高齢者人口の割合は、最上位の島根（二八・一%）と最下位の沖縄（一六・六%）とでは一一・五%もの開きがある。すなわち、島根では四人に一人以上が六五歳以上であるのに対して、沖縄では六人に一人以下ということだ。

地域別に見ると、高齢者人口の割合が多いのは、中国地方から九州にかけてと、北陸、東北。逆に少ないのは首都圏と愛知、関西圏である。また、男女共に平均寿命が最低だった青森（図6-9）が、ここでは二〇位に入っている。つまり、以上のことから考えれば、図6-10の上位県は、多数の若者が都会へ出ていき、高齢者ばかりが残された県ということになる。高齢化が進む日本にあって、その先頭を走るのがこれらの上位県である。

働き口がないということも含めて、自分の出身県に魅力がなければ、若者は都会へ出ていき、県の人口は減少していく。では、県によってどれくらいの人口が減少しているのかを次に見てみる。

図6–10　高齢者の人口割合（平成20年）

上位10県

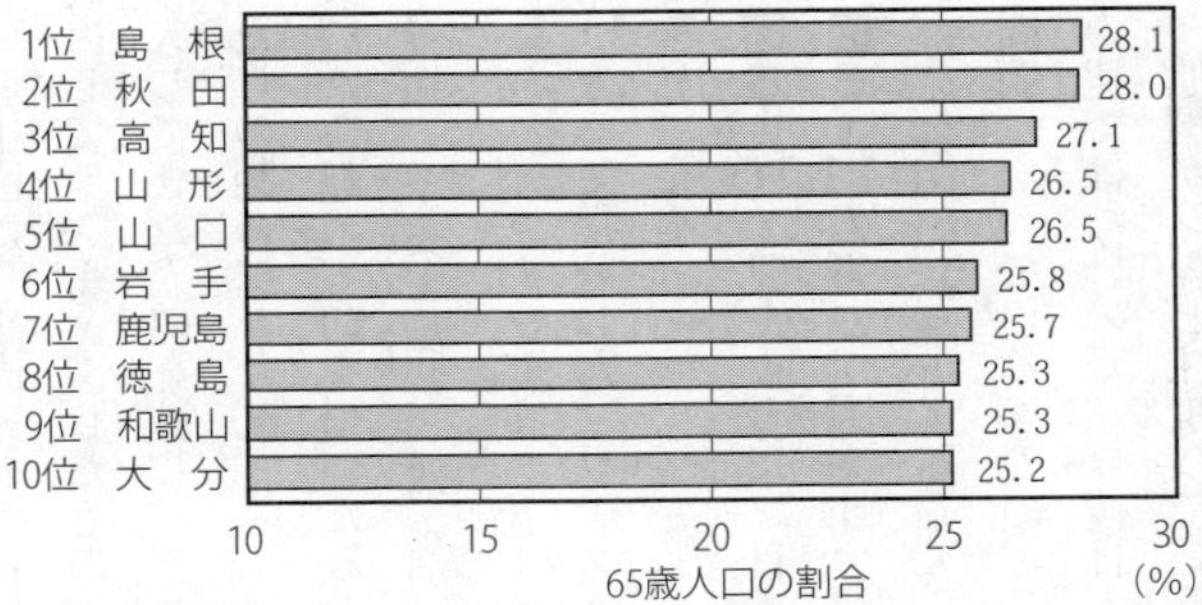
1位 島根 28.1
2位 秋田 28.0
3位 高知 27.1
4位 山形 26.5
5位 山口 26.5
6位 岩手 25.8
7位 鹿児島 25.7
8位 徳島 25.3
9位 和歌山 25.3
10位 大分 25.2
10
15
20
25
30
65歳人口の割合
(%)

下位10県

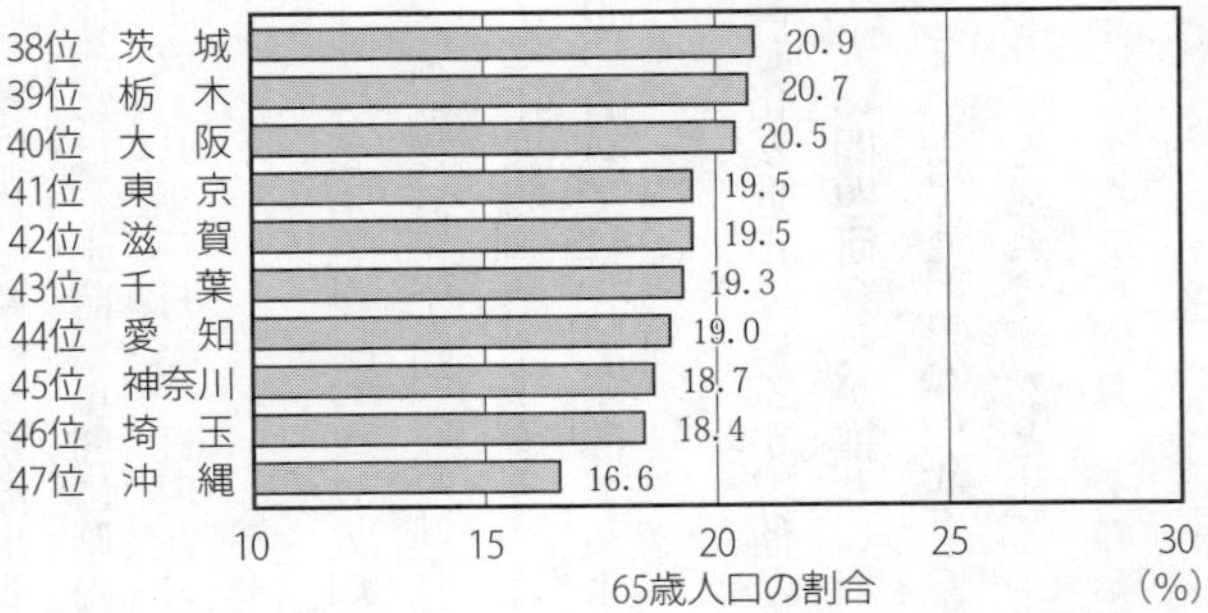
38位 茨城 20.9
39位 栃木 20.7
40位 大阪 20.5
41位 東京 19.5
42位 滋賀 19.5
43位 千葉 19.3
44位 愛知 19.0
45位 神奈川 18.7
46位 埼玉 18.4
47位 沖縄 16.6
10
15
20
25
30
65歳人口の割合
(%)

順位	県名	（%）									
11位	長野	25.1	18位	宮崎	24.5	25位	山梨	23.4	32位	群馬	22.1
12位	愛媛	25.0	19位	香川	24.2	26位	北海道	23.0	33位	京都	22.1
13位	新潟	25.0	20位	青森	24.0	27位	三重	22.9	34位	奈良	21.9
14位	鳥取	24.9	21位	岡山	23.7	28位	岐阜	22.6	全国平均		21.6
15位	長崎	24.6	22位	福井	23.7	29位	石川	22.4	35位	兵庫	21.3
16位	富山	24.6	23位	福島	23.6	30位	広島	22.3	36位	宮城	21.2
17位	熊本	24.5	24位	佐賀	23.4	31位	静岡	22.2	37位	福岡	20.9

▶ 出典：住民基本台帳に基づく人口・人口動態及び世帯数（総務省）

図6・11の上図は、平成一八〜二〇年の三年間に、県内から流出した人口を県民一万人当たりの数にしてランキングしたもの。具体的には、上記三年間に県内から転出した人口から県内に転入してきた人口を減じ、それを平成一八年三月三一日現在の県民人口で割り、県民一万人当たりの割合にした。

転出人口から転入人口を引いた数がマイナスだった県、つまり人口が流入した県は、東京、神奈川、愛知、千葉、滋賀、埼玉のみ。この順に県民人口における流入割合が大きかった。ほかのすべての県では人口が流出したが、ここでは割合が大きかった一〇県のみを「ワースト一〇県」として掲載した。ワースト一位の青森では、三年間でおよそ二％の人口が県外に流出したことになる。

さて、図6・10で見たように、日本で高齢化が進んでいるが、他の先進各国の事情はどうなのか。図6・11の下に、国立社会保障・人口問題研究所が推計した二〇一〇年（平成二二年）における各国の高齢者人口割合を示した。ヨーロッパの先進各国でも、日本と同様に、高齢化が問題になっているものの、このグラフを見れば愕然《がくぜん》とする。日本の高齢化スピードは、彼らの比ではないのだ。今後日本がどのような舵《かじ》を取り、その結果どんな社会になっていくのか、他国がジッと注視している。

図6-11　人口流出と日本の高齢化

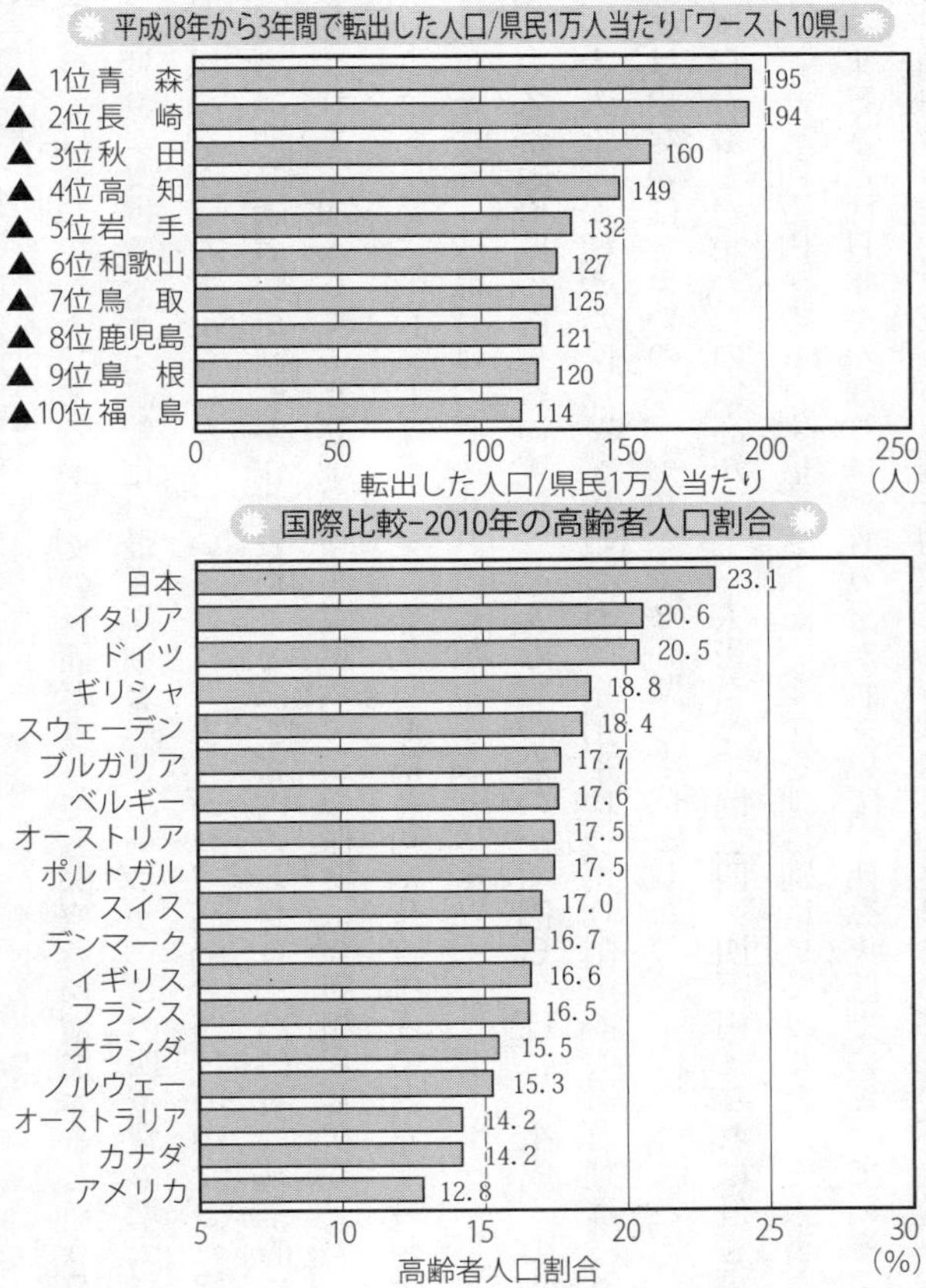
平成18年から3年間で転出した人口/県民1万人当たり「ワースト10県」
▲ 1位青　森 195
▲ 2位長　崎 194
▲ 3位秋　田 160
▲ 4位高　知 149
▲ 5位岩　手 132
▲ 6位和歌山 127
▲ 7位鳥　取 125
▲ 8位鹿児島 121
▲ 9位島　根 120
▲10位福　島 114
0 50 100 150 200 250
転出した人口/県民1万人当たり
(人)
国際比較-2010年の高齢者人口割合
日本 23.1
イタリア 20.6
ドイツ 20.5
ギリシャ 18.8
スウェーデン 18.4
ブルガリア 17.7
ベルギー 17.6
オーストリア 17.5
ポルトガル 17.5
スイス 17.0
デンマーク 16.7
イギリス 16.6
フランス 16.5
オランダ 15.5
ノルウェー 15.3
オーストラリア 14.2
カナダ 14.2
アメリカ 12.8
5 10 15 20 25 30
高齢者人口割合
(%)

備考：転出人口割合は、転出から転入を引いた人口を平成18年の人口で割って算出。
出典：住民基本台帳に基づく人口・人口動態及び世帯数（総務省）、人口統計資料集2008（国立社会保障・人口問題研究所）

真の「健康県・日本一」は長野!?

長寿はすばらしいことであるが、その反面どうしても医療費が増加するという負の側面がある。社会が受ける少子・高齢化の最も深刻な影響の一つが、この医療費の増大である。高齢者の医療費がうなぎ上りになっていくのにたまりかね、高齢者だけの独立した健康保険制度である後期高齢者医療制度が作られたことはご案内のとおり。高齢者は基本的に七五歳になるとこれまで加入していた健康保険を脱退し、この保険に強制加入となる。

もっとも、どんな保険を使おうとも、結局は政府や自治体、国民の財布からお金が支払われるわけだから、医療費はおさえられるに越したことはない。

では、各都道府県の医療費の実情はどんな具合なのか。図6-12に、平成一七年における県民一人当たりが使った医療費を掲載した。全国平均つまり国民一人当たりは二五・九万円。医療費は少ないほどよいので、金額が少ない県を上位とした。

医療費が最もかかったのは高知で、一人当たり年間三四・四万円。これは最も少なかった埼玉（二一・四万円）の一・六倍にもなる。全国を地域別に見てみると、一人当たりの医療費は、東日本と西日本でかなりはっきり分かれていて、西高東低型になっている。とくに四国勢と九州勢が総じて多いが、唯一沖縄のみが少なくおさえられており、上位一〇県の仲間

図6-12　県民1人当たりの国民医療費（平成17年度）

上位12県

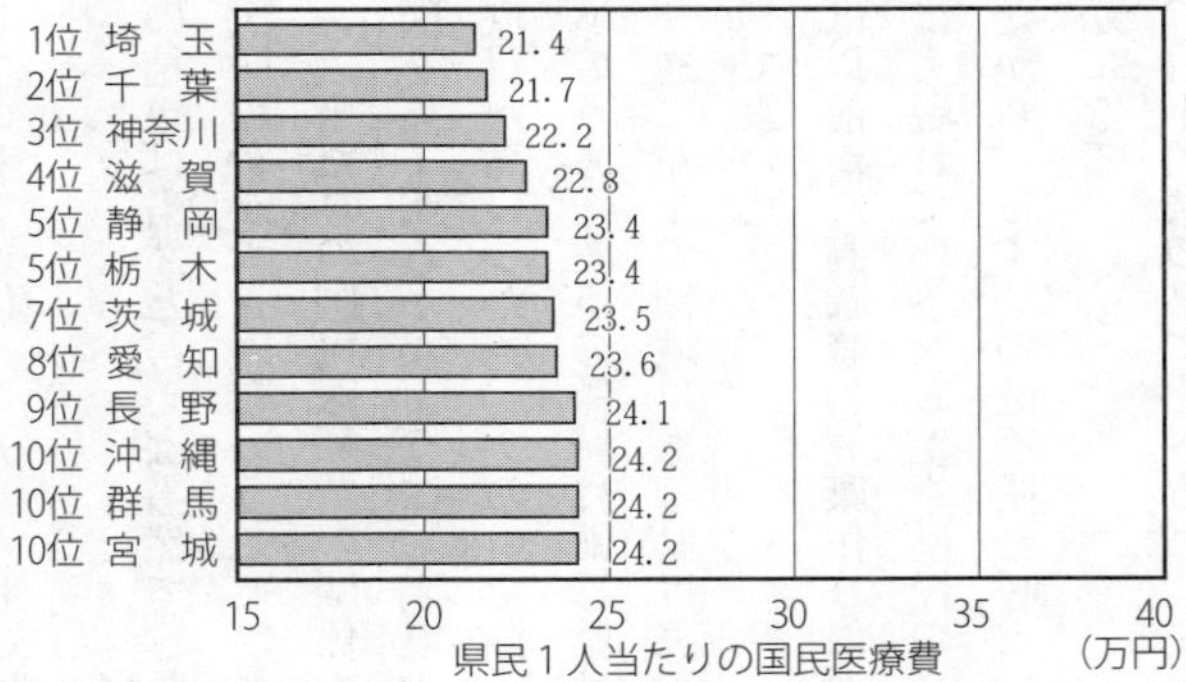
1位 埼玉 21.4
2位 千葉 21.7
3位 神奈川 22.2
4位 滋賀 22.8
5位 静岡 23.4
5位 栃木 23.4
7位 茨城 23.5
8位 愛知 23.6
9位 長野 24.1
10位 沖縄 24.2
10位 群馬 24.2
10位 宮城 24.2
15
20
25
30
35
40
県民１人当たりの国民医療費
（万円）

下位10県

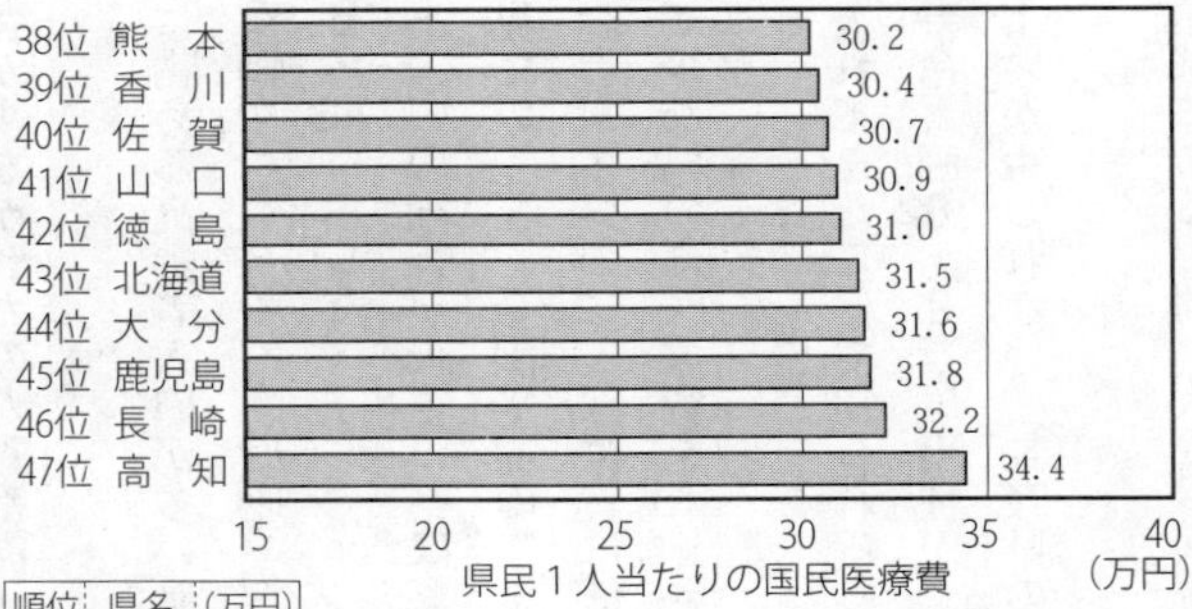
38位 熊本 30.2
39位 香川 30.4
40位 佐賀 30.7
41位 山口 30.9
42位 徳島 31.0
43位 北海道 31.5
44位 大分 31.6
45位 鹿児島 31.8
46位 長崎 32.2
47位 高知 34.4
15
20
25
30
35
40
県民１人当たりの国民医療費
（万円）

順位	県名	（万円）	順位	県名	（万円）	順位	県名	（万円）	順位	県名	（万円）
13位	東京	24.4	19位	兵庫	26.0	26位	富山	26.9	33位	愛媛	29.3
14位	三重	24.8	20位	山形	26.1	26位	大阪	27.6	33位	秋田	29.5
15位	岐阜	25.1	21位	岩手	26.2	28位	石川	27.7	35位	広島	29.6
15位	奈良	25.1	22位	福島	26.3	29位	鳥取	28.1	36位	島根	29.7
17位	新潟	25.3	23位	京都	26.6	30位	宮崎	28.3	37位	福岡	30.1
18位	山梨	25.5	24位	福井	26.7	31位	岡山	29.0			
全国平均		25.9	25位	青森	26.9	32位	和歌山	29.3			

▶ 出典：住民基本台帳に基づく人口・人口動態及び世帯数（総務省）

入りをしている。逆に、一人当たりの医療費が少なかったのが首都圏、次いで中部圏となっている。

以上の結果は当然と言えば当然で、県民に占める高齢者人口が多い県ほど一人当たりにかかる国民医療費が大きいということ。それを確かめるために、高齢者の人口割合（図6-10）と県民一人当たりの国民医療費の関係を図6-13に示した。

この図を見て明らかなように、六五歳以上人口の割合が大きい県ほど、県民一人当たりの国民医療費が高い。ただ、その中で細かく見ていくと、全国平均の二本の線で区切られた四つの領域のうち、右下の領域にある県は高齢者が多いのに、医療費は低くおさえられている優良県、逆に左上の領域にある県は高齢者が少ないのに医療費をたくさん使っている不良の県と言ってよいだろう。

長野は以前から高齢者の健康作りに力を入れてきたことで知られる県。その成果がここの数字にも現れている。しかも県民の平均寿命（図6-9）は男性が一位、女性が五位と長寿なのだから、日本一の健康県と呼んでもよいかもしれない。長野県のすごさは次項でさらに明らかになる。

一方、右下領域の県に比べると、左上の領域にある福岡、大阪、兵庫は不良な県である。

図6-13　高齢者人口の割合と県民1人当たりの国民医療費

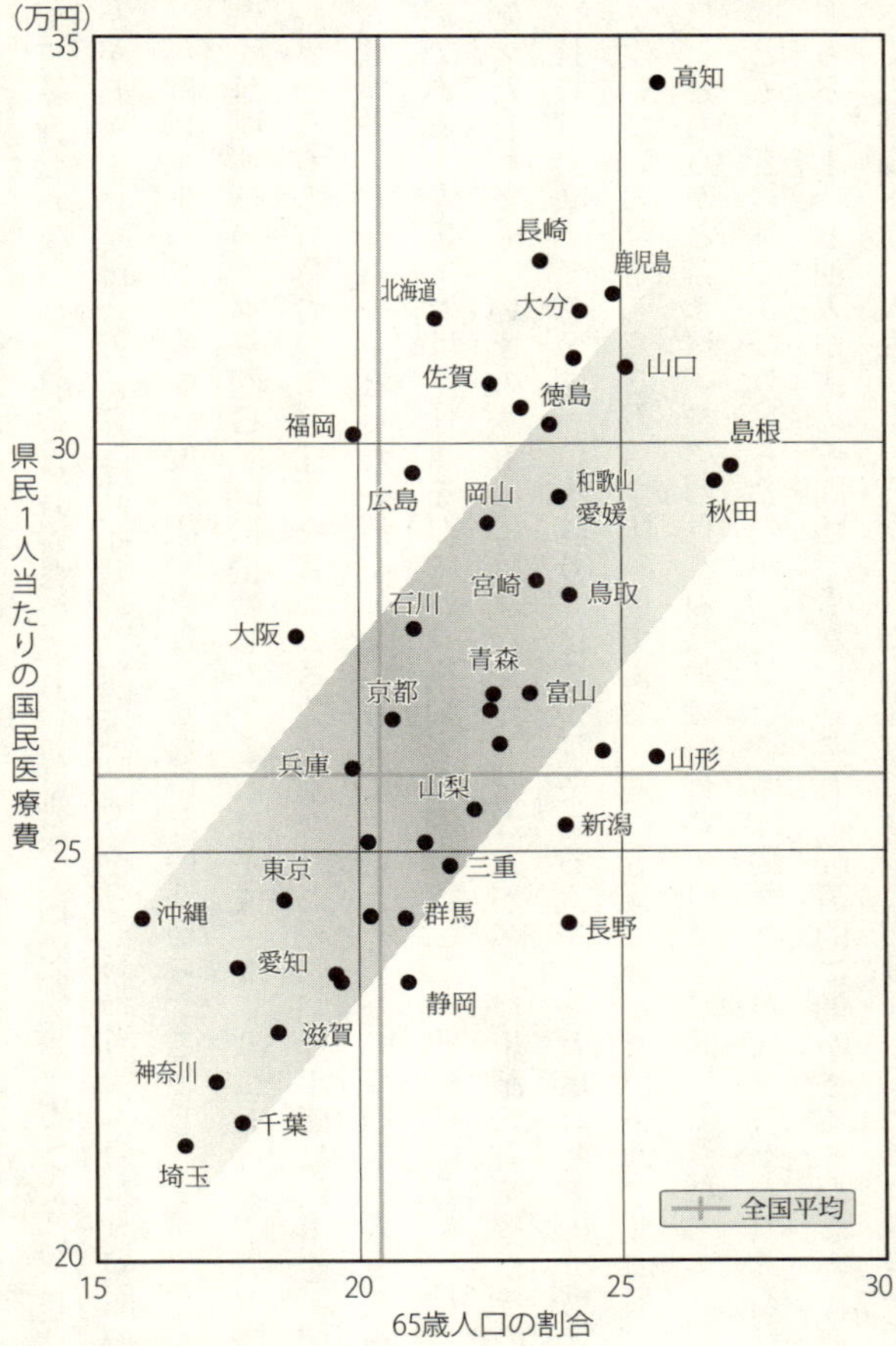

備考：65歳人口は平成17年度末現在のデータ。
出典：図6-12と同じ

老後はのんびりするか、元気なうちは働くか

前項で紹介したように、長野は長寿県であり、高齢者人口の割合も小さくない（一一位）にもかかわらず、医療費をそれほど使わない健康県である。高齢者一人当たりの医療費は、平成二年度以来トップの座を一度も譲ったことがないというからすごい。

それを証明するデータを図6・14に掲載した。これは平成一九年度における、六五歳以上の高齢者のうちの有業者つまり仕事をしている人の割合。ただし、片手間に仕事を手伝っている人は除外し、仕事を主とした生活をしている人に限定した。全国平均は一六・三％。仕事が従である人を含めれば、仕事をしている高齢者の割合は二二・四％になる。

高齢者と言っても、いまの六五歳にはまだまだ元気な人が多い。上記の有業率がその証拠だが、長野は有業率でも全国一位を誇り、仕事が従である人を含めれば高齢者のうち二九・一％が働いている。むろんこれも全国一位である。逆に老後は働かない筆頭は北海道。地域的には、どちらかと言えば、やや西日本の高齢者の有業率のほうが低いようだ。

もっとも、老後はのんびり暮らすのか、元気なうちは働きたいかは、個々人の考え方で違い、どちらがよいと他人が決める問題でもない。それに経済的に働かざるを得ない、逆に働きたくても職場がない人もいるだろう。ただ、元気でないと働けないことだけは確かである。

図6-14　仕事を主にしている高齢者の割合（平成19年度）

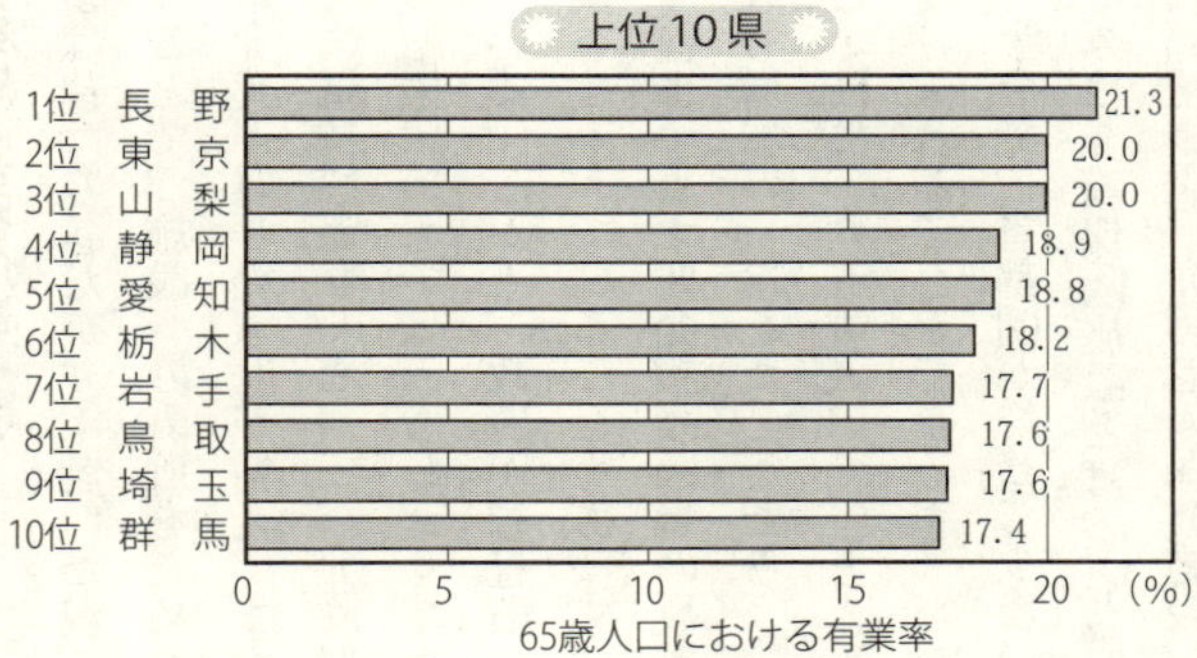
上位10県
1位 長野 21.3
2位 東京 20.0
3位 山梨 20.0
4位 静岡 18.9
5位 愛知 18.8
6位 栃木 18.2
7位 岩手 17.7
8位 鳥取 17.6
9位 埼玉 17.6
10位 群馬 17.4
0 5 10 15 20 (%)
65歳人口における有業率

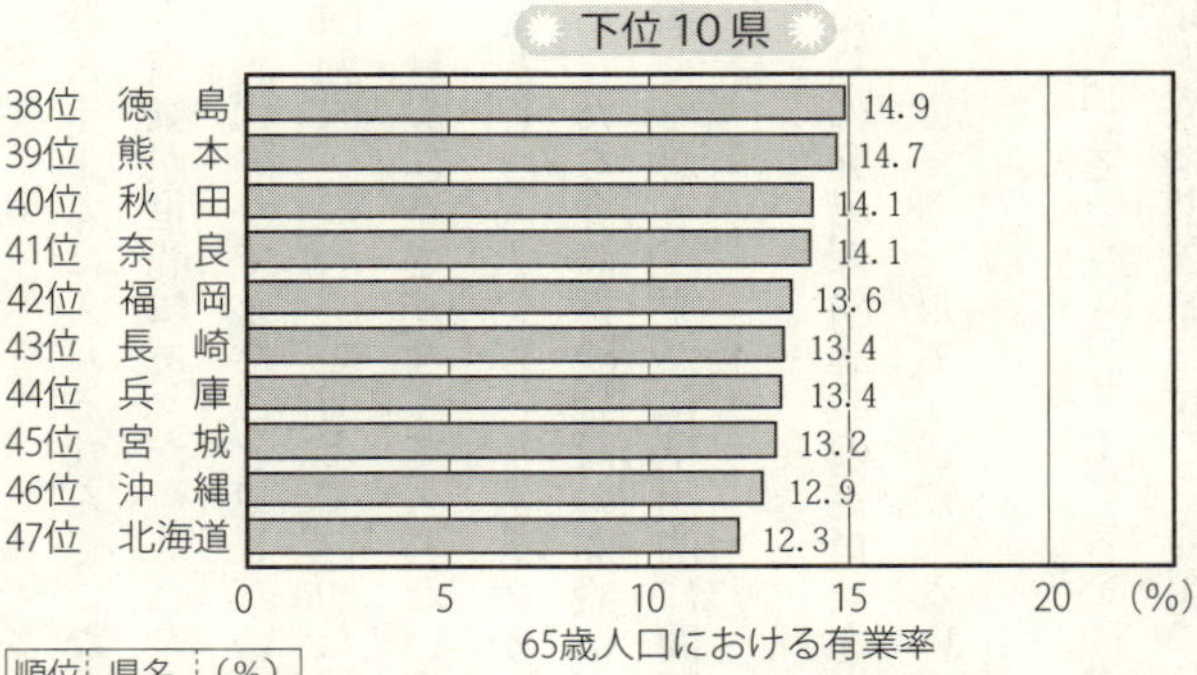
下位10県
38位 徳島 14.9
39位 熊本 14.7
40位 秋田 14.1
41位 奈良 14.1
42位 福岡 13.6
43位 長崎 13.4
44位 兵庫 13.4
45位 宮城 13.2
46位 沖縄 12.9
47位 北海道 12.3
0 5 10 15 20 (%)
65歳人口における有業率

順位	県名	(%)									
11位	福井	17.2	18位	三重	16.4	24位	愛媛	15.7	31位	大阪	15.5
12位	京都	17.1	全国平均		16.3	25位	富山	15.7	32位	宮崎	15.4
13位	石川	17.0	19位	青森	16.2	26位	高知	15.6	33位	福島	15.4
14位	香川	17.0	20位	岡山	16.1	27位	鹿児島	15.6	34位	大分	15.3
15位	千葉	16.9	21位	和歌山	15.9	28位	山形	15.6	35位	滋賀	15.2
16位	茨城	16.6	22位	佐賀	15.9	29位	島根	15.5	36位	広島	15.1
17位	岐阜	16.5	23位	神奈川	15.8	30位	山口	15.5	37位	新潟	15.0

備考：ここで言う「有業率」は、仕事を主にしている者の割合。
出典：平成19年就業構造基本調査（総務省）

全国で深刻化する介護難民

「いまは昔」の話だが、年老いた親を老人ホームに入れるなんて、なんと親不孝な子どもかということで、施設への入所をためらう空気が世間にあった。それが、高齢化が進んで家族による介護が難しい家庭が増え、また介護保険ができたことでしだいに介護サービスを受けることに抵抗感がなくなって、介護保険施設への入所が増えていった。

その結果、いまでは入所したくても、施設に空きがなくて入れない高齢者が増える事態になっている。しかも、政府が福祉財政を抑制するために、施設介護から居宅《きよたく》介護重視へと方針転換をはかっていることもあって、あらたな介護保険施設の開設に歯止めがかけられている。今後ますます要介護高齢者の数が増えるから、すでに全国的に問題となっている介護難民の数も増加の一途をたどるだろう。

図6-15に、六五歳人口一〇万人当たりの介護保険施設の定員数を掲載した。要介護高齢者を受け入れることができるキャパシティである。最も定員が少ない東京は、最多の徳島のおよそ半分で、首都圏が総じて少ない。

ちなみに介護保険施設とは、介護保険制度のもとでサービスを提供している施設で、介護老人福祉施設、介護老人保健施設、介護療養型医療施設の三種類に分けられている。

図6-15 介護施設の定員/高齢者10万人当たり(平成19年)

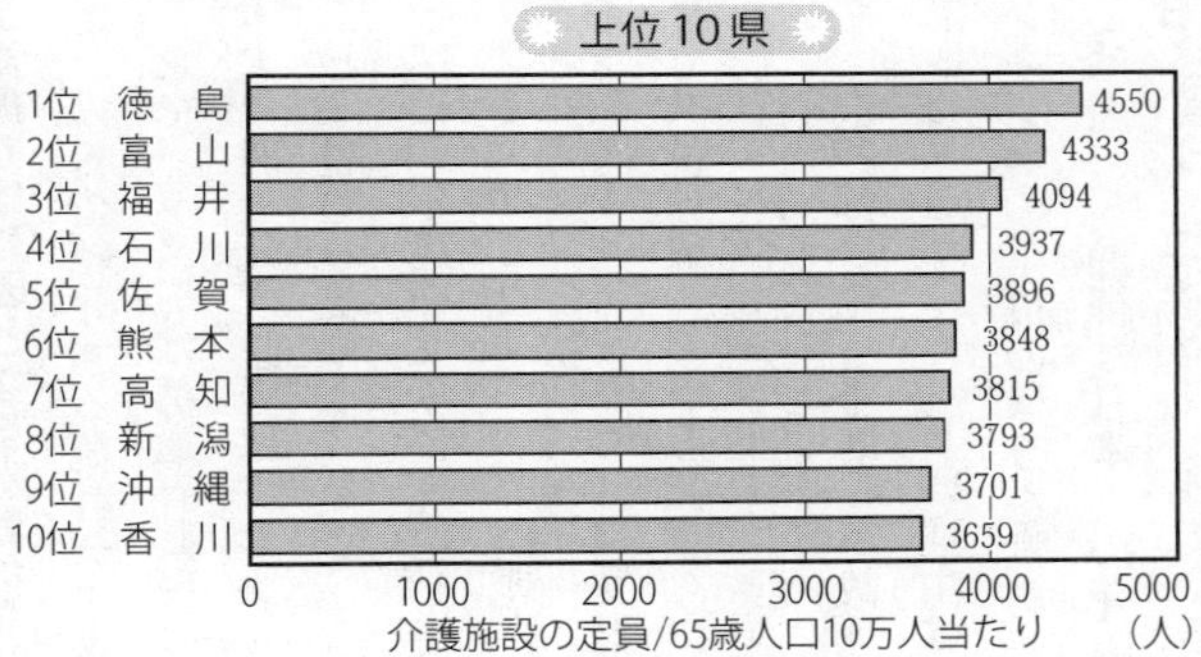
上位10県
1位 徳島 4550
2位 富山 4333
3位 福井 4094
4位 石川 3937
5位 佐賀 3896
6位 熊本 3848
7位 高知 3815
8位 新潟 3793
9位 沖縄 3701
10位 香川 3659
0 1000 2000 3000 4000 5000
介護施設の定員/65歳人口10万人当たり
(人)

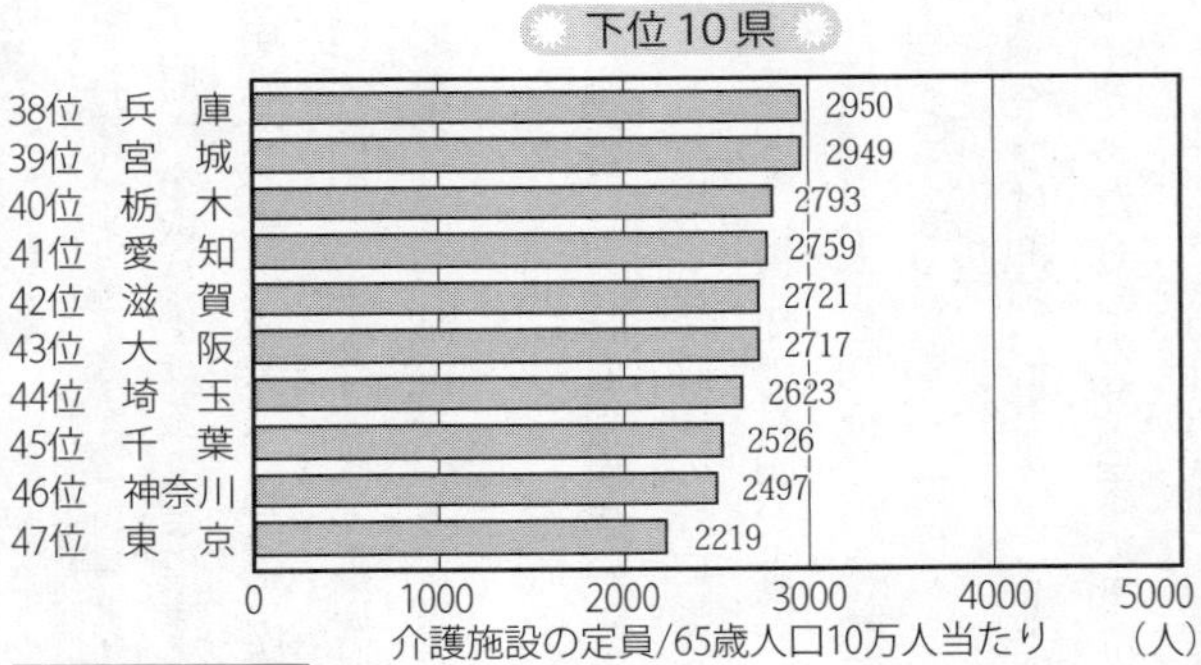
下位10県
38位 兵庫 2950
39位 宮城 2949
40位 栃木 2793
41位 愛知 2759
42位 滋賀 2721
43位 大阪 2717
44位 埼玉 2623
45位 千葉 2526
46位 神奈川 2497
47位 東京 2219
0 1000 2000 3000 4000 5000
介護施設の定員/65歳人口10万人当たり
(人)

順位	県名	(%)									
11位	鹿児島	3635	18位	青森	3370	25位	岡山	3302	32位	群馬	3119
12位	島根	3609	19位	大分	3358	26位	福岡	3298	33位	福島	3099
13位	山口	3603	20位	岩手	3357	27位	山梨	3231	34位	奈良	3053
14位	秋田	3539	21位	山形	3355	28位	長野	3219	35位	三重	3051
15位	長崎	3523	22位	広島	3353	29位	茨城	3216	全国平均		3049
16位	愛媛	3435	23位	和歌山	3312	30位	静岡	3200	36位	鳥取	2997
17位	宮崎	3387	24位	北海道	3309	31位	京都	3195	37位	岐阜	2988

備考：介護療養型医療施設における「定員」は介護指定病床数
出典：平成19年　介護サービス施設・事業所調査結果の概況

秋田と沖縄では死因となる疾患《しっかん》がなぜか真逆

さて、本書で紹介する統計データもいよいよ最後になった。「ゆりかごから墓場まで」ということで、ラストは都道府県民の死亡原因を取り上げることにする。

日本人の四大死亡原因は、ガン、心疾患（心筋梗塞《こうそく》等）、脳血管疾患（脳梗塞等）、肺炎であることは周知のとおり。では、その四大疾患で亡くなる率が多い県はどこか。図6-16と図6-17に、平成一九年に死亡した人数をもとに、県民一〇万人当たりの数にして、疾患ごとにランキングした。ここでは死亡者数が多いほど上位とした。

図6-16を見てすぐに気づくのは、秋田がガンと脳血管疾患の両方で全国一位であること。心疾患も八位に入っている。さらにページをめくって肺炎の死亡率を見ると、これまた二位。実を言えば、日本人の死因の主だったものの死亡率で、秋田が上位にランクされている。すなわち、自殺は一位、不慮の事故死が二位、腎不全《じんふぜん》も二位という具合である。なぜそうなのか、諸説はあるが、くわしい理由はわかっていない。

ランキングの下位のほうを眺めれば、今度は沖縄が最下位に並んでいることに再び驚く。秋田とは逆に、沖縄は日本人の死因の主だったものの死亡率で下位に落ち着いている。図6-16と図6-17で取り上げているガン、心疾患、脳血管疾患、肺炎のすべてで最下位。他

図6-16 3大死因での死亡者数/県民10万人当たり(平成19年)

順位	ガン		心疾患		脳血管疾患	
1位	秋田	352.1	愛媛	200.5	秋田	175.6
2位	島根	346.1	高知	196.9	岩手	161.9
3位	和歌山	333.1	山口	189.6	高知	158.4
4位	山口	330.8	和歌山	184.8	山形	156.0
5位	鳥取	329.4	島根	184.8	長野	150.1
6位	青森	327.5	岩手	184.3	鹿児島	147.6
7位	山形	322.4	福島	182.8	新潟	146.7
8位	新潟	319.6	秋田	181.8	福島	136.1
9位	長崎	318.7	山形	175.7	島根	135.5
10位	佐賀	314.0	鳥取	175.3	青森	134.1
11位	高知	303.9	鹿児島	173.8	山口	132.8
12位	鹿児島	301.3	香川	171.2	富山	132.5
13位	富山	301.1	青森	167.4	鳥取	130.5
14位	香川	299.5	徳島	165.7	栃木	125.1
15位	岩手	297.5	長崎	164.6	徳島	122.4
16位	北海道	296.7	福井	161.3	宮崎	120.5
17位	大分	295.2	熊本	160.1	大分	118.3
18位	愛媛	294.5	新潟	159.9	長崎	118.2
19位	福島	288.5	宮崎	157.4	宮城	118.1
20位	徳島	287.8	長野	156.6	茨城	118.1
21位	福井	283.0	岐阜	154.9	山梨	117.1
22位	熊本	281.9	奈良	153.7	愛媛	116.7
23位	長野	281.6	佐賀	153.7	熊本	116.6
24位	福岡	281.6	大分	153.3	佐賀	116.4
25位	石川	277.6	岡山	153.2	群馬	116.1
26位	宮崎	275.9	栃木	152.2	石川	110.9
27位	兵庫	275.2	北海道	152.1	静岡	109.9
28位	奈良	275.0	山梨	152.1	福井	109.2
29位	山梨	273.5	石川	151.5	和歌山	109.0
30位	大阪	271.5	三重	149.1	岡山	108.8
31位	広島	270.9	広島	147.9	香川	107.5
32位	群馬	269.1	群馬	145.3	三重	103.5
33位	栃木	266.6	京都	145.2	岐阜	101.3
34位	岐阜	265.9	茨城	143.7	広島	99.9
35位	京都	265.0	富山	137.8	北海道	99.7
36位	岡山	265.0	兵庫	136.7	京都	93.5
37位	茨城	262.1	静岡	134.1	福岡	90.7
38位	宮城	261.6	宮城	132.4	滋賀	89.0
39位	三重	261.1	千葉	131.8	奈良	86.2
40位	静岡	252.5	大阪	126.9	東京	85.5
41位	東京	244.4	東京	123.1	兵庫	84.2
42位	滋賀	235.2	滋賀	122.6	千葉	83.3
43位	千葉	232.2	埼玉	121.6	埼玉	81.7
44位	神奈川	231.1	愛知	112.8	愛知	81.6
45位	愛知	230.9	福岡	110.0	神奈川	76.1
46位	埼玉	228.4	神奈川	103.8	大阪	73.9
47位	沖縄	191.3	沖縄	96.1	沖縄	64.9
	全国平均	266.7	全国平均	139.1	全国平均	100.7

にも腎不全で最下位。不慮の事故死と老衰は下から四番目である。

ただ奇妙なことに、沖縄は肝疾患ではいきなり死亡率トップに立ち、慢性閉塞性肺疾患《まんせいへいそくせいはいしっかん》(肺気腫《はいきしゅ》など、結核の後遺症)でも四位という上位に入っている。何とも極端な県である。そして、秋田はなぜか沖縄と逆の動きをして、肝疾患では二三位に落ち、慢性閉塞性肺疾患では三八位と下位に下がっている。

秋田と沖縄の両県は、どちらも死亡率順位が極端で、しかもお互いに死亡率が高い疾患が真逆であるというじつに不思議な関係にある。そこで、参考のために両県民の死亡原因の割合を図6-17の下図に示した。死亡率の全体的なバランスは両県とも全国平均と大差ないが、沖縄では主要な死亡原因に当てはまらない「その他」の項目の割合は多く、死因が多彩であることを示している。

なお、主要な死因の地域性を見てみたところ、心疾患、腎不全はやや中四国に多く、肺炎と慢性閉塞性肺疾患は中四国に加えて九州にも多い傾向があった。さらに、肝疾患も大阪以西の西日本での死亡率が高く、このように主要疾患による死亡率は東日本より西日本のほうが高いという傾向が見られた。ただ、脳血管疾患は東北、老衰による死亡率は山梨から中部圏にかけて高かった。

図6-17　肺炎の死亡率と秋田・沖縄の死亡原因

肺炎での死亡者数/人口10万人当たり(平成19年)

順位	県名	肺炎死亡者数						
1位	鹿児島	132.2	17位	愛媛	107.5	全国平均		87.3
2位	秋田	129.3	18位	青森	107.1	33位	北海道	87.3
3位	山口	127.8	19位	岡山	106.3	33位	山梨	87.3
4位	高知	124.3	20位	大分	104.0	35位	茨城	85.8
5位	香川	123.5	21位	群馬	103.4	36位	兵庫	84.0
6位	長崎	121.8	22位	福島	99.8	37位	奈良	83.4
7位	富山	117.7	23位	宮崎	96.8	38位	大阪	83.2
8位	佐賀	117.5	24位	福岡	95.6	39位	宮城	81.5
9位	山形	117.3	25位	広島	95.0	40位	静岡	76.5
10位	徳島	117.2	26位	新潟	92.8	41位	滋賀	74.1
11位	島根	116.4	27位	岐阜	92.6	42位	東京	73.4
12位	和歌山	111.9	28位	石川	92.2	43位	愛知	72.8
13位	鳥取	109.1	29位	三重	92.0	44位	千葉	72.6
14位	岩手	108.0	30位	栃木	90.5	45位	埼玉	70.8
15位	熊本	107.9	31位	長野	89.3	46位	神奈川	63.2
16位	福井	107.6	32位	京都	87.5	47位	沖縄	61.4

秋田と沖縄の死亡原因

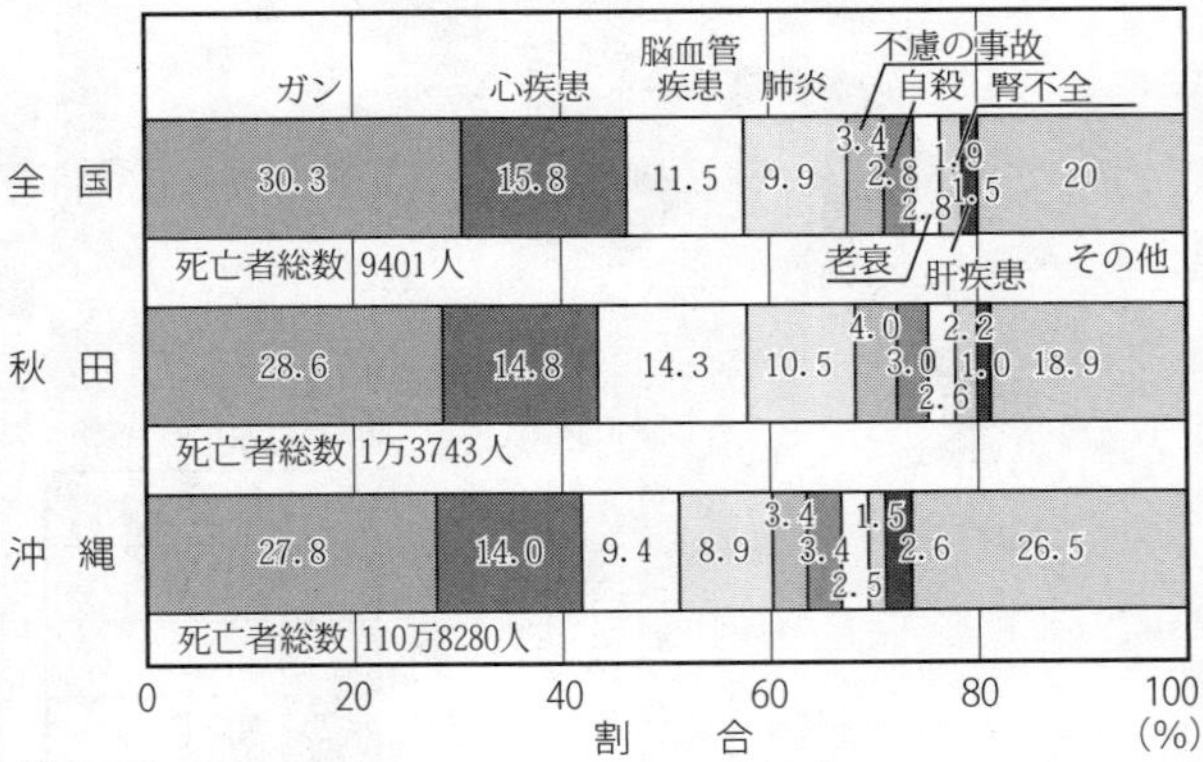

ガン
心疾患
脳血管疾患
肺炎
不慮の事故
自殺
腎不全
全国
30.3
15.8
11.5
9.9
3.4
2.8
1.9
1.5
2.8
20
死亡者総数 9401人
老衰
肝疾患
その他
秋田
28.6
14.8
14.3
10.5
4.0
3.0
2.6
2.2
1.0
18.9
死亡者総数 1万3743人
沖縄
27.8
14.0
9.4
8.9
3.4
3.4
2.5
1.5
2.6
26.5
死亡者総数 110万8280人
0
20
40
60
80
100
割合
(%)

▶ 備考：悪性新生物をガンと表記。
出典：平成19年人口動態総覧（厚生労働省）

「住みにくい県」の日本地図

図0-8　自殺者数

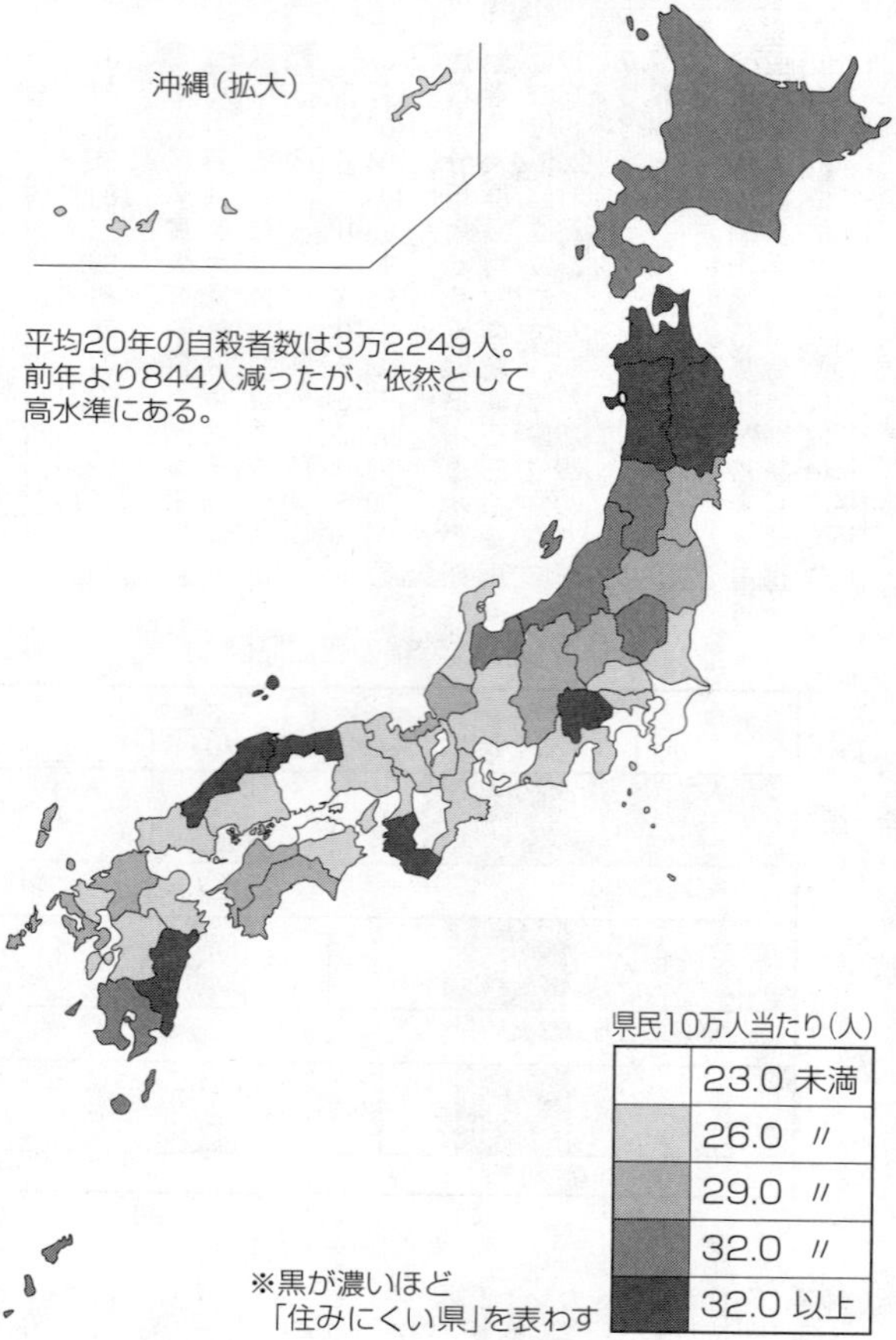

平均20年の自殺者数は3万2249人。
前年より844人減ったが、依然として
高水準にある。

県民10万人当たり（人）

	23.0 未満
	26.0 〃
	29.0 〃
	32.0 〃
	32.0 以上

※黒が濃いほど
「住みにくい県」を表わす

★読者のみなさまにお願い

この本をお読みになって、どんな感想をお持ちでしょうか。祥伝社のホームページから書評をお送りいただけたら、ありがたく存じます。今後の企画の参考にさせていただきます。また、次ページの原稿用紙を切り取り、左記まで郵送していただいても結構です。

お寄せいただいた「100字書評」は、ご了解のうえ新聞・雑誌などを通じて紹介させていただくこともあります。採用の場合は、特製図書カードを差しあげます。

なお、ご記入いただいたお名前、ご住所、ご連絡先等は、書評紹介の事前了解、謝礼のお届け以外の目的で利用することはありません。また、それらの情報を6カ月を超えて保管することもありません。

〒101-8701(お手紙は郵便番号だけで届きます)
祥伝社書籍出版部　祥伝社新書編集部
電話03(3265)2310
祥伝社ホームページ　http://www.shodensha.co.jp/
(トップページの「祥伝社ブックレビュー」からお入りください)

キリトリ線

★本書の購入動機（新聞名か雑誌名、あるいは○をつけてください）

＿＿＿新聞の広告を見て	＿＿＿誌の広告を見て	＿＿＿新聞の書評を見て	＿＿＿誌の書評を見て	書店で見かけて	知人のすすめで

★100字書評……「住みにくい県」には理由がある

名前

住所

年齢

職業

佐藤　拓　さとう・たく

1959年、愛媛県生まれ。京都大学工学部卒。科学ジャーナリスト。物理、化学、工学、統計学と幅広いジャンルで活躍。最近は、世代論に注目し、日本の戦後を独自の視点で分析している。主な著書に『1万円の世界地図』『サラリーマンから大学教授になる！方法』『暮らしの遺伝子学』『マンガでわかる「超ひも理論」』『浦島太郎は、なぜ年をとらなかったのか』（共著）等多数。

データ比較《ひかく》「住《す》みにくい県《けん》」には理由《わけ》がある

佐藤《さとう》　拓《たく》

2009年6月5日　初版第1刷発行
2009年7月5日　　　　第2刷発行

発行者……………竹内和芳
発行所……………祥伝社しょうでんしゃ
〒101-8701　東京都千代田区神田神保町3-6-5
電話　03(3265)2081(販売部)
電話　03(3265)2310(編集部)
電話　03(3265)3622(業務部)
ホームページ　http://www.shodensha.co.jp/

装丁者……………盛川和洋
印刷所……………萩原印刷
製本所……………ナショナル製本

Printed in Japan　ISBN978-4-396-11163-2　C0230